HENRI FRÉDÉRIC AMIEL

FRAGMENTS D'UN

JOURNAL INTIME

Nouvelle édition conforme au texte original
et suivie d'un Index

INTRODUCTION DE
BERNARD BOUVIER

TOME DEUXIÈME
contenant une reproduction inédite.

PARIS
Librairie Stock
Delamain et Boutelleau

1927

FRAGMENTS

D'UN

JOURNAL INTIME

TOME SECOND

pages $\dfrac{8300}{8400}$

N° 89.

Journal intime,
21ᵉ année

$1\frac{1}{3}$ mois $\left\{ \dfrac{\text{du 8 Mars}}{\text{au 18 Avril}} \right\}$ 1868. $\left[\text{Soit } \dfrac{100}{40} = 2\frac{1}{2} \text{ pages par jour en moyenne} \right]$

Travailler, Achever, Réduire!
(Faraday)

A toutes les attaques, vous n'avez qu'une réponse
à faire : Redoublez de mérite ; fortifiez-vous
la partie déjà forte de votre talent.
(Ste Beuve)

Das Leben vervielfacht sich durch seine Liebe, und beständig
in jedem Wörtchen, — warum hält der sich für lebendig!
(Jul. Hammer)

HENRI-FRÉDÉRIC AMIEL

FRAGMENTS

D'UN

JOURNAL INTIME

NOUVELLE ÉDITION

Conforme au texte original et suivie d'un INDEX

INTRODUCTION DE

BERNARD BOUVIER

TOME II

Contenant une reproduction inédite

PARIS

LIBRAIRIE STOCK

DELAMAIN ET BOUTELLEAU

7, *Rue du Vieux-Colombier*

MDCCCCXXVII

FRAGMENTS D'UN JOURNAL INTIME

Vernex-sur-Montreux, 3 janvier 1871. — Pour moi, il est évident que le côté nocturne de la conscience, que la partie occulte de la psychologie, que la vie mystique de l'âme est d'une réalité aussi certaine que l'autre aspect de l'existence humaine. C'est là que sont les origines et les clefs. Tout sort des ténèbres, de l'inconnu, du mystère. Seulement la difficulté est de pénétrer dans ces ténèbres divines avec la lampe de la science, et non à la lueur trompeuse des feux follets de l'imagination. Mettre de la méthode dans cette quasi-folie, voilà le point. Faire la géographie du fond des océans est bien plus facile. Le monde des germes, des larves, des fantômes, des Mères [1], des secrets, est ou semble être l'inaccessible et l'inexprimable. Une horreur sacrée en défend les abords, comme ceux du sombre Averne. Les Grecs, amoureux de lumière, croyaient même que les Olympiens reculaient d'épouvante devant les mystères infernaux, devant les monstres de la nuit plutonienne. Nous, modernes passionnés pour les origines, nous n'avons peur d'aucun souterrain. La race audacieuse de Japhet veut peser tous les mystères à la balance ; et comme pour les anciens tous les dieux s'abîmaient dans le Fatum, leur berceau et leur gouffre commun, de même pour nous toutes les superstitions se consument sur l'autel d'Isis devenue la Science.

19 janvier 1871 (dix heures et demie du matin). — ... Les douleurs profondes et personnelles doivent être silencieuses,

---

1. *Les Mères, die Mütter,* allusion à une conception étrange, énigmatique, mais d'un grand effet, dans le *Faust* de Gœthe (deuxième partie, premier acte, scène cinquième). *Les Mères* sont les prototypes, les formes abstraites, les idées génératrices des choses. *Sie sehn dich nicht, denn Schemen sehn sie nur.* Gœthe avait emprunté le terme à un passage de Plutarque, mais en y rattachant moitié les idées de Platon et moitié les créations de la fable.

car en devenant objet d'art elles se guérissent. L'exercice d'un talent console. — Et quand un père qui a perdu sa fille peut se dire : Comme j'ai bien exprimé la douleur paternelle, comme j'ai pathétiquement pleuré, il manque de respect à celle qu'il regrette, il introduit l'amour-propre dans le chagrin, il flatte son moi sous prétexte de culte aux morts. La poésie de la douleur subjective n'est pure et touchante que lorsqu'elle est un monologue intérieur, ou tout au plus un dialogue entre l'âme et Dieu. Sitôt qu'elle admet ou convoque le public, elle devient vaniteuse et par conséquent profane.

Avis à qui de droit. Prends garde à toi-même. La nuance est délicate, et la frontière facile à dépasser. Même dans le lyrisme le plus individuel, le poète doit avoir une valeur générale ; il exprime un état d'âme qui peut être le sien, mais qui doit aussi être celui de beaucoup d'autres. Toute poésie intime doit être représentative, c'est-à-dire rendre et traduire l'âme humaine et non pas le moi du poète. Le poète doit être l'organe des lecteurs, et non faire les honneurs de sa personne. En termes d'école, il doit objectiver sa subjectivité ou généraliser ses accidents. La poésie est donc anti-égoïste, et le père qui pleure en poète doit pleurer pour tous les pères incapables de chanter comme lui, mais capables de sentir autant que lui. Il convient qu'on l'oublie lui-même et que chaque lecteur ne pense qu'à soi. C'est lui, le lyrique, qui doit être impersonnel à force d'être psychologiquement vrai ; c'est au lecteur d'être renfermé dans l'étroite enceinte de son sentiment à lui. Le poète est donc l'homme de tout le monde, celui qui souffre, pleure ou chante avec autrui et pour autrui. Supposez qu'en lui l'amour-propre d'artiste peut être réduit à zéro, et qu'il fût non plus un homme mais l'homme, il serait le poète parfait.

L'objectivité poétique c'est la santé. De même que nous n'avons conscience de nos viscères que lorsqu'ils sont malades, le vrai poète doit être impersonnel, et ses souffrances être purement sympathiques, autrement sa poésie devient mesquine et maladive. Il assiste à la souffrance qui le traverse, mais il l'enveloppe comme le ciel tranquille entoure l'orage. La poésie est une délivrance parce qu'elle est une liberté. Loin d'être une émotion, elle est le miroir d'une émotion ;

elle est en dehors et au-dessus, tranquille et sereine. Pour chanter une peine, il faut être déjà sinon guéri de cette peine, au moins convalescent. Le chant est un symptôme d'équilibre, il est une victoire sur le trouble, il est le retour de la force. Le poète est pour sa propre vie, en petit, ce que Dieu est pour le monde. Il y entre par sensibilité, mais il la domine par essence. Sa nature est contemplative, et l'activité n'est que son mode inférieur. Chanter est un intermédiaire entre la pensée et l'action. L'art est un symbole affaibli de l'œuvre du grand poète, la Création.

(Cinq heures et demie du soir.) —... La vie, la sève, l'ardeur est dans ceux qui nous supplantent. Nous n'avons qu'à nous bien tenir...

> Sans trève convertir la minute en pensée,
> Le jour en œuvre utile et la vie en bonté,
> C'est suivre la sagesse et d'une main sensée,
> Tirer de la sagesse une félicité.

C'est dans cet art que Gœthe, Schleiermacher, Humboldt ont été maîtres. Tant qu'on se renouvelle, on est vivant. La continuelle métamorphose par la curiosité, la sympathie et la production est la seule défensive qui recule non pas la mort, mais la momification. La fatigue qui s'enferme, la mauvaise humeur qui boude, l'irritation qui se retire, le dépit qui se refuse, sont des fautes qui précipitent les effets de l'âge, et qui ensablent rapidement l'esprit. — Dans la caravane colossale qui nous emporte et nous entraîne tous, celui qui perd pied est coudoyé, piétiné, enterré, oublié en moins de rien, par les foules, qui, nombreuses comme les sauterelles, se renouvellent comme les flots.

Les renommées iront toujours plus en augmentant de surface et en diminuant de durée. Travailler pour la postérité sera un mobile chimérique. Mais la renommée est un pauvre but. Il faut être homme par respect pour soi-même et par zèle d'artiste, par pure conscience...

Pour rester vivant, il faut se rajeunir sans cesse par la mue intérieure et par l'amour à la façon platonicienne.

L'âme doit se créer sans relâche, et s'éprouver dans tous ses modes, et résonner dans toutes ses fibres, et se susciter à elle-même de nouveaux intérêts.

(Onze heures et demie du soir.) — Ce que j'ai lu de Gœthe aujourd'hui (*Epîtres ; Epigrammes ; Les Quatre Saisons*) ne le fait pas aimer. Pourquoi ? parce qu'il a peu d'âme. Sa manière d'entendre l'amour, la religion, le devoir, le patriotisme a quelque chose de mesquin et de choquant... La générosité ardente fait défaut. Une secrète sécheresse, un égoïsme mal dissimulé perce à travers le talent si souple et si riche. On salue le poète, mais on est sur la réserve avec l'homme, qui paraît peu capable de dévouement et de sacrifice et qui a peu d'entrailles pour les petits et les déshérités d'icibas. Périsse le monde pourvu que le poète puisse chatouiller tranquillement sa lyre et cultiver ses dispositions personnelles ! L'indifférence pour la morale se venge. Tous les petits Gœthereaux risquent d'offrir des contrefaçons fâcheuses de cette insouciance et d'être simplement des chenapans bohèmes. — Bonne nuit !

20 janvier 1871 (dix^e heures du matin). — Point de lettres. Paix et silence.

Dans cet égoïsme gœthesque il y a du moins ceci d'excellent qu'il respecte la liberté de chacun et se réjouit de toute originalité. Seulement il n'aide personne à ses dépens, il ne se tourmente pour personne, ne se charge du fardeau d'aucun autre ; en un mot, supprime la charité, la grande vertu chrétienne. La perfection, pour Gœthe, est dans la noblesse personnelle, non dans l'amour. Son centre est l'esthétique, non la morale. Il ignore la sainteté et n'a jamais voulu réfléchir sur le terrible problème du mal. Spinoziste jusqu'à la moelle, il croit à la chance individuelle, non à la liberté, ni à la responsabilité. C'est un Grec du bon temps, que la crise antérieure de la conscience religieuse n'a pas effleuré. Il représente donc un état d'âme antérieur ou postérieur au christianisme, ce que les critiques prudents de notre époque appellent l'esprit moderne ; et encore l'esprit moderne envisagé dans l'une de ses tendances seulement, savoir le culte de la Nature, car Gœthe est étranger aux aspirations sociales et politiques des foules, il ne s'intéresse nullement aux déshérités, aux faibles, aux opprimés, pas plus que la Nature elle-même, mère insouciante et féroce, sourde envers tous les infortunés.

Notre époque est vraiment curieuse : elle réprouve la loi de Malthus et applaudit à la loi de Darwin, sans voir que c'est la même chose. Vogt [1], par exemple, est matérialiste et libéral, sans voir que le matérialisme ou la déification de la force est la proclamation du droit du plus fort, ce qui justifie toute tyrannie. — L'abolition de toute superstition et de toute religion laissera pourtant debout les deux con ceptions du monde, la conception morale, la conception fataliste. On ne mettra jamais dans un même sac ceux qui croient au devoir et ceux qui ne croient qu'à l'intérêt. Sup- posons le Christianisme éliminé, il reste l'antinomie : Epicu- réisme et Stoïcisme, qui ne peut être résolue. La question métaphysique et religieuse revient toujours quoi qu'on en ait. L'univers a-t-il un but, va-t-il à une fin, oui ou non ? L'homme a-t-il un devoir, oui ou non ? — La science natu- relle dit non, la conscience dit oui ; que décider ?...

Il n'y a pas de malaise pour Gœthe et pour son école. Cela s'explique : il n'y a pas de dissonances pour les sourds. Celui qui n'entend pas la voix de la conscience, la voix du regret et du remords, ne devine pas même l'anxiété de ceux qui ont deux maîtres, deux lois, et appartiennent à deux mondes, celui de la Nature et celui de la Liberté. Pour eux, leur choix est fait. Mais l'humanité ne sait pas exclure. Tous les be- soins crient à la fois dans sa souffrance. Elle entend les natu- ralistes, mais elle écoute les religieux ; elle voudrait le bonheur facile, mais elle ne voudrait pas renoncer au bonheur élevé. La jouissance l'attire, mais le dévouement l'émeut. Elle ne sait plus si elle hait ou si elle adore le crucifix. Ce qui lui plaît encore le mieux, c'est une cote mal taillée qui réunit tout : jouir soi-même et se laisser racheter par le sacrifice d'un autre ; c'est-à-dire épicuréisme et orthodoxie. Ces deux

1. Carl Vogt (1817-1895), l'un des principaux champions du matérialisme darwinien, alors professeur de zoologie à l'Université de Genève.

Églises sont les plus populeuses, et peut-être finiront-elles par se confondre. Le pur christianisme, avec son austère simplicité, la régénération et la mort à soi-même, converties en ardente charité, ne sera jamais la pratique des âmes vulgaires, mais il en sera d'autant mieux la théorie. De beaux principes sont le meilleur oreiller de l'hypocrisie ; le pavillon couvre la marchandise ; et quand on ne peut payer de fait, c'est le cas de payer en sonnantes paroles.

Au fond qu'est-ce que les Chrétiens, pris dans leur universalité, ont de plus que les Païens ? Une angoisse. Ils ne sont guère meilleurs, mais ils se font plus de reproches. Ils font presque autant de mal, mais ils le font avec mauvaise conscience. Ce qu'il y a donc de gagné, c'est un peu plus de délicatesse et de scrupule. L'idéal est devenu plus haut. Il y avait jadis des justes et des sages. Maintenant l'humanité dit : il n'y a qu'un Juste, qu'un Bon et qu'un Sage, c'est Dieu ; nous sommes tous pécheurs, mais nous devons devenir parfaits comme le Père céleste est parfait. La grandeur de l'aspiration, voilà notre seule grandeur. Le monde antique arrivait à l'équilibre, à l'unité, à la beauté. Tout cela est perdu, mais il y a compensation.

> Borné dans sa nature, infini dans ses vœux,
> L'homme est un dieu tombé qui se souvient des cieux.

Cela aussi est antique, car la poésie chrétienne a pillé Platon. Mais le monde chrétien a platonisé plus que Platon lui-même, et la nostalgie divine est devenue sa marque et son sceau.

La religion de l'avenir se passera-t-elle d'espérance et d'immortalité ? pourra-t-elle se passer de foi ? Oui, si elle réussit à mettre le ciel sur la terre et à réaliser pour tous la justice ici-bas. Ou bien, si elle persuade à l'humanité le suicide universel. L'Optimisme ou le Pessimisme ont-ils des chances de remplacer le Christianisme ? Celui-ci étant une combinaison des deux, car il veut extraire le mal du bien, sauver ce qui était perdu, et former des âmes bienheureuses par l'épreuve cruelle de la vie terrestre, le Christianisme a plus de chances de vaincre que d'être vaincu dans cette lutte des idées morales. La religion du salut se présentera, en s'épurant par elle-même, comme la religion de la délivrance. Sa partie mythologique, anthropomorphique pourra tomber : elle restera la victoire sur le Péché, sur la Douleur et sur la Mort, l'hymen du Ciel et de la Terre, de Dieu et de l'Humanité par l'amour, et la glorification de l'amour par la sainteté. Soyez parfaits et vous serez heureux ; soyez un par le vouloir avec la volonté divine et vous serez parfaits ; aimez Dieu et vous voudrez avec lui. C'est l'alpha et l'oméga de la théologie.

(Neuf heures du soir.) — Tu es arrivé à un carrefour de ta vie. Diverses routes s'ouvrent à toi, mais tu ne sais laquelle prendre, tu voudrais même n'en point prendre et rester coi. Or, c'est la seule alternative qui soit prohibée. Est-ce toi qui es un excentrique ou la vie qui est bizarre ? Tu as horreur de la loterie, et il te faut jouer. D'où vient cet arrangement biscornu et cette loi cocasse ? Tu as en antipathie l'action qui fait presque toujours le contraire de ce qu'elle veut ; et la nécessité te force d'agir. Quelle pantalonnade !

Ceux, par exemple, qui croient qu'on est ici pour s'amuser devraient bien expliquer cette passion taquine et contrariante de la destinée, s'ingéniant à placer les poissons dans une guitare et les poètes dans un guêpier.

Je sais bien que les délicats de ta façon ont surtout peur de ce qui leur serait bon et inclinent vers ce qui leur nuit ; en sorte que la contrainte leur est plutôt bonne, comme pour les jeunes mariées. Mais il n'en est pas moins dur d'être ainsi dépourvu de clartés pour la conduite de ses efforts et d'impulsion secrète vers sa fin sociale.

(Minuit.) — Lecture de quinze sonnets et de neuf poésies mêlées de Gœthe. L'impression que laisse cette partie des *Gedichte* est bien plus favorable que celle que donnent les Élégies et les Épigrammes ; ainsi *les Esprits des eaux, Ma Déesse, le Voyage du Harz, le Divin* ont une grande noblesse de sentiment. Il ne faut jamais se hâter de juger ces natures multiples... Sans arriver au sentiment de l'obligation et du

péché, Gœthe arrive au grand sérieux par la route de la dignité. C'est la statuaire grecque qui a été son catéchisme de vertu...

4 février 1871. — L'éternel effort est le caractère de la moralité moderne, et même de la plupart des chrétiens. Ce devenir douloureux a remplacé l'harmonie, l'équilibre, la joie, c'est-à-dire l'être. Nous sommes tous des faunes, des satyres, des silènes qui aspirons à devenir des anges, des laideurs qui travaillons à notre embellissement, de grossières chrysalides qui enfantons laborieusement notre propre papillon. L'idéal n'est plus la beauté sereine de l'âme, c'est l'angoisse de Laocoon se débattant contre l'hydre du mal. Le sort en est jeté. Il n'y a plus que des candidats du ciel, galériens sur la terre.

> Nous ramons notre vie en attendant le port ;
> Nous souffrons dans tout le passage,
> Et ce n'est qu'au jour de la mort
> Que la sérénité brille en notre visage.

Molière a dit que le raisonnement bannissait la raison. Il est possible aussi que le perfectionnement dont nous sommes si fiers ne soit qu'une imperfection prétentieuse. Le devenir semble encore plus négatif que positif ; il est le mal s'amoindrissant, mais il n'est pas le bien ; il est le mécontentement généreux, mais non le bonheur ; il est la poursuite incessante d'un but inaccessible, c'est-à-dire une noble folie, mais non pas la raison ; il est la nostalgie de l'irréalisable, maladie touchante qui n'est pourtant pas la sagesse.

Cette tendance rabaisse la vie individuelle, qui n'est plus qu'un moyen pour un résultat extérieur auquel elle doit être sacrifiée. La génération actuelle se fait fumier pour la suivante, qui en fera autant pour la troisième, et ainsi de suite. Et de cette longue série de tourments, résultera-t-il une génération du moins plus satisfaite et plus harmonique ? Nullement, car le mécontentement est proportionnel à l'accroissement des ressources, et c'est chez les fortunés de ce monde que se rencontrent le plus de démences et de suicides. La perfectibilité indéfinie est donc une doctrine qui se contredit elle-même. Le progrès, entendu de la façon vulgaire, est un radotage creux. Il croit faire le bonheur des hommes, et il ne le prouve ni dans le présent, ni dans l'avenir.

Chaque être peut arriver à l'harmonie : quand il y est, il est dans l'ordre, et il représente la pensée divine aussi clairement pour le moins qu'une fleur ou qu'un système solaire. — Le système vulgaire du progrès fait rougir de l'heure où l'on est et mépriser le passé, il fait croire indûment que c'est seulement à la fin des âges qu'il vaudra la peine de vivre. Dangereuse et absurde hérésie ! Le perfectionnement ne remplace pas la perfection. La perfection ne devient pas, elle est. La perfection, c'est l'harmonie intérieure. L'harmonie ne cherche rien, en dehors d'elle-même. Elle est ce qu'elle doit être ; elle exprime le bien, l'ordre, la loi, et cela aussi bien à cette heure que dans deux mille ans. L'harmonie exprime une vérité, elle est supérieure au temps et représente l'éternel.

8 février 1871. — Gœthe et Schleiermacher, l'harmonie présente et la poursuite de l'idéal ; ce sont les deux pôles entre lesquels j'oscille. Que devenez-vous ? demandais-je une fois à Victor Cherbuliez. Moi ? je ne deviens pas, je me contente d'être, me fut-il répondu. Ma conscience et mon goût se combattent encore. Y a-t-il moyen de les concilier ? Peut-être.En communiquant aux autres l'harmonie,il semble qu'on réunit le devoir et le bonheur, le bien et le beau, le καλοκἀγαθὸν de Socrate. Humaniser les hommes, les électriser par induction, les aider à vivre de la vie supérieure, et allumer leur lampe sans éteindre ni surexciter la flamme de la science, ce serait peut-être la solution. J'irais donc un peu plus loin que Rückert et que Gœthe, qui demandent seulement à la rose d'être rose. Je demanderais à la lampe de communiquer sa flamme, de prêter sa lumière et même de circuler volontairement dans les endroits ténébreux, mais qu'elle s'entretienne d'abord elle-même et vive de sa vie propre . Nul n'existe seulement pour lui-même, mais nul n'existe seulement pour les autres. Pour donner du bonheur, il faut en avoir. Pour prêcher l'harmonie, il faut d'abord être harmonieux.

9 février 1871. — Je relis les *Chansons du soir* de Juste

Olivier[1], avec le cœur gros. Toute la mélancolie du poète passe dans mes veines. Mais j'ai souffert littérairement, sympathiquement, non par retour sur moi, sur ma destinée. C'est toute une existence qui s'est levée devant moi, tout un monde de rêverie triste.

Que *Musette*, la *Chanson de l'alouette*, le *Chant du retour*, *la Gaîté* sont caractéristiques ! Que *Lina*, *A ma fille* sont fraîches ! Mais les pièces supérieures sont *Au delà*, *Homunculus*, *la Trompeuse* et surtout *Frère Jacques*, le chef-d'œuvre de l'auteur, avec *les Marionnettes* et le chant *Helvétie*[2]. — Le plus sérieux symbolisme sous l'enjouement d'un badinage enfantin, la larme furtive dans le sourire malin, la sagesse résignée et pensive dans quelque ronde populaire, le sublime incognito, le tout dans le rien, voilà où triomphe le poète vaudois. Il y a pour le lecteur surprise et attendrissement. Et chez l'auteur, il y a une sorte de matoiserie paysannesque qui s'amuse à glisser, en apparence, des noisettes à ses favoris tandis que ces noisettes contiennent des diamants. Juste Olivier, comme les fées, adore ces délicates mystifications. Il dissimule ses présents. Telle est sa bonhomie. Il ne promet rien et donne beaucoup. C'est un prodigue bourru, dont la rondeur est toute subtile et la malice pure tendresse, la fine fleur de la *vaudoiserie* dans ce qu'elle a de plus rêveur et de plus aimant.

10 février 1871. — Lecture : quelques chapitres vigoureux et croassants de Taine (*Histoire de la littérature anglaise*). J'éprouve une sensation pénible avec cet écrivain, comme une odeur de laboratoire, un grincement de poulies, un *cliquettement* de mécanique. Ce style tient de la chimie et de la technologie. La science y devient inexorable. D'ailleurs on n'y sent que de la clairvoyance, nulle délicatesse, nulle sym-

---

1. Juste Olivier (1801-1876), poète de race, naïf et penseur, dont le nom est cher à la Suisse romande, et dont Sainte-Beuve aimait la personne et goûtait le génie. C'est à lui que s'adresse l'auteur des *Pensées d'Août*, dans le sonnet :

> Pardon, cher Olivier, si votre alpestre audace
> Jusqu'aux hardis sommets ne me décide pas.

2. Ces deux dernières pièces se trouvent dans les *Chansons lointaines*.

pathie. C'est rigoureux et sec, c'est pénétrant et dur, c'est fort et âpre ; mais cela manque tout à fait d'humanité, de noblesse, de grâce. Cette sensation vert-de-grisée, pénible à la dent, à l'oreille, à l'œil et au cœur, c'est-à-dire blessant le goût de toutes les manières, tient à deux choses probablement : à la philosophie morale de l'auteur et à son principe littéraire. Le profond mépris de l'humanité qui caractérise l'école physiologique, et l'intrusion de la technologie dans la littérature, entreprise par Balzac et Stendhal, expliquent cette aridité secrète que l'on sent dans ces pages et qui vous happe à la gorge comme les vapeurs malsaines d'une fabrique de produits minéraux. Cette lecture est instructive à un très haut degré, mais elle est antivivifiante ; elle dessèche, corrode, attriste. Elle n'inspire rien, pas plus que la vue d'une pharmacie, d'un musée ostéologique ou d'un herbier ; elle fait seulement connaître. Je m'imagine que ce sera la littérature de l'avenir, à l'américaine, contraste profond avec l'art grec ; l'algèbre au lieu de la vie, la formule au lieu de l'image, les exhalaisons de l'alambic au lieu de l'ivresse d'Apollon, la vue froide au lieu des joies de la pensée, bref la mort de la poésie, écorchée et anatomisée par la science.

Cette critique sent l'écorché, le chlore et les réactifs, et on ne lui est presque pas reconnaissant des aperçus qu'elle ouvre, parce qu'elle tarit en même temps la source des illusions et des créations. Elle stupéfie comme un anesthésique, elle égaie comme la morgue. Ce qu'il y manque, ce n'est pas la profondeur, la perspicacité, l'information, c'est d'aimer et de faire aimer.

15 février 1871. — Les nations font sans le vouloir leur éducation mutuelle, tout en ne poursuivant que leur intérêt égoïste. C'est la France qui a fait l'Allemagne présente en s'attachant au but contraire depuis dix générations ; c'est l'Allemagne qui régénérera la France contemporaine en ne cherchant qu'à la mater. La France révolutionnaire aura enseigné l'égalité aux Allemands qui par nature sont hiérarchiques ; l'Allemagne sérieuse enseignera aux Français que la rhétorique ne vaut pas la science, et que l'apparence ne vaut pas la réalité. Le culte du prestige, c'est-à-dire du mensonge, la passion de la vaine gloire, c'est-à-dire de la fumée et du bruit, voilà ce qui doit mourir à l'avantage de tout le monde. C'est une fausse religion qui est détruite. Que ses adorateurs se désabusent et qu'ils vivent. L'histoire ne veut pas la mort du pécheur, mais sa conversion... J'espère sincèrement que de cette guerre sortira un nouvel équilibre, meilleur que le précédent, une nouvelle Europe où l'élément germanique aura la suprématie, c'est-à-dire où le gouvernement de l'individu par lui-même sera le principe cardinal de la société, tandis que le principe latin est de faire de l'individu le moyen, la chose, l'instrument de l'Église ou de l'État.

L'ordre et l'harmonie résultant de la libre adhésion et de la soumission volontaire à un même idéal, c'est un autre monde moral ; c'est l'équivalent en style laïque du sacerdoce universel. Le symbole de la société modèle est une grande société libre de musique, où tout s'organise, se subordonne, se discipline, par amour de l'art et pour exécuter un chef-d'œuvre. Personne n'est contraint, personne n'est exploité, personne ne joue hypocritement un rôle intéressé. Tous apportent leur talent, ou leur pite, et contribuent sciemment et joyeusement à l'œuvre commune, au but supérieur qui luit devant les yeux. Les amours-propres eux-mêmes sont obligés de concourir à l'action collective, sous peine de se faire tort en se faisant remarquer.

16 février 1871 (minuit). — On comprend les femmes comme la langue des oiseaux, d'intuition ou pas du tout. La peine, l'étude, l'effort ne servent de rien ici : c'est un don et une grâce. Pour comprendre ces énigmes vivantes, il faut les aimer, mais cela ne suffit pas, car on peut les adorer sans y voir plus clair. Il faut avoir eu la bonne fée à son berceau. Deux gouttes de poésie dans notre premier breuvage et le brin de marjolaine sous notre premier oreiller nous douent de cette clairvoyance magique. Ceux qui la possèdent exercent en même temps une attraction indéfinissable sur les femmes, qui devinent cette puissance et en ressentent le charme, comme la sève entend l'appel du printemps, comme la phalène vole à travers la nuit vers le rideau lointain qui tamise la vague lueur d'une lampe. L'individu doué de lucidité sympathique paraît un sorcier. Mais c'est un libérateur, et les femmes le savent bien. A lui les confidences, parce qu'il sait comprendre et consoler. A lui la gratitude passionnée, parce qu'il a la clef des cœurs et qu'il garde fidèlement les secrets. Heureux les filleuls de la fée, parce qu'ils donnent du bonheur. Qui connaît la langue des oiseaux est initié à bien d'autres mystères. Il est rose-croix de naissance et grand-maître dans la franc-maçonnerie de l'amour.

18 février 1871. — C'est dans le roman que la vulgarité moyenne de la société allemande et son infériorité à celles de France et d'Angleterre s'aperçoivent distinctement. La notion du « choquant » manque à l'esthétique des Allemands. Leur laisser aller est de mauvaise compagnie ; leur élégance ne connaît pas la grâce ; ils ne devinent pas l'énorme distance entre la distinction *ladylike* et la *Vornehmlichkeit* gourmée. Leur imagination manque de style, d'usage, d'éducation et de monde ; elle a son certificat de roture même dans ses habits du dimanche. La race est poétique, et intelligente, mais elle est commune et de mauvais ton. La souplesse, la gentillesse, les manières, l'esprit, le brio, le goût, la dignité, le charme sont pour d'autres.

Est-ce que la liberté intérieure de l'âme, l'harmonie profonde des facultés que j'ai si souvent observées dans les individualités supérieures de ce peuple n'arriveront pas à la surface ? Les vainqueurs d'aujourd'hui ne civiliseront-ils pas leurs formes ? C'est au roman futur que nous en jugerons. Quand ils auront des romans de tout à fait bonne compagnie, ils seront hors de page. Jusque-là il leur manque le fini, le poli, la maturité de la culture sociale ; ils ont l'humanité des sentiments, mais ils n'ont pas encore le *comme il faut* ni le *je ne sais quoi*. Ils possèdent l'honnêteté ; ils sont dépourvus de savoir-vivre.

Les répugnances de plusieurs de mes amis pour les Allemands ne sont donc pas des préventions absurdes ; mais elles sont inéquitables parce qu'elles accentuent les défauts de ce peuple au point de faire oublier ses qualités. Parler de la raideur anglaise, de la frivolité française, de la pesanteur allemande, ce n'est pas être dans le faux, mais c'est prendre la verrue pour le visage. Pour moi, je ne me sens aucune antipathie ethnographique, et je déteste les défauts, non les races, le péché et non le pécheur.

22 février 1871. — Soirée chez M***. Solide élégance. Une trentaine de personnes du meilleur monde ; heureux partage de sexes et d'âges. Têtes blanches, jeunes personnes, belles épaules, figures spirituelles. Le tout encadré dans des tapisseries d'Aubusson qui font un lointain doux et un fond charmant aux groupes en toilette...

Dans le monde, il faut avoir l'air de vivre d'ambroisie et de ne connaître que les préoccupations nobles. Le souci, le besoin, la passion n'existent pas. Tout réalisme étant brutal est supprimé. Ces déesses sont censées descendre de l'Olympe et n'être assujetties à aucune des infirmités terrestres. Elles n'ont plus de viscères ni de pesanteur, elles ne retiennent de la nature humaine que ce qu'il en faut pour la grâce et la volupté. En un mot, ce qu'on appelle le grand monde se paie momentanément une illusion flatteuse, celle d'être dans l'état éthéré et de respirer la vie mythologique. C'est pourquoi toute véhémence, tout cri de la nature, toute souffrance vraie, toute familiarité irréfléchie, toute marque franche de passion choquent et détonnent dans ce milieu délicat ; toutes les crudités détruisent à l'instant l'œuvre collective, le palais de nuages, l'architecture prestigieuse élevée du consentement de tous. C'est à peu près comme l'aigre chant du coq qui fait évanouir tous les enchantements et met en fuite les féeries. Les réunions choisies travaillent sans le savoir à une sorte de concert des yeux et des oreilles, à une œuvre d'art improvisée. Cette collaboration instinctive a un vrai charme car elle est une fête de l'esprit et du goût et transporte les acteurs dans la sphère de l'imagination ; elle est une forme de la poésie et c'est ainsi que la société cultivée recompose avec réflexion l'idylle disparue et le monde d'Astrée englouti. Paradoxe ou non, je crois que ces essais fugitifs de reconstruction d'un rêve qui ne poursuit que la seule beauté, sont de confus ressouvenirs de l'âge d'or qui hantent l'âme humaine, ou plutôt des aspirations à l'harmonie des choses que la réalité quotidienne nous refuse et que l'art seul nous fait entrevoir.

23 avril 1871 (dix heures du matin). — Éprouvé hier au soir une vague impression cérébrale, comme d'une congestion future : ces anticipations d'orages sanguins sont les pressentiments de la chair. Elles vous disent très nettement : voilà ta borne ; tu n'iras pas plus loin, ne te fais pas d'illusion. Ce petit avertissement sec fait presque autant d'effet que le petit souffle dans la vision de Job ; on sent l'abîme et le poil se hérisse. Ainsi, dans toutes les directions je touche à mes limites : le cœur, les bronches, les reins, la vue, l'ouïe, les os, l'estomac, le cerveau m'ont successivement menacé de cesser leurs services, et laissé entrevoir le terme de leurs complaisances. Je suis un peu comme un général dont l'armée ergote, discute et se rebiffe avant de se mutiner, ou comme un gouvernement qui voit se relâcher tous les liens du respect et de l'obéissance avant le refus de l'impôt ou l'érection des barricades. J'en suis aux avant-coureurs de la démolition. Pour un psychologue, il est même fort intéressant d'avoir la conscience immédiate de la complication de son organisme et du jeu de ses rouages. Il me semble que mes sutures se dénouent et se détachent juste assez pour que j'aie la perception de mon assemblage et le sentiment distinct de ma fragilité. Cela fait de l'existence personnelle un étonnement et une curiosité. Au lieu de ne voir que le monde environnant, on s'analyse soi-même. Au lieu de n'être qu'un bloc, on devient légion, multitude, tourbillon, on est un *cosmos*. Au lieu de vivre par la surface, on prend possession de son intimité. On s'aperçoit, sinon dans ses cellules et ses atomes, au moins dans ses systèmes organiques et presque dans ses tissus. En d'autres termes, la monade centrale s'isole de toutes les monades subordonnées pour les contempler, et reprend en soi son harmonie, quand elle voit se troubler l'harmonie plurielle et intermonadique. Ainsi un roi, après son abdication, rentre dans la vie privée.

La santé est donc un équilibre de notre organisme avec ses parties composantes et avec le monde extérieur ; elle nous sert surtout à connaître le monde. Le trouble organique nous oblige à reconstituer un équilibre plus intérieur, à nous retirer dans notre âme; et dès lors c'est notre corps lui-même qui devient notre objet, il n'est plus nous, quoiqu'il soit encore à nous ; il n'est plus que le vaisseau où nous faisons la traversée de la vie, vaisseau dont nous étudions les avaries et la structure sans l'identifier avec notre individu.

Où réside en définitive notre Moi ? Dans la pensée ou plutôt dans la conscience. Mais au-dessous de la conscience, il y a son germe, le *punctum saliens* de la spontanéité, car la conscience n'est pas primitive, elle devient. La question est de savoir si la monade pensante peut retomber dans l'enveloppement, c'est-à-dire dans la pure spontanéité ou même dans le gouffre ténébreux de la virtualité. J'espère que non. Le royaume s'en va, le roi subsiste. Ou bien serait-ce la royauté qui seule subsisterait, c'est-à-dire l'idée, la personne n'étant à son tour que le vêtement passager de l'idée durable. Est-ce Leibniz ou Hegel qui a raison ? L'individu est-il immortel sous la forme de corps spirituel ? Est-il éternel sous la forme d'idée individuelle ? Qui a vu le plus juste, de saint Paul ou de Platon ? C'est la théorie de Leibniz qui me sourit le plus, parce qu'elle ouvre l'infini en durée, en multitude et en évolution. Une monade, étant l'univers virtuel, n'a pas trop de l'infini du temps pour développer l'infini qui est en elle-même. Seulement, il faudrait admettre des actions et des influences extérieures faisant osciller l'évolution de la monade ; il faudrait que son indépendance fût une quantité mobile et croissante entre zéro et l'infini, sans être jamais complète et jamais nulle, la monade ne pouvant être absolument passive ni entièrement libre.

12 juin 1871. — ....Ma pensée se retourne sur le souci du jour, sur les affaires de France. Thiers, le pouce sur la soupape, ajourne l'explosion de la chaudière, mais c'est tout. La guerre civile est en perspective. D'ailleurs, l'universel croquemitaine, le socialisme international des ouvriers, à peine écrasé à Paris, célèbre sa prochaine victoire. Pour lui, il n'y a ni patrie, ni souvenirs, ni propriété, ni religion ; il n'y a rien ni personne que lui. Son dogme est l'égalitarisme, son prophète est Mably, et Babeuf est son dieu. « La jouissance est tout, la richesse en est le moyen, le travail est la source de la richesse ; nous sommes le travail et nous sommes égaux. Donc périsse le monde, s'il ne veut pas s'organiser d'après notre idée, le nivellement absolu des biens et des jouissances ! Toute la société actuelle, avec sa religion, ses mœurs, ses capitaux, ses capitales, ses fonctions et sa hiérarchie, nous est en détestation ; elle est injuste, puisque nous ne sommes pas les maîtres. Et nous la détruirons. Votre civilisation nous est un vomissement, tant qu'elle n'est pas notre proie. Les barbares subissaient le prestige de Rome ; nous ne sommes pas si niais. Nous haïssons ce que vous aimez, et nous sommes irréconciliables. »

Que répondre à cela ? que l'Internationale est bien dans la logique de l'esprit révolutionnaire et représente l'annihilation de tout droit acquis, le mépris absolu du droit d'autrui ; qu'elle est le catholicisme de la vengeance ; que c'est le spectacle même du luxe effréné des grandes capitales qui enseigne le mépris de la richesse, laquelle paraît non le résultat du travail mais son chancre rongeur ; — que la société française ne pouvant combattre cette barbarie nouvelle que par la compression, par le cléricalisme ou par l'indignation hypocrite des classes mieux partagées, ne peut s'attendre à guérir le mal. Peut-être même ce mal, qui couve partout et qui n'est pas autre chose que la terrible guerre des pauvres contre les riches, finira-t-il par incendier l'Europe.

Comment résoudre le conflit, puisqu'il n'y a plus un seul principe commun entre les partisans et les adversaires de la société actuelle, entre le libéralisme et l'égalitarisme ? Leur notion de l'homme, du devoir, du bonheur, c'est-à-dire de la vie et de son but est tout autre. Je soupçonne même que le communalisme international n'est que le maréchal des logis du nihilisme russe, qui sera le tombeau commun des vieilles races et des races serviles, des Latins et des Slaves ; c'est dans ce cas le brutal individualisme à l'américaine qui sera le salut de l'humanité. Mais je crois que les peuples vont plutôt à leur châtiment qu'à la sagesse. La sagesse, étant un équilibre, ne se rencontre que dans les individus. La démocratie, faisant dominer les masses, donne la prépondérance à l'instinct, à la nature, aux passions, c'est-à-dire à l'impulsion aveugle, à la gravitation élémentaire, à la fatalité générique. La bascule perpétuelle entre les contraires devient son mode unique de progression, parce que c'est la forme enfantine, bête et simple, de l'esprit borné, qui s'engoue et se déprend, adore et maudit, toujours avec la même précipitation. La succession des sottises opposées lui donne l'impression du changement, qu'elle identifie avec l'amélioration, comme si Encelade était moins mal sur le flanc gauche que sur le flanc droit, tandis que le volcan pèse de même. — La stupidité de Dêmos n'a d'égal que sa présomption. C'est un adolescent qui a la puissance et ne peut arriver à la raison.

Que Luther avait raison de comparer l'humanité à un paysan ivre, qui tombe toujours d'un des côtés de son cheval !

Ce n'est pas que je nie le droit de la démocratie ; mais je n'ai pas d'illusion sur l'emploi qu'elle fera de son droit tant que la sagesse sera rare et l'orgueil abondant. Le nombre fait la loi, mais le bien n'a rien à faire avec le chiffre. Toute fiction s'expie, et la démocratie repose sur cette fiction légale, c'est que la majorité a non seulement la force mais la raison, qu'elle possède la sagesse en même temps que le droit. Fiction dangereuse parce qu'elle est flatteuse. Les démagogues ont toujours caressé le sens intime des masses, comme on chatouille un chat qu'on veut amadouer. Les masses seront toujours au-dessous de la moyenne. D'ailleurs l'âge de majorité baissera, la barrière du sexe tombera, et la démocratie arrivera à l'absurde en remettant la décision des plus grandes choses aux plus incapables. Ce sera la punition de son principe abstrait de l'égalité, qui dispense l'ignorant de s'instruire, l'imbécile de se juger, l'enfant d'être un homme et le mauvais sujet de s'amender. — Le droit public fondé sur l'égalité virtuelle se brisera par ses conséquences. Il méconnaît l'inégalité de valeur, de mérite, d'expérience, c'est-à-dire le travail individuel ; il aboutira au triomphe de la lie et de la platitude. L'adoration des apparences se paie. Le régime de la Commune parisienne a été un échantillon de ce qui arrive au pouvoir par ce temps de boursouflure furibonde et de soupçon universel. Un enragé dure trois jours et trouve immédiatement un plus enragé que lui pour le déclarer traître. Le *steeple chase* de la frénésie est confondu avec le service de l'idée révolutionnaire. Il ne s'agit que d'être forcené et de pouvoir soutenir un crescendo. Le délire est pris pour l'inspiration delphique.

> Voilà donc quels vengeurs s'arment pour ta querelle !
> De quels impurs bourreaux tu te fais maquerelle
> O Révolution !
> Va, fais du monde entier sauter la Sainte-Barbe,
> Stupide et folle, vois Satan rire en sa barbe
> De ton illusion.

Du reste, l'humanité a la vie dure et survit à toutes les catastrophes. Seulement il est impatientant qu'elle prenne toujours par le plus long, et doive épuiser toutes les fautes possibles avant d'accomplir un pas définitif vers le mieux. Ces innombrables sottises facultatives sont la cause de ma mauvaise humeur. A celui qui s'en étonne, je demanderai s'il resterait impassible devant un interlocuteur qui essaierait tous les mots avant de trouver le mot propre et bégaierait toutes les lettres de l'alphabet avant de prononcer juste ce malheureux mot ? Autant l'histoire de la science est majestueuse, autant l'histoire de la politique et de la religion est insupportable ; la marche du monde moral semble un abus de la patience de Dieu.

Halte ! la misanthropie et le pessimisme n'ont rien de rafraîchissant. Si notre espèce est ennuyeuse, ayons la pudeur de ses maux. Nous sommes emprisonnés sur le même navire et nous devons sombrer avec elle. Payons notre dette et laissons à Dieu le reste. Solidaires des souffrances de notre race, donnons un bon exemple : c'est tout ce qui nous est demandé. Faisons le bien que nous pouvons, disons le vrai que nous savons ou croyons, et pour le surplus soyons soumis, patients et résignés. Dieu fait son affaire, faisons la nôtre.

15 août 1871. — Relu une deuxième fois la *Vie de Jésus*, de Renan, seizième édition populaire. Ce qui est caractéristique dans cette analyse du christianisme, c'est que le péché n'y joue pas de rôle. Or si quelque chose explique le succès de la Bonne Nouvelle parmi les hommes, c'est qu'elle apportait la délivrance du péché et en un seul mot le salut. Il conviendrait pourtant d'expliquer religieusement une religion, et de ne pas esquiver le centre de son sujet. Ce « Christ en marbre blanc » n'est pas celui qui a fait la force des martyrs et qui a essuyé tant de larmes. Le vainqueur du Péché et de la Mort est un peu mieux qu'un délicieux moraliste et qu'un initiateur à la religion sans prêtre. L'auteur n'a pas fait broche et s'il détruit une foule de préjugés nuisibles, il manque de sérieux moral, et confond la noblesse avec la sainteté. Il parle en artiste sensible d'un sujet touchant, mais sa conscience paraît désintéressée dans la question. Le dilettantisme religieux est une variante de l'indifférence ; la piété réelle et sincère ne s'y trompe pas. Comment confondre l'épicuréisme de l'imagination s'accordant les douceurs d'un spectacle esthétique avec les angoisses d'une âme cherchant passionnément la vérité ? Nos amateurs d'études religieuses s'amusent des crédulités naïves du passé, et s'en redonnent la sensation comme on se refait Grec avec Homère, sans conséquence. Cette ironie pateline d'une dévotion tout artistique impatiente les natures positives, qui subodorent une mystification. Mieux vaudrait, pensent-elles, un franc ennemi qu'un entortilleur en gants blancs, qui fait d'une religion une momie tout en la couvrant de bandelettes. Il y a dans Renan un reste de ruse séminariste ; il étrangle avec des cordons sacrés et égorgille avec des airs confits. Passe encore ces douceurs méprisantes avec les clergés plus ou moins captieux, mais aux âmes sincères on devrait une sincérité plus respectueuse. L'éternelle bouche en cœur du critique qui se moque sous cape de son auditoire, a quelque chose d'inhumain et de glacial. J'admets l'ironie contre la présomption ignare, contre le charlatanisme et la convention, mais je ne l'approuve pas comme méthode universelle, car elle manque de courage, de loyauté et de bonté. Persiflez les pharisaïsmes, mais parlez droit aux honnêtes gens. Le dédain transcendant est une bonne défensive de l'égoïsme, mais il n'est pas une œuvre de charité et de fraternité.

Charnex, 22 septembre 1871 (quatre heures après-midi). — Un trou dans le dôme pluvieux laisse passer un rayon blanc qui éclate dans ma chambre comme un rire sardonique, et s'en va plus vite qu'il n'est venu.

Après dîner, promenade jusqu'à Chailly, entre deux ondées... Paysage gris, mais vaste, poignée de rayons tombant sur le lac, percées lointaines, montagnes barbouillées de vapeurs, et, malgré tout, beauté du pays. On ne se lasse pas de cette vue accidentée et caressante. Je trouve du charme aux vues de pluie ; les couleurs sourdes en sont plus veloutées, les tons mats en deviennent attendris. Le paysage est alors comme un visage qui a pleuré ; il est moins beau sans doute, mais plus expressif.

En arrière de la beauté superficielle, joyeuse, rayonnante, palpable, l'esthétique découvre tout un ordre de beauté cachée, voilée, secrète, mystérieuse, parente de la beauté morale. Cette beauté-ci ne se révèle qu'aux initiés, elle n'en est que plus suave. C'est un peu comme la joie raffinée du sacrifice, comme la folie de la foi, comme la volupté des larmes ; elle n'est pas à la portée de tout le monde. Son attrait est singulier, et fait l'impression d'un parfum étrange ou d'une mélodie bizarre. Une fois qu'on y a pris goût, on s'y délecte, on en raffole, car on y trouve

> Son bien premièrement, puis le dédain d'autrui,

et il est si agréable de n'être pas du même avis que les sots. Or cela n'est pas possible avec les choses évidentes et les incontestables beautés. Le charme est le nom de cette beauté maçonnique et paradoxale qui échappe au vulgaire et fait rêver. C'est pourquoi la laideur, lorsqu'elle a du charme, ne charme pas à demi. Un sphinx qui plaît ensorcelle son amoureux, car il a deux philtres pour un.

A côté du charme, la beauté simple paraît fade, pauvre et presque bête. Quelle figure fait une petite pensionnaire aux traits réguliers et au teint rose, mais insignifiante, auprès d'une femme à la physionomie chiffonnée mais pétillante d'esprit et de passion ?

Les laideurs transparentes, que l'âme transfigure à l'occasion, sont encore une belle part dans le monde et peuvent enregistrer des succès flatteurs (Pauline Viardot, Jenny Lind,

Mme de Staël). Il est gentil d'avoir un masque lorsqu'on peut le poser pour ceux qui en valent la peine. La beauté classique appartient pour ainsi dire à tous les yeux, elle ne s'appartient pas à elle-même ; la beauté maçonnique est une seconde pudeur, qui ne se dévoile que pour les yeux dessillés et ne favorise que l'amour.

C'est pourquoi mon amie S***, qui se met tout d'abord en rapport avec l'âme, ne voit pas la laideur des gens dès qu'elle s'intéresse à eux, pas plus qu'une mère ne voit la laideur de son nouveau-né. Pour elle, elle aime ou n'aime pas, et ceux qu'elle aime sont beaux, ceux qu'elle n'aime pas sont laids. Ce n'est pas plus compliqué que cela. L'esthétique se dissout pour elle dans la sympathie morale ; elle ne regarde qu'avec son cœur ; elle tourne le chapitre du beau et passe au chapitre du charme. — Je puis faire de même ; seulement, c'est par réflexion et de second mouvement ; mon amie le fait involontairement et tout d'abord ; elle n'a pas la fibre artistique ; la prose, l'utile, le bon lui suffisent. Le besoin de la correspondance parfaite entre le dedans et le dehors des choses, entre le fond et la forme n'est pas dans sa nature. Elle ne souffre pas de la laideur ; à peine si elle l'aperçoit. Pour moi, je ne puis qu'oublier ce qui me choque, je ne puis pas n'être pas choqué. Tous les défauts corporels m'agacent, et la non-beauté dans le beau sexe ne devant pas être, me choque comme une déchirure, comme un solécisme, comme une dissonance, comme une tache d'encre, en un mot comme un désordre. En revanche, la beauté me délecte, me restaure, me fortifie comme un aliment merveilleux, comme l'ambroisie olympienne.

> Que le bon soit toujours camarade du beau,
>   Dès demain, je chercherai femme,
> Mais comme le divorce entre eux n'est pas nouveau,
> Et que peu de beaux corps, hôtes d'une belle âme,
>   Assemblent l'un et l'autre point...

je n'achève pas, car il faut se résigner. La belle âme dans un corps qui se porte bien est déjà une bénédiction rare, et si l'on trouve encore du cœur et du sens, de la pensée et de la vaillance, on peut se passer de cette ravissante gourmandise qui s'appelle la beauté, et presque de cet assaisonnement délicieux qui se nomme la grâce. On s'en passe avec un soupir, comme d'un superflu ; heureux déjà de posséder le nécessaire.

> J'ai vu beaucoup d'hymen, aucun d'eux ne me tentent :
> Cependant des humains presque les quatre parts
> S'exposent hardiment au plus grand des hasards ;
> Les quatre parts aussi des humains se repentent...

Et ceux qui ne se marient pas, encore plus. — Certes la vie à deux est un problème délicat ; mais la vie solitaire est une monstruosité. L'homme ne va pas sans la femme, selon le Seigneur et selon la nature. Seulement les races latines, avec leur vilaine idée de la femme, ont rendu le mariage une sorte de duel domestique entre deux volontés. — Le vrai mariage est un état normal, salutaire, fortifiant, sanctifiant, mais il faut s'y maintenir au point de vue religieux.

29 décembre 1871. — Lu Bahnsen (*Critique de l'évolutionnisme de Hegel-Hartmann, au nom des principes de Schopenhauer*). Abominable écrivain ! Comme la seiche dans l'eau, il produit en se démenant un nuage d'encre qui dérobe sa pensée dans les ténèbres ; son langage paraît imaginé pour cacher ce qu'il veut dire, et plus il s'explique moins on le comprend. — Et quelle doctrine ! un pessimisme acharné qui trouve le monde absurde, « absolument idiot », et reproche à Hartmann d'avoir laissé subsister un peu de logique dans l'évolution de l'univers, tandis que cette évolution est éminemment contradictoire (dialectique) et qu'il n'y a un peu de raison (logique) que dans la pauvre cervelle du raisonneur. — De tous les mondes possibles celui qui existe est le plus mauvais. Sa seule excuse, c'est qu'il tend de lui-même à la destruction, c'est-à-dire au suicide. L'espérance du philosophe, c'est que les êtres raisonnables abrégeront son agonie et hâteront la rentrée de tout dans le néant. — C'est la philosophie du satanisme désespéré, qui n'a pas même à offrir les perspectives résignées du bouddhisme à l'âme désabusée de toute illusion. Dieu n'est que le *Welt-Krokodil*, qui jouit du supplice de tous les êtres se débattant dans l'impossibilité du bonheur. L'individu ne peut que protester et maudire. — Ce sivaïsme frénétique dérive de la conception qui fait sortir le monde de la volonté aveugle, principe de tout. Il professe que le monde est une monstruosité scélérate, l'œuvre d'une omnipotence en délire.

Nur werth, dass es zu Grunde gehe.

Évolutionnisme, fatalisme, pessimisme, nihilisme : n'est-il pas curieux de voir s'épanouir cette doctrine terrible et désolée, dans le temps même où la nation allemande fête sa grandeur et ses triomphes ? Le contraste est si éclatant qu'il fait rêver.

Cette orgie de la pensée philosophique identifiant l'erreur avec l'existence même, et développant l'axiome proudhonien : Dieu c'est le mal, ramènera les foules à la théodicée chrétienne, qui n'est ni optimiste ni pessimiste et qui déclare accessible la félicité qu'elle appelle la vie éternelle.

L'âcreté blasphématoire de la doctrine amène des épithètes de mauvais goût, telles que « le laquais de Jéhovah », « le Dieu-Satan », etc., qui empêchent de croire à une simple gageure d'un théoricien paradoxal. Nous avons bien affaire à un théophobe, que la foi au bien fait écumer de fureur, et que la joie des innocents fait bondir de mépris. Pour hâter la délivrance du monde, il détruit dans l'œuf toutes les consolations et toutes les espérances et toutes les illusions, et met à la place de l'amour de l'humanité qui inspirait Çakya Mouni, le fiel méphistophélique qui salit et dessèche et corrode toutes choses. Pouah !

21 janvier 1872. —... Il y a des âmes qui vivent par amour et par religion, qui ne recherchent que le bien et le beau, qui se dilatent dans le sacrifice. Elles sont plus que désintéressées, elles sont dévouées. C'est la petite église, l'élite des nobles âmes. Voilà le bon exemple, voilà le vrai point d'appui.

25 janvier 1872. — A Berne, la révision marche avec violence dans le sens bernois de centralisation intéressée [1]. L'ex-

---

1. L'assemblée fédérale (Conseil national et Conseil des États, réunis à Berne)

ploitation brutale des cantons frontières, lésés dans tous leurs intérêts économiques, se poursuit sans gêne. Les peuples n'ont pas plus que les hommes la force de s'arrêter à la sagesse. Ils exagèrent leurs principes et marchent droit à Némésis. La démocratie ne se tempère pas plus qu'un élément et parcourt le cycle de ses destinées, comme un typhon ou un mascaret. Sa base de droit est la volonté de la majorité numérique, et sa fiction c'est que cette volonté est par surcroît éclairée, judicieuse et prévoyante. — Or, c'est une psychologie ridicule que celle qui donne à l'intelligence la volonté pour guide et pour Mentor, et qui fait conduire le père par l'enfant, l'officier par ses soldats, le chef par la masse, les connaisseurs par les ignorants, la raison par la passion, la tête par la queue. La sottise dans l'espèce est de confondre le droit avec la compétence et les lumières. La majorité a le droit de faire la loi ; s'ensuit-il qu'elle la fera bien ? Un fils de famille majeur a le droit de se ruiner par ses folies et ses fautes ; mais n'est-ce pas dommage ? Notre démocratie, en professant que le peuple a toujours *raison* dans sa majorité numérique, brouille la raison du plus fort avec la raison du plus clairvoyant. Cette fiction repose à son tour sur l'égalité prétendue des électeurs, égalité de droit qui devient égalité de valeur sociale, civique ou personnelle, fiction première, dont le sophisme est voilé par raison d'État...

Le principe de l'égalité des droits écartant comme incongru le fait de l'inégalité des mérites, ou imaginant que la foule choisit toujours le plus méritant et non pas le plus agréable, ce principe caresse la vanité des citoyens et fait le malheur de la chose publique. Au surplus, voir Socrate, et ses dialogues avec les démocrates de son temps. Quand l'armée, les impôts, les finances, l'instruction et la diplomatie sont entre les mains des démagogues, l'État ne dure pas longtemps. — Personnellement, je suis pour que chacun fasse son métier et je préfère le gouvernement des supériorités réelles. Même en supposant un officier rude, je l'admets, s'il est bon officier.

délibérait alors sur un projet de révision de la Constitution fédérale, qui fut d'ailleurs repoussé par le peuple suisse.

Je crois même qu'un excellent berger vaut mieux pour un troupeau de moutons que le gouvernement d'une dizaine de moutons, stupides quoique zélés.

En d'autres termes, les fictions m'ennuient parce qu'elles éblouissent les sots ; j'aime que les choses aillent bien, dussent les amours-propres des niais en être mécontents ; les formes de gouvernement sont pour moi des moyens et non un but, et je juge la démocratie à ses résultats. Si elle arrive à faire faire des horloges par les cuisiniers et à faire gouverner les incapables, sous prétexte qu'elle en a le droit et qu'elle n'a jamais tort, je lui ris au nez. La force des choses se moque de ces fictions grotesques. Faute de mécaniciens, la locomotive déviera ou sautera ; faute d'hommes d'État, la république s'en ira à la dérive ou naufragera.

La grande faute de la démocratie, c'est celle de tous les despotes : le faible pour ses complaisants et ses courtisans, le favoritisme envers les incapacités agréables, en d'autres termes, l'aversion des experts indépendants. — Chez nous, les supériorités se glissent encore parfois à travers les mailles de l'élection, mais la majorité des élus est déjà du gros monceau, et même de la pacotille de dernière qualité. Quand on voit qui propose les grandes lois (Peine de mort, Séparation de l'Église et de l'État, Assurance obligatoire, Instruction publique, etc.), on est interdit : c'est toujours la suffisance se prenant pour la compétence, la volonté se croyant la pensée, la queue régentant la tête...

Ce qu'il y a de fastidieux en ce monde, c'est que ce sont les ignares qui mènent ceux qui savent, et les illusionnés qui entraînent dans leurs sottises ceux qui ne partagent plus leurs illusions. Toujours et partout la volonté prime de fait l'intelligence, c'est-à-dire que la force se moque de la raison, et que le sens fatal du mouvement historique est au rebours du bon sens. Aussi Démocrite rit et Héraclite pleure du spectacle des choses humaines. — Il n'y a de tout à fait consolant que la marche de la science, parce que la science échappe à ce tourbillonnement ridicule de la politique civile et religieuse et qu'elle augmente continuellement son capital de vérités acquises, et prouvées.

L'État et l'Église m'ennuient à peu près également. Je

n'ai aucune considération pour le public, aucune admiration pour mon temps. Je goûte la science certaine et j'aime les belles âmes. Voilà ce qui me reste de mes voyages à travers le monde et les choses.

> Que produit l'idéal ? le désabusement.

Le monde humain n'intéresse que par le détail ; par l'ensemble, il est désolant et fatigant. Plus on le connaît, plus il glace l'enthousiasme. Il n'y a que les âmes d'élite, les génies, les nobles caractères, qui réconcilient avec cette dégoûtante cohue et cette lamentable histoire.

28 janvier 1872. — Vivre c'est se guérir et se renouveler tous les jours, c'est aussi se retrouver et se reconquérir. Le journal, c'est le confident, le consolateur, le médecin du solitaire. Ce monologue quotidien est une forme de la prière, un entretien de l'âme avec son principe, un dialogue avec Dieu. C'est lui qui restaure notre intégrité, qui nous ramène du trouble à la clarté, de l'agitation au calme, de la dispersion à la possession de nous-mêmes, de l'accidentel au permanent, et de la spécialisation à l'harmonie. Comme les magnétiques, il nous remet en équilibre. C'est une sorte de sommeil conscient, où cessant d'agir, de vouloir, de nous tendre, nous rentrons dans l'ordre universel et nous cherchons la paix. Nous échappons ainsi au fini. Le recueillement est comme un bain de l'âme dans la contemplation, et le journal n'est que le recueillement, plume en main.

> Le monde fait silence et l'âme entend son Dieu.

Cela me rappelle une pensée de l'oreiller. Ce matin je me disais : à ton âge, il conviendrait de laisser les détails et de ne plus mettre ton effort et ton désir qu'aux ensembles, aux grandes choses. A l'éparpillement discursif, fais succéder l'habitude des sommaires, des synthèses, des récapitulations générales, des bilans. Il est certain que l'étude est sans terme et la science sans fin. Mais l'individu est mortel et avant de mourir, il doit pourtant tirer la morale de son existence et extraire de ses expériences individuelles ce qu'il y a de meilleur pour les autres et de plus utile à ses successeurs.

Les trois grands mobiles de l'écrivain t'ont fait défaut : l'amour-propre, la nécessité matérielle, l'appel sympathique d'un public encourageant. Mais il te reste deux mobiles non usés : la douceur de faire plaisir à ceux qui t'aiment encore, et aussi la conscience religieuse du devoir humain.

Tes amis ni Dieu ne te forcent, mais ils sollicitent ton zèle, en respectant ta liberté : Donne-nous ton cœur,

> Rends gloire ou témoignage à temps, avec amour,
> Ton âme de la vie a bientôt fait le tour,
> Qu'au jugement elle soit prête.

Le monde n'a aucun droit à ton amour, il n'a droit qu'à ta justice. Et comme il n'est pas juste lui-même, tu as envers lui le droit de défensive, de réserve, de silence ; tu n'es pas tenu de te livrer aux bêtes féroces, pas plus qu'aux ricaneurs, aux malveillants, aux soupçonneux, aux indifférents. — Mais la bonté gratuite, la générosité volontaire, le servage par charité, est encore meilleur que la justice. Il faut aimer les hommes, non qu'ils le méritent, mais parce que l'amour est beau, parce que Dieu est amour. Il faut surmonter son instinct de pudeur et son instinct de justice par le dévouement qui s'offre sans attendre, qui donne sa réciprocité, qui agit sans lassitude, et qui surabonde sans compter.

7 février 1872. — Qu'il est malaisé de mettre en contact la foi des simples avec les résultats de la science historique et critique, sans avoir l'air d'un impie et sans scandaliser le pauvre croyant ! Peut-être au moins faut-il que le ton grave et pieux de l'initiateur rassure un peu celui qu'il bouleverse. La conscience de ce dernier doit sentir une autre conscience devant elle, et non pas une science indifférente ou narquoise. Les erreurs sacrées ont la vie plus dure qu'aucune vérité ; il ne faut les égorger qu'avec un couteau respectueux. Ce que le prêtre a béni est embaumé pour des siècles, fût-ce une obscurité, fût-ce un crime. C'est la pro-

priété de la foi d'assurer un asile à ce qu'elle protège, asile
inviolable même à la.vérité. Ainsi la foi religieuse se défend
contre Dieu lui-même, si Dieu ne prend le mot de passe, et
ne montre pas patte blanche à la porte qu'il voudrait faire
ouvrir. — La foi est donc une chose terrible, puisqu'elle
peut être aveugle par piété, et maudire celui qu'elle croit
adorer, tandis qu'elle le méconnaît, en dehors d'une certaine
livrée. Comme ce factionnaire historique, ineptement sublime,
elle peut croiser la baïonnette devant son empereur et s'écrier:
« Petit caporal, on ne passe pas ! » Sans la foi, l'on ne fait
rien, mais la foi peut bâillonner toute science.

Qu'est-ce donc que ce Protée ? Vient-il de Dieu ou du
diable ?

La foi est une certitude sans preuves. Étant une certitude,
elle est un énergique principe d'action. Étant sans preuves,
elle est le contraire de la science. De là ses deux aspects et
ses deux effets. Son point de départ est-il dans l'intelligence ?
Non. La pensée peut ébranler ou raffermir la foi, non l'engendrer. Son origine est-elle dans la volonté ? Non. La
volonté bonne peut la favoriser, la volonté mauvaise
l'empêcher, mais on ne croit pas par volonté et la foi n'est
pas un devoir. La foi est un sentiment, car elle est une
espérance ; elle est un instinct, car elle précède tout sentiment extérieur. La foi est l'héritage de l'individu naissant,
ce qui le relie avec l'ensemble de l'être, et pour ainsi dire
le cordon ombilical de son âme. L'individu ne se détache
qu'avec peine du sein maternel, il ne s'isole qu'avec effort
de la nature ambiante, de l'amour qui l'enveloppe, des idées
qui le baignent, du berceau qui le contient. Il naît dans
l'union avec l'humanité, avec le monde et avec Dieu. La trace
de cette union originelle est la foi. La foi est le ressouvenir
de ce vague Éden dont notre individu est sorti, mais qu'il a
habité dans l'état somnambulique antérieur à sa vie individuelle.

Notre vie individuelle consiste à nous séparer de notre
milieu, à réagir sur lui pour en prendre conscience et pour
nous constituer personnes spirituelles, c'est-à-dire intelligentes et libres. Notre foi primitive n'est plus que la matière
neutre que retravaille notre expérience de la vie et des

choses, et qui, par suite de nos études de toute espèce, peut complètement périr dans sa forme. Nous pouvons nous-mêmes mourir avant d'avoir su retrouver l'harmonie d'une foi personnelle qui satisfasse notre esprit, notre conscience, en même temps que notre cœur. Mais le besoin de foi ne nous quitte jamais. Il est le postulat d'une vérité supérieure qui met tout d'accord. Il est le stimulant de la recherche, il donne la perspective de la récompense, il montre le but. — Voilà du moins la foi excellente. — Celle qui n'est qu'un préjugé d'enfance, qui n'a jamais connu le doute, qui ne connaît pas la science, qui ne respecte ni ne comprend, ni ne tolère des convictions différentes, celle-là est une stupidité et une haine, la mère de tous les fanatismes. On peut donc redire de la foi ce qu'Ésope affirmait de la langue :

Quid melius lingua, lingua quid pejus eadem.

La foi est trop souvent le contraire de la bonne foi, et l'homme de foi ressemble alors à s'y méprendre à l'homme sans foi. Pour désarmer en nous la foi de ses crocs venimeux, il nous faut la subordonner à l'amour de la vérité. Le culte suprême du vrai est le moyen d'épurer toutes les religions, toutes les confessions, toutes les sectes. La foi ne doit être qu'à la seconde place, car elle a un juge. Quand elle se fait elle-même juge de tout, le monde est en esclavage ; la chrétienté, du IIIe au XVIe siècle, en fournit la preuve. Le mal de la catholicité actuelle est dans la fausse autorité, qui corrompt la conscience et réprouve la vérité scientifique. La science, pour vaincre le papisme, devra révolutionner non seulement le Romanisme, mais le Christianisme. La vérité, qui est de Dieu, devra faire éclater la théologie, qui est de l'homme, et la hiérarchie, qui est du Malin. La fraude greffée sur la superstition ont fabriqué ce fourré étouffant où s'étiole en esprit la plus grande partie de la chrétienté. Il y faudra le fer et la flamme, la flamme de la science et le fer de la critique. Une fois épurée, vaincra-t-elle la foi grossière ? Espérons-le. Ayons foi dans un meilleur avenir.

Voici pourtant la difficulté. La foi bornée a beaucoup plus d'énergie que la foi éclairée ; le monde est à la volonté bien plus qu'à la sagesse : il n'est donc pas sûr que la liberté triomphe du fanatisme. Le malheur est que le caractère est du côté des épais, et que jamais l'indépendance de la pensée n'aura la violence d'un préjugé.

La solution, c'est la division de la tâche. Après ceux qui auront dégagé l'idéal de la foi pure et libre, viendront les violents qui la feront entrer dans les choses acquises, dans les préjugés et dans les institutions. N'est-ce pas déjà ce qui est arrivé au christianisme ? Après le doux Jésus, l'impétueux saint Paul et les âpres conciles. — Il est vrai que c'est là ce qui a corrompu l'Évangile. Mais enfin le christianisme a fait encore plus de bien que de mal à l'humanité. Ainsi avance le monde, par la putréfaction successive d'idées toujours meilleures. Ainsi le maître de l'histoire réduit la dose du mal par l'inoculation persévérante du bien. L'erreur cède graduellement à la vérité. Typhon voit renaître perpétuellement Osiris pour sa confusion et sa défaite.

19 juin 1872. — Le chamaillis continue au Synode parisien [1]. Le surnaturel est la pierre d'achoppement. Sur l'idée du divin on pourrait tomber d'accord ; mais non, il ne s'agit pas de cela, il faut trier la paille du bon grain. — Le surnaturel, c'est le miracle. Et le miracle, c'est un phénomène objectif, en dehors de toute causalité précédente. Or, le miracle ainsi entendu est impossible à constater expérimentalement, et de plus les phénomènes subjectifs, tout autrement importants que les premiers, cessent de rentrer dans la définition. On ne voit pas que le miracle est une perception de l'âme, la vision du divin derrière la nature, une crise psychique analogue à celle d'Énée lors du dernier jour d'Ilion, qui fait voir les puissances célestes donnant l'impulsion aux actions humaines. Il n'y a point de faits miraculeux pour les indifférents ; il n'y a que des âmes religieuses capables de reconnaître le doigt de Dieu, c'est-à-dire le surnaturel dans certains faits à propos desquels les écailles leur tombent des yeux.

1. Un Synode des Eglises réformées de France cherchait à déterminer les conditions de croyance constitutives du protestantisme.

Les esprits arrivés à l'immanence demeurent incompréhensibles aux fanatiques de la transcendance. Jamais ceux-ci ne devineront que le *panenthéisme* de Krause est dix fois plus pieux que leur dogmatique du surnaturel. Leur passion pour les faits objectifs, isolés, et passés, les empêche de voir les faits éternels et spirituels. Ils ne peuvent adorer que ce qui leur vient du dehors. Dès que leur dramaturgie est interprétée symboliquement, tout leur paraît perdu, exactement comme pour toute mythologie. Leur foi se rattache à l'imagination, non à la raison. Leur conscience est bouleversée dès que l'analyse s'attaque à leur notion du miracle. Il leur faut des miracles locaux, disparus et incontrôlables, parce que pour eux le divin n'est que là.

Or, dans une époque de suffrage universel, cette foi-là ne peut manquer de l'emporter surtout dans les races vouées au dualisme cartésien, qui trouvent clair l'incompréhensible et abhorrent ce qui est profond. Toutes les femmes trouveront plus plausible le miracle local que le miracle universel, et l'intervention visible et objective de Dieu que son action psychologique et intérieure. Le monde latin, par sa forme mentale, est condamné à pétrifier ses abstractions et à ne jamais pénétrer dans le sanctuaire intime de la vie, dans le foyer central où les idées elles-mêmes ne sont pas encore divisées, déterminées et façonnées. L'esprit latin objective tout, parce qu'il se tient en dehors des choses et en dehors de lui-même. Il est comme l'œil qui n'aperçoit que l'extérieur et ne se voit lui-même qu'artificiellement et de loin, par la surface réfléchissante d'un miroir. L'esprit germanique habite en lui-même et a conscience de soi jusqu'au centre. Pour ce dernier, l'immanence est une manière de sentir et de penser ; pour l'esprit latin, c'est une monstruosité ou une gageure.

30 août 1872. — Lecture : Ch. Secrétan (résumé analytique de la *Philosophie de la liberté*, 1849) ; O.H. Jäger *(Die Freiheitslehre als System der Philosophie, 1859, (rudis indigestaque moles,* illisible.

Les élucubrations *a priori* m'ennuient à présent autant que qui que ce soit. Tous les scolasticismes me sont nauséabonds. Ils me rendent douteux ce qu'ils démontrent, parce qu'au lieu de chercher ils affirment dès le début. Leur objet est de construire des retranchements autour d'un préjugé et non de découvrir la vérité. Ce sont des empêcheurs, et non des aides. Ils amassent des nuages, et non des rayons. Ils tiennent tous du procédé catholique qui exclut la comparaison, l'information, l'examen préalable. Il s'agit pour eux d'escamoter l'adhésion, de fournir des arguments à la foi, de supprimer l'enquête. Pour me persuader, il faut n'avoir pas de parti pris et débuter par la sincérité critique ; il faut m'orienter, me montrer les questions, leur origine, leurs difficultés, les diverses solutions essayées et leur degré de probabilité. Il faut respecter ma raison, ma conscience et ma liberté. Tout scolasticisme est une captation ; l'autorité a l'air de s'expliquer, mais elle n'en a que l'air, et sa déférence n'est qu'illusoire. Les dés sont pipés, et les prémisses sont préconçues. L'inconnu est supposé connu et tout le reste s'en déduit. On commence par une thèse sur Dieu et on conclut qu'une omelette est criminelle le vendredi, licite le dimanche.

Les constructions spéculatives de la messe ou du salut sont des curiosités plus ou moins ingénieuses, mais qui n'ont rien à faire avec la vérité, puisque la théologie brahmanique ou arabe a fait la même chose pour de tout autres dogmes et de tout autres rites. Est-ce qu'un théologien et un rhéteur ne démontrent pas tout ce qu'on veut, et, s'ils parlent seuls, n'ont-ils pas toujours raison ?

La philosophie, c'est la complète liberté de l'esprit, par conséquent l'indépendance de tout préjugé religieux, politique ou social. Elle n'est, au point de départ, ni chrétienne ni païenne, ni monarchique ni démocratique, ni socialiste ni individualiste, elle est critique et impartiale ; elle n'aime qu'une chose : la vérité. Tant pis si cela dérange les opinions toutes faites de l'Église, de l'État, du milieu historique où est né le philosophe. *Est ut est aut non est.*

La philosophie, c'est le doute d'abord, et ensuite la conscience de la science, la conscience de l'incertitude et de l'ignorance, la conscience des limites, des nuances, des degrés, des possibles. — L'homme vulgaire ne doute de rien et ne se doute de rien. Le philosophe est plus circonspect.

Même il est impropre à l'action, parce que, tout en voyant moins mal que d'autres le but, il mesure trop bien sa faiblesse et ne s'abuse pas sur ses chances.

Le philosophe est l'homme à jeun dans l'ébriété universelle ; il aperçoit l'illusion dont les créatures sont le complaisant jouet ; il est moins dupe qu'un autre de sa propre nature. Il juge plus sainement du fond des choses. C'est en cela que consiste sa liberté : voir clair, être dégrisé, se rendre compte. La philosophie a pour base la lucidité critique. Son sommet serait l'intuition de la loi universelle, du principe premier et du but dernier de l'univers. Ne pas s'abuser est son premier désir, comprendre est le second. L'émancipation de l'erreur est la condition de la connaissance réelle. Un philosophe est un sceptique qui cherche une hypothèse plausible pour s'expliquer l'ensemble de ses expériences. En imaginant qu'il ait trouvé cette clef, il la propose à d'autres, mais ne l'impose pas.

Gryon-sur-Bex, 19 septembre 1872. — Je viens de relire : J. J. Rousseau, *Lettre à l'archevêque de Beaumont,* avec un peu moins d'admiration qu'il y a... dix ou douze ans, je ne sais. Cette précision chevillée qui ne se fatigue jamais fatigue à la longue. Ce style intense donne l'impression d'un livre de mathématiques. On sent le besoin de se détendre avec quelque chose d'aisé, de naturel et de gai. La langue de Rousseau est un prodigieux travail, qui donne goût à quelque récréation.

Mais que d'écrivains et que d'ouvrages dérivent de notre Rousseau ! Je retrouvais chemin faisant les points d'attache de Chateaubriand, Lamennais, George Sand et Proudhon. Celui-ci, par exemple, a calqué le plan de son grand ouvrage, *De la Justice dans l'Eglise et dans la Révolution,* sur la lettre de Rousseau à Beaumont ; ses trois volumes sont un chapelet de lettres à un archevêque, et l'éloquence, l'audace, l'érudition se fondent dans une sorte de persiflage fondamental.

Que d'hommes dans un homme, que de styles dans un grand écrivain ! Rousseau, par exemple, a créé bien des genres. Peinture alpestre, éloquence politique, onction religieuse laïque, la dialectique passionnée, le style législatif lapidaire, la réfutation pied à pied, l'égotisme apologétique... Que sais-je encore ? L'imagination le transforme et il suffit aux rôles les plus variés, même à celui du logicien pur. Mais comme l'imagination est son axe intellectuel, sa faculté maîtresse, il y a dans chacun de ses ouvrages une demi-sincérité et une demi-gageure. On sent que son talent a fait avec lui-même le pari de Carnéade, celui de ne perdre aucune cause, fût-elle mauvaise, dès que le point d'honneur est engagé. C'est du reste la tentation de tout talent : subordonner les choses à soi-même et non soi-même aux choses ; vaincre pour vaincre, l'amour-propre se substituant à la conscience.

Le talent ne demande pas mieux que de triompher pour une belle cause ; mais il est volontiers *condottieri* et se contente fort bien de porter la victoire là où il porte son drapeau. Je ne sais même si un succès, quand la cause est faible et mauvaise, n'est pas infiniment plus flatteur pour le talent, qui ne partage alors son succès avec personne.

Le paradoxe est la friandise des gens d'esprit et la joie des gens de talent. Il est si agréable d'avoir raison contre tout le monde et d'abasourdir le bon sens banal et la platitude vulgaire ! L'amour de la vérité et le talent ne coïncident donc pas ; leur pente est autre et leur route souvent aussi. Pour obliger le talent à servir quand son instinct est de commander, il faut un sens moral très vigilant et un caractère vigoureux. Les Grecs, artistes de la parole, étaient artificieux dès les temps d'Ulysse, sophistes à l'époque de Périclès, rhéteurs, courtisans et rusés jusqu'à la fin du Bas-Empire. Leur talent a fait leur vice. Napoléon, virtuose de batailles, ne sut pas s'arrêter avant sa ruine : son talent fut cause de sa perte.

Quant à Rousseau, il explique lui-même sa carrière littéraire. « Une misérable question d'Académie m'agitant l'esprit malgré moi, me jeta dans un métier pour lequel je n'étais point fait ; un succès inattendu m'y montra des attraits qui me séduisirent. Des foules d'adversaires m'attaquèrent sans m'entendre, avec une étourderie qui me donna de l'humeur, et avec un orgueil qui m'en inspira peut-être. Je me défendis, et de dispute en dispute, je me sentis engagé dans la carrière presque sans y avoir pensé... » (Début de la *Lettre à l'archevêque de Beaumont*).

· Faire comme Rousseau sa trouée par la polémique, c'est se condamner à l'exagération et à la guerre perpétuelle. On expie sa célébrité par une double amertume, celle de n'être jamais entièrement vrai et de ne pouvoir reprendre la libre disposition de soi-même. Quereller le monde est attrayant, mais dangereux.

9 octobre 1872. — Pris le thé chez M***. Ces intérieurs à l'anglaise sont aimables. Ils sont la récompense et le résultat d'une longue civilisation et d'un idéal poursuivi avec persévérance. Lequel ? celui de l'ordre moral fondé sur le respect de soi et des autres, sur le respect du devoir, en un mot sur la dignité. Les maîtres témoignent de la considération à leurs hôtes, les enfants ont de la déférence pour leurs parents, chacun et chaque chose est à sa place. On sait commander et obéir. Ce petit monde est gouverné et paraît aller tout seul ; le devoir est le *genius loci*, mais le devoir avec cette teinte de réserve et d'empire sur soi qui est la couleur britannique. Les enfants donnent la mesure de ce système domestique : ils sont heureux, souriants, confiants, et pourtant discrets. On sent qu'ils se savent aimés, mais qu'ils se savent aussi subordonnés. Les nôtres se conduisent en maîtres et quand un ordre précis vient limiter leur importunité débordante, ils y voient un abus de pouvoir, un acte d'arbitraire ; pourquoi ? parce qu'en principe ils croient que tout tourne autour d'eux. Les nôtres peuvent donc être gentils et affectueux, mais ils ne sont pas reconnaissants et ne savent pas se gêner.

Comment les mères anglaises obtiennent-elles ce résultat ? Par la règle impersonnelle, invariable et ferme, en d'autres termes par la loi, qui forme à la liberté, tandis que le décret ne pousse qu'à l'émancipation et au murmure. — Cette méthode a l'immense avantage de créer des caractères revêches à l'arbitraire et soumis à la justice, sachant ce qu'on leur doit et ce qu'ils doivent, vigilants de conscience et exercés à se dominer. Dans tout enfant anglais on sent la devise nationale : Dieu et mon droit. A tout foyer anglais on sent aussi que le *home* est une citadelle ou mieux encore un vaisseau. Aussi la vie de famille vaut-elle dans ce monde-là ce

qu'elle coûte ; elle a sa douceur pour ceux qui en portent
le poids.

13 octobre 1872. — Au fond qu'est-ce que je mérite ? Ai-je
tant travaillé, tant souffert ? puis-je me plaindre des sévé-
rités, des injustices de la destinée ? Mais non. J'ai été certainement du nombre des bien partagés, j'ai été relativement privilégié. Seulement, je trouve ce bonheur lui-même un
peu fade, et la vie assez pauvre. — En as-tu tiré tout le parti
possible ? Nullement ; tu as manqué de savoir-faire, de volonté, d'énergie. — De qui te plains-tu ? de personne. De
quoi te plains-tu ? De n'avoir pas réalisé un seul des rêves de
ta jeunesse. A qui la faute ? A la désharmonie entre les circonstances et toi, plus brièvement à ta non-adaptation. Tu
n'as pas su faire un milieu à ton image et tu n'as su que te
résigner à ta vie sans t'y plaire. Aurais-tu pu avoir meilleure chance ? peut-être. Aurais-tu pu avoir plus de courage ?
Certes. Mais ce dégoût précoce, cette antipathie pour la
lutte inutile, ce sentiment de l'impossible ne sont-ils pas la
première de tes fatalités ? Un oiseau obligé de vivre en cage,
un poisson obligé de vivre dans l'air ne sont pas heureux.
L'éternelle contrainte de nos meilleurs penchants et de nos
goûts les plus vifs finit par briser en nous le grand ressort
de l'existence, le désir. La perpétuelle expérience de notre
faiblesse et de nos rechutes nous ôte la dernière illusion qui
nous fortifie, l'espérance. La série interminable des déceptions
et des désabusements, des pertes et des arrachements, use
en nous la force qui console, la foi. Et ainsi dépouillée, qu'est
notre vie ? une défensive ennuyeuse contre un dépouillement plus grand encore, une chamade qui se déguise en séré-
nade, le simulacre d'une grande revue pour masquer une déroute, l'apparence d'une fête autour d'une faillite, en d'autres
termes une gageure que tient notre fierté, une comédie jouée
par décorum, mais avec la mort dans l'âme. Triste.

14 octobre 1872. — Voilà terriblement longtemps que je
n'exige plus rien de moi-même, et que je vivote comme les
végétaux. Le seul intérêt véritable de ma vie, c'est quelques
affections. Le reste n'est que prétexte. J'en suis encore à

cette vieillerie romanesque : l'amour, comme attrait, mobile, raison, foyer de l'existence. Si je n'étais assuré de quelques sympathies sérieuses, si personne ne tenait à moi, je n'aurais pas le moindre goût à vivre. Réjouir ceux qui s'attachent à moi, je ne connais guère plus d'autre bonheur. Et je sens que la charité seule survit à la foi et à l'espérance. Je sens que l'acte de la charité a remplacé pour moi l'acte esthétique et scientifique, et je ne suis plus bon à rien qu'à être bon. — Cette débonnaireté de la vieillesse, cette mansuétude anticipée est la compensation de l'impuissance, suite de la non-ambition, de la désuétude et de la paresse. J'ai au moins la joie secrète de ne pas me sentir d'envie et de prodiguer à de jeunes talents les encouragements et les conseils que je n'ai pas obtenus moi-même. L'ambition personnelle me fatigue ; mais je puis être ambitieux, inventif, infatigable pour d'autres. C'est une spécialité inoffensive, et où la concurrence n'est pas à craindre.

Mon moi a dépensé en curiosité sur lui-même la force que les autres emploient à le dilater et à le mettre en relief. Les uns veulent dominer la matière ou les hommes, se faire riches, influents, puissants, célèbres ; je n'ai cherché qu'à me connaître ou plutôt à m'expérimenter. J'ai essayé de me passer de tout, hors du nécessaire, et le nécessaire pour moi, c'est un peu d'indépendance matérielle et un attachement. Le dépouillement plus complet me paraît au-dessus de mes forces. Privé d'affection et réduit à la misère, il me semble que je mourrais très vite, car même avec mes avantages, je ne tiens qu'à un fil. Personne n'est moins chevillé que moi à son corps, et l'ennui d'être m'a déjà souvent tourmenté. Je crois que ma mémoire n'a pas plus de cohésion que mes molécules, et qu'enfin la désagrégation est déjà commencée de mon vivant. Le contemplateur assiste à sa vie plutôt qu'il ne la conduit, il est spectateur plutôt qu'acteur, il essaie de comprendre plutôt que de faire. — Est-ce que cette manière d'être est illégitime, immorale ? est-on tenu à l'action ? ce détachement est-il une individualité à respecter ou un péché à combattre ? J'ai toujours balancé sur ce point, et j'ai perdu des années en reproches inefficaces et en élans inutiles. Ma conscience occidentale et pénétrée de moralisme chrétien a toujours persécuté mon quiétisme oriental et ma tendance bouddhique. Je n'ai pas osé m'approuver, je n'ai pas su m'amender. En ceci comme en tout le reste, je suis demeuré hésitant, partagé, confus, perplexe, incertain, et j'ai oscillé entre les contraires, ce qui est une façon de sauvegarder l'équilibre, mais ce qui empêche toute cristallisation.

Ayant entrevu de bonne heure l'absolu, je n'ai pas eu l'effronterie indiscrète de l'individualité. De quel droit me faire d'un défaut un titre ? Je n'ai su voir aucune nécessité à m'imposer aux autres et à réussir. Je n'ai jamais eu l'évidence que de mes lacunes et des supériorités d'autrui. Ce n'est pas ainsi qu'on fait son chemin. Avec des aptitudes variées et passablement d'intelligence, je n'avais pas d'impulsion dominante ni de talent impérieux, de sorte que, capable, je me suis senti libre, et que, libre, je n'ai pas découvert ce qui était le mieux. L'équilibre a produit l'indécision, et l'indécision chronique a stérilisé toutes mes facultés.

8 novembre 1872 (neuf heures du matin). — Temps couvert. Je me sens mal éveillé pour avoir eu la tête un peu trop basse et m'être couché après minuit. C'est le contraire du réveil frais et de l'élasticité bondissante. Peut-être serait-il mieux de rompre cette habitude, de laisser mes volets entr'ouverts et de me lever avec le jour. Ce serait mieux pour ma vue et pour mon cerveau ; mais ça ne se fera pas.

> Vouloir est un ennui, changer est un effort,
> La vie est après tout un tissu d'habitudes ;
> D'ailleurs nouveaux projets, nouvelles attitudes
> Valent-ils bien la peine ? on est si vite mort !...

Comme le dit Louisa[1] : « Le cœur énervé cède à la fatalité ».

> Quand vient l'amour avec le bonheur pour amorce,
> Nous le regardons fuir d'un œil désenchanté,
> Nous demeurons passifs, nous n'avons pas la force,
> Le cœur énervé cède à la fatalité.

Pauvre Louisa ! Nous faisons la stoïque et nous avons

[1]. Louisa Siefert, l'auteur des *Stoïques*, 1870.

toujours au flanc le dard envenimé, *lethalis arundo*. Comme toutes les âmes passionnées, que voulez-vous, Louisa ? Les contraires à la fois, la gloire et le bonheur. Qu'adorez-vous ? La Réforme et la Révolution, la France et le contraire de la France. Et votre talent aussi a les deux qualités opposées : l'intimité et l'éclat, le lyrisme et la fanfare. Et vous cassez le rythme des vers en même temps que vous en soignez la rime. Et vous balancez entre Valmore et Baudelaire, entre Leconte de Lisle et Sainte-Beuve, c'est-à-dire que vos goûts aussi réunissent les extrêmes. Vous l'avez dit :

> Toujours extrême en mes plaisirs,
> Jadis, enfant joyeuse et folle,
> Souvent une seule parole
> Bouleversait tous mes plaisirs.

Mais quel beau clavier vous possédez, quelle âme forte et quelle richesse d'imagination !

11 novembre 1872. — Par plaisanterie, j'ai quelquefois parlé de l'avantage d'être étranger à Genève. Le citoyen a toutes les charges financières et autres qui sont lourdes à porter, et sa récompense, c'est de voter, ce qui est une corvée perpétuelle. Il paie donc chèrement les verges dont on le fouette. L'étranger, pour un simple permis de séjour, de quelques sous, profite de tous les biens, y compris l'éducation gratuite, et échappe à tous les impôts, taxes, prestations que nous subissons à sa place. Conclusion : Que ne peut-on postuler la situation d'étranger ? — Ce qui empêche de le désirer, c'est le patriotisme. Et pourtant qu'est-ce qui reste de la patrie, quand tous les éléments qui la composent sont évanouis ? quand il n'y a plus en commun la religion, l'esprit public, les désirs, les espérances, la foi politique, les convictions, quand on ne se sent plus chez soi dans les idées, les volontés, les goûts de son entourage, qu'on n'a plus d'ascendants ni de descendants, bref qu'on est sans racines et sans attaches dans son pays ? La patrie devient un mythe ; mais on a beau faire, elle reste une affection.

Je me sens fort isolé de la Genève réelle ; mais le fantôme

idéal de Genève me dit encore quelque chose. Superstition ? soit. Foi sans motif ? d'accord. Mais le cœur a besoin
d'objet et même de chimère. On aime les choses et les gens
non pas pour le bonheur qu'ils vous donnent ou vous promettent ; mais bêtement, sans savoir pourquoi, ou noble-
ment, sans espoir de récompense.

18 novembre 1872. — Matinée de rêverie. Demandé par
lettre à deux personnes si elles connaissaient mon individualité ; à supposer que leur jugement coïncide, il y aurait probabilité qu'elles ont raison. Pour moi, j'ai perdu la clef de
moi-même et ne connais plus la chose essentielle, mon don
particulier, la chose pour laquelle je suis fait, par conséquent
ma force, ma mission, ma charge.

> *Edlen Seelen vorzufühlen*
> *Ist der wertheste Beruf.*

« Penser aujourd'hui ce qui sera admis et populaire dans
trente ans. » — Voilà deux réponses : celles de Gœthe et de
Schopenhauer. Pour moi, je me disais plutôt : Comprendre
tous les modes de la nature humaine et faire bien tout ce
qu'on fait. — Cette dernière devise semble indiquer peu d'originalité, peu de force créatrice, inventive, peu de volonté, une
sorte d'indifférence pour l'action. Agir correctement, sentir
et penser juste, ce n'est pas l'idéal d'un artiste, d'un ambitieux, d'un orateur, mais tout simplement d'un critique attentif et d'un brave homme. Dominer les gens, bouleverser les
choses n'est point mon fait. Contempler, deviner, aimer, consoler, a toujours eu pour moi plus d'attrait. Mon talent est
la neutralité désintéressée et l'impersonnalité de l'esprit ;
mon goût est la vie des affections. J'ai l'intelligence objective et le cœur tendre. Ce qui m'est antipathique, c'est la vie
vulgaire tissue de préjugés, de passions, d'intérêts à la fois
égoïstes et ardents, étroits et résolus. Ce qui m'est insupportable, c'est d'agir pour mon compte et pour moi-même. Je ne
sais pas m'intéresser à ma personne, à ma carrière, à mes projets, à mon avenir. Cela me paraît grossier, ignoble et vil. Et
comme le monde est l'arène où tous les appétits luttent pour

se satisfaire, je ne me sens pas du monde, livré aux convoiteux, aux forts et aux habiles.

Entre le relatif qui m'assomme et l'absolu que je désespère d'atteindre, je flotte nonchalamment, et je n'agis qu'à la dernière extrémité, toute action étant une loterie, sauf quand elle est un devoir positif. Dans le doute abstiens-toi, dit le proverbe : or dans toute action facultative, je doute ; et dans toute décision spéculative, j'hésite. — Je n'ai pas ce qui fait la détermination, c'est-à-dire cette illusion qui prend parti pour sa volonté et la croit bonne parce qu'elle est sienne. Pour moi, j'ai toujours l'arrière-pensée que le contraire de ce que je vais dire ou faire était peut-être aussi vrai ou aussi bon. Il me manque l'infatuation de moi-même ou cette obstination de la volonté qui remplace l'infatuation. Je ne suis jamais assez de mon opinion ni de mon parti pour travailler énergiquement dans leur sens. Je n'ai nullement l'évidence de ce qui me convient ou de ce qu'il convient que je fasse. Ma sagacité, mon tact, ma résolution, mon zèle ne peuvent servir que pour autrui.

Singulière organisation : vraiment bouddhique et monastique. J'étais fait pour le dévouement, à condition qu'une tendresse dévouée prît la conduite de mes intérêts personnels. Et la destinée a eu l'ironie de me condamner au *self government* depuis mon enfance, à l'isolement et au célibat dans mon âge mûr. A quoi m'a servi mon indépendance ? simplement à m'abstenir. Je n'ai pas su me bâtir une existence à mon gré ; je n'ai fait que retirer pieds et pattes sous ma carapace pour soutenir les intempéries extérieures. Et encore, je n'ai pas osé être stoïcien ou bouddhiste jusqu'au bout, avec une logique intrépide. Je n'ai été ni oriental ni occidental, ni homme ni femme tout à fait, je suis demeuré amorphe, atone, agame, neutre, tiède et partagé. Pouah !

23 novembre 1872. — Partout querelle, dispute, zizanie ; que le monde est fatigant ! L'impossibilité de la paix a été convertie par l'orgueil de notre race en titre de grandeur ; à peu près comme les bossus, s'ils étaient en majorité, décréteraient que la gibbosité fait l'ornement de l'homme. L'oscillation entre les bévues contraires paraît la loi de notre espèce ; la sagesse, c'est-à-dire la conciliation des contrastes, n'est le lot que de quelques privilégiés. Le monde humain est livré aux partis, et les partis sont des partialités qui s'ignorent mais s'entremordent. Qu'est-ce que tout cela prouve ? qu'Héraclite a raison : que la majorité bipèdes aptères sont des créatures mal douées, chez qui la sottise et la malignité dominent.

Plus un homme est vraiment homme, plus il est isolé ; à mesure qu'il grandit en clairvoyance et en bonté il a moins de semblables ; s'il était parfait, il serait un exemplaire unique. Ainsi l'excellence fait le vide autour de lui et le sépare de son milieu, du vulgaire, de la multitude. Heureusement que la charité lui fait repasser l'abîme. Moins les hommes méritent sa complaisance et son amour, plus il se dévoue à eux. Moins il les goûte, plus il essaie de leur être utile. Plus il les trouve inintelligents et mauvais, plus la pitié étouffe la répugnance. Il tire de sa supériorité un motif non de dédain mais d'apostolat.

Les querelles religieuses et politiques t'assomment ; l'éternelle enfance des foules passionnées, qui sont maîtresses de tout en démocratie, te donne des satiétés et des nausées perpétuelles ; la nécessité de disputailler sur tout, de redémontrer sans trêve les vérités élémentaires ; l'ennui des préjugés courants, des rengaines usuelles, des trucs familiers t'écœure et t'affadit ; la certitude que l'idée la meilleure aura toujours le dessous dans les préférences des masses, te décourage. — Donc, tu manques d'énergie et d'amour du prochain. La désillusion te rend froid.

Il est certain que changer le monde te paraît une chimère, et que tu trouves bien assez difficile de te réformer toi-même. Apprendre à voir plus juste, à faire mieux suffit à ton ambition. Ajoutons-y l'aide à tous ceux qui le demandent et qui espèrent en toi, nous voilà au bout de tes sacrifices. Tu n'as pas la notion distincte d'une charge d'âmes plus générale, d'une mission publique, d'un devoir envers ceux qui ne t'appellent point et ne te donnent point la parole. Tu n'as aucune démangeaison de prosélytisme, de propagande ou même de publicité. Le sentiment de l'universelle suffisance, que produit le régime de la démocratie t'a ôté jusqu'au désir de la discussion.

28 novembre 1872. — Anniversaire de la mort de S*** [1], de la naissance de M***, et du mariage de H*** ; les trois grandes circonstances de la vie pour trois de mes amis tombent sur la même date ou plutôt sur le même jour de l'année. Naître, doubler son existence, mourir, ce sont les trois grands moments juridiques et religieux. Depuis combien d'années S*** est-elle entrée dans son repos ? M*** est-elle sur la terre ? et H*** est-il marié ? Je ne le sais plus. Le temps m'est chose indifférente et ne marque pas sur ma mémoire. Les dates relatives aux choses du dehors m'intéressent et prennent encore quelque valeur pour ma pensée ; mais ma propre vie ne se catégorise pas chronologiquement, je ne me vois pas *sub specie temporis* ; ces divisions de semaines, mois, années, décades ne se relient à rien dans mon âme et lui demeurent étrangères. Pourquoi ? parce que l'action n'est pas ma forme d'existence et que l'action seule nous engrène avec le monde extérieur régi par le calendrier. La vie intérieure, comme le rêve, n'a rien à faire avec ces raies et coches artificielles de la durée. Mon autobiographie, comme l'histoire de l'Inde, serait pour moi, si je perdais ces cahiers de journaux, impossible à reconstruire. Je n'aperçois en moi ni marche, ni progrès, ni croissance, ni événements. Je me sens *être* avec plus ou moins d'intensité, de tristesse ou de joie, de santé ou de lucidité, mais il n'arrive rien dans ma vie et je ne parcours pas une carrière, m'éloignant d'un point fixe et me rapprochant d'un terme désiré. Mon ambition (si le mot n'est pas énorme et impropre) c'est d'éprouver la vie, de prendre conscience des modes de l'être humain, c'est de sentir et de penser, non de vouloir, autrement dit de contempler. Pour la contemplation, l'éternité dévore le temps. Et voilà pourquoi je ne m'aperçois du temps révolu et des années écoulées que par des observations extérieures, en voyant par exemple un de mes camarades devenu grand-père, mais non par perception personnelle et directe.

---

1. S*** désigne une ancienne amie que le Journal avait baptisée Sibylle.

Mon extrait de baptême me prouve que j'ai dépassé le demi-siècle ; mais j'atteindrais au double que je ne serais pas encore habitué au monde et pas même à mon propre corps. Le roulis du temps me paraît curieux et m'étrange encore autant et plus qu'il y a vingt-cinq ans. J'assiste à ma propre lanterne magique, mais le moi qui regarde ne s'identifie pas avec le spectacle. Je suis à moi-même l'espace immobile dans lequel tournent mon soleil et mes étoiles. Mon esprit est le lieu de mes phénomènes ; il a le temps en lui, et par conséquent est en dehors du temps. Il est à lui-même ce que Dieu est au monde, éternel par opposition à ce qui apparaît et disparaît, commence et finit, à ce qui se métamorphose continuellement.

1er décembre 1872 (neuf heures trois quarts du matin).—Quel singulier rêve ! Je devais subir la peine capitale dans deux jours. Il paraît que je l'avais méritée, car je n'éprouvais pas la moindre indignation. Mais le curieux est que je n'avais pas le souvenir du crime, que ma conscience était parfaitement tranquille et que je ne redoutais pas du tout la mort. En un mot, j'étais à la fois coupable et innocent, je n'avais rien à redire ni à la vie ni à la mort. — Ce rêve ne serait-il pas dû à la combinaison d'une gnômê du 27 novembre (La vie et la mort sont indifférentes) et de ma conférence du 29 (sur la peine de mort) ? Peut-être faudrait-il même additionner, comme troisième élément, le Déterminisme (dont le concours Disdier m'a aussi farci l'entendement), qui supprime la culpabilité du criminel. — Ou bien serait-ce le mot d'Othello sur lui-même: « Meurtrier, homme d'honneur », sur lequel aurait travaillé mon imagination ?

Ce qui m'a secrètement fait plaisir au réveil, c'est le sentiment que même en rêve je ne pouvais m'identifier avec un scélérat, et que si de fait j'avais commis quelque homicide c'était à mon insu, comme un somnambule qui en tombant du toit écraserait un passant.

Une autre explication qui me vient pour mon rêve, c'est l'exercice de lecture tragique fait cette dernière quinzaine, exercice dans lequel le lecteur prête sa voix et sa personne à des terreurs ou à des férocités étrangères, en sorte qu'il

n'est pas ce qu'il est, qu'il n'éprouve pas réellement ce qu'il
représente par complaisance. De même rêvant, j'étais un criminel sans crime, et je devais être exécuté sans épouvante.
Tout en me croyant sérieusement perdu, j'avais la sécurité
de celui qui aperçoit la fiction.

J'avais l'illusion sans l'avoir. Je me jouais à moi-même la
comédie, trompant mon imagination sans pouvoir tromper
ma conscience. Cette puissance du rêve de fondre ensemble
les incomparables, d'unir ce qui s'exclut, d'identifier le oui
et le non, fait sa merveille et en même temps son symbolisme.
En rêve notre individualité n'est pas close, elle enveloppe
pour ainsi dire son entourage, elle est le paysage et tout son
contenu, nous compris. Mais si notre imagination n'est pas
nôtre, si elle est impersonnelle, la personnalité n'est qu'un
cas particulier et réduit de ses fonctions générales. A plus
forte raison pour la pensée. La pensée pourrait être sans se
posséder individuellement, sans se concréter dans un moi.
En d'autres termes, le rêve conduit à l'idée d'une imagination affranchie des limites de la personnalité, et même d'une
pensée qui n'est plus consciente. L'individu qui rêve est en
train de se dissoudre dans la fantaisie universelle de Maïa.
Le rêve est une excursion dans les limbes, une demi-déli-
vrance de la prison humaine. L'homme qui rêve n'est plus
que le lieu de phénomènes variés dont il est le spectateur
malgré lui ; il est passif et impersonnel, il est le jouet des vibrations inconnues et des lutins invisibles.

L'homme qui ne sortirait pas de l'état de songe n'arrive-
rait pas à l'humanité proprement dite, mais l'homme qui
n'aurait jamais rêvé ne connaîtrait que l'esprit tout-fait et
ne pourrait comprendre la genèse de la personnalité ; il res-
semblerait à un cristal, incapable de deviner la cristallisation. Ainsi la veille sort du rêve, comme le rêve émane de la
vie nerveuse, et comme celle-ci est la fleur de la vie organique.
La pensée est le sommet d'une série de métamorphoses ascen-
dantes qui s'appellent la nature. La personnalité retrouve
dès lors en profondeur intérieure ce qu'elle perd en étendue,
et compense la richesse de la passivité réceptive par le privilège énorme de la direction de soi-même qu'on appelle la
liberté. Le rêve, en brouillant et supprimant toutes les li-

mites, nous fait bien sentir la sévérité des conditions attachées à l'existence supérieure ; mais la pensée consciente et volontaire seule fait connaître et permet d'agir, c'est-à-dire seule est capable de science et de perfectionnement. Donc, aimons à rêver par curiosité psychologique et pour notre délassement ; mais ne médisons pas de la pensée, qui fait notre force et notre dignité. Commençons en Oriental et finissons en homme d'Occident : ce sont les deux moitiés de la sagesse.

9 décembre 1872. — Quelle est la vérité de l'ordre moral qui ne s'altère pas en se vulgarisant et qui ne devienne pas fausse en devenant populaire ? Ainsi la liberté, l'égalité, la sainteté, la piété, la foi, le libre examen, le progrès, et tant d'autres. Toute vérité est relative, limitée, nuancée, conditionnelle. Or le populaire se rue sur elle comme le taureau sur l'écarlate, ne voit qu'elle, l'isole, l'exagère, la tient pour absolue, et d'une vérité fait une erreur. L'homme a un certain prurit de vérité, mais il n'arrive à la vérité qu'après épuisement des combinaisons possibles ; c'est-à-dire que la foule a une affinité naturelle pour l'erreur et va toujours par le plus long et le plus tortueux des zigzags au but qu'elle se propose. Elle rappelle la stupidité des bourdons en cage, qui se cognent à toutes les parois, avant de découvrir l'issue. Les peuples sont l'imprévoyance même et expérimentent toutes les bévues que la raison avait indiquées, parce qu'ils ne voient que ce qu'ils touchent. L'esprit consiste à anticiper l'expérience et à faire l'économie des fautes où tombera la sottise. Dans ce sens, les foules sont sans esprit ; elles ne connaissent que l'attrait, la passion, le préjugé, et ressemblent aux animaux, dépouillés de leur instinct.

Le suffrage universel, commode pour trancher les questions de légalité, vicierait au contraire, par sa nature même, toutes les questions de vérité. La vérité scientifique, morale, religieuse, artistique a toujours avancé par les minorités, par les individus épars, et a toujours eu contre elle les foules, qui persiflent, bafouent, persécutent, martyrisent l'excellent, où qu'il se montre, mais qui n'en conviennent jamais. Quand cet effet semble manquer, c'est qu'il est resté assez de pudeur publique pour que la voix des bons juges soit entendue, et que la plèbe a rougi de juger elle-même. Mais qu'elle se prenne au sérieux, et qu'ayant la force et le droit elle ambitionne en outre de décider sur ce qui est vrai, sur ce qui est beau, sur ce qui est saint, le niveau de tout baisse, baisse jusqu'à la grossièreté. *Ne sutor ultra crepidam.*

Ce que tout le monde pratique le plus volontiers, et ce que tout le monde fait le plus mal, c'est le jugement, c'est la critique.

Ce qu'il y a de plus facile et de plus usuel, c'est de juger ; ce qu'il y a de plus malaisé et de plus rare, c'est de bien juger. — Pourquoi ? parce que pour juger, il suffit de l'étourderie et de la sottise, et que pour bien juger il faut beaucoup de réflexion et de sagesse...

Un fou, qui se jugerait fou, serait guéri en principe, puisque sa folie serait subordonnée à sa raison. Un sot, capable de mesurer sa sottise, serait un homme d'esprit ayant eu un accident. Mais les foules sont folles et sottes sans le savoir, ce qui rend leur cas incurable ou du moins désespérant.

(Dix heures du soir.) — Une fourmi qui badinerait avec les colères ou les intérêts ou les vanités de sa fourmilière ne serait pas une fourmi patriote. Un homme qui joue avec ce qui passionne son entourage n'est plus tenu pour un homme sérieux. L'esprit qui rit de lui-même est l'antipode du sérieux ; inversement le sérieux paraît comique à l'esprit qui n'est pas dupe de son illusion. Le sérieux est donc une foi, une crédulité, un parti pris ; un critique purement critique sera plutôt gai (j'en pourrais citer des preuves vivantes, *nisi odiosa essent exempla*). Le sérieux est dans l'individu sa partie sensible et vulnérable, la chose à quoi il tient ; que cette chose soit sa bourse, son honneur, sa conviction, sa vénération, sa patrie, sa mère, son titre, peu importe. Dès que cette chose est menacée, il cesse de rire et se met sur la défensive. C'est la partie engagée et non libre de son être. Le prochain a l'intuition qu'il n'a prise sur nous que par notre côté sérieux, et que si nous rions de tout, nous échappons à tout servage, à toute association et enchaînement. Il a raison.

Le sérieux est notre cordon ombilical, ce qui nous rattache à l'humanité.

N'es-tu pas un homme sérieux ? assez peu dans un sens, car tu es resté beaucoup plus libre d'esprit que la plupart des hommes de ton âge, et tu peux badiner avec beaucoup d'intérêts qui te laissent indifférent mais auxquels ils attachent une importance d'état. N'étant ni marié, ni ambitieux, ni magistrat, ni homme de parti, ni homme d'argent, ni chef de maison, la surface de ton sérieux est beaucoup plus réduite. Elle est à son minimum. Quelques affections, les conditions matérielles de l'indépendance et de la santé, la loi morale, voilà tout ou presque tout.

N'inspirant ni crainte ni espérance, ne pouvant être ni classé ni exploité, comment serais-je pris au sérieux ? Avec cela, je fuis toute pose, je cherche l'ombre, je m'efface, je fais le mort, je veux être demandé et ne pas m'offrir. Ce procédé me ramène à zéro. Qui donc compterait avec moi ?

Heureusement l'indépendance me plaît mieux que le pouvoir, que la célébrité, que la richesse, et j'ai presque l'indépendance.

11 décembre 1872. — Dormi, comme un petit saint Jean, mes sept heures et demie d'un bloc ; sommeil bleu et sans rêve. Je retrouve le ciel gris, bas, pluvieux, qui nous fait depuis si longtemps compagnie. Il fait doux et triste. Je crois bien que mes vitres peu nettes contribuent à cet aspect maussade du monde extérieur. La pluie et la fumée ont barbouillé leur surface

> Et remplacé la transparence
> Par la diaphanéité.

Entre nous et les choses, que d'écrans ! L'humeur, la santé, tous les tissus de l'œil, les vitraux de notre cellule, la brume, la fumée, la pluie ou la poussière, et la lumière même, et tout cela variable à l'infini ! Héraclite disait : On ne se baigne pas deux fois dans le même fleuve. Je dirai : On ne revoit pas deux fois le même paysage, car une fenêtre est un kaléidoscope et le spectateur en est un autre.

> Que le monde est bizarre et que l'homme est étrange !
> Le spectateur changeant d'un spectacle qui change
> Croit qu'il reste le même et qu'il tient le réel...

Qu'est-ce que la folie ? C'est l'illusion à la seconde puissance. Le bon sens établit des rapports réguliers, un *modus vivendi* entre les choses, les hommes et lui-même, et il a l'illusion qu'il touche la vérité stable, le fait éternel. La déraison n'aperçoit pas même ce 'que voit le bon sens, et a l'illusion de voir mieux. Le bon sens confond le fait d'expérience avec le fait nécessaire, et prend de bonne foi ce qui est pour la mesure de ce qui peut être ; la folie ne perçoit plus la différence entre ce qui est et ce qu'elle se figure ; elle confond son rêve avec la réalité.

Le réel est vrai et nécessaire : illusion simple. Le réel est réel : illusion à la seconde puissance ou carrée. Peut-il y avoir une illusion cube ? Ne serait-ce pas le cas si la conscience du fou avait conscience de sa folie, mais la tenait *in petto* pour sagesse ?

La sagesse consiste à juger le bon sens et la folie, et à se prêter à l'illusion universelle sans en être dupe. Entrer dans le jeu de Maïa, faire de bonne grâce sa partie dans la tragi-comédie fantasque qu'on appelle l'Univers, c'est le plus convenable pour un homme de goût, qui sait folâtrer avec les folâtres et être sérieux avec les sérieux.Il me semble que l'intellectualisme aboutit là. L'esprit en tant que pensée arrive à l'intuition que toute réalité n'est que le rêve d'un rêve. — Ce qui nous fait sortir du palais des songes, c'est la douleur, la douleur personnelle ; c'est aussi le sentiment de l'obligation, ou ce qui réunit les deux, la douleur du péché ; c'est encore l'amour ; en un mot, c'est l'ordre moral. Ce qui nous arrache aux enchantements de Maïa, c'est la conscience. La conscience dissipe les vapeurs du kief, les hallucinations de l'opium et la placidité de l'indifférence contemplative. Elle nous pousse dans l'engrenage terrible de la souffrance humaine et de la responsabilité humaine. C'est le rabat-joie, c'est le réveille-matin, c'est le cri du coq qui chasse les fantômes, c'est l'archange armé du glaive qui chasse l'homme du paradis artificiel. L'intellectualisme ressemblait à une ivresse qui se déguste ; le moralisme est à jeun, c'est une famine et une soif qui refusent de dormir. — Hélas ! Hélas !

6 janvier 1873. — Lu les sept tragédies d'Eschyle. Le *Prométhée* et *les Euménides* sont encore les grandes parmi les grandes ; elles ont la sublimité des prophètes. Toutes deux peignent une révolution religieuse, une crise profonde de la vie de l'humanité. Prométhée, c'est la civilisation arrachée à la jalousie des dieux ; les Euménides, c'est la transformation de la justice et le remplacement du talion implacable par l'expiation et le pardon. Prométhée montre le martyre de tous les sauveurs ; les Euménides sont la glorification d'Athènes et de l'Aréopage, c'est-à-dire d'une civilisation vraiment humaine. Que cette poésie est magnifique et que toutes les aventures individuelles de la passion paraissent chétives à côté de ce tragique colossal des destinées !

20 janvier 1873. — Passé la matinée avec Cantu : Histoire des républiques italiennes, des Croisades, du moyen âge en général, de la ligue hanséatique.

Qu'est-ce que l'histoire universelle ? l'épuisement des combinaisons et des fautes possibles. Tend-elle à la justice ? oui, sous la forme du nivellement distributif ou de la participation.de tous à tout ; elle rend à l'égalité des conditions, puis à l'égalité des biens. Elle aspire au mieux et ne trouve jamais le bien ; l'eût-elle trouvé, elle le détruirait aussitôt. Le bien est un équilibre; l'équilibre serait la mort de l'histoire. L'histoire est donc l'agitation éternelle à la poursuite de l'irréalisable. Les individus peuvent réaliser en eux la sagesse. Les nations n'en peuvent réaliser que l'apparence, savoir l'égalité dans la liberté.

Imaginons que le genre humain soit mort de vieillesse, ait achevé son âge géologique, à quoi aura-t-il servi ? A convertir en idée toute la somme de vie planétaire incarnée en lui ; et mieux que cela, à traduire le poème du *cosmos* dans la langue spéciale de Cybèle. Notre humanité sera un accord et une mesure de la symphonie colossale qu'exécutent les mondes assujettis à notre soleil. Elle représente un monde composé de la cinquantième puissance ; mais relativement aux humanités de nos planètes coordonnées, elle n'est qu'une unité dans un nombre.

Devenir esprit, c'est entrer dans la vie éternelle. Est-ce éterniser son individualité ? Est-ce reprendre son rang dans le cercle des invisibles ? A quoi conduit la mort ? A rentrer en Dieu. Que l'effet en soit une résorption dans l'être universel ou une adoration par la personnalité persistante, ce qui sera, sera bien, car ce sera l'ordre divin. Si Dieu est amour, il doit lui convenir d'être aimé. Mais l'individu sans la limite, sans la forme et la vie, que peut-il être ? nous n'en savons rien. On peut croire en Dieu sans que l'immortalité de l'âme s'en suive ; on peut croire au bien sans croire en Dieu. — L'acceptation stoïque de l'ordre et de la destinée est au-dessus de toutes les révolutions religieuses et de toutes les crises théologiques. — Si les énergiques espérances, les puissantes affections, les aspirations profondes étaient des arguments, la survie deviendrait plausible. Mais que faire des méchants qui redoutent de revivre, et de la moitié de l'humanité qui soupire après le néant ? On pourrait imaginer l'immortalité facultative, accordée à la foi ardente, jusqu'à ce qu'elle-même demande à s'endormir du sommeil éternel. On conquerrait l'immortalité comme la liberté, par un effort que Dieu respecte et récompense. Il est sûr que la vie spirituelle, en dehors de l'erreur et du péché, redevient séduisante ; la vie de contemplation et d'amour m'attirerait ; mais les rêves paradisiaques sont tous pétris de contradictions intérieures, qui accusent le jeu de l'imagination plutôt que la vue de la pensée lucide. Les choses dernières sont affaire de foi et de conjecture. On n'en *sait* rien. Généralement, on croit là-dessus ce qu' a cru un devancier, une belle âme religieuse : un Pythagore, un Platon, un Bouddha, un Jésus. Les croyances et les cultes ne sont que la prolongation d'une émotion et d'une intuition première, et leur confession dix milliards de fois répétée ne saurait augmenter la valeur de leur contenu et de leur certitude. L'homme se contente d'aller où va ce qu'il aime, soit dans la vie, soit dans la mort, soit dans l'immortalité, soit dans l'annihilation. Mais il faut reconnaître que, vu la faiblesse humaine, la foi dans l'immortalité donne une bravoure, une espérance, une sérénité intérieures qui préparent mieux au combat de la vie. Si c'est une illusion, elle est bienfaisante. Si c'est une chimère, elle fortifie.

31 mars 1873 (quatre heures après-midi).

En quel songe
Se plonge
Mon cœur, et que veut-il ?

Depuis une heure, je me sens une inquiétude indéfinissable : je reconnais mon vieil ennemi

Agnosco veteris vestigia flammæ.

C'est la nostalgie de l'inconnu, la fièvre sans nom, la soif du bonheur, le remuement des vieilles cendres, la renaissance des désirs juvéniles, la démangeaison des ailes, la montée de la sève printanière. C'est un vide et une angoisse, le manque de quelque chose : quoi ? l'amour, la paix, Dieu peut-être. C'est un vide certainement et non pas une espérance, c'est une angoisse aussi, car on ne mesure ni le mal, ni le remède. C'est la soif de tendresse, le besoin de caresses, de sympathie, de vie à deux et aussi de voyage, de joie pour les yeux. C'est la langueur de la volupté.

Le renouveau me trouble : ô nature cruelle !...
O printemps sans pitié, dans l'âme endolorie,
Avec tes chants d'oiseaux, tes brises, ton azur,
Tu creuses sourdement, conspirateur obscur,
Le gouffre des langueurs et de la rêverie.

(Sept heures du soir.) — Poussé jusqu'au vingt et unième vers cette plainte contre les malignités du renouveau. — De toutes les heures du jour, quand le temps est superbe, c'est l'après-midi, vers trois heures, que je trouve surtout redoutable. Jamais je ne sens plus qu'alors « le vide effrayant de la vie », l'anxiété intérieure et la soif douloureuse du bonheur. Cette torture de la lumière est un phénomène étrange. Le soleil, de même qu'il fait ressortir les taches d'un vêtement, les rides du visage et la décoloration de la chevelure, éclaire-t-il d'un jour inexorable les déchirures et les

cicatrices du cœur ? Donne-t-il honte d'être ? En tout cas l'heure éclatante peut inonder l'âme de tristesse, donner goût à la mort, au suicide ou à l'anéantissement, ou à leur diminutif, l'étourdissement par la volupté. C'est l'heure où l'individu a peur de lui-même et voudrait échapper à sa misère et à sa solitude,

> Le cœur trempé sept fois dans le néant divin.
>
> (LECONTE DE LISLE.)

On parle des tentations de l'heure ténébreuse du crime ; il faut y ajouter les désolations muettes de l'heure resplendissante du jour. Dans l'une comme dans l'autre, Dieu a disparu, mais dans la première, l'homme suit le regard de ses yeux et le cri de sa passion ; dans la seconde, il est éperdu et se sent abandonné de tout.

> En nous sont deux instincts qui bravent la raison :
> Le goût du suicide et la soif du poison.
> Cœur solitaire, à toi prends garde !

2 avril 1873 (quatre heures après-midi). — Torrent d'impressions infixables et contradictoires, pendant la lecture d'une foule de journaux, pendant la causerie à trois, avec De***, Do*** et H*** sur la place de la Taconnerie. A peine rentré chez moi senti, la nostalgie de l'indéfinissable, la soif de la volupté, l'inquiétude de l'amour, l'ennui de moi-même et de ma solitude, l'acédie du cloître. La lecture de quelques lieds de Gœthe ne fait qu'aiguillonner ce désir de vie et ce dégoût de l'ascétisme puritain. Tous les renoncements monastiques paraissent alors une duperie pieuse, une énorme fiction, et, pour ainsi dire la chose plus crûment, une bêtise. La tentation de jeter son bonnet par-dessus les moulins et de faire danser la cachucha à Minerve comme à la grande-duchesse de Gérolstein, la démangeaison de la folie, le prurit de l'extravagance et du plaisir viennent bouleverser les professeurs comme les moines. On se sent en train de parodier la sagesse et de souffleter la dignité, comme des conventions ridicules et des grimaces de profession. C'est la « crise » si joliment peinte par Feuillet, c'est la fatigue de la vertu, le doute sur les principes, le réveil de la nature tyrannisée, la revanche de Caliban trop longtemps subjugué par les formules magiques de l'esprit supérieur, Prospero ; c'est la carmagnole de la chair qui s'ennuie de son pédagogue et de son tyran, le décorum ; c'est le désir du nouveau, de l'inconnu, de l'ivresse ; c'est l'ardeur carnavalesque qui vient brouiller toutes les habitudes de la bonne façon ; c'est la malice de Belzébuth qui brise le frein de la moralité et veut sa fête de l'âne, son sabbat, sa messe noire, son heure de saturnales. Cette bouffée anacréontique et gaudriolesque, cette titillation orgiaque qui reparaît, une minute au printemps, même dans les existences graves et rangées, a tenu jadis une bien autre place dans les institutions religieuses de l'humanité. Des cultes entiers ont donné issue à ce besoin d'enivrement frénétique, à cette rage de vie si parente de la mutilation et du suicide... Cette fureur divine a une issue bien simple et bien naturelle, celle que chante le *Pervigilium Veneris*... mais, faute de cette solution, elle écume en poésie, en transports, en orages, comme l'électricité contrariée devient l'éclair et la foudre tonnante.

Ici encore la virginité et la continence produisent des tempêtes, magnifiques sans doute, mais morbides, dont sont affranchis les époux. L'imagination est un fulminate, le plus explosible de tous, que le désir confus de la génération a la propriété de faire partir. A ce tapage colossal, on dirait qu'il s'agit du ciel et de la terre, tandis qu'il n'est question que d'un point : Jacquot s'entendra-t-il avec Jacqueline ? Que de bruit pour un baiser de plus ou de moins ! Petite pluie abat grand vent. Une bergère voluptueuse dompte Attila. Une boulangère éteint Raphaël. Dalila, avec ses tresses, fait plus que tout un peuple pour réduire Samson...

En somme, la fonction sexuelle est la plus terrible des redevances que nous ait imposées la nature. Et de toutes les manières d'échapper à cette servitude, la plus sûre, la seule bonne, c'est l'obéissance à sa loi. Le calme est dans l'usage, non dans la privation ou la mutilation.

La femme nous guérit de la curiosité, du désir et de la folie du sexe. Elle guérit le mal qu'elle cause. Elle tente, mais elle rassasie ; elle excite, mais elle apaise. Et réciproquement. Chaque sexe n'arrive donc à l'humanité équilibrée que par l'autre sexe. La sexualité est une imperfection dont l'individu ne se corrige que par le couple... La vie, l'histoire, la littérature, le droit, la société n'ont pour juges éclairés que les individus ayant franchi l'initiation naturelle et regardé dans les yeux d'Isis. Sans la possession par excellence, on ne possède pas une idée correcte sur la nature des choses, on est étranger à l'expérience universelle. Avec la possession, on n'est pas un bien grand clerc, mais on a passé l'examen inférieur et pris sa première inscription dans les matricules de la vie générale. Cette initiation est une immense désillusion, mais une désillusion salutaire. Elle apprend que la volupté n'est rien ou presque rien, qu'elle n'est qu'une fausse promesse et le symbole de quelque chose d'excellent ; savoir l'amour. L'amour n'est lui-même que la forme exaltée et fugitive de quelque chose de meilleur, qui est la tendresse ; et la tendresse n'est qu'une application de la charité ou de la divine pitié. Compatir à la vie, l'aider, la favoriser, la consoler, la couver pour ainsi dire, c'est le point de vue des grands cœurs, qui sont devenus maternels, n'importe le sexe. Il n'y a plus pour eux de volupté, d'ivresse, de sensualité, d'égoïsme ; leur joie est de donner de la joie, leur bonheur est de rendre heureux ou de combattre la souffrance et par conséquent le péché, qui est un faux espoir, celui de trouver l'allégresse en dehors du bien. La charité comprend tout, supporte tout, excuse tout, parce qu'elle a les entrailles de la mère et les patiences de la bonté. Pour elle il y a des malheureux, elle ignore s'il y a des coupables.

3 avril 1873. — Visite chez mes amis ***. Leur nièce y arrive avec deux de ses enfants, et l'on parle de la conférence du père Hyacinthe.

Les femmes enthousiastes sont curieuses quand elles parlent des orateurs et des improvisateurs. Ells s'imaginent que la foule est inspiratrice et que l'inspiration suffit à tout. Est-ce assez candide et enfantin, comme explication d'un vrai discours, où rien n'est laissé au hasard, ni le plan, ni les arguments, ni les idées, ni les images, ni même la longueur, et où tout est préparé avec le plus grand soin ! Mais les femmes, dans leur amour du merveilleux et du miracle, préfèrent ignorer tout cela. La méditation, le travail, le calcul des effets, l'art, en un mot, leur diminue la valeur de la chose, qu'elles préfèrent tombée du ciel et envoyée d'en haut. Elles veulent le pain et ne peuvent souffrir l'idée du boulanger. Le sexe est superstitieux et déteste comprendre ce qu'il désire admirer. Il serait vexé de rabattre de ses préjugés sur le compte du sentiment, et de faire une place plus large à la pensée. Il veut croire que l'imagination remplace la raison et le cœur la science, et il ne se demande pas pourquoi les femmes, si riches de cœur et d'imagination, ne peuvent faire une œuvre oratoire, c'est-à-dire combiner dans l'unité une multitude de faits, d'idées et de mouvements. Ces femmes ne devinent pas même la différence entre l'échauffement d'une harangue populaire qui n'est qu'une éruption passionnée et le déploiement d'un appareil didactique qui veut établir quelque chose et convaincre les auditeurs. Aussi pour elles, l'étude, la réflexion, la technique ne sont rien ; l'improvisateur monte sur le tréteau, et Pallas tout armée sort de ses lèvres pour conquérir les applaudissements de l'assemblée éblouie. Il s'ensuit que les orateurs se subdivisent pour elles en deux groupes : les manœuvres qui fabriquent à la lampe leurs discours laborieux, et les inspirés qui se donnent la peine de naître. Elles ne comprendront jamais le mot de Quintilien : *Fit orator, nascitur poeta.*

L'enthousiasme productif est peut-être une lumière, mais l'enthousiasme réceptif ressemble fort à un aveuglement. Ce dernier brouille les valeurs, confond les nuances, offusque toute critique sensée et trouble le jugement. L' « éternel féminin » favorise l'exaltation, le mysticisme, le sentimentalisme, le lyrisme, le fantastique. Il est l'ennemi de la clarté, de la vue calme et rationnelle des choses, il est l'antipode de la critique et de la science. L'influence prépondérante des femmes est tout à l'avantage des religions et des prêtres, et subsidiairement des poètes, au détriment de la vérité et de la liberté. Cette influence est une ivresse analogue à l'ivresse amoureuse et au nuage sanguin. — Aussi Athéné préfère les mâles, et Proudhon a montré que l'avènement des femmes

a détruit la société antique, parce qu'il a pour réciproque
l'effémination des hommes.

Je n'ai eu que trop de sympathie et de faible pour la nature
féminine ; son infirmité me devient plus visible par l'excès
même de mes complaisances antérieures. La justice et la
science, le droit et la raison sont choses viriles, et l'imagination,
le sentiment, la rêverie, la chimère passent après. Quand on
pense que le Romanisme se soutient par les femmes, on
sent le besoin de ne pas rendre les rênes à l'éternel féminin,
dont le charme est au fond dangereux et trompeur.

Vendredi saint, 11 avril 1873 (onze heures du matin). —
Je viens de relire toute l'histoire de la dernière semaine de
Jésus, et beaucoup d'articles sur la résurrection, sur l'unité
religieuse, sur la Foi et la Science. Remué beaucoup d'idées
et de doutes. Senti le poids de la solitude. Marée d'indécisions.
Nuée de points d'interrogation. J'oublie tous mes résultats
acquis. J'ai froid, je suis triste. Tout est incertain, et la foi
ne prouve rien quant à la vérité intrinsèque et objective des
choses ; la foi n'est que la mesure d'une âme par ses aspirations.

Dans ce moment-ci à quoi est-ce que je crois ? à la beauté
de l'âme de Jésus, à la noblesse de certaines individualités.
Par exemple, je crois à l'admirable caractère de S*** ; mais
je le crois, parce que je le vois, parce que je l'éprouve.
Comme Dante, je regarderais volontiers le ciel dans les yeux
d'une femme inspirée. La foi est un abusement volontaire
et par amour ; c'est le partage d'une illusion, d'un rêve, d'une
espérance, d'un idéal. La seule réalité de la foi est une réalité
morale, c'est la communion des âmes qui se reconnaissent
dans leur désir ; cette réalité est psychologique. La foi religieuse est le besoin de sortir de son isolement et de se lier
à d'autres âmes. La religion ne prouve pas Dieu, elle ne
prouve qu'une faculté de l'homme, le besoin de se mettre en
harmonie avec l'ensemble des choses, et de se sentir avec
l'infini. Elle est née d'un sentiment, le sentiment inquiet et
profond du mystère ; elle le satisfait par un instinct, la foi,
qui est une formule provisoire du mystère, et par un acte,
la prière ou le culte, qui est un témoignage de soumission

au principe divin. — S'unir avec ses semblables et s'unir
avec l'éternel Inconnu, selon le procédé ou le rite de telle
grande âme revêtue d'un caractère sacré : c'est là ce qui
fait israélite, bouddhiste, musulman ou chrétien. Aimer, glo-
rifier, vouloir ce qu'a aimé, glorifié ou voulu celui qu'on
prend pour guide, pour initiateur et pour modèle, c'est là
ce que fait et ce que fait faire la faculté religieuse. La religion
se transmet comme une aimantation, par intermédiaire ; elle
se gagne, se propage, s'inocule comme un virus moral, par
la région confuse, inconsciente de nous-mêmes, celle qui nous
fait amoureux à notre insu, par la faculté mimétique et
réceptive de l'âme. La foi est une magnétisation à laquelle
on s'abandonne et qui donne une certitude sans preuve, une
tranquillité qui se passe de motifs, un bien-être indéfinissable.

20 avril 1873. — Hier au soir conduit ma sœur au concert
de la Société de Chant sacré. Entendu le *Messie*, de Hændel ;
avec mélancolie, pourquoi ? à cause de beaucoup de souvenirs
meilleurs ; puis songé à Berlin, à mes belles années, au professeur Gervinus. Senti aussi la poésie de la croyance orthodoxe et la beauté sévère de cette musique. Mais malgré tout,
l'impression des ruines a dominé ; ruines de mon être, archéo-
logie des croyances et des œuvres d'art, fugacité et fragilité
de toutes les formes, engloutissement inévitable de tout ce
qui a vécu. Impression de gouffre et d'abîme. Tout est songe.
Dieu seul demeure.

> O gouffre, je te sens ; je te vois, morne abîme !
> Tout ce que nous croyons grand, noble, glorieux,
> Siècles et nations, les mondes et les dieux,
> Que sont-ils ? moins que rien ; un soupir de l'infime
> Qui traverse un instant l'éternité des cieux...
> O stupeur formidable et vision sublime !
>
> Rien n'existe, sinon l'inexorable loi.
> L'être n'est que chimère, apparence, vaine ombre.
> La triple immensité de l'espace, du nombre,
> Du temps, vaste sépulcre, engloutit tout en soi,
> Dans l'océan sans fond de l'infini tout sombre ;
> L'homme croit vivre, et vit seulement par la foi.

21 avril 1873. — Assez battu les buissons, erré, flâné,
lentiponné, tergiversé. Il faudrait supprimer l'inutile, courir

à l'indispensable, simplifier ses vœux, se concentrer, se résumer. Tu le pensais, il y a trois ans, tu te proposais plusieurs révolutions à la fois. Puis n'ayant pu réaliser la principale, tu as tout laissé aller, suivant ton habitude. La vie au jour le jour t'a repris ; l'incurie est devenue ta sagesse. Comme l'autruche, tu as remis la tête sous ton aile pour ne plus voir le danger ni l'ennemi. Ce qui t'a aidé à vivre, ce sont trois amitiés féminines, une surtout, qui s'est faite intime et sérieuse et qui t'a fait connaître une bien belle âme. Mais la douceur du présent t'a fait détourner les yeux des menaces de l'avenir. Étant mieux logé, mieux entouré, mieux portant, tu as oublié avec délices les chagrins futurs et les mesures provisionnelles ; ton antipathie de la prévoyance s'est donné carrière...

O soucieux insouciant ! ce que tu détestes, c'est de vouloir, c'est de te décider, parce que tu doutes toujours de tes lumières et que tu ne sais pas ce qui est le mieux. . . C'est toujours là que ton second instinct te ramène, l'instinct de la faiblesse qui ne supporte pas, même en idée, l'humiliation. Ton premier instinct, c'est l'activité par amour, et aussi par essor esthétique. Ce qui te manque, c'est bien l'âpreté virile du vouloir et l'effronterie de ton intérêt propre. Ton malheur est d'avoir la nature féminine sans être une femme. Tu veux être appelé et non t'imposer. Tu n'as pas la dose d'ambition et de combativité nécessaires. L'audace, l'espérance, le courage te font défaut. Tu n'as jamais su brutaliser ton style, brusquer la fortune, bronzer ta sensibilité. — Dommage.

29 avril 1873.—Avant cinquante ans le monde est le cadre où nous travaillons à notre portrait ; après cinquante ans, quand notre individu nous attriste et se fane, il faut nous oublier dans quelque chose de meilleur et de plus grand que nous, la patrie, la science, l'art, l'humanité. C'est le moyen, sinon de rajeunir, au moins d'échapper à la mort anticipée, de vaincre la tristesse en quittant une nacelle qui sombre pour un vaisseau qui ouvre ses voiles. Gare au mécontentement, qui fait prendre en grippe et en mépris non seulement le naufragé, mais les seuls moyens de sauvetage. Ton instinct est de quitter ce qui te quitte ; mais cette fierté fait autour de nous l'isolement. Mieux vaut faire abstraction de soi-même, de ses préférences, de ses prétentions, de ses droits, de ses goûts, ne demander ni égards, ni justice, ni sympathie, ni bonté, et ne songer qu'au bien et au bonheur de quelque chose de grand et de durable, comme une institution ou une communauté. N'est-ce pas en d'autres termes se mettre au service de Dieu ?

23 mai 1873. — L'erreur fondamentale de la France est dans sa psychologie. Elle a toujours cru qu'une chose dite était une chose faite, comme si la rhétorique avait raison des penchants, des habitudes, du caractère, de l'être réel, comme si le verbiage remplaçait la volonté, la conscience, l'éducation, la régénération. La France procède toujours à coups d'éloquence, de canon ou de décrets, elle s'imagine ainsi changer la nature des choses ; elle ne fait que des ruines et des phrases. Elle n'a jamais compris la première ligne de Montesquieu : « Les lois sont les rapports nécessaires qui dérivent de la nature des choses ». — Elle ne veut pas voir que son impuissance à organiser la liberté vient de sa nature même, des notions qu'elle a de l'individu, de la société, de la religion, du droit, du devoir, de la manière dont elle élève les enfants. Sa façon est de planter les arbres par la tête et elle s'étonne du résultat ! Le suffrage universel avec une mauvaise religion et une mauvaise éducation populaire est la bascule à perpétuité entre l'anarchie et la dictature, entre la rouge et la noire, entre Danton et Loyola. Entêtée dans son illusion, elle court encore après sa queue. Combien de boucs émissaires égorgera-t-elle avant de se frapper la poitrine ?...

15 juillet 1873 (sept heures du matin). — Tristesse. Grosse toux, multiplication de fils d'argent, sentiment de l'impossible et de l'irréparable, impression de folie et de sottise, lassitude de la vie, ennui de moi-même, humiliation, regret. Perception de ma propre décadence. Vue claire de ce qui me sera toujours refusé. J'oublie, mais je ne puis ni me résigner ni vouloir. J'étouffe mes désirs, ne pouvant ni les supprimer ni les satisfaire. Trop fier pour me plaindre du sort, trop découragé pour lutter avec lui, trop éclairé pour compter sur moi-même ou sur le monde, je ne sais quelle figure faire devant la destinée. Je ne suis ni un heureux ni un malheureux. Je suis un naufragé qui n'en convient pas. Je suis une aspiration déçue et une vie manquée. Le doute a détruit en moi jusqu'à la faculté d'espérer ; à peine si je crois à ce que je tiens, tant la fragilité de tout bien m'est présente. Je sens que tout, que tout échappe ; si je serrais la main d'une femme loyale en disant : veux-tu être à moi, j'ai l'arrière-pensée que la mort glacerait presque aussitôt cette main dans la mienne. La vie est si perfide et si cruelle, que je ne lui demande rien pour me soustraire à sa tyrannie. Je profite de ce qu'elle m'envoie, mais sans faire fond sur rien, pas plus que sur le beau temps.

... On frappe. C'est la bonne qui m'apporte une lettre. On dirait un truc théâtral ou une réponse de la Providence. La lettre vient de Céligny ; elle est d'une amie bien chère, celle qui m'a demandé de penser à elle dans mes heures noires. Il y a vraiment là une coïncidence touchante et qui peut rendre pensif.

17 juillet 1873 (dix heures et demie du soir). — Ciel limpide et fourmillant d'étoiles. Sentiment de vide. N'est-il pas contre nature d'être ainsi absolument seul ? en tout cas, cela est contre ma nature. Je suis sociable, aimant, tendre même ; qui s'en douterait ? J'étouffe dans le délaissement ; mais je feins l'indifférence stoïque. Ce soir, concert, feu d'artifice ; mais y aller seul, à quoi bon ? J'ai été faire un tour à la Plaine, puis je suis rentré pour me ronger le foie à l'aise.

23 juillet 1873. — Trois choses me refroidissent très vite : être soupçonné, n'être pas compris ou découvrir un besoin d'indépendance. La première m'offense, la seconde me décourage, la troisième me désintéresse. J'ouvre à qui veut sortir, je me retire de qui veut m'estimer moins, je me tais avec qui cesse d'entendre. Ainsi le prochain est toujours maître des relations qui nous rapprochent,

Selon qu'il a semé chacun récolte en moi.

Je ne puis rien changer à cela et je ne le désire point. Il faut que ceux qui se passent de moi, je me passe d'eux ; ainsi l'exige leur liberté et ma dignité. Douloureux ou facile, ce sacrifice doit être fait. Ce qui le facilite, c'est le refroidissement préparatoire. Si l'amour d'autrui me rend esclave, son injustice ou son dédain me délie. Rompre m'est presque impossible, mais accepter une rupture ne m'est pas trop malaisé. Autrement dit, j'ai le cœur faible et la fierté raide. Dès qu'on me détache, je suis détaché. Tant que je suppose un malentendu, je puis abonder en démarches et en explications. Mais disputer un cœur qui marchande sa retraite, cela n'est pas dans ma gamme. Ce terrible avilissement de l'amour (qui ne sert jamais à rien, puisque l'amour n'est pas une gratitude et s'endurcit par ses torts bien loin d'arriver au repentir), cette prosternation vaine et insensée, m'ont été épargnés, grâce au ciel. Je sais bien que la formidable épreuve de la passion délirante m'a été épargnée aussi, et que je n'ai pas senti tout mon bonheur, tout mon avenir, toute mon espérance, dépendre d'une carte unique, d'un être unique, d'une seule volonté de cet être ou d'un seul caprice de cette carte. Cette servitude absolue excuse bien des choses. De même les fureurs de la trahison subie me sont personnellement inconnues ; je n'ai jamais été trahi, quoiqu'on ait été plus d'une fois perfide à mon égard.

Ainsi quoique ma vie secrète ait eu ses tourments, je n'ai point traversé les pires supplices, ceux de l'amour méconnu, de l'amour trahi, de la passion devenue folie, ni l'arrachement d'une épouse ou d'un enfant chéris. Comparativement j'ai été privilégié. Les épreuves de la misère, de l'humiliation prolongée, des cruelles infirmités physiques ont passé loin de moi. J'ai bien des grâces à rendre à Dieu pour ma destinée, qui a été plutôt contemplative qu'active, mais qui a recueilli plus de biens qu'elle n'a souffert de maux.

Conclusion : portons les fardeaux les uns des autres, et par conséquent songeons moins à la défensive personnelle qu' à la charité. Si nous pouvons être utiles à quelqu'un, soyons-le, fût-ce sans beaucoup d'espoir ni d'attrait. Semons sans compter les grains.

25 juillet 1873. — Ton renoncement est inconsolé, tu n'es pas d'accord avec les circonstances, tu souffres sans en convenir, tu n'as point de paix, parce que tu n'as plus ni espérance, ni but, ni foi...

Voilà donc ces moments chaotiques dont parle Othello. La nuit se fait dans mon âme. Tout est trouble et confus. Je ne vois plus de sens à ma vie ; il n'y a plus de résultats acquis ; je n'ai plus conscience d'un talent, d'une habitude, d'une maxime, et je n'aperçois que mon néant et le désir de ne pas être. O le tourbillon noir ! — Et cependant je vois danser comme les astres au ciel les atomes bleuâtres dans le rayon qui filtre à travers mes volets ; et cette échelle de Jacob emmène mon esprit parmi les magnificences de l'univers ; les hirondelles gazouillent dans l'étendue ; des voix d'enfants jouent sur les galeries ; nous sommes en juillet et bien des maisons dans les cinquante lieues carrées qui m'entourent feraient accueil à ma visite. Les livres, les montagnes, le voyage, le spectacle humain me sont ouverts ou m'appellent. Cette désolation muette n'est-elle pas un accès d'hypocondrie, une folie, une ingratitude ? Est-ce donc n'avoir rien que de n'avoir pas tout ? Cet abattement n'est-il pas de l'ambition rentrée ? Ce détachement n'est-il pas de la bouderie, c'est-à-dire du dépit, de l'insubordination, presque de la révolte ? S'accommoder du réel, de ses imperfections et de ses limites, convertir ses soupirs en force active et bienfaisante, accepter son sort et son lot, se réconcilier avec le prochain et les circonstances telles qu'elles sont, diviniser ses expériences et découvrir une intention paternelle dans les joies et les douleurs qui ont fait le tissu de nos jours, c'est le moyen de retrouver la force et la paix.

Scheveningue, 18 août 1873. — Notons le *corso* d'hier. — Air tonique. Paysage clair, vif et net, la mer gaie, d'un certain bleu cendré et blanchâtre, qui n'a rien à faire avec l'azur et l'indigo de la mer Ionienne. Jolis effets de plage, de marine et de lointain ; la silhouette des clochers de la capitale se détachait en découpure. Belles traînées d'or sur les vagues, lorsque le soleil descendit au-dessous des bandes de vapeur du mi-ciel, avant d'entrer dans les brumes de l'horizon marin.

Foule considérable. Tout Scheveningue et La Haye, le village et la capitale inondaient la terrasse aux mille tables et submergeaient les étrangers et les baigneurs.

Les matrones, nourrices, les enfants et les poulettes de l'endroit, avec leurs coiffes sous-casquées de vermeil, leurs tabliers blancs ou noirs, et leurs fichus arrêtés dans la ceinture, promenaient leurs tailles engoncées et godronnées qui effacent la différence des âges. Quelques officiers (marine ou cavalerie). Des Juives passées au blond, mais nez busqué et lèvres sensuelles. Toilettes variées, modes françaises. Petits chapeaux de toute espèce, en galette, en gouttières, en escarpement d'un pied de haut, avec rubans flottants ou blonde voltigeante ; tous les accords de couleur, gris et rose, gris et bleu, rose et noir, bleu et blanc, rose et roux, blanc et rouge. Les jolies personnes pas trop rares ; les formes élégantes, souples, onduleuses, les attitudes aisées et distinguées abondaient moins.

L'orchestre a joué du Wagner (*Lohengrin*), de l'Auber et des valses. Que faisait tout ce monde ? Il jouissait de la vie ; la moitié remuante circulait autour de la moitié assise.

Mille pensées erraient dans mon cerveau : le droit et la valeur de la mode européenne ; le loisir ; le dimanche ; l'esthétique des couleurs ; la symbolique de la toilette ; ce qu'il fallait d'histoire pour rendre possible ce que je voyais (dimanche, musique, toilette, loisirs, rangs sociaux, état hollandais, cosmopolitisme, etc., etc.). La Judée, l'Égypte, la Grèce, la Germanie, la Gaule, et tous les siècles, de Moïse à Napoléon, et toutes les zones, de Batavia à la Guyane, avaient collaboré à cette réunion. L'industrie, la science, l'art, la géographie, le commerce, la religion de tout le genre humain se retrouvent dans chaque combinaison humaine ; et ce qui est là sous nos yeux, sur un point, est inexplicable sans tout ce qui fut. L'entrelacement des dix mille fils que tisse la nécessité pour produire un seul phénomène est une intuition stupéfiante. On se sent en présence de la Loi, on entrevoit l'atelier mystérieux d'Isis. L'éphémère aperçoit l'éternel.

> Donc ne fléchissons point, la crainte est insensée ;
> Si notre Père occupe et le temps et le lieu,
> Toujours, ravissante pensée,
> Partout, nous habitons en Dieu.

Q'importe la brièveté de nos jours, puisque les générations, les siècles et les mondes eux-mêmes ne font que reproduire sans fin l'hymne de la vie, dans les cent mille modes et variations qui composent la symphonie universelle ? Le motif est toujours le même ; la monade n'a qu'une loi ; toutes les vérités ne sont que des diversifications d'une seule vérité.

L'univers est la joie de Brahma et la volonté de l'Éternel. Il représente la richesse infinie de l'Esprit voulant en vain épuiser tous les possibles, et la bonté du Créateur qui veut faire participer à l'être tout ce qui dort dans les limbes de la toute-puissance.

Contempler et adorer, recevoir et rendre, avoir jeté sa note et remué son grain de sable, c'est tout ce qu'il faut pour l'éphémère ; cela suffit à motiver son apparition fugitive dans l'existence.

.... Une coccinelle aux élytres transparents s'abat sur mon papier et vient boire l'encre de ces lignes. Elle aussi trouve ce qu'il lui faut, et c'est ma plume qui l'abreuve. Était-il prévu dans le livre des destinées que le 18 août 1873, à onze heures du matin, un Genevois ferait ce plaisir à cet insecte ? Je ne le pense pas. Mais il est écrit : Qui cherche trouve, et il est pourvu à ce que tous les êtres rencontrent leur équilibre. Seulement la Nature ne connaît guère que le combat ; et l'homme connaît aussi la bienveillance, même la charité.

> *Edel sey der Mensch,*
> *Hülfreich und gut.*
>
> (Gœthe.)

Qu'il accepte pour lui-même la loi de l'effort, la nécessité de la lutte, le jour du travail, mais qu'il soit secourable, fraternel, généreux, prévenant pour le prochain.

(Même jour). — Hier soir, après la fin du concert, l'esplanade briquée en arrière des hôtels, et les deux routes qui con-

duisent à La Haye, fourmillaient de mouvement. J'ai cru
être sur un des grands boulevards parisiens, à la sortie des
théâtres, tant il a roulé de carrosses, d'omnibus et de fiacres.
L'écoulement a duré près d'une heure. Puis, sur le tumulte
humain disparu, a resplendi la paix du firmament étoilé,
et aux rêveuses lueurs de la voie lactée n'a plus répondu que
le lointain murmure de l'Océan.

Demain, ici, théâtre. La *Soupe aux choux* est sur l'affiche ;
l'ami Marc[1] me salue ainsi aux confins du continent. Ben-
venuto ! que fait-il maintenant, lui, l'athlète infatigable, l'in-
tarissable homme de lettres ? Le *Journal des Débats*, la
Bibliothèque universelle, la *Revue des Deux Mondes* voient
constamment de sa prose, et son volume sur la littérature
genevoise doit être au bout de l'impression, comme sa maison
neuve va recevoir ses premiers locataires. Lui, ne perd pas
sa vie et sait exploiter son temps et la marche du monde. Il a
raison. Il a tout fait à point, et moi rien, voilà la différence
entre nous. Aussi est-il connu et joyeux, tandis que je suis
seul, stérile et dans l'ombre. C'est justice.

Qu'est-ce qui s'est donc interposé entre la vie réelle et
toi ? Quel écran de verre t'a comme interdit la jouissance, la
possession, le contact des choses, en ne t'en laissant que le
coup d'œil ? C'est la mauvaise honte. Tu as rougi de désirer ;
tu t'es fait du désintéressement un point d'honneur inutile ;
tu t'es condamné au renoncement superflu et au détachement
gratuit. Tu t'es traité bénévolement comme Sancho le fut
par le médecin de Barataria, tu t'es réduit à l'abstinence et à
la privation sans nécessité. Funeste effet de la timidité aggra-
vée par une chimère. Cette démission par avance de toutes
les ambitions naturelles, cette mise à l'écart systématique
de toutes les convoitises et de tous les désirs était peut-être
une idée fausse ; elle ressemble à une mutilation insensée, à un
eunuquéisme fanatique ou poltron. Cette idée fausse est
aussi une peur.

La peur de ce que j'aime est ma fatalité.

Et je crois bien que cette peur de toute passion est née du

[1]. Marc Monnier

besoin de l'indépendance combiné avec le sentiment d'une secrète faiblesse. On n'affronte pas le danger, quand on n'a pas l'élan de la témérité ou le pressentiment de la victoire.

De très bonne heure j'ai découvert qu'il était plus simple d'abdiquer une prétention que de la satisfaire,

Car le néant peut seul bien cacher l'infini,

et ne pouvant obtenir tout ce qui aurait été dans le vœu de ma nature, j'y ai renoncé en bloc, sans même prendre la peine de déterminer en détail ce qui m'eût séduit ; à quoi bon en effet remuer ses misères et se peindre des trésors inaccessibles ? Ainsi j'ai anticipé en esprit tous les désabusements, selon la méthode stoïcienne. Seulement, ô défaut de logique, j'ai laissé parfois survenir les regrets, et j'ai regardé avec des yeux vulgaires une conduite fondée sur des principes exceptionnels. Il fallait être ascétique jusqu'au bout et se contenter de la contemplation, surtout à l'époque où les cheveux s'argentent. Mais quoi ? je suis un homme et non un théorème. Un système est impassible et je souffre. La logique n'a besoin que de conséquence, et la vie a mille besoins ; le corps veut la santé, l'imagination appelle le beau, le cœur réclame l'amour, l'orgueil demande la considération, l'âme soupire après la paix, la conscience pleure après la sainteté, tout notre être a soif de bonheur et de perfection ; et incomplets, chancelants, mutilés, nous ne pouvons feindre l'insensibilité philosophique, nous tendons les bras à la vie et nous lui disons à mi-voix : pourquoi as-tu trompé mon attente ? N'ai-je pas eu tort de suivre une route solitaire ? Ce renoncement n'était-il pas une erreur ? Où est la sagesse ? Elle n'est pas dans la contradiction, mais elle n'est pas non plus dans la tristesse aride.

Es irrt der Mensch, so lang er strebt.

Scheveningue, 19 août 1873 (huit heures du matin). — Bien-être. Sommeil ininterrompu, grâce à une ventilation de ma chambre essayée discrètement. Promenade matinale. Il a plu cette nuit ; le sable est tigré à la surface comme par la petite vérole. Gros nuages. La mer, veinée de fauve et de vert, a revêtu l'aspect sérieux du travail. Elle est à son affaire, sans menace mais sans mollesse. Elle fabrique ses nuages, charrie les sables, visite et baigne ses rives d'écume, soulève son flot pour la marée, porte les vaisseaux et alimente la vie universelle. Trouvé une nappe de sable fin, plissée par l'eau comme le palais rose de la bouche d'un petit chat, ailleurs semblable à un ciel pommelé. Tout se répète par analogie et chaque petit canton de la terre reproduit sous une forme réduite et individuelle tous les phénomènes de la planète. — Plus loin, je rencontre un banc de coquillages en train de s'émietter, et j'entrevois que le sable des mers pourrait bien être le détritus de la vie organique des âges antérieurs, la pyramide archimillénaire des générations sans nombre de mollusques qui ont travaillé à l'architecture des rivages en bons ouvriers de Dieu. Si les dunes et les montagnes sont la poussière des vivants qui nous ont précédés, comment douter que notre mort serve autant que notre vie et que rien ne se perde de ce qui est prêté ? L'emprunt mutuel et le service temporaire semblent la loi de l'existence. Seulement les forts exploitent ou dévorent les faibles, et l'inégalité concrète des lots dans l'égalité abstraite des destinées vient inquiéter le sentiment de justice.

(Même jour.) — Lettre de mon neveu***. La chaleur à Paris est intolérable, me dit-il. Ces lettres de quelques lignes sont caractéristiques. On naît négociant, et dès lors on ne devine pas même que la plume peut peindre les choses et communiquer des pensées ou des impressions. Échanger des faits et des chiffres n'est pas de la correspondance, c'est du commerce. Son frère*** a plus d'instinct littéraire. Il a du trait et des images dans la parole ; il observe et sait rendre ce qu'il voit. Mais il n'éprouve aucun désir de communiquer avec moi, n'espérant pas m'éblouir. A son âge, l'amour-propre tient la plume. D'ailleurs cette génération est utilitaire ; et, comme je ne puis la servir dans ce qu'elle cherche, la réussite et le succès, nous n'avons rien à nous dire. C'est tout simple, et je ne m'en offense ni ne m'en étonne. Ce qui doit être est. D'ailleurs, à d'autres égards, et avec les hommes de pensée

qui ont vingt-cinq à trente ans, je me sens aussi entré dans la *landwehr*. Un nouvel esprit gouverne et inspire la génération qui me suit. C'est un singulier phénomène de se sentir pousser l'herbe sous les pieds, et déraciner intellectuellement. Il faut parler à ceux de son âge ; les plus jeunes ne vous écoutent plus. On est censé vieilli, fané, *ad acta*. La pensée est traitée comme l'amour, on ne lui veut pas un cheveu gris. « La science elle-même aime les jeunes gens, comme jadis faisait la Fortune. » La civilisation contemporaine ne sait que faire de la vieillesse ; à mesure qu'elle déifie l'expérimentation naturelle, elle dédaigne l'expérience morale. On reconnaît à cela que le darwinisme triomphe ; c'est l'état de guerre et la guerre veut la jeunesse du soldat ; elle n'admet l'âge dans les chefs que s'ils ont la force et la trempe des vétérans bronzés.

Actuellement il faut être fort ou disparaître, se renouveler constamment ou périr. Tout ce qui chancelle est piétiné ou abandonné.. — On dirait que l'humanité de notre âge a, comme les oiseaux migrateurs, un immense voyage à faire à travers l'étendue ; elle ne peut plus soutenir les faibles et entraîner les retardataires. Le grand assaut de l'avenir la rend dure et sans pitié pour ce qui défaille en route. Sa devise est : Arrive qui peut. *Væ victis !*

Le culte de la force a toujours eu des autels, mais il semble qu'à mesure qu'on parle plus de justice et d'humanité, l'autre dieu voit grandir son empire. Cela tient probablement à la domination croissante des sciences physiobiologiques. La Nature est construite sur le type de la force, et le Dieu moderne est la Nature.

Scheveningue, 21 août 1873. — Les briques et les voyelles ont en hollandais le même nom *Klinkers* (les sonores). Ici tout est de briques, les maisons, les palais, les routes, les canaux ; le sable cuit sert à combattre le sable mouvant, l'eau douce, le vent, la vague, *similia similibus curantur.* — La langue est muette sans les voyelles, et le hollandais affectionne les doubles voyelles. La Hollande ne se conçoit pas sans la brique. Du reste, le ciment blanc de ces briques brunes (fait de coquilles pulvérisées) est dur comme du marbre, et trente années de pluie sur ces maisonnettes les laissent intactes et proprettes comme des carafons...

Différence extrême de l'air en dedans et en dehors de la dune, même des deux côtés de la même maison si elle est sur la dune ; non seulement autre température, mais autre effet physiologique. L'air de mer est vivifiant, tonique, oxydé ; l'air du dedans est mou, détendu, tiède, flasque. Ma chambrette est dans l'air flou et doux. A vingt pieds d'elle, je trouve la brise saline. De même que l'écume est phosphorescente, cette brise a quelque chose d'électrique. Elle remonte, tandis que l'atmosphère abritée est affadissante. — Il y a donc deux Hollandes dans chaque Hollandais ; l'homme du polder, blanchâtre, lourd, blême, flegmatique, lent, patient et impatient, — l'homme de la dune, du port, de la plage, de la mer, qui est tenace, trempé, persévérant, bronzé, entreprenant. Leur synthèse est dans la prudence calculatrice et dans l'obstination méthodique de l'effort.

Scheveningue, 22 août 1873 (huit heures et demie du matin.) — Pourquoi les médecins conseillent-ils si souvent mal ? parce qu'ils n'individualisent jamais assez leur diagnostic et leur traitement. Ils classent le malade dans un tiroir convenu de leur nosologie, et chaque malade est pourtant un *hapax* [1]. Comment un triage aussi grossier et aussi superficiel pourrait-il permettre une thérapeutique judicieuse ?

... Les docteurs espèrent capturer l'eau avec leur filet, emprisonner le subtil et le volatil dans leurs catégories approximatives ; ils ont le courage ou plutôt l'audace d'appliquer leurs procédés élémentaires à des cas d'un ordre de complication supérieure. Ce sont des forgerons qui osent manipuler une montre microscopique ; ce sont des vernisseurs qui entendent restaurer une toile de Raphaël ; ce sont des écoliers qui, parce qu'ils savent arracher aux mouches les ailes, se croient aussi capables de les replanter. Le vrai médecin voit se dissoudre les cadres généraux en cas particuliers. Chaque maladie est un facteur simple ou complexe qui se multiplie par un second facteur toujours complexe, savoir

---

1. Un cas spécial, un exemplaire unique.

l'individu qui la souffre ; en sorte que le résultat est un problème spécial, réclamant toujours une solution spéciale, surtout à mesure qu'on s'éloigne de l'enfance, de la vie rustique, champêtre ou militaire. Les femmes, les hommes de lettres, les artistes après quarante-cinq ou cinquante ans, sont des machineries excessivement compliquées et délicates, auxquelles il ne faudrait toucher qu'avec scrupule et tremblement. Un nouveau venu, à moins d'intuition transcendante, ne fait avec elles que galvauder et bousiller, quand ce n'est pis. Le mot de Tibère est toujours vrai ; mais je ne sais quelle insouciance irréfléchie et quel espoir vague nous font recommencer toujours la même faute. « Là-bas, là-bas, est la santé, là-bas, là-bas ! »... et nous remordons au leurre de plus belle. Hélas ! avec ou sans espérance on va de Charybde en Scylla.

Soyez forts, tout est là ; si vous ne l'êtes pas, soyez prudents et résignés, c'est tout ce qui reste aux gens de la seconde table, pour parler avec La Fontaine.

(Plus tard.) — Temps pluvieux. Grisaille générale. Heures favorables au recueillement et à la méditation. Le vendredi et le lundi sont ici les jours de détente. J'aime ces journées où l'on reprend langue avec soi-même, et où l'on rentre dans sa vie intérieure. Elles ont un aspect paisible, elles tintent en bémol et chantent en mineur. Le sol est comme tapissé de velours, et les heures y glissent en pantoufles de soie, sans faire le moindre bruit en passant. On retourne alors sa fourrure en dedans, et l'âme se dorlote dans son intimité. On n'est que pensée, mais l'on se sent être, jusqu'au centre. Les sensations elles-mêmes se transforment en rêveries. C'est un état d'âme étrange ; il ressemble aux silences dans le culte, qui sont, non pas les moments vides de la dévotion, mais les moments pleins, et qui le sont, parce qu'au lieu d'être polarisée, dispersée, localisée dans une impression particulière, l'âme est alors dans sa totalité et en a la conscience. Elle goûte sa propre substance. Elle n'est plus teintée, colorée, vibrée, affectée, elle est en équilibre. C'est alors qu'elle peut s'ouvrir et se donner, contempler et adorer. C'est alors qu'elle entrevoit l'immuable et l'éternel enveloppant tous les phénomènes du temps. Elle est dans l'état religieux, dans l'union avec

l'ordre, du moins l'union intellectuelle ; car pour la sainteté il faut plus, il faut l'union de volonté, la perfection du dévouement, la mort du moi, l'absolue soumission.

Je sens très distinctement que ma paix actuelle n'est que de la première sorte ; qu'elle tient à l'absence de douleur et de résistance; qu'elle est une grâce et pour ainsi dire une volupté. Elle est par conséquent fragile et dépendante. Elle est à la merci de la première souffrance physique, du premier chagrin que peut m'apporter l'homme ou la femme, la nature ou le monde. Elle est un intérim, une relâche. J'en suis reconnaissant comme d'un calme dans la tempête ; mais je ne puis me faire d'illusion sur sa durée.

La paix psychologique, l'accord parfait mais virtuel n'est que le zéro, puissance de tous les nombres ; elle n'est pas la paix morale, victorieuse de tous les maux, éprouvée, réelle, positive et pouvant braver de nouveaux orages. La paix de fait n'est pas la paix de principe. — Il y a bien deux bonheurs, celui de nature et celui de conquête, deux équilibres, celui de la Grèce et celui de Nazareth, deux royaumes, celui de l'homme naturel et de l'homme régénéré.

Pourquoi donc, après avoir connu et goûté souvent la plus solide de ces béatitudes, revenir insensiblement à l'autre ? Pourquoi redescendre de l'esprit à la nature, du point de vue divin au point de vue humain ? Sans doute par faiblesse charnelle; mais aussi sans doute à cause des crises religieuses contemporaines. A moins d'une foi ferme et obstinée, comment ne pas vaciller sur ses propres principes et sur sa religion à soi ? D'ailleurs, je suis toujours à la refonte, et je me reperds continuellement. Ma fluidité infixable est une propriété, peut-être une infirmité de ma nature ; cette facilité aux métamorphoses progressives ou régressives m'ôte les bénéfices des convictions fortes et des caractères trempés. Quand on peut tout comprendre, il est malaisé de s'endurcir dans une forme conventionnelle. Quand on ne sent pas son individualité et qu'on n'en a pas l'amour-propre ou le respect, il est presque impossible d'être compact, homogène, conséquent dans sa manière de sentir ou d'agir. On n'est pas un rocher au milieu des ondes, mais plutôt une balise, fixée il est vrai par son ancre, mais qui flotte avec les marées et

les vents autour de son point d'attache et qui ne se maintient
qu'en cédant:

Scheveningue, 30 août 1873. — ... L'Océan grondait seul
dans le silence d'une heure du matin. Il semblait qu'il allait
reprendre son domaine, et rouler les hôtels et la dune, comme
l'apocalypse roule au dernier jour la nappe des étoiles. —
Je le trouve ce matin hérissé de cinq collines d'écumes et
d'une couleur tempête, qui indique l'humeur farouche de ce
lion formidable. Mais les rumeurs de vie, le bruit du travail,
la résonance des voitures sur les klinkers, le soufflement de la
machine à vapeur près de mes fenêtres, couvrent maintenant
la grande voix des flots, ou plutôt la relèguent dans le lointain. D'énormes nuées grises sur le fond blanc volent avec la
vitesse de la flèche vers le Nord. Les ajoncs frissonnent sur
les dunes ainsi que les blés sur les guérets ; et les écharpes
traînantes de sable fin dansent devant la brise comme les
fumerolles d'un volcan ou les feux follets d'un marécage.
Malgré quelques rayons pâles qui cinglent par-ci par-là une
sorte de coup de fouet de lumière, le paysage enveloppé d'un
horizon gris, terne et bas, a une tristesse septentrionale.
Heureusement tout change vite ici, et les journées unifor-
mément farouches, telle que celle d'hier, sont peu communes
dans cette saison.

... Déjà le ciel s'éclaircit sensiblement. Ses voiles dimi-
nuent. Les bandelettes d'Isis tombent les unes après les autres. Son sourire reparaît, comme une promesse au fond de la
menace. Mais l'azur se fait encore attendre. Espérons.

Amsterdam, 11 septembre 1873. — Le docteur*** sort d'ici.
Il me trouve de la fièvre et ne pense pas que je puisse partir
de trois jours sans imprudence... Du reste, j'éprouve ici,
comme à Scheveningue, comme toujours, que les médecins,
en me droguant d'après leurs casiers généraux, me font invariablement du mal. Cette cravate mouillée, qui m'a inspiré une secrète appréhension, m'a en effet gazé la voix et
laissé une trace de gêne pulmonaire. En me manipulant
comme la moyenne, on m'abîme très vite.

N'était que je redoute la responsabilité, et que je me défie trop de moi-même, je ne devrais exécuter aucune prescription non approuvée par mon instinct, et ne m'en remettre qu'à mon expérience. Malheureusement, sitôt malade, je jette le manche après la cognée et je retombe dans les candeurs oublieuses de la foi, de la foi en autrui. Et pourtant toujours cette foi a été trompée. Je ne me rappelle presque pas un conseil qui ait été purement bon, ni un médecin qui ait été pour moi un ami pénétrant et sûr.

Ce double fait contradictoire, d'une espérance naïve renaissant après toutes les déceptions et d'une expérience presque invariablement défavorable, s'explique comme toutes les illusions par une volonté de la nature, qui veut ou que nous soyons abusés ou que nous agissions comme si nous l'étions encore. N'en est-il pas de même par exemple pour les promesses de la volupté, ce leurre perpétuel des créatures vivantes ? L'imagination offusque la mémoire, et le prestige, vingt fois convaincu de néant, réussit à fasciner le regard et à enflammer le désir.

Le scepticisme est plus sage, mais il paralyse la vie, en supprimant l'erreur. La maturité d'esprit consiste à entrer dans le jeu obligé en se donnant l'air d'être dupe. Cette complaisance débonnaire corrigée par un sourire est encore le parti le plus ingénieux. On se prête à une illusion d'optique, et cette concession volontaire ressemble à de la fierté. Une fois emprisonné dans l'existence, il faut en subir les lois de bonne grâce. Se gendarmer contre elle ne conduit qu'à une rage vaine, dès qu'on s'interdit le suicide.

L'humilité soumise, ou le point de vue religieux ; l'indulgence désabusée avec une pointe d'ironie, ou le point de vue de la sagesse mondaine : ces deux attitudes sont possibles. La seconde suffit avec les déboires et les contrariétés ; l'autre est peut-être nécessaire dans les grandes douleurs de la vie. Le pessimisme de Schopenhauer suppose au moins la santé et la pensée pour se soutenir contre tout le reste. Mais il faut l'optimisme stoïque ou chrétien pour supporter les supplices de la chair, de l'âme et du cœur. Il faut croire que le tout au moins est bon, ou que la douleur est une grâce paternelle, une épreuve purifiante, pour échapper aux étreintes du désespoir.

Il est sûr que l'idée d'une immortalité bienheureuse servant de port aux tempêtes de cette existence mortelle, et récompensant la fidélité, la patience, la soumission, le courage des passagers, il est sûr que cette idée, la force de tant de générations et la foi de l'Église, donne une consolation inexprimable à ceux qui sont éprouvés, chargés, tenaillés par les peines et par la souffrance. Se sentir nominativement surveillé et protégé par Dieu, donne à la vie une dignité et une beauté particulières. Le monothéisme facilite la lutte pour l'existence. Mais l'étude de la nature laisse-t-elle debout le monothéisme, et surtout les révélations locales qui s'appellent Mosaïsme, Christianisme, Islamisme ? Ces religions, fondées sur un *cosmos* enfantin et sur une histoire chimérique de l'humanité, peuvent-elles affronter l'astronomie et la géologie contemporaines ? L'immortalité individuelle est-elle vraisemblable ? Et sans cette immortalité, que devient tout le système eschatologique des consolations et des espérances religieuses du monothéisme ? L'échappatoire actuelle qui consiste à distinguer la science et la foi, la science qui dit non à toutes les anciennes croyances, et la foi qui, pour les choses ultra-mondaines et invérifiables, se charge de les affirmer, cette échappatoire ne peut pas tenir toujours. Chaque conception du *cosmos* demande une religion qui lui corresponde. Notre âge de transition ne sait que devenir entre ses deux méthodes incompatibles, la méthode scientifique et la méthode religieuse, entre ses deux certitudes qui se contredisent.

La conciliation doit être cherchée, ce semble, dans la ligne adoptée par Secrétan et Naville, dans le fait moral, qui est aussi un fait, et qui, de proche en proche, réclame pour son explication un autre *cosmos* que le *cosmos* de la nécessité. Qui sait si la nécessité n'est pas un cas particulier de la liberté et sa condition ? Qui sait si la nature n'est pas un laboratoire à fabriquer des êtres pensants, qui deviennent créatures libres ? La biologie crie haro, et en effet, l'existence supposée des âmes en dehors du temps, de l'espace et de la matière, est une fiction de la foi, moins logique que le dogme platonicien. Mais la question reste ouverte. La notion de but, même si on l'expulse de la nature, se trouvant une notion capitale de l'être supérieur de notre planète, est un fait, et ce fait postule un sens à l'histoire universelle.

Je *jaséie* et divague : pourquoi ? parce que je n'ai pas de credo. Toutes mes études posent des points d'interrogation, et pour ne pas conclure prématurément ou arbitrairement, je n'ai pas conclu.

Critique, dubitatif, contemplatif, en un mot sceptique par humilité, indécision et ouverture de pensée : telle serait ma situation actuelle. Que faudrait-il pour en sortir ? un livre à faire. Ce qui me manque, c'est la concentration et la continuité.

D'ailleurs tout contribue à me disperser : le défaut de santé, le manque de foyer, la privation d'un intérêt dominant, d'un groupe d'hommes voulant ou cherchant ou creusant les mêmes questions ; je ne sens ni coterie, ni parti, ni école, ni église, ni drapeau auquel j'appartienne.

Barbarus hic ego sum, quia non intelligor illis !

De là ce vide inquiet d'une vie non fixée, qui n'a pas trouvé son centre, son appui, sa joie, son œuvre, qui n'a pas même découvert son talent et déterminé son but. Hélas ! j'aurais voulu n'agir que par amour, et comme il a fallu songer à me défendre et calculer mon intérêt, cela m'a dégoûté, et je suis arrivé à l'inertie, ou du moins au minimum d'action.

Clarens, 24 septembre 1873. — Me voici à Clarens, avec un grand sentiment de bien-être. Ma chambrette me plaît. Elle regarde au levant. La nuit est prodigieusement étoilée et je n'ai jamais vu scintiller à ce point le firmament ; on dirait des yeux qui clignotent. J'entrevois dans les ténèbres le vague profil des montagnes aimées, et sur ma droite l'éparpillement lumineux des lanternes de Vernex et de Montreux. Il y a je ne sais quoi de paisible et de fortuné dans ces rivages, qui me salue et me caresse. La gratitude et presque l'espérance reviennent au fond de mon cœur, à un jet de pierre de l'endroit où j'ai choisi ma dernière demeure. Serait-ce que le tombeau nous fait une patrie, et qu'on ne vive nulle part mieux que là où l'on a désiré mourir ? Une société chérie, un travail sur le métier et pour cadre une belle nature, il me semble que cela me suffirait. La mondanité, l'ambition, la politique, la gloriole ne sont rien pour moi. Peu de chose suffirait à mes désirs ; mais ce peu est trop et je ne l'aurai jamais.

Clarens, 26 septembre 1873. — Je viens de passer deux heures méditatives dans le champ de repos que j'aperçois de ma fenêtre... Mon désir de reposer ici s'est accru par cette visite... Quelle est l'idée commune à tous ces trépassés et qui flotte sur leurs tombeaux ? La foi dans la résurrection, l'assurance dans le salut par Jésus-Christ. Est-ce que les millions et milliards de créatures qui se sont endormies dans cette espérance ont été dupes d'une illusion ? Cela serait horrible à penser, s'il y a eu d'immenses sacrifices à cette illusion et si l'on a manqué la vie présente au profit d'une chimère ultérieure. Mais non, cette espérance aide à mieux vivre et console. Elle n'est donc pas un piège...

(Plus tard.) — On ne peut rien sans la foi ; or je n'ai point de foi dans l'inconnu ; je déteste la loterie et je ne me sens ni porté, ni soutenu, ni inspiré par une Providence. Aussi je suis oui et non, flottant et partagé dans toutes mes voies, libre et n'ayant aucun goût à la responsabilité, obligé de choisir au hasard et n'y consentant pas ; en un mot, m'obstinant faute de mieux et par défiance de toute action.

Aussi ma vie est terne, grise, ambiguë, comme le ciel aujourd'hui. Toutes les cimes sont envahies par le brouillard horizontal, et une lumière pâle enveloppe seule les coteaux et les rivages.

4 octobre 1873. — Rêvé longtemps au clair de lune qui noie ma chambre de ses rayons pleins de mystère confus. L'état d'âme où nous plonge cette lumière fantastique est tellement crépusculaire lui-même que l'analyse y tâtonne et balbutie. C'est l'indéfini, l'insaisissable, à peu près comme le bruit des flots formé de mille sons mélangés et fondus. C'est le retentissement de tous les désirs insatisfaits de l'âme, de toutes les peines sourdes du cœur, s'unissant dans une sonorité vague qui expire en vaporeux murmure. Toutes ces plaintes imperceptibles qui n'arrivent pas à la conscience donnent en s'additionnant un résultat, elles traduisent un sentiment de vide et d'aspiration, elles résonnent mélancolie. Dans la jeunesse, ces vibrations éoliennes résonnent espérance : preuve que ces mille actions indiscernables composent bien la note fondamentale de notre être et donnent le timbre de notre situation d'ensemble. — Dis-moi ce que tu éprouves dans ta chambrette solitaire, quand la pleine lune t'y visite et que ta lampe est éteinte, et je te dirai ton âge et je saurai si tu es heureux.

Ce rayon lunaire est comme une sonde lumineuse jetée dans le puits de notre vie intérieure, et qui nous en laisse entrevoir les profondeurs ignorées. Il nous montre à nous-mêmes et nous fait sentir non pas tant nos laideurs, nos torts et nos fautes, que nos tristesses. — Peut-être que pour d'autres, c'est l'état de la conscience qui se révèle alors. Cela dépend de la conduite sans doute et des circonstances. L'amoureux, le penseur, l'ambitieux, le coupable, le malade ne sont pas affectés de même.

Pour moi et actuellement, que m'apprend sur moi-même ce rayon nocturne ? Que je ne suis pas dans l'ordre et que je n'ai pas de paix véritable, que mon âme n'est qu'un gouffre inquiet, à la fois ténébreux et dévorant, et que je ne suis en règle ni avec la vie ni avec la mort.

7 octobre 1873 (neuf heures du soir). — Nouveau coup de foudre pire que le précédent : mort de *** à quarante-cinq ans, dimanche 5 courant. Je dînais à sa table le 22 septembre, comme le 29 à Burier. On dirait que la camarde me suit à la trace et frappe mes hôtes en attendant de m'atteindre. Deux morts subites en quatre jours. C'est terrifiant...

Pluie par accès depuis le lever de la lune ; ciel couvert et noirâtre. Sentiment indéfinissable de vide et d'inquiétude. Ces morts subites, les ténèbres de l'avenir et les lacunes du présent, la fragilité des existences, l'instabilité de toutes choses, l'inconsistance de ma vie et les aspirations insatis-

faites de mon cœur, tout cela passe et repasse devant moi
comme une vision vague et me donne une sorte de trouble
d'imagination et comme un souci de conscience.

« Aujourd'hui même ton âme te sera redemandée. » Cette
menace biblique résonne à mes oreilles. Suis-je prêt ? Je
n'ose dire oui. J'aurais pu faire plus et mieux que je n'ai fait ;
mais je ne suis nécessaire à rien ; et, sauf trois ou quatre
personnes à qui je manquerais certainement quelque peu, le
monde sera indifférent à ma disparition et ne l'appellera
pas une perte. Je puis donc être retiré sans causer trop
de larmes et déranger trop de choses. Mon nom ne me
survivra pas, mais qu'importe ? Si Dieu me pardonne
d'avoir été peu ambitieux, trop sensible et trop vite découragé, je suis tout consolé de ma charité et de mon néant.
J'irai dormir à Clarens, en paix avec les hommes et résigné
à la volonté de Dieu...

La vie m'effraie plus que la mort, parce que la première
crée et multiplie les responsabilités, et que la seconde libère,
dispense et licencie. — Mon credo a fondu ; mais je crois en
Dieu, à l'ordre moral et au salut ; la religion pour moi, c'est
vivre et mourir en Dieu, en tout abandon à la volonté sainte,
qui est un fait de la nature et du destin. Je crois même à la
Bonne Nouvelle, savoir à la rentrée en grâce du pécheur avec
Dieu, par la foi dans l'amour du Père qui pardonne.

15 octobre 1873. — ... Bon ! me voilà comme Montaigne,
me dévisageant à tâche et me désillusionnant au delà du
nécessaire. Le plaisir de se fustiger est-il un raffinement de
l'amour-propre, pour s'occuper encore de soi-même en se
rendant justice ou pour se prouver qu'on n'est pas dupe de
ses instincts ? Serait-ce un reste de la conscience qui préfère
se condamner à se vaincre, et qui prend les devants sur le
blâme pour le désarmer ? Non, tout bien regardé, il n'y a
pas tant de machiavélisme dans cette façon d'agir ; il n'y a
que la vieille habitude de l'analyse psychologique et la désuétude de l'effort moral. La contemplation m'attire et m'intéresse, la lutte me fatigue, la défaite me dégoûte. Ce n'est pas
plus malin que cela. Le curieux, c'est qu'étant stérile je
sois sympathique aux productifs, c'est qu'étant sans énergie

morale je sois aimé d'âmes fortes, c'est que n'ayant plus de culte effectif, je sois recherché par des natures religieuses. Il est probable que je suis jugé plus avantageusement par les autres que par moi-même et que mes amis ne mesurent pas l'étendue de ma faiblesse et de ma misère.

18 octobre 1873. — Soupé et veillé chez R***. Émoustillé les enfants. Essayé de mettre en danse un docteur en philosophie de la Saxe, pour qui se donnait la soirée... Je ne sais quelle verve drolatique me poussait à batifoler avec ces gravités somnolentes. C'est la tentation des femmes espiègles, turlupinant les joueurs d'échecs. Le badinage paraît une si grande liberté d'esprit auprès de la magoterie sérieuse ; les libellules aiment à lutiner les gros quadrupèdes balourds. Le contraste fait exagérer la liberté. Prends-y garde toutefois. Une barbe grise et un professeur de philosophie ne peuvent être impunément facétieux ni même gais. On les trouve aisément sans dignité ni tenue. Tu ne dois plus dépasser la nuance de l'enjouement, sous peine d'avoir l'air oublieux des convenances et d'être regardé comme un loustic hors de saison. Sauf avec les gens vraiment spirituels, il ne faut plus à ton âge sortir du décorum attendu de ta profession. Il est très dangereux d'amuser ; ceux qui ont ri mordent ensuite pour toute récompense. Le badinage même gracieux n'est à conseiller qu'avec les intimes, c'est-à-dire avec ceux qui nous connaissent sous l'aspect grave. Les autres peuvent y voir de la vanité, du mauvais goût, du persiflage, et s'en faire un grief contre nous. Aux gens de cet acabit, il faut cacher ses ailes, et apparaître cuirassé de la majesté romaine. Sous ce costume, ils ne reconnaîtraient pas Minerve elle-même. Les gens du monde ne croient pas au mérite qui se moque des apparences, c'est-à-dire de l'essentiel selon eux.

Par aversion de la pédanterie gourmée ou de la lourdeur sotte, garde-toi de paraître folâtre. Au contraire porte la tête comme un saint-sacrement et ne souris que d'un air contenu et mystérieux, comme tel ou tel. Redis-toi avec componction que les plaisants sont déplaisants, et qu'il est préférable de passer pour un pitaud consciencieux que pour un baladin disert. Le sérieux du prochain a beau te paraître récréatif et burlesque, n'en laisse rien voir, car il n'est ni endurant, ni débonnaire. Prends soigneusement le ton du milieu où tu parles, si tu veux n'être pas mal compris et mal jugé.

La demie sonne à Saint-Pierre. Dimanche a commencé. Fin des vacances. Lundi s'ouvre le semestre d'hiver et la première année de l'*Université* de Genève [1]. Le temps de rire et de flâner n'est plus. Te revoilà repris par la fonction, par le devoir, par le travail. Mets tes ailes dans un étui, et revêts le manteau solennel du docteur en office. Ouf !!

22 janvier 1874. — Ce qu'il y a de fastidieux dans ce monde, c'est que l'erreur se reproduit toute seule, et en tout lieu, tandis que la vérité n'a pas assez d'un million de ré- ·pétitions volontaires pour ébranler le crédit de l'erreur.

> L'homme est de glace aux vérités,
> Il est de feu pour le mensonge.

L'homme se défend tant qu'il peut contre le vrai, comme un enfant contre une médecine, comme l'homme de la caverne platonicienne contre la lumière. Il ne marche pas volontairement dans sa route, il s'y fait traîner à reculons. Ce goût naturel pour le faux tient à plusieurs causes : à l'héritage des préjugés, ce qui produit une habitude inconsciente, un esclavage ; à la prédominance de l'imagination sur la raison, ce qui infecte l'entendement ; à la prédominance des passions sur la conscience, ce qui gâte le cœur ; à la prédominance du vouloir sur l'intelligence, ce qui vicie le caractère. Le goût vif, désintéressé, persistant du vrai est extraordinairement rare. L'action et la foi mettent en servage la pensée, toutes deux pour n'être pas gênées et incommodées par la réflexion, la critique et le doute. L'humanité prise en masse est aussi pratique que l'animalité, aussi incapable de se détacher de l'utile ou de l'agréable. La *theoria*, la vie de pensée, comme le disait Aristote, est le fait de peu de privilégiés. Mais ce sont ces rares individus

1. La loi sur l'Instruction publique de 1873, en créant une Faculté de médecine dans l'ancienne Académie, venait de la transformer en Université.

qui font que l'humanité est progressive et après tout supérieure aux autres espèces.

29 janvier 1874. — Les criminalistes qui font la théorie de la Peine en faisant abstraction de la justice, ressemblent à des chefs de cuisine qui combinent un repas en faisant abstraction de l'appétit des invités ou de leur estomac. Si punir n'est pas œuvre de justice, punir n'est pas juste, et toute la théorie repose sur le vide ; c'est la pénalité qui a tort et qu'il faut extirper. Hier encore, je causais avec un de nos juges et je me suis convaincu des misères de principe qui gouvernent nos plus importantes institutions. Toujours des quarts de vérité pris pour le tout, des points de la surface pris pour le centre du sujet, des accessoires pris pour l'essentiel. Et c'est avec ces confusions qu'on fabrique les lois qui dirigent les tribunaux, les assemblées, les conseils, les multitudes. Les gousses sont tenues pour le fruit même ; trois erreurs équivalent à une vérité. La masse humaine, en tout sujet qui a plusieurs côtés, semble hors d'état d'en voir plus d'un à la fois et surtout de les voir tous dans leur relation véritable. Ce qui est le plus rare, c'est un esprit juste, objectif et impartial. Il est vrai que personne n'y tient et que chacun préfère sa passion, son préjugé, son intérêt, à la justesse de la pensée. — C'est pourquoi il y a une dynamique de l'histoire ; les multitudes ne présentent dans leur action que des résultantes de forces inconnues d'elles-mêmes, partant aveugles et irrésistibles. Les multitudes veulent être libres et ne devinent même pas ce que c'est que la liberté ; quand leurs instincts n'éprouvent aucune gêne, elles se croient libres ; pour un joug brisé, elles se croient affranchies de tous les autres. La liberté est un idéal, le sage seul s'en rapproche. Tous les autres sont des serfs sans le savoir, presque autant que l'animal.

4 février 1874. — Chez les peuples très sociables, l'individu craint par-dessus tout le ridicule, et le ridicule c'est d'être trouvé original. Nul ne veut faire bande à part, chacun veut être avec tout le monde. Ce « Tout le monde » est la grande puissance, il est le souverain et s'appelle *On*. On s'habille, on dîne, on se promène, on envoie des cadeaux, on sort, on entre comme ceci et non pas comme cela. Cet *On* a toujours raison quoi qu'il fasse. On dirait le Padischah, ou encore le Pape infaillible. Les sujets de *On* sont plus prosternés que les esclaves d'Orient devant leur sultan. Le bon plaisir du souverain décide sans appel ; son caprice est la loi et les prophètes.

On a trois visages et par conséquent trois bouches. La première bouche déclare ce que *On* dit ou fait et s'appelle l'usage, la seconde déclare ce que *On* pense et s'appelle l'opinion, la troisième déclare ce que *On* trouve beau ou bien et s'appelle la mode. Quand les trois bouches ont parlé, chacun sait tout ce qu'il faut savoir. Chez les peuples heureux, *On* est la cervelle, la conscience, le jugement, le goût et la raison de tous ; chacun trouve donc tout décidé sans qu'il s'en mêle ; il est dispensé de la corvée de découvrir quoi que ce soit. Pourvu qu'il imite, copie et répète les modèles fournis par *On*, il n'a plus rien à craindre. Il fait son salut dans cette vie et dans l'autre.

L'inclination naturelle de ces peuples, fortifiée par la discipline sociale, par l'éducation historique, par les soins prolongés de l'État et de l'Église, ont produit ce beau résultat, le nivellement complet de toutes les individualités, le remplacement de toute âme personnelle par l'âme banale, la moutonnerie universelle.

On dit la langue de *si*, la langue de *yes*, la langue de *ja*, la langue d'*oïl*. Je crois qu'on pourrait dire de même le peuple de l'*On*, et ajouter que les peuples de l'*On* seront toujours le contraire des peuples de la conscience. Ils représenteront la puissance collective, la force sociale, peut-être la grâce, la vivacité, l'esprit, mais ils ne connaîtront jamais la liberté individuelle et l'originalité profonde.

(Minuit.) — Continué Havet (*Origines du christianisme*). L'ouvrage me plaît et me déplaît. Il me plaît par l'indépendance et le courage ; il me déplaît par l'insuffisance des idées fondamentales, par l'imperfection des catégories.

Ainsi l'auteur n'a pas une idée claire de la religion ; sa

philosophie de l'histoire est superficielle. Il est un pur jacobin. « République et libre pensée », il ne sort pas de là. C'est le même point de vue que Barni ; rationalisme honnête, sec et mince, qui se contente à très peu de frais et répète à satiété : Écrasons l'infâme, prenez mon ours ! Cette opinion étroite et cassante est le refuge des esprits fiers que scandalise la fraude colossale de l'ultramontanisme ; mais elle fait plutôt maudire l'histoire que la comprendre. C'est la critique du xviiie siècle, toute négative en somme. Or le voltairianisme n'est qu'une moitié de l'esprit philosophique. Hegel libère tout autrement la pensée.

Havet a encore un autre tort. Il fait christianisme = catholicisme romain = Église. Je sais bien que l'Église romaine fait de même, et qu'avec elle cette assimilation est de bonne guerre ; mais scientifiquement elle est inexacte. On ne doit pas même identiffer le christianisme et l'Évangile, ni l'Évangile avec la religion en général. La précision critique doit dissiper ces confusions perpétuelles dont abondent la pratique, la prédication, etc. Débrouiller les idées, les distinguer, les limiter, les situer est le premier devoir de la science lorsqu'elle s'empare des choses chaotiques et complexes comme les mœurs, les idiomes ou les croyances. Le méli-mélo est la condition de la vie ; l'ordre et la clarté sont le signe de la pensée sérieuse et victorieuse.

Jadis, c'étaient les idées sur la nature qui étaient un tissu d'erreurs et d'imaginations incohérentes ; maintenant ce sont les idées psychologiques et morales qui sont un nid de superstitions baroques et de vues arriérées. Les écuries d'Augias de l'époque actuelle sont dans les notions religieuses, historiques, pédagogiques et anthropologiques. La meilleure issue de ce *babélisme* serait de constituer ou d'ébaucher une science de l'homme qui serait de la science.

15 février 1874. — Ce qui m'étonne toujours, c'est l'espèce d'entraînement impétueux avec lequel les femmes prennent parti contre les accusés. Un prévenu est à leurs yeux un coupable. Loin de se défier de leur propre passion, elles s'en glorifient ; leur antipathie est contre l'impartialité, contre le calme, contre l'esprit de justice. Que deviendraient les tribunaux, grand Dieu, si les femmes y siégeaient sous l'hermine ? Pas un de nous, pas une d'elles ne voudraient être pesés à cette balance et n'avoir d'autre garantie de son honneur, que ce verdict aveugle et véhément d'êtres incapables de parfaite équité. Soupçonné et condamné, atteint et convaincu, jugé et exécuté, avec les dames, cela ne fait qu'un. Vingt erreurs de leur part, successives et prouvées, ne leur donnent ni plus de modestie dans leurs accusations ni plus de réserve dans leur procédure, ni plus de charité dans leurs jugements. *Cosi fan tutte.* Elles ne connaissent que l'amour et la haine et ne devinent pas même le bord de la justice. Ces douces créatures sont véritablement féroces dès qu'elles ne sont plus partiales. Aussi gare aux femmes théologiennes, aux femmes politiques, aux femmes socialistes, gare aux tricoteuses, aux pétroleuses, aux allumeuses de bûchers. Ayant horreur de la raison, elles sont la proie de toutes les outrances, et peuvent arriver à tous les excès. Dès que l'élément féminin domine, l'exaltation, l'orgiasme est imminent ; les religions, les arts, la poésie, les mœurs, les États s'altèrent et entrent en décadence. — J'ai trop cru à la femme, il faut en rabattre. Son rôle doit être subordonné pour être salutaire. Sa prépondérance serait funeste.

Il me semble même que l'exagération de l'élément féminin est déjà là. Proudhon, le robuste misogyne, n'a pas tout à fait tort dans sa croisade anti-muliéresque (voir son livre de *La Justice*). La science, la raison, la justice, tout le meilleur du patrimoine de notre espèce est menacé par l'avènement de la femme, laquelle est sentiment, imagination, caprice, passion, crédulité, faveur, mais sans respect pour les intérêts généraux.

« La femme est la désolation du sage », dès qu'elle a l'orgueil de son infirmité et l'entêtement de ses faiblesses. Il est donc nécessaire qu'elle obéisse. Mais la ressource est maigre, car il faut encore la persuader, la gagner, condescendre à ses incroyables argumentations...

Ce qui m'attache à S***, c'est qu'elle a les belles qualités viriles, la droiture rigoureuse, l'amour du vrai, l'instinct de la justice et la pratique de la charité, bref, c'est qu'elle est une noble créature, qui réagit contre les instincts fâcheux de son sexe, sans en négliger les vertus.

16 février 1874. — Parcouru l'ouvrage de James Fazy [1] *(Cours de législation constitutionnelle,* 1873). C'est l'apologie et l'apothéose du radicalisme, considéré comme méthode et comme expression de l'intelligence collective des sociétés. Je suis stupéfait de la prodigieuse faiblesse de cette théorie...

Une chose pourtant m'intéresse dans ce vieux champion, c'est qu'il provoque maintenant à la lutte scientifique les deux écoles : doctrinaire et socialiste. — Que ne l'a-t-il fait avant sa carrière révolutionnaire ? Son œuvre aurait été moins mélangée d'erreurs, de fraude et d'inconvénients. Mais cette bravoure tardive doit lui être comptée, quoi qu'on puisse douter de sa sincérité. Ce démagogue puissant, notre Cléon, a toujours eu la faculté commode de n'entendre pas les objections et de ne voir que ce qu'il lui plaisait de voir. Aussi le « sens intime des masses » est-il devenu « l'intelligence collective des sociétés », mais le rôle des passions aveugles et aveuglantes n'a jamais été aperçu ou plutôt reconnu par le théoricien que ce fait eût gêné.

Aux multitudes qui sont déjà la force, et même, dans l'idée républicaine, le droit, Cléon a toujours crié qu'elles étaient en outre la lumière, la sagesse, la pensée, la raison, ce qui est le truc de tous les charlatans politiques, pour souffler ensuite au prétendu dieu ce qu'il lui faut vouloir et décréter. L'adulation de la foule pour se faire de la foule un instrument, tel est le jeu de ces escamoteurs et prestidigitateurs du suffrage universel. Comme tous les prêtres fourbes, ils se prosternent devant l'idole qu'ils exploitent, ils ont l'air d'adorer le pantin dont ils tirent les fils.

La théorie du radicalisme est une jonglerie, car elle suppose une prémisse dont elle sait la fausseté, elle fabrique l'oracle duquel elle feint d'adorer les révélations, elle dicte la loi qu'elle prétend recevoir, elle proclame que la foule se crée

---

1. James Fazy, auteur de la révolution de 1846, à Genève, et chef du gouvernement radical pendant une vingtaine d'années.

un cerveau, tandis que l'habile est le cerveau qui pense pour
la foule et lui suggère hypnotiquement ce qu'elle est censée
inventer.

Flatter pour régner, c'est la pratique des eunuques de
tous les sultans, des courtisans de tous les absolutismes, des
mignons de tous les tyrans. Elle est ancienne et banale ;
elle n'en est pas moins odieuse. Ramper devant un autocrate
me semble moins vil et moins honteux que ramper devant
les multitudes, parce qu'il y a dans le premier cas l'excuse
de la majesté historique et la possibilité de l'illusion sincère,
tandis que

La grande populace et la sainte canaille

ne peuvent faire naître pareil prestige. Aussi Bossuet ne
paraît-il pas aussi dégradé qu'Anitus, et Aman devant
Assuérus est-il moins ignoble que les plats coquins de la
Commune parisienne. Valet pour valet et laquais pour laquais,
l'âme damnée d'un Richelieu ou d'un Napoléon me semble
presque moins basse que les chatouilleurs de la plèbe et les
rageurs de clubs. L'idolâtrie d'un homme, pour redoutable
qu'elle soit, est à tout prendre supérieure à l'idolâtrie d'un
polype ou d'une hydre ; et la multitude est

La bête aux milles têtes,

comme dit Héraclite et répète La Fontaine.

Tyran pour tyran, le plus dangereux n'est pas celui qui
n'a qu'une vie et qu'un estomac, mais c'est celui qui est
indestructible et insatiable, c'est la populace s'abandonnant
à ses appétits et à ses fureurs. Ses courtisans, en lui disant
qu'elle est dieu, risquent d'en faire une bête fauve.

La politique honnête ne doit adorer que la justice et la
raison, et la prêcher aux foules, qui représentent en moyenne
l'âge de l'enfance et non celui de la maturité. On corrompt
l'enfance si on lui dit qu'elle ne peut se tromper et qu'elle
a plus de lumières que ceux qui la précèdent dans la vie.
On corrompt les foules quand on leur dit qu'elles sont la
sagesse, la clairvoyance et possèdent le don d'infaillibilité.

Montesquieu a remarqué finement que plus on met de sages ensemble, moins on obtient de sagesse (critique des assemblées délibérantes trop nombreuses). Le radicalisme prétend que plus l'on met ensemble d'illettrés, de gens passionnés ou irréfléchis, de jeunes gens surtout, plus on voit se dégager de lumière. C'est bien la réciproque de l'autre thèse, mais c'est une mauvaise plaisanterie. Il est vrai qu'en algèbre — A multiplié par — A donne bien $+ A^2$, mais les ténèbres multipliées par elles-mêmes n'ont jamais produit de rayon.

Ce qui se dégage d'une foule, c'est un instinct ou une passion ; l'instinct peut être bon, mais la passion peut être mauvaise. Et ni l'instinct ne donne une idée claire, ni la passion ne donne une résolution juste.

La foule est une force matérielle, la multitude donne à une proposition force de loi, mais la pensée sage, mûre, qui tient compte de tout et qui, par conséquent, a de la vérité, cette pensée n'est jamais engendrée par l'impétuosité des masses. Les masses sont la matière de la démocratie, mais la forme, c'est-à-dire les lois qui expriment la raison, la justice et l'utilité générale, est produite par la sagesse, laquelle n'est point une propriété universelle.

Le paralogisme fondamental de la théorie radicale, c'est de confondre le droit de faire le bien avec le bien lui-même, et le suffrage universel avec la sagesse universelle. Sa fiction légale est celle de l'égalité réelle des lumières et des mérites entre ceux qu'elle déclare électeurs. Or, les électeurs peuvent très bien ne pas vouloir le bien public, et même en le voulant se grossièrement tromper sur la manière de le réaliser. — Le suffrage universel n'est pas un dogme, c'est un outil ; suivant la population à laquelle on le remet, l'outil tue le propriétaire ou lui rend de grands services.

24 février 1874. — Conférence de V***, au Temple Neuf, sur le christianisme libéral. Habile, mesurée, intéressante. Texte : « Je suis le chemin, la vérité et la vie ». La première partie, sur les deux chemins (paganisme et judaïsme), faible et inexacte. La seconde partie, sur l'essence du christianisme, très supérieure à l'autre. Le dogmatisme, chose secondaire, la vie morale, chose primaire. Vivre selon l'esprit de Jésus, voilà le christianisme...

Le point vulnérable de cette manière de comprendre la religion, qui est noble pourtant et pure, le voici : la notion de la sainteté y est encore un peu terre à terre, le besoin de salut par un renouvellement complet, par un baptême de feu, par une seconde naissance ne s'y rencontre pas. La psychologie de la conscience n'est pas assez tragique et assez profonde. — Or c'est par là que le christianisme s'est emparé du monde : « Nous sommes perdus, nous pouvons être sauvés. Dieu a tant aimé le monde qu'Il a donné son fils au monde, afin que quiconque croirait en lui ne périsse point, mais qu'il ait la vie éternelle. Mort pour nos fautes, ressuscité pour notre justification. » C'est là qu'est historiquement la puissance d'attraction, de fascination et d'exaltation spirituelles que possède le christianisme. C'est le surnaturel, le surhumain qui a transporté les hommes. C'est par la foi que la religion sauve, rachète, justifie, donne assurance et force, ardeur et sécurité. Le christianisme de la rédemption sera-t-il remplacé par le christianisme de l'émulation et de la gratitude ? C'est douteux. Les multitudes ne voient Dieu que dans le Mystère et le Surnaturel ; tout ce qui est compréhensible est naturel ; or ce qui est naturel n'est pas divin. Tel est leur raisonnement instinctif. Une religion facile et claire perd son prestige sur les âmes. Une croyance sans amertume, sans sel, sans merveilleux demeure sans prises énergiques sur le cœur et sur la volonté. La foi ne veut pas savoir, c'est le crépuscule qui est sa force. Comme la force en nous est inverse de la lumière, c'est la religion la plus impénétrable à la raison qui nous donnera le plus d'énergie. La foi n'est sans mélange que dans le fanatisme aveugle. Plus elle est éclairée, moins elle est impétueuse. Quand elle est tout à fait transformée en connaissance, elle n'a plus d'action et ne pousse plus à l'action. — Il faut donc, semble-t-il, choisir. Si l'action est l'essentiel, la foi est nécessaire, et le mystère est nécessaire à la foi. Si l'on met la vérité au-dessus de tout, la critique de la foi est bonne, et cette critique dissout la foi, c'est-à-dire toute religion positive.

La philosophie de la Religion, c'est l'explication de ce fait psychologique curieux, de l'antinomie entre la Volonté et la Pensée, entre l'énergie centrifugale et l'énergie centripétale. C'est une application de la métamorphose des forces. La religion est une force précisément parce qu'elle n'est pas lumière. La philosophie est lumière, et en tant que lumière elle n'est plus force.

On peut imaginer que l'équilibre entre la foi et la raison est l'état désirable pour l'individu, celui qui représente la somme de vie le plus intense ; mais on ne peut dire qu'il soit de l'essence de la foi de chercher la lumière, ni de l'essence de la raison d'abdiquer devant la foi. — Les catégories les plus commodes pour exprimer le rapport des deux termes de notre antinomie sont celles d'Aristote et de Leibniz : la foi est la matière ou la virtualité de la raison ; la raison est la forme ou l'actualité de la foi. Autrement dit, la religion pour rester efficace ne doit pas se résoudre en philosophie ; mais son efficacité même tient à ce qu'elle n'est qu'une vérité latente, implicite, virtuelle, obscure. Point de religion sérieuse sans ténèbres, comme point de foi ardente sans fanatisme.

27 février 1874. — Qu'est-ce qu'une révolution ? c'est une émeute qui a réussi à s'emparer du pouvoir au nom d'un certain principe qu'elle a mis sur son drapeau. Pour réussir, il lui faut un mot d'ordre bien trouvé qui amorce les multitudes et un meneur qui conduise le mouvement. Généralement une révolution donne tout le contraire de ce qu'elle a promis, parce que le drapeau était pour les niais et que les meneurs avaient des visées plus personnelles. Les ambitieux savent exploiter les prétextes, enrégimenter les colères, embéguiner les naïvetés et se faire de la vertu d'autrui un attelage pour leur char. Les révolutionnaires habiles ressemblent aux sacerdoces de tous les temps ; ils font pondre en leur faveur la foi des autres. Une révolution peut être une nécessité, mais elle n'en est pas moins, dans l'usage, une déception partielle ou totale pour ceux qui lui ont fait l'épaule avec candeur. En politique, on n'échappe à la duperie qu'en devenant fripon ou railleur. On n'y va jamais d'un

mal à un bien, mais d'un inconvénient à un autre ; heureux
quand le dernier est moindre que l'avant-dernier ; c'est ce
qu'on appelle le progrès. La maladie de l'animal politique
est incurable, mais il y a pour son mal des narcotiques et
des adoucissements, il y a aussi des médecins plus doux et
plus agréables que tels autres de leurs confrères. Le malade
aime un peu ceux qui le soulagent, mais surtout ceux qui
(fût-ce par simple charlatanisme) lui promettent la guérison.

Ce sont les penseurs, les philanthropes, qui trouvent les
formules du mieux ; ce sont les honnêtes gens qui les appli-
quent ; ce sont les rusés qui en profitent. L'invention de la
ruche est à Dieu, le miel est fait par les abeilles ; ce sont
les frelons qui en mangent la grosse part.

L'exploitation des simples par les habiles est aussi vieille
que le monde et ne fait que changer de masque. Les chefs
de l'Internationale ou de la démagogie sont les héritiers
directs des Brahmanes, et leur hypocrisie est peut-être plus
honteuse ; car si le prêtre parle au nom de Dieu, il finit
par être sincère ; tandis que le charlatan clubiste sait jusqu'au
bout fort bien qu'il fabrique la passion populaire devant
laquelle il s'agenouille avec une prétendue dévotion. Il
dirige le monstre avec des airs de lui obéir. *Omnia serviliter
pro dominatione.* Il tire les fils du mannequin, de l'idole
sacrée, dont il est censé écouter les oracles avec une filiale
admiration. Jongleur pour jongleur, j'aime mieux l'autre.
La fiction sacerdotale est d'un ordre moins bas que la ventri-
loquie jacobine. Autorité pour autorité, il est moins avilissant
d'être conduit par le cerveau de la société que par ses pieds
ou ses entrailles.

Mais si l'avenir nous offre le choix de deux tyrannies (le
socialisme clérical et le socialisme athée), le présent nous
donne du moins la possibilité de la liberté individuelle ; et
comme ce bien nous vient de 1789, en dépit de toutes les
fraudes et de tous les charlatanismes intermédiaires, accep-
tons les révolutions sous bénéfice d'inventaire, et admettons
les principes et répudions les escamoteurs qui les ont fait
fructifier pour leur compte.

Les hommes, les foules salissent toutes les idées qu'ils
touchent, mais c'est la condition de l'histoire. Il faut bien

s'y résigner. L'idée de Dieu et l'idée de la justice ont été l'occasion de mille choses horribles, le prétexte de mille abominations ; mais sans elles, tout serait encore pis dans le monde. Le progrès séculaire consiste seulement,dans la plus-value de l'utile, dans le petit avantage remporté par les forces du bien sur les forces du mal. Donc l'indignation est enfantine.

Les aigrefins sont à leur tour mis dedans par la Providence ; car le méchant fait une œuvre qui le trompe, et ne poursuivant que son intérêt propre travaille malgré lui et à son insu à un intérêt plus général. Seulement l'homme généreux, noble, dévoué, collabore directement au grand œuvre ; l'égoïsme y contribue sans le vouloir. L'un a la gloire et l'autre la honte du résultat. La Providence tire le bien du mal ; cela ne veut pas dire que les méchants ne soient pas méchants ; cela veut dire que le Maître de l'histoire est encore plus habile qu'eux.

29 avril 1874. — Singulier ressouvenir ! Au bout de la promenade de la Treille, côté du levant, en regardant la pente, vu reparaître en imagination un petit sentier qui existait dans mon enfance, à travers les buissons alors plus touffus. Il y a au moins quarante ans que cette impression était évanouie. La *reviviscence* de cette image oubliée et défunte m'a fait rêver. Notre conscience est donc comme un livre dont les feuillets, tournés par la vie, se couvrent et se masquent successivement, en dépit de leur demi-transparence ; mais quoique le livre soit ouvert à la page du présent, le vent peut ramener, pendant quelques secondes, même les premières pages devant le regard. A une page par jour, ma vie en serait à sa dix-neuf millième page, soit au neuf mille cinq centième feuillet. Je viens d'entrevoir par hasard le mille huit centième feuillet, une image de la neuvième année.

Est-ce qu'à la mort, par exemple, les feuillets cesseraient de se recouvrir, et verrions-nous tout notre passé à la fois ? Serait-ce le passage du successif au simultané, c'est-à-dire du temps à l'éternité ? Comprendrions-nous alors, dans son unité, le poème ou l'épisode mystérieux de notre existence, épelé jusqu'alors phrase à phrase ? Serait-ce la cause de cette gloire qui enveloppe si souvent le front et le visage de ceux qui viennent de mourir ? Il y aurait dans ce cas analogie avec l'arrivée du touriste à la cime d'un grand mont, d'où se déploie devant lui toute la configuration d'une contrée aperçue auparavant par échappées et par morceaux. Planer sur sa propre histoire, en deviner le sens dans le concert universel et dans le plan divin, c'est le commencement de la félicité. Jusqu'alors on s'était sacrifié à l'ordre, maintenant on savoure la beauté de l'ordre. On avait peiné sous le chef d'orchestre, on devient auditeur surpris et enchanté. On n'avait vu que son petit sentier dans le brouillard ; un panorama merveilleux, des perspectives immenses se déroulent tout à coup devant le regard ébloui.

Pourquoi pas ?

Connaître comme nous avons été connus, ne plus souffrir, ne plus vivre, être, être sans péché, être sans ombre, être sans effort, c'est l'espérance chrétienne, c'est le paradis ; c'est le ciel. Il serait dur de renoncer à cet asile que désire la foi. Cette promotion en grade, comme récompense de l'épreuve est le soutien, le stimulant, la consolation d'une multitude d'âmes. Le cœur regimbe à l'idée d'un sacrifice sans retour. L'autre vie, l'immortalité de l'âme, n'est-ce pas ce qui délivre du désespoir tous ceux qui sont les victimes de cette existence, les affligés, les calomniés, les déshérités, les persécutés, les misérables et les infortunés de toute sorte ? Et pourtant, un désir n'est pas une preuve. Il est dur de renoncer à cette foi ; mais si Dieu l'a voulu ainsi, s'il n'y a point de survivance et d'immortalité, et si cette foi n'est qu'une illusion pédagogique et protectrice, il faut pourtant s'en arranger et s'accommoder à ce plan.

Pourquoi l'individu serait-il indestructible, quand l'espèce humaine est périssable, quand son apparition n'est qu'un épisode de l'histoire d'une planète nullement éternelle ? L'existence en dehors de l'espace, l'existence en dehors du temps, ne nous sont connues que par des intuitions de l'esprit. Leur possibilité est une conjecture ; leur réalité est douteuse. Savez-vous même ce que c'est que l'esprit ? Or, à supposer l'esprit (c'est-à-dire Dieu) éternel, est-ce que l'immortalité de l'individu humain s'ensuit ? nullement.

Elle peut être s'il a convenu à l'être immuable qu'il en soit ainsi. Elle est *si* elle est. Mais est-elle en fait ? La démonstration manque.

Aussi n'est-elle qu'objet de foi, bien que Socrate, Platon, Kant l'aient rendue admissible et plausible à la raison. Pour moi, j'incline à l'immortalité facultative ; l'ardent désir d'anéantissement serait également exaucé. A chacun selon ses vœux. Ainsi la divinité laisserait chacun se faire son sort, se punir ou se récompenser par son choix même. La vie n'est en effet ni un mal ni un bien, elle est le véhicule de la douleur et de la joie. L'éternité des méchants semble affreuse, l'anéantissement des bons semble une faute. Or Dieu est juste et s'il accorde la survie, il ne donne pas la félicité à qui ne la mérite pas, mais il peut accorder à ce qui maudit l'être la dispense d'être. Par cette institution, la liberté de l'âme serait respectée, la justice divine serait intacte, et les aspirations de la créature au bonheur pourraient être satisfaites. L'enfer serait fermé et un paradis final serait possible. — *Utinam !*

31 mai 1874. — Poésies philosophiques de Mme Ackermann. La voilà rendue en beaux vers la désolation morne que m'a fait souvent traverser la philosophie de Schopenhauer, Hartmann, Comte et Darwin. Quel talent tragique et terrible ! Quel sujet que celui de l'abolition de la foi et de la mort de tous les dieux !

> En es-tu plus heureux ? es-tu du moins content ?
> — Plus triste que jamais. — Qui donc es-tu ? — Satan,

avait dit Vigny. Cette femme a les grandes audaces et s'attaque aux plus grands sujets.

La science est implacable. Supprimera-t-elle toutes les religions ? Toutes celles qui conçoivent faussement la nature, sans doute. Mais si cette conception de la nature ne peut donner l'équilibre à l'homme, qu'arrivera-t-il ? Le désespoir n'est pas une situation durable. Il faudra construire une cité morale sans Dieu, sans l'immortalité de l'âme, sans espérance. Le bouddhisme et le stoïcisme se présentent.

Mais à supposer que la finalité soit étrangère au cosmos, il est certain que l'homme a des buts ; le but est donc un phénomène réel quoique circonscrit. Peut-être la science physique a-t-elle pour limite la science morale et réciproquement. Mais si les deux conceptions du monde se font antinomie, laquelle doit céder ?

J'incline toujours à croire que la nature est la virtualité de l'esprit, que l'âme est le fruit de la vie, et la liberté la fleur de la nécessité ; que tout se tient et que rien ne se remplace. Notre philosophie contemporaine se remet au point de vue des Ioniens, des φυσικοί, des penseurs naturalistes. Elle repassera par Platon et par Aristote, par la philosophie du bien et du but, par la science de l'esprit.

3 juillet 1874 (sept heures du matin). — Éveillé à deux heures par la chaleur. Ouvert mes volets ; lune orangée, belle nuit tranquille. — A présent, c'est l'ennui de faire un projet, de prendre un parti, d'employer ma liberté, qui m'assaille.

Singulier individu ! J'ai en aversion le gouvernement de ma vie, le souci de vouloir. Agir est mon supplice. Je n'aime ni la dépendance ni la liberté ; je ne sais ni espérer ni me décider ; je voudrais être dispensé d'être, je voudrais ne plus être moi, car je ne me sens pas dans l'ordre, je ne crois pas au bonheur, je n'attends rien de l'avenir, je n'ai ni boussole, ni phare, ni port, ni but. Je ne sais ni ce que je suis, ni ce que je dois, ni ce que je peux encore. Aimer et penser serait le vœu de ma nature et il faut agir, ce que j'exècre.

(Huit heures du matin.) — La révolte contre le bon sens est un enfantillage dont je suis très capable, mais cet excès de puérilité ne dure pas. Je reconnais ensuite les avantages et les redevances de ma situation. Je prends conscience de moi avec plus de calme. Il me déplaît sans doute d'apercevoir ce qui est perdu sans remède, ce qui m'est inaccessible, ce qui me sera toujours refusé, interdit ; mais je mesure aussi mes privilèges, j'apprécie mes chances particulières, je me

rends compte de ce que j'ai et non pas seulement de ce qui me manque. J'échappe alors à ce redoutable dilemme du *tout ou rien* qui me fait retomber sous la seconde alternative. Il me semble alors qu'on peut sans honte se contenter d'être quelque chose et quelqu'un.

Ni si haut, ni si bas...

Ce retour brusque à l'informe, à l'indéterminé est la rançon de ma faculté critique. Toutes mes habitudes antérieures se liquéfient subitement ; il me semble que je recommence d'être, et que par conséquent tout le capital acquis a disparu d'un coup. Je suis un nouveau-né perpétuel, qui ne réussit pas à s'ossifier dans un moule définitif ; je suis un esprit qui n'a pas épousé un corps, une patrie, un préjugé, une vocation, un sexe, un genre. Suis-je seulement bien sûr d'être un homme, un Européen, un tellurien ? Il me semble si aisé d'être autre chose que ce choix me paraît arbitraire. Je ne saurais prendre au sérieux une structure toute fortuite dont la valeur est purement relative. Une fois qu'on a tâté de l'absolu, tout ce qui pourrait être autrement qu'il n'est vous paraît *adiaphoron*. Toutes ces fourmis poursuivant des buts particuliers vous font sourire. On regarde sa chaumière depuis la lune ; on envisage la terre des hauteurs du soleil ; on considère sa vie au point de vue de l'Hindou pensant aux jours de Brahma ; on contemple le fini sous l'angle de l'infini, et dès lors l'insignifiance de toutes ces choses tenues pour importantes rend l'effort ridicule, la passion burlesque et le préjugé bouffon.

Clarens, 7 août 1874. — Journée parfaitement belle, lumineuse, limpide, éclatante.

Passé la matinée dans « l'Oasis [1] » avec le numéro d'août de la *Bibliothèque universelle* sur les genoux. Innombrables

---

1. Nom donné par Amiel au cimetière de Clarens, dans la pièce de *Jour à jour* qui commence ainsi :

Calme Éden, parvis discret,
Qui fleurit toute l'année...

sensations, douces et graves, solennelles et pacifiantes. La société des morts. Splendeur du paysage enveloppant. Mystères des feuillages. Roses épanouies, papillons, murmures d'oiseaux. La note lugubre (les oiseaux noirs, le chat rampant). Deux dames soignant la verdure d'une tombe. Biographie de Michelet et de Gleyre[1], deux de *nos* hommes récemment disparus. Le sentiment de la nature chez les Israélites (Furrer). — Reconnu que l'Oasis de Clarens est bien l'endroit où je voudrais dormir.

Clarens, 1ᵉʳ septembre 1874. — Au réveil, regardé l'avenir avec des yeux éffarés. Est-ce bien moi que cela concerne[2]? Démolition effroyable. Face couturée et hideuse, mâchoire en loques, gorge en capilotade ; incapacité de travail énergique ; faiblesse, dépendance sur toute la ligne. Humiliations incessantes et grandissantes ! Mon esclavage devient plus lourd et mon préau plus étroit. L'opération me séquestrera un mois[3], et après cela je ne serai pas plus en santé qu'auparavant. Ce qui est exécrable dans ma situation, c'est que la délivrance ne viendra jamais, et qu'un inconvénient relaie l'autre de façon à ne me laisser pas de relâche, pas même en perspective, pas même en espérance. Toutes les possibilités se ferment successivement ; il est difficile à l'homme naturel d'échapper à la rage sourde d'un supplice inévitable.

(Midi.) — Nature indifférente ? Puissance satanique ? Dieu bon et saint ? Trois points de vue. Le second est invraisemblable et horrible. Le premier fait appel au stoïcisme. Ma combinaison organique n'a été que médiocre. Elle a duré ce qu'elle a pu. Chacun son tour, il faut se résigner. S'en aller tout d'une fois est un privilège ; tu périras par morceaux.

---

1. M. Ch. G. Gleyre (1806-1874), le peintre des *Illusions perdues*, un Vaudois qui vécut et mourut à Paris. — Konrad Furrer, prédicateur zurichois, avait publié en 1865 ses *Wanderungen durch Palästina.*

2. Il s'agissait d'un verdict médical annonçant à Amiel de douloureuses perspectives.

3. Ablation, en soi peu grave, d'une petite grosseur à la joue. Elle laissa une cicatrice dont Amiel, préoccupé de son visage, qui demeura d'ailleurs beau jusqu'à la fin, se fit souvent du souci.

Soumets-toi. La rage serait insensée et inutile. Tu es encore de la moitié la mieux partagée, et ton lot est supérieur à la moyenne.

Mais le troisième point de vue seul peut donner de la joie. Seulement est-il tenable ? Y a-t-il une providence particulière dirigeant toutes les circonstances de notre vie, et par conséquent nous imposant nos misères dans des fins éducatives ? Cette foi héroïque est-elle compatible avec la connaissance actuelle des lois de la nature ? Difficilement. Mais on peut subjectiver ce que cette foi rend objectif. L'être moral peut moraliser ses souffrances en utilisant le fait naturel pour son éducation intérieure. Ce qu'il ne peut changer, il l'appelle la volonté de Dieu, et vouloir ce que Dieu veut lui rend la paix. La nature ne tient ni à notre persistance, ni à notre moralité. Dieu au contraire, si Dieu est, veut notre sanctification, et si la souffrance nous épure, nous pouvons nous consoler de souffrir. C'est ce qui fait l'extrême avantage de la croyance chrétienne : elle est le triomphe sur la douleur, la victoire sur la mort. Il n'y a qu'une chose nécessaire, la mort au péché, l'immolation de la volonté propre, le sacrifice filial de ses désirs. Le mal est de vouloir son moi, c'est-à-dire sa vanité, son orgueil, sa sensualité, sa santé même. Le bien est de vouloir son sort, d'accepter et d'épouser sa destinée, de vouloir ce que Dieu commande, de renoncer à ce qu'il nous interdit, de consentir à ce qu'il nous reprend ou nous refuse.

Dans ton cas particulier, ce qui t'est retiré c'est la santé, c'est-à-dire ce que tu aimerais le plus, la plus sûre base de toute indépendance ; mais il te reste l'aisance matérielle et l'amitié. Tu n'as encore ni la servitude de la misère, ni l'enfer de l'isolement absolu.

La santé de moins, c'est le voyage, le mariage, l'étude et le travail retranchés et compromis. C'est la vie réduite des cinq sixièmes en attrait et en utilité.

Thy will be done !

Charnex, 14 septembre 1874 (midi.) — Deux heures de causerie avec S***, causerie intime, avec une vue admirable devant nous. Nous avions suivi un sentier dans les hauteurs. Assis sur le gazon, les pieds appuyés contre le tronc d'un jeune noyer et devisant à cœur ouvert, nos regards erraient sur l'immensité bleue et les contours de ces riants rivages. Tout était caressant, azuré, amical. Je suis toujours émerveillé de lire dans cette âme profonde et pure. On fait ainsi un tour en paradis. « Il y a quinze ans, me dit-elle, que je vous étudie et je crois vous connaître. Vous auriez besoin d'une protection journalière, car vous vous confiez trop et ne vous défiez pas assez. La source de votre bonheur est en vous-même, et comme rendre heureux les autres vous suffit, il n'y a qu'à se laisser aimer par vous, sans prétendre à vous être nécessaire ou même à vous rien donner. »

Charnex, 21 septembre 1874. — Aube magnifique. Puis longue bataille de brouillards. A cette heure, victoire du soleil. Le gris se résorbe dans l'azur, une splendide journée d'automne vient caresser « le pays aimé de Dieu ».

Petite promenade avec S***, qui a le cauchemar depuis trois nuits, s'essouffle au bout de cent pas, a des extinctions de voix presque chaque jour, en un mot est faible, brisée, exténuée, et a perdu depuis une semaine une bonne partie de ce qu'elle avait gagné ici. Je ne songe qu'avec regret et souci, presque avec terreur, qu'elle reprend sous peu le fardeau de ses devoirs et de son travail, agrandi encore et alourdi. Il est quasi impossible qu'elle n'y succombe pas. Et d'autre part cette exténuation empêche aussi d'autres projets. Le tragique circule donc sous l'églogue, le serpent rampe sous les fleurs. Et si je songe à moi, d'autres anxiétés me ressaisissent également. L'avenir est trouble, et rien ne s'y arrange à ma guise. Les fantômes écartés depuis deux à trois semaines m'attendent derrière la porte, comme les Euménides guettaient Oreste. L'opération, la bronchite, la pension, le professorat, les engagements littéraires non tenus, tout me tracasse et m'inquiète.

On ne croit plus à son étoile,
On sent que derrière la toile
Sont le deuil, les maux et la mort.

Je ne puis pas non plus me mettre en ménage, ni rendre heureuse aucune des trois qui accepteraient de partager ma destinée. De tous les côtés, impasse. Par-dessus le marché, irrésolution, apathie et désespérance. Je n'ose regarder en face l'impossible et accepter et choisir qui que ce soit.

J'ai été heureux un demi-mois et je sens que ce bonheur s'en va.

Plus d'oiseaux, mais encore des papillons blancs ou bleus. Les fleurs se font rares. Quelques marguerites sur les prés, des colchiques et des chicorées bleues ou jaunes, quelques géraniums sauvages contre les vieux pans de murs, les baies brunes du troène, c'est tout ce que nous avons rencontré. On arrache les pommes de terre, on abat les noix, on commence la cueillette des pommes. Mais les feuillages s'éclaircissent et changent de ton ; ils rougissent sur les poiriers, grisaillent sur les pruniers, jaunissent sur les noyers, et teignent de nuances rousses les gazons qu'ils parsèment. C'est le tournant des beaux jours et le coloris de l'arrière-saison. On n'évite plus le soleil. Tout se fait plus sobre, plus modique, plus fugitif, plus tempéré. La force est partie, la jeunesse passée, la prodigalité terminée, l'été clos. L'année est sur son déclin et penche vers l'hiver ; elle rejoint mon âge, comme elle va sonner dimanche mon anniversaire. Toutes ces consonances forment une harmonie mélancolique. Une bonne vieille de ce village disait l'autre jour à S*** : « Vous vous êtes fait du bien ici, vous avez meilleur visage, *vous passerez l'hiver* ». Ce mot, que nous a répété gaîment S***, m'a fait froid dans le dos. Serait-il fatidique ? Je...

26 septembre 1874. — L'amour contient en soi le principe de sa dissolution. Dès qu'on se reprend dans son unité, dans son moi, dans sa liberté, ne fût-ce qu'un jour, on sent que la vie à deux n'est que provisoire, épisodique, passagère et que l'amour finira. C'est le côté mélancolique de l'amour. L'amitié ne présente rien de pareil, parce qu'elle n'a pas d'illusion au point de départ et qu'elle n'a jamais rêvé l'identification des volontés et des destinées.

Du reste, cela n'est vrai que de l'amour-passion, de l'amour partagé, de l'amour enthousiaste. Il est clair que l'amour maternel, le saint amour, celui qui donne sans illusion, sans besoin de réciprocité, est affranchi de cette loi de la mort. Mais la charité samaritaine est la joie de l'âme ; elle est compatible avec tous les renoncements et les désenchantements du cœur. Elle est aussi riche en pardons et en indulgences que le cœur est susceptible et absolu. Elle n'est pas l'amour.

On n'entre en religion que lorsque l'espoir du cœur est déçu ou perdu. Quand on ne peut toucher de ses mains la perfection sur la terre, on la demande au ciel. Le cloître est l'asile des naufragés.

29 octobre 1874. — Achevé la biographie de Pestalozzi, histoire lamentable. Les sauveurs sont donc fatalement des martyrs. La douleur seule féconde les idées nouvelles. Loi terrible et révoltante ! Evidemment nous souffrons les uns par les autres et les uns pour les autres. La peine, sinon la faute, est réversible.

Pestalozzi est un spécimen du génie sans talent. Tous les talents lui ont manqué : il ne savait ni parler, ni écrire, ni administrer, ni gouverner, ni compter. Avec une grande pensée et un grand cœur, il n'a jamais pu tirer au clair sa méthode ni suffire aux conditions pratiques d'une quelconque de ses innombrables entreprises. Il a eu toutes les maladresses et tous les déboires imaginables. Il a été horriblement malheureux. Et néanmoins, et il est le père de la pédagogie moderne et de l'éducation populaire.

12 décembre 1874. — Vouloir, c'est-à-dire entrer dans l'engrenage des obstacles et des résistances, risquer la défaite, prendre la mesure de sa faiblesse, ouvrir le gouffre de l'insatiable désir, me fait peur depuis bien longtemps. Mon initiation constante a été le renoncement, le détachement, c'est-à-dire l'extirpation du désir. Mais le désir du bien fait souffrir comme tout autre désir, puisqu'il n'est jamais satisfait. J'ai donc été quiétiste et bouddhiste spontanément. Ce n'est pas là le point de vue chrétien.

L'existence de Dieu et l'immortalité de l'âme, ces deux prémisses de la morale religieuse, sont en effet devenues pour toi des thèses incertaines, et le non-souffrir, le moins-souffrir sont demeurés le seul but de l'existence ainsi dépouillée.

S*** me demande mon credo. Hélas ! à cette heure je serais bien embarrassé de le tracer, car voici de longues années que je ne me suis pas interrogé sur ce point. Je ne sais pas grand'chose et ne sais pas à quoi je crois. La croyance étant subjective, me paraît sans valeur intrinsèque, et je puis m'amuser à regarder la mienne s'il m'en reste une, comme on regarde un rêve, mais sans la confondre avec la vérité. — Bouddhiste, stoïcien, rêveur, critique, la neutralité remplace tous les partis pris. Je ne suis peut-être que psychologue.

Hyères, 22 décembre 1874[1]. — Gioberti dit que l'esprit français ne prend que la forme de la vérité et l'exagère en l'isolant, en sorte qu'il dissout les réalités dont il s'occupe. J'exprime la même chose par le terme de spéciosité. Il prend l'ombre pour la proie, le mot pour la chose, l'apparence pour la réalité, et la formule abstraite pour le vrai. Il ne sort pas des assignats intellectuels. Son or est du similor, son diamant du strass ; l'artificiel et le conventionnel lui suffisent. Que l'on parle avec un Français de l'art, du langage, de la religion, de l'État, du devoir, de la famille, on sent à sa manière de parler que sa pensée reste en dehors du sujet, qu'elle n'entre pas dans sa substance, dans sa moelle. Il ne cherche pas à le comprendre dans son intimité, mais seulement à en dire quelque chose de spécieux. Cet esprit est superficiel et pourtant n'enveloppe pas ; il pique avec finesse et pourtant ne pénètre point. Il veut jouir de lui-même à propos des choses, mais il n'a pas le respect, le désintéressement, la patience et l'oubli de soi qui sont nécessaires pour contempler les choses telles qu'elles sont. Loin d'être l'esprit philosophique,

---

1. L'auteur avait été obligé de suspendre son cours et de demander un congé pour passer l'hiver dans le Midi.

il en est une contrefaçon manquée, car il n'aide à résoudre
aucun problème et demeure impuissant à saisir ce qui est
vivant, complexe et concret. L'abstraction est son vice ori-
ginel, la présomption son travers incurable, et la spéciosité
sa limite fatale.

La langue française ne peut rien exprimer de naissant, de
germant ; elle ne peint que les effets, les résultats, le *caput
mortuum*, et non la cause, le mouvement, la force, le devenir
de quelque phénomène que ce soit. Elle est analytique et
descriptive, mais elle ne fait rien comprendre, car elle ne
fait voir les commencements et la formation de rien. Ainsi
la cristallisation n'est pas chez elle l'acte mystérieux de passer
de l'état fluide à l'état solide, elle est déjà le produit de l'acte.
Elle ne peut représenter l'ensemble des mouvements d'une
âme que par une grossière image d'architecture (la *disposition* morale), comme si l'état musical du cœur était une mo-
saïque de morceaux juxtaposés, etc., etc. — Loin d'être
psychologique, philosophique, poétique, elle est mécanique
et géométrique. Elle est extérieure et formelle, c'est-à-dire
qu'elle analyse les détails de l'objet qu'elle veut faire connaître, mais n'en atteint pas l'âme.

La soif du vrai n'est pas une passion française. En tout le
paraître est plus goûté que l'être, les dehors que le dedans, la
façon que l'étoffe, ce qui brille que ce qui sert, l'opinion que la
conscience. C'est-à-dire que le centre de gravité du Français
est toujours hors de lui, dans les autres, dans la galerie. Son
juge suprême c'est *on*. On dit, *on* fait, *on* pense ainsi, *on*
s'habille de cette manière, *on* juge de cette façon. Les individus sont des zéros ; l'unité qui fait d'eux un nombre leur
vient du dehors ; c'est le souverain, l'écrivain du jour,
le journal favori, en un mot, le maître momentané de la
mode.

Les Français isolés ne sont rien, et dès qu'ils sont cinquante ensemble, ils deviennent d'une part esclaves d'un *on*
quelconque, mais de l'autre ils font une tyrannie. La compensation de leur servilité envers l'opinion, c'est leur intolérance
envers le malavisé qui voudrait rester libre . L'indépendance
d'un particulier paraît une injure personnelle à toute la
phalange du *servum pecus*. — Tout ceci peut se dériver d'une

sociabilité exagérée qui tue dans l'âme le courage de la résistance, la capacité de l'examen et de la conviction personnelle, le culte direct de l'idéal...

Hyères, 2 janvier 1875. — Temps gris. Malgré ma potion, la nuit a été mauvaise. Un moment même j'ai cru étouffer, ne pouvant plus respirer ni aspirer, la face congestionnée et la bouche ouverte. Je m'étais assis précipitamment sur mon lit. C'est de cette façon probablement que les catarrheux meurent. Si je n'eusse été en sueur, j'aurais immédiatement sauté sur ma plume et écrit deux mots comme instructions funéraires, car je désire toujours dormir à Clarens, et la surprise de la mort risque de contrarier ce désir...

J'entends battre dans mes oreilles la pulsation de l'artère. Sera-ce un coup de sang ou un étouffement qui m'achèveront ? En tout cas, je sens ne tenir qu'à un fil. Peut-être me ferai-je éclater quelque vaisseau dans les efforts faits pour reprendre haleine et pour disputer mon souffle aux soupapes rouillées qui l'étranglent.

Suis-je assez fragile, sensitif, vulnérable ? S*** a beau me croire encore capable d'une carrière, je sens que le sol se dérobe sous moi et que défendre ma santé est déjà une œuvre sans espérance. Au fond, je ne vis que par complaisance et sans l'ombre d'illusion. Je sais que pas un de mes désirs ne sera réalisé, et il y a longtemps que je ne désire plus. J'accepte seulement ce qui vient à moi, comme la visite d'un oiseau sur ma fenêtre. Je lui souris, mais je sais bien que le visiteur a des ailes et ne restera pas longtemps. Le renoncement par désespérance a une douceur mélancolique. Il regarde la vie comme on la voit du lit de mort, quand on la juge sans amertume et sans vains regrets.

Je n'espère plus me rétablir, ni être utile, ni être heureux. J'espère que ceux qui m'ont aimé m'aimeront jusqu'à la fin ; je désirerais leur avoir fait du bien et leur laisser un doux souvenir. Je voudrais m'éteindre sans révolte et sans faiblesse. C'est à peu près tout. Ce reste d'espoir et de désir est-il encore trop ? Qu'il en soit ce que Dieu voudra. Je me remets entre ses mains.

Hyères, 27 janvier 1875. — Temps merveilleux. L'Arcadie continue. Mer blonde, coupole bleue, plaine veloutée. Sérénité lumineuse et limpide de l'atmosphère. Netteté pure des lignes et des contours. Les Iles nagent comme des cygnes dans un fluide d'or. Impressions mythologiques. Alacrité intérieure. Renouveau de jeunesse. Gratitude et félicité. Bain de poésie, émotion. Je regarde passer les heures suaves sans oser me mouvoir, de crainte de les faire envoler. Je voudrais apprivoiser le bonheur, cet oiseau farouche et fantasque. Je voudrais surtout partager avec d'autres, et je pense à ma pauvre sensitive courbée sous le labeur et grelottant sous les brumes glacées de l'hiver genevois[1]. Que n'est-elle ici ? Je viens de lui envoyer deux lettres en trois jours avec quelques brins d'herbe embaumée. — Et ma littéraire filleule, qui a l'œil si bien fait, jouirait-elle assez des délices de la lumière et des beautés de ce paysage amoureux ? ... Je voudrais leur donner de cette joie élémentaire qui entre dans mes veines avec la brise marine et le rayon matinal.

Parcouru longtemps à la lunette la plaine, la mer et l'horizon. Des fumées sortent des toitures ; des béguines se promènent en parasol entre les carrés de leur potager ; quelques palmiers et des eucalyptus dressent leurs panaches étrangers au-dessus des verdures provençales ; des remorqueurs au loin traînent des chalands, et dans l'étendue jaune pâle au-dessus des flots, planent des oiseaux de mer. Bruit de bêches et d'essieux, brasillement lointain du golfe uni comme un lac, calme de l'ermitage au sommet de son coteau. Paix, amplitude et splendeur.

Ces matinées heureuses font une impression indéfinissable. Elles vous enivrent et vous extravasent. On se sent comme enlevé à soi-même et dissous en rayons, en brises, en parfums, en élans. En même temps, on éprouve la nostalgie de je ne sais quel Éden insaisissable. Si l'on a une femme aimée

---

1. « Plus délicate qu'une sensitive, elle ne vit que par la pensée et par le cœur. Ce n'est qu'un souffle, mais un souffle divin. » (Journal intime, 27 juillet 1873.) C'est cette amie que le Journal appelle le plus souvent *Seriosa*. Voir l'*Introduction*, et aussi les fragments datés de Charnex, en septembre 1874. — La « littéraire filleule » est Mlle Berthe Vadier (1836-1921), voir p. 135.

auprès de soi, il faut s'agenouiller, prier ensemble, puis mourir dans un baiser.

Lamartine, dans les *Préludes*, a rendu admirablement cette oppression de la félicité pour un être fragile. Je soupçonne que la raison de cette oppression est l'invasion de l'infini dans la créature finie. Il y a là un vertige, qui demande l'engloutissement. La sensation trop intense de la vie aspire à la mort. Pour l'homme, mourir c'est devenir dieu. Illusion touchante. Initiation au grand mystère.

(Dix heures du soir.) — D'un bout à l'autre, la journée a été adorable. — De trois à cinq heures, promenade à Beauvallon avec R*** Cette promenade n'a été pour moi qu'un enchantement continuel. Cette nature méridionale me ravit par ses contrastes avec la nôtre. Je ne me lasse pas d'étudier ses harmonies secrètes de coloris, de formes, de plans, de lignes. Les seules notes aigres dans ce concert des yeux sont les chênes du Nord, avec leurs feuilles grelottantes et sèches : on dirait des malotrus dans une élégante compagnie, ou des fantômes de trépassés dans une société joyeuse. Et quelle précocité ! Pervenches en abondance, boutons d'or, anémones rouges, héliotropes, jasmins, chrysanthèmes. Et quelle gamme de verdures de tous les tons ! Et quelle variété de sites, de contours, d'aspects, produite avec quelques rochers, quelques bosquets, deux ou trois coteaux, des fourrés et des terrains étagés en terrasses. Chaque minute renouvelle les combinaisons. J'avais une sensation de kaléidoscope, et une sorte de certitude des analogies de ce paysage avec ceux de la Grèce. Il y a là tel recoin agreste et bocager où une nymphée eût été en place, il y a tel chêne vert avec un rocher au pied qui me semblait une ode d'Horace ou un croquis de Tibur. Et ce qui complète la ressemblance, c'est la mer qu'on sent voisine quand on ne la voit pas, et qu'on retrouve soudain au bout de la perspective avec un tournant du vallon. — Nous avons déniché une certaine bastide avec chien, chats, charrette jaune à deux roues, et jardinet touffu, dont le propriétaire pouvait être pris pour un rustique de l'Odyssée. Il savait à peine parler français, mais ne manquait pas d'une certaine assurance grave. Je lui ai traduit l'inscription latine

de son cadran solaire, *Hora est benefaciendi*, qui est belle et lui a fait grand plaisir. L'endroit serait inspirateur pour y composer un roman. Seulement je ne sais si la bicoque aurait une chambre tolérable, et il faudrait vivre d'œufs, de lait et de figues comme Philémon.

Hyères, 15 février 1875. — Beau temps. Tumulte d'oiseaux. Je relis les deux discours académiques d'Alexandre Dumas et du comte d'Haussonville, en dégustant chaque mot et pesant chaque idée. Ce genre est une friandise de l'esprit, car c'est l'art « d'exprimer la vérité avec toute la finesse et la courtoisie possibles », l'art d'être parfaitement à l'aise sans sortir du meilleur ton, d'être sincère avec grâce et de faire plaisir même en critiquant. — Héritage de la tradition monarchique, cette éloquence particulière est celle des gens du monde les mieux élevés et des gentilshommes de lettres. La démocratie ne l'eût pas inventée, et, dans ce style délicat, la France peut rendre des points à tous les peuples rivaux, car il est la fleur de la sociabilité raffinée sans fadeur, qu'engendrent la cour, le salon, la littérature et la bonne compagnie, par une éducation mutuelle continuée pendant des siècles. Ce produit compliqué est aussi original dans son espèce que l'éloquence athénienne, mais il est moins sain et moins durable. Si jamais la France s'américanise, ce genre périra sans retour.

Hyères, 16 avril 1875. — Éprouvé déjà toutes les émotions du départ. Payé mes petits comptes en ville, parcouru lentement les rues et la colline du château, recueillant les formes et les souvenirs, fait la revue de mes effets, nettoyé les habits et les malles. Savouré goutte à goutte les amertumes de l'arrachement. Mais pourquoi donc ai-je le cœur gros ? C'est qu'il me semble que j'ai trop peu aimé, et n'ai pas fait ici ce que je devais faire. Je n'ai pas rouvert les *Méandres* [1], pas écrit les deux notices promises ; je ne me suis pas guéri.

---

1. Recueil de vers qu'Amiel, depuis quelques mois, composait et songeait à publier, mais qu'il ne publia pas, au moins sous ce titre.

La conscience gémit autant que le cœur. D'ailleurs je viens d'être salué par mille impressions printanières. On fait les foins sous ma fenêtre, dans les jardins ce n'est que roses, iris, violiers, etc ; toutes les couleurs éclatent à la fois sur la colline ; entre les rocailles, les jeunes verdures viennent rehausser le vert fondamental, comme les enfants animent une population d'adultes et de gens mûrs, et des fleurs de toute espèce tapissent les marges des cultures et des chemins... Redessiné du regard le golfe, les Iles, les lignes moutonnantes des Maures et de l'Esterel, les Salins, les Pasquins, l'Ermitage. Tâché d'emporter dans ma rétine le paysage avec ses lignes, sa lumière, son ensemble et ses détails.

10 juin 1875. — Le pessimisme contemporain me fait mal aux moelles. C'est le système de la désolation et comme la gageure du désespoir. Et ce qui navre, c'est la force de ses arguments. Un penseur sans parti pris souffre de toutes les douleurs de tous les systèmes. Sa vie est l'inoculation à lui-même de toutes les maladies spirituelles de l'humanité.

11 juin 1875 (huit heures du matin). — Ciel strié de cirrus, température charmante...Le bleu dévore peu à peu les nuages, le bien surmonte le mal : accroc au pessimisme, mais un détail s'efface dans l'ensemble. — La vie en somme est-elle un bien ? Voilà la question. Vaudrait-il mieux que le monde ne fût pas ? tel est le problème.

17 juin 1875 (sept heures du soir). — Ce matin, à huit heures trois quarts, je descends chez mon voisin R***, je lui chante ma chanson nouvelle, il me la note sur la portée, et je rentre avec la chose en poche. S*** l'a trouvée bonne et ma filleule très bonne.

Celle-ci me montre les éléments de la notation musicale, clefs, vitesse, tons, mesure, notes, silences, gammes. Il est très comique, après avoir composé un air que l'on dit correct et agréable, de voir tout ce qu'on a fait à son insu, des bémols, des dièses, des cadences, des levées, etc. C'est donc en *fa*, à quatre temps, et en vingt-deux mesures que j'ai dicté ce matin à l'ami R***. Je suis bien aise de l'apprendre. Ainsi Jourdain s'émerveillait de tout ce qu'il y avait dans un A ou un B, et Vestris de ce que renfermait un menuet.

La science a bien un inconvénient, c'est d'effaroucher la candeur productive. Qui oserait danser, s'il devait calculer auparavant la très savante batterie des nerfs, des muscles et des os, nécessaires à cet exercice. Le moindre paysan bien doué peut faire un air à une chanson et la chanson elle-même. Or nos raffinés et civilisés des villes trouvent la chose tellement malaisée, qu'ils en laissent le soin à l'homme du métier.

D'habitude, nous nous exténuons en préparatifs et en anxiétés. *Das Beste geschieht ohne so viele Umstände.* Un peu de naïveté et de confiance mènent beaucoup plus loin que tant d'embarras et de façons. La circonspection vient du malin. Elle arrête net notre essor inventif, comme le réveil coupe court aux réussites étranges du somnambule. Il est souvent bon d'avoir fait une chose avant de se demander comment on la fera, si on la fera, si elle est possible. — Ce petit exemple insignifiant me fait toucher du doigt un tort que j'ai eu constamment dans ma vie, celui de n'oser pas, de trop réfléchir, de trop douter de mes forces, de mon talent, de mes connaissances acquises, des circonstances, etc. Le procédé de Marc Monnier (comme autrefois de Gœthe) est de se jeter au beau milieu d'une tentative littéraire, d'une œuvre nouvelle, et de rompre ainsi le charme dangereux de la crainte et de l'ajournement. Une fois tombé à l'eau, il faut bien se débattre et inventer la natation. Le tout est de commencer bravement ; si l'on attend de savoir par où il serait mieux de commencer, on n'arrive jamais au début, car l'étude de la méthode est elle-même sans terme.

16 août 1875. — La vie n'est qu'une oscillation quotidienne entre la révolte et la soumission, entre l'instinct du moi qui est de se dilater, de se délecter dans son inviolabilité tranquille sinon dans sa royauté triomphante, et l'instinct de l'âme qui est d'obéir à l'ordre universel, d'accepter la volonté de Dieu.

Ce qui te rend plus difficile l'abnégation, c'est que la nécessité t'apparaît neuf fois sur dix comme tyrannique et brutale, comme oppressive et aveugle, non comme divine, c'est-à-dire comme bonne, paternelle, sainte et miséricordieuse. Or, devant la force, même irrésistible, ta conscience ne s'incline pas...

Le renoncement froid de la raison désabusée n'est pas la paix. Il n'y a de paix que dans la réconciliation avec la destinée, lorsque la destinée paraît religieusement bonne, c'est-à-dire quand l'homme se sent directement en présence de Dieu. Alors seulement la volonté acquiesce. Elle n'acquiesce même tout à fait que lorsqu'elle adore. C'est l'évidence intérieure qui lui fait faire le *salto mortale*. Donc, en dehors de l'amour de Dieu, il n'y a pas de résignation parfaite, d'abolition sérieuse du moi, d'acceptation véritable, de soumission cordiale et sincère, d'abnégation réelle, parce qu'il n'y a pas de contentement. Ainsi l'âme ne se soumet aux duretés du sort qu'en découvrant une compensation magnifique, la tendresse du Tout-Puissant. Si elle perd le visible, elle se dédommage par l'invisible. C'est-à-dire qu'elle ne peut se faire à la disette, ni à la famine, qu'elle a horreur du vide et qu'il lui faut le bonheur de l'espérance ou celui de la foi, quand elle voit se perdre les biens positifs, les bonheurs de la vie présente. Elle peut bien changer d'objet, mais il lui faut un objet. Elle renoncera à ses précédentes idoles, mais elle réclame un autre culte. L'âme a faim et soif de félicité et c'est en vain que tout la quitte, elle n'agrée jamais son abandon...

Ta grande misère, c'est l'éternel recommencement, c'est-à-dire l'impossibilité de fixer ton esprit à une grande pensée, ton cœur à une affection suprême, ta volonté à un dessein permanent...

28 août 1875 (six heures et demie du matin). — Un mot de Sainte-Beuve à propos de Benjamin Constant m'a frappé : c'est celui de *considération*. Avoir ou n'avoir pas la considération paraît à Mme de Staël une chose capitale, l'avoir perdue un malheur irréparable, la conquérir une nécessité pressante. Qu'est-ce donc que ce bien-là ? C'est l'estime du

Public. Qu'est-ce qui la mérite ? L'honorabilité du caractère et de la vie, jointe à une certaine somme de services rendus et de succès remportés. Ce n'est pas la bonne conscience, mais cela lui ressemble un peu, comme le témoignage du dehors sinon du dedans. La considération n'est pas la réputation, encore moins la célébrité, l'illustration ou la gloire ; elle ne s'attache pas au savoir-faire, et ne suit pas toujours le talent ou le génie. Elle est la récompense accordée à la constance dans le devoir, à la probité de la conduite. C'est l'hommage rendu à une vie tenue pour irréprochable. C'est un peu plus que l'estime et beaucoup moins que l'admiration. Un homme considéré n'est pas un homme considérable, mais les hommes considérables ne réussissent pas toujours à conserver la considération. La considération publique est une douceur et une force. En être privé est une infortune et un supplice de tous les jours.

Me voici à cinquante-trois ans sans avoir jamais donné à cette pensée la moindre place dans ma vie. N'est-ce pas curieux ? Chercher la considération a si peu été pour moi un mobile que je n'ai pas même eu cette notion, et que peut-être ce mot manque dans les treize mille pages de ce Journal intime. A quoi tient ce phénomène ? A ce que l'entourage, la galerie, le public n'a jamais été pour moi qu'une grandeur négative. Je n'ai jamais rien demandé ni attendu de lui, pas même la justice, et me constituer dans sa dépendance, solliciter sa bonne grâce ou son suffrage m'a paru un acte de courtisanerie et de vassalité, auquel s'est instinctivement refusé mon orgueil. L'entourage m'a paru pouvoir nuire, chagriner et tourmenter, et j'ai essayé d'échapper à son ingérence tyrannique, comme on se défend des guêpes, des cousins et autres incommodités extérieures. Mais voilà tout. Travailler à me faire un bel enterrement est une préoccupation qui m'est demeurée toujours étrangère. Je n'ai pas même tenté de gagner une coterie, un journal, le vote d'un simple électeur. Et cependant ma joie eût été d'être accueilli, aimé, encouragé, bienvenu, et d'obtenir ce que j'ai prodigué moi-même : la bienveillance et la bonne volonté. Mais poursuivre la considération, la renommée, forcer l'estime, fi ! cela m'a semblé indigne de moi, un attentat à ma pudeur, presque une dégradation. Je n'y ai pas même songé.

Peut-être me suis-je déconsidéré en m'émancipant de la considération ? Il est probable que j'ai déçu l'attente publique en me retirant sous la tente par froissement intérieur. Je sais que le monde, acharné à vous faire taire quand vous parlez, se courrouce de votre silence quand il vous a ôté le désir de la parole. Il est comme le parterre féroce qui, lorsqu'il a un acteur en grippe, le siffle à son aise et ne veut pas que celui-ci s'arrête ou se retire.

Il est vrai que, pour se taire en toute sécurité de conscience, il faudrait n'occuper aucun emploi public. *In petto*, je me dis bien maintenant qu'un professeur est moralement tenu de justifier son titre par des publications, que cela est sage à l'égard des étudiants, des autorités et du parterre, que cela est nécessaire à sa considération et peut-être à sa situation. Mais ce point de vue ne m'a pas été familier. J'ai essayé de faire mes cours consciencieusement, et j'ai fait face à toutes les corvées subsidiaires le mieux possible. Mais je n'ai pu m'abaisser à lutter avec la défaveur, ayant le désabusement et la tristesse dans l'âme, sachant et sentant qu'on avait systématiquement « fait le vide autour de moi » et adopté à mon égard la tactique des coups d'épingle, ingénieusement combinée avec celle du silence ; en un mot, étant dégoûté de notre public et de notre journalisme et ne demandant qu'à n'avoir plus affaire avec eux.

Il se trouve donc que j'ai associé maladroitement la manière de faire des deux sexes. J'ai craint fémininement la déconsidération et je n'ai pas su rechercher virilement l'attention publique, la renommée. Ma peur et mon indifférence m'ont également nui. O philtre de la sympathie !

Il fallait plus de combativité, d'ambition, de rudesse, d'énergie, de brutalité que je n'en ai eu. J'ai eu la désespérance précoce et le découragement profond. Naturel de femme aimante, dont le cœur a été trompé et brisé. Incapable de m'intéresser à mes talents pour moi-même, j'ai tout laissé périr quand l'espoir d'être aimé pour eux et par eux m'a abandonné. Le froid de mon entourage m'a glacé. Comme la tortue, je me suis retiré, tête et pattes, dans ma carapace. Ermite malgré moi, je n'ai pas non plus trouvé la paix dans la solitude, parce que ma conscience intime n'a pas été plus satisfaite que mon cœur.

Tout cela n'est-il pas une destinée mélancolique, une vie dépouillée et manquée ? Qu'est-ce que j'ai su tirer de mes dons, de mes circonstances particulières, de mon demi-siècle d'existence ? Qu'est-ce que j'ai fait rendre à ma terre ? Est-ce que toutes mes paperasses réunies, mon infinie correspondance, mes treize mille pages intimes, mes cours, mes articles, mes rimes, mes notes diverses sont autre chose que des feuilles sèches ? A qui et à quoi aurai-je été utile ? Est-ce que mon nom durera un jour de plus que moi et signifiera-t-il quelque chose pour quelqu'un ? — Vie nulle. Beaucoup d'allées et venues et de griffonnages pour rien. Le résumé : *Nada !* Et pour dernière misère, ce n'est pas une vie usée en faveur de quelque être adoré, ni sacrifiée à une future espérance. Son immolation aura été vaine, son renoncement inutile, son abnégation gratuite, et son aridité sans compensation... Je me trompe ; elle aura eu sa richesse secrète, sa douceur, sa récompense ; elle aura inspiré quelques affections de grand prix, elle aura donné de la joie à quelques âmes ; sa vie cachée aura eu quelque valeur. D'ailleurs si elle n'a été rien, elle a compris beaucoup. Si elle n'a pas été dans l'ordre, elle aura aimé l'ordre. Si elle a manqué le bonheur et le devoir, elle a du moins senti son néant et demandé son pardon.

> Il eut quelques talents, de l'âme et de l'esprit,
> Mais, de cœur faible et tendre, il se tut et souffrit.

(Même jour, neuf heures et demie du matin.) — Affinité chez moi avec le génie hindou, imaginatif, immense, aimant, rêveur, spéculatif, mais dépourvu de brutalité virile, de personnalité ambitieuse, d'égoïsme dominateur et absorbant, en un mot, de volonté. Le désintéressement panthéistique, l'effacement du moi dans le grand tout, la douceur efféminée, l'horreur du meurtre, l'antipathie pour l'action, se retrouvent aussi dans mon être, au moins tel qu'il est devenu avec les années et par les circonstances. J'ai trop été condamné à

la cellule et j'ai trop vécu avec les femmes, pour ne pas devenir un brahmine. Pourtant, il y avait aussi en moi un Occidental. — Ce qui m'a été difficile, c'est de conserver le préjugé d'une forme, d'une nationalité et d'une individualité quelconques et de ne pas sentir le droit du contraire ; de là mon indifférence pour ma personne, pour mon utilité, mon intérêt, mon opinion du moment. Qu'importe tout cela ? *Omnis determinatio est negatio.* La douleur nous localise, l'amour nous particularise, mais la pensée libre nous *dépersonnalise* et nous fait vivre dans le grand Tout, plus vaste encore que Dieu, puisque Dieu, comme esprit, est opposé à la matière, et, comme éternel, est opposé au monde. Être un homme, cela est chétif ; être homme, cela est bien ; être l'homme, cela seul attire.

Oui, mais que devient avec cette aspiration brahmanique la subordination de l'individu au devoir ? La volupté serait de n'être pas individuel, mais le devoir c'est de faire sa petite besogne microscopique. Le problème serait d'accomplir sa tâche quotidienne sous la coupole de la contemplation, d'agir en présence de Dieu, d'être religieusement dans son petit rôle, et de faire ainsi deux choses à la fois.

> Homme, enveloppe ainsi tes jours, rêve qui passe,
> Du calme firmament de ton éternité.

On redonne ainsi au détail, au passager, au temporaire, à l'insignifiant, de la beauté et de la noblesse. On dignifie, on sanctifie la plus mesquine des occupations. On a ainsi le sentiment de payer son tribut à l'œuvre universelle, à la volonté éternelle. On se réconcilie avec la vie et l'on cesse de craindre la mort. On est dans l'ordre et dans la paix.

1er septembre 1875 (huit heures du matin). — Songé à mon anxiété strangulée, quand j'écris pour l'impression ; chaque mot me coûte, et la plume bronche à chaque ligne, vu le souci du mot propre et la multitude des possibles qui s'ouvre à chaque phrase. Composer est un supplice, parce que je ne puis faire à l'avance qu'un plan grossier, et que tout le détail est à trouver chemin faisant. Déplorable habitude que je ne puis nommer méthode.

(Onze heures du soir.) — Travaillé à mon article plusieurs heures, et à peine pu dégrossir quelques pages tant les lacunes se font sentir au moment où je prends la plume [1]. — Découvert de nouvelles sources. Lectures : repris Mme Necker, Chateaubriand *(Mémoires d'outre-tombe*, vol. VIII)... Mal de tête, soit à dîner, soit à souper. Évidemment cette espèce de contention immobile d'un bousillage qui n'avance pas et piétine la phrase, est une grande fatigue pour le cerveau. Je n'ai pas le plan, je n'ai pas le détail, je n'ai pas le flot ni la veine, et l'effort infructueusement prolongé me tend comme une idée fixe.

Composer demande une concentration, une décision et une fluidité que je n'ai plus. Je ne puis fondre ensemble mes matériaux et mes idées. Or la domination impérieuse de la chose est indispensable si l'on veut lui donner une forme. Il faut brutaliser son sujet et non trembler de lui faire tort. Il faut le transmuer dans sa propre substance. Cette espèce d'effronterie confiante me manque. Toute ma nature tend à l'impersonnalité qui respecte l'objet et se subordonne à lui ; par amour de la vérité je redoute de conclure, de trancher. — Puis je reviens constamment sur mes pas ; au lieu de courir, je tourne en cercle ; je crains d'avoir oublié un point, forcé une nuance, mis un mot hors de sa place, tandis qu'il faudrait viser à l'essentiel et tailler en grand. Je ne sais pas faire de sacrifice, ni abandonner quoi que ce soit. Timidité nuisible, conscience fâcheuse, pointillement fatal !

Au fond, je n'ai jamais réfléchi sur l'art de faire un article, une étude, un livre, ni suivi sérieusement et méthodiquement l'apprentissage d'auteur ; cela m'eût été utile et j'avais peur de l'utile. Il aurait fallu des exercices gradués en vue du métier. L'aguerrissement et la routine m'auraient donné

---

1. C'est la notice sur Mme de Staël, qui a paru, en 1876, dans le tome II de la *Galerie suisse*, publiée à Lausanne par M. Eugène Secrétan.

l'aisance, l'assurance, la gaîté, sans lesquelles la verve s'éteint. Tout au contraire, j'ai pris deux habitudes d'esprit opposées : l'analyse scientifique qui épuise sa matière, et la notation immédiate des impressions mobiles. L'art de la composition était entre deux : il veut l'unité vivante de la chose et la gestation soutenue de la pensée. Suis-je donc devenu incapable de composer ? est-ce qu'on recommence à cinquante-trois ans ? est-ce qu'on refait sa nature et son éducation ?

Tu as espéré apprendre à nager sans te jeter à l'eau, prendre des forces sans descendre dans l'arène, esquiver la peine en l'ajournant, trouver ta mesure sans risquer la défaite ; tu as été indolent, craintif, orgueilleux, imprévoyant : à qui la faute ? tu as manqué tous les coches, donc marche à pied ou assieds-toi.

2 septembre 1875 (huit heures du matin). — Composer n'est pas si terrible. Tu te fais des montagnes et des fantômes de tout. Il y faudrait seulement un peu de gradation et passablement de pratique. Dans cet art, comme en tout, tu t'es contenté de laborieux préparatifs, tu t'es épuisé aux bagatelles de la porte et aux acquisitions préliminaires, tu n'as cherché qu'à comprendre et non à posséder. Tu n'es pas sorti des préludes, par fausse pudeur, et par sot désintéressement, par excessive défiance de toi-même et par terreur devant la perfection. — Nature d'amoureux transi, qui a peur d'être trop heureux et redoute une bonne fortune, parce qu'il redoute sa défaillance. La gloire n'a jamais été un stimulant pour moi, mais j'ai toujours eu l'effroi de la honte, et l'horreur de l'humiliation.

En restant dans sa chambre, selon le conseil de Pascal, on ne sait jamais ce qu'on peut, et n'ayant aucune mesure de sa valeur sociale, on ne se risque plus parmi les hommes.

Composer c'est conduire une armée, une armée de pensées et d'images, à un but assigné d'avance. La possession d'un sujet n'est qu'une des conditions requises pour cette campagne littéraire. Il faut savoir manœuvrer, et surtout, il faut déterminer clairement son propos. Ce propos, c'est d'atteindre le public ou une portion du public, de l'éclairer, de le convaincre ou de l'amuser.

Je m'aperçois que ce qui m'arrête présentement, c'est l'obscurité du but, l'indécision sur ce qui peut être réalisé dans les conditions accordées. J'en suis toujours à l'étude et pas proprement à la mise en œuvre. Je flotte, je balance, j'hésite, je tortille dans l'exécution, parce que je n'ai pas fait résolument choix d'un point de vue, d'un auditoire, d'un objectif et des dispositions appropriées. — Comme Marthe je me préoccupe de trop de choses, tandis qu'une seule était nécessaire.

Pour cheminer avec courage, il faut savoir où l'on va, pourquoi l'on va. Il faut se sentir des jambes, et un désir, avoir en poche un itinéraire et de l'argent, il faut être allègre et déterminé.

Composer, c'est donc montrer du caractère. Composer serait pour toi une hygiène morale, une discipline intellectuelle, une sorte d'exercice pénitentiel qui pourrait être profitable, car ce serait une victoire remportée sur toi-même, ce serait faire obéir ta paresse, ta pusillanimité, ton indécision, ce serait contraindre ta faiblesse à un acte de force, ta dispersion stérile à un moment de fécondité...

25 octobre 1875. — Entendu la première leçon de Taine (sur l'*Ancien Régime*)[1]. Travail extrêmement substantiel, net, instructif, compact, dense. Lecture monotone, organe peu flatteur et même peu élégant. Son art est de simplifier à la française en grandes masses éclatantes ; son défaut est le tendu, l'anguleux, et le cassant. L'excellent est l'objectivité historique, le besoin de voir vrai. Du reste, vaste ouverture d'esprit, liberté de pensée et précision de langage.

26 octobre 1875. — Toujours des limites, et des obstacles croissants et des privations multipliées. C'est le contraire de l'épanouissement...

---

1. Taine donnait alors lecture, dans le grand amphithéâtre (Aula) de l'Université, des bonnes feuilles de son *Ancien Régime.*

A qui et à quoi peut servir cette constriction impitoyable ? Le renoncement est une défensive, mais il n'a pas plus de valeur réelle qu'une dent de moins ou une jambe coupée. L'éducation morale est une compensation pour ceux qui espèrent une survivance. Mais pour moi qui n'ai pas cette espérance, ce sacrifice ne sert pas non plus. Il reste du moins ceci : l'envie ou la révolte sont vilaines, se les interdire est donc bien ; et faire le bien sans récompense est la maxime des cœurs nobles. Je ne changerai donc rien à ma conduite ; seulement la mélancolie est l'inverse d'un ressort, tandis que le bonheur donne des ailes.

Si du moins je croyais à une Providence individuelle ! mais je n'ai aucun de ces points d'appui si commodes et si fortifiants. Mon unique soutien, c'est l'affection qu'on a pour moi. Mon existence n'a que cette joie et que ce réconfort. Elle est donc suspendue à un cheveu.

Quelle imprudence de n'avoir pas plus de raisons de vivre et de points d'attache que cela ! Une maladie, et, moins que cela, un de ces hasards qui créent les mésintelligences et détournent les cœurs, peuvent me réduire à la pénurie et à la détresse. Je suis à la merci de la fortune. Impossible de m'abuser sur la fatale fragilité de mon état actuel. Tout ce que je puis, c'est de l'oublier et de m'étourdir. — Il est sûr qu'un accident peut m'ôter le reste de santé et les deux amitiés qui me rendent la vie supportable. Mais qu'y faire ? Puis-je soustraire ces trésors aux chances de la destruction ? Non. Faut-il les recommander à la bonne Providence ? c'est une mesure vaine, qui console la foi, mais qui ne change pas un iota à l'événement. Il ne reste qu'à se résigner à cette absolue dépendance et à en tirer la moralisation qu'elle contient, comme s'il y avait derrière elle une intention paternelle et une direction protectrice. Le Dieu que les religions mettent dans le ciel et hors de nous, n'est peut-être qu'au fond de nous-mêmes. Ce Dieu, c'est la voix du bien, c'est la secrète admiration de la vertu. Il est vrai que ce qui se trouve dans l'effet devrait se trouver virtuellement dans la cause. Si Dieu est en nous, il est à l'origine des choses. Si le bien est notre fin, il est aussi notre principe. Il y aurait donc au moins une Providence générale, c'est la force restitutrice et médicatrice qui maintient la vie universelle en dépit de la perturbation et de la mort incessantes. Ce qui veut la vie pour le bien et le bien pour le mieux, cette puissance primordiale et indéfectible, c'est ce qu'on appelle Dieu. *In Deo movemur, vivimus et sumus.* Cette persuasion est la religion philosophique qui peut survivre à tous les cultes superstitieux, imaginatifs et légendaires, à toutes les croyances devenues des allégories. L'essentiel, c'est que l'homme a toujours pressenti un ordre supérieur dont il était l'organe et l'agent et le contemplateur et le néophyte, dont il devait être le héraut et le héros.

Qu'importe après cela que l'individu soit plus ou moins heureux, qu'il joue un rôle, s'épanouisse ou non ? L'œuvre universelle s'accomplit néanmoins...

Il y a toujours considérablement de forces perdues et de victimes inutiles, parce que l'erreur joue un rôle immense dans l'histoire de l'opinion et de l'action humaines ; il est dommage sans doute d'être du nombre des écrasés et des méconnus ; mais il est un service silencieux que chacun peut toujours rendre, c'est d'être bon, juste, courageux, patient. Ce qui fait aller la grande machine sociale, c'est encore plus la somme des travaux inglorieux, des vertus humbles, des mérites anonymes, que le tapage des contremaîtres, officiers et directeurs. L'immortalité du nom est une gourmandise réservée aux élus de la fortune : on peut se passer de ce privilège et il y a plus de stoïcisme à s'en priver qu'à le poursuivre. Le contentement dans la médiocrité et dans l'oubli a quelque beauté, quand on avait l'étoffe de plus de grandeur. Abauzit pouvait se passer de l'éloge retentissant de Rousseau[1] et Rousseau ne pouvait se passer de gloire. Celui-ci a été le grand homme, mais l'autre a été le sage.

(Plus tard.) — Toutes les origines sont des secrets ; le principe de toute vie individuelle ou collective est un mystère ,c'est-à-dire quelque chose d'irrationnel, d'inexplicable, d'indéfinissable. Allons jusqu'au bout : toute individualité

---

1. Firmin Abauzit (1679-1767). Voir *Nouvelle Héloïse*, v. 1.

est une énigme insoluble, et aucun commencement ne s'explique. En effet, tout ce qui est devenu s'explique rétrospectivement, mais le commencement de quoi que ce soit n'est pas devenu. Il représente toujours le *fiat lux*, la merveille initiale, la création, car il n'est la suite de rien d'autre, il apparaît seulement entre les choses antérieures qui lui font un milieu, une occasion, un entourage, mais qui assistent à son apparition sans comprendre d'où il est venu.

Peut-être aussi n'y a-t-il pas d'individus véritables, et dans ce cas pas de commencement, sauf un seul, la chiquenaude primordiale, le premier mouvement. Tous les hommes ne feraient que l'homme à deux sexes ; l'homme rentrerait à son tour dans l'animal, l'animal dans la plante, et l'individu unique serait la nature vivante, ramenée à la matière vivante, à l'hylozoïsme de Thalès. Cependant, même dans cette hypothèse où il n'y aurait qu'un seul commencement au sens absolu, il resterait des commencements relatifs, symboles multiples de l'autre. Toute vie, dite individuelle par complaisance et par extension, représenterait en miniature l'histoire du monde, et pour l'œil du philosophe elle en serait comme l'abrégé microscopique.

3 janvier 1876. — L'amour-propre national, sujet d'étude curieux. Voilà encore une force qui résiste à la vérité. Cet amour-propre, comme celui de l'individu, est un *Noli me tangere*. Il est une variante de la justice propre, c'est-à-dire de l'aveuglement volontaire, de l'illusion intéressée. Cette sotte vanité chante un *Te Deum* pour des laideurs, qu'elle prétend être des beautés. Il me semble entendre un chœur de bossus magnifiant la bosse et la gibbosité. Pour sentir le ridicule absolu de cette cantate, il faut avoir l'esprit libre.

Il me semble que je ne suis plus entiché d'aucune nationalité et d'aucune église ; d'année en année l'impartialité critique augmente en moi, et c'est le type de l'homme réussi, complet, harmonieux, supérieur, véritable, qui me sert à juger toutes les caricatures diverses, s'arrogeant le privilège du type. Je ne me sens ni français, ni anglais, ni russe, ni suisse, ni genevois, ni européen, ni calviniste, ni protestant, ni rien de particulier. Je me sens homme et sympathique à tout ce qui est humain ; mais je ne relève que de l'idéal. Les préjugés de religion, de langue, de nationalité, de régime politique, de classe sociale, de parti, de coterie ne m'emprisonnent pas; je les juge, ils me sont inférieurs et indifférents. J'ai une certaine antipathie contre la fraude, l'astuce, le mensonge, et partant contre les institutions qui en vivent ; mais si le Romanisme n'a pas mon estime, c'est non pas en tant que protestant ou même que chrétien que je l'ai en aversion, mais en tant qu'homme. Le sacerdotalisme ainsi entendu me paraît funeste au Thibet comme à Madrid. L'insolente usurpation du prêtre me paraît choquante au nom du vrai, au nom de la morale, au nom de la dignité humaine. Les dénominations n'exercent plus sur moi de prestige, et que l'on se dise mon coreligionnaire, mon concitoyen, mon parent, mon confrère, mon collègue, mon cohéritier, mon pasteur, mon gendarme, cela m'est égal ; le titre est sans valeur à mes yeux, parce qu'il ne prouve absolument rien, et qu'une présomption, cent fois démentie, est insignifiante. Dis-moi ce que tu es, ce que tu vaux, toi personnellement, à la bonne heure; tes paperasses, cocardes, signatures, livrées ne comptent pas plus que les boniments de la foire ou les réclames des journaux. Je crois à certains individus, je crois sur preuves. Quant au reste, je demeure dans le doute philosophique. Je ne crois plus à l'homme, à la femme, à l'Église, à la Patrie, en général ; je demande à faire le triage et le départ. — La vie commence par la confiance et le crédit illimité ouvert à tous ; elle conclut à la réserve universelle, sauf exceptions méritées. Quand il n'y a plus l'aigreur de la déception, il reste du moins la prudence, qui n'empêche ni la bienveillance, ni la piété. Il n'est pas nécessaire de s'abuser pour être bon. Ne plus s'attendre à la droiture, à l'intégrité, à la reconnaissance, à la fidélité, à la discrétion, à la réciprocité, à la justesse, à la justice, au bon vouloir, n'empêche pas de donner et de se donner, avec une résignation tranquille.

30 janvier 1876. — Sortie après dîner. Je vais à deux pas, chez Marc Monnier, entendre *le Luthier de Crémone*, comédie en un acte et en vers, par Coppée, lue par l'auteur. Fête esthétique, gourmandise littéraire ! La piécette est une perle. Elle est en répétition au Théâtre-Français. Avec elle on est en pleine poésie, et chaque vers est une caresse pour le goût.

Heureux ceux qui sont maîtres de leur art, et qui font éprouver les délices de la liberté. En outre, voir éclore le vers est une sensation délicieuse, surtout quand il éclôt meilleur qu'on ne l'eût fait soi-même. On regarde pétiller le champagne et on le déguste à la fois. — Et quelle écriture a ce jeune maestro ! On y sent l'homme doué, la facilité lumineuse, l'ordre involontaire, qui trouve le moule, la forme, l'élégance, la netteté, en se jouant. Celui-là a du talent jusqu'au bout des cheveux. Mince, basané, nerveux, le teint portugais et les yeux sans éclat, il rappelle le violon dont il parle, fragile et vibrant, sensitif et passionné. Mais il a du Parisien la promptitude et la grâce, la finesse et le mordant, ce qu'il faut pour faire accepter les choses simples, naïves, cordiales, osées, à un peuple raffiné.

A force d'art revenir à la nature : joli problème des littératures archicomposites comme la nôtre. Rousseau de même attaqua les lettres avec toutes les ressources de l'art d'écrire et vanta les délices de la sauvagerie avec toutes les adresses du civilisé le plus retors. C'est même ce mariage des contraires qui plaît : la douceur épicée, l'innocence savante, la simplicité calculée, le oui et le non, la sagesse folle ; c'est au fond cette ironie suprême qui flatte le goût des époques avancées, disons faisandées, qui désirent deux sensations à la fois, comme le sourire de Joconde réunit deux significations opposées. La satisfaction alors se traduit aussi par le sourire ambigu qui dit : je suis sous le charme, mais je ne suis pas dupe ; je suis en dedans et en dehors de l'illusion. Je vous cède, mais je vous devine. Je suis complaisant, mais je suis fier. J'éprouve des sensations, mais je suis libre. Vous avez du talent, j'ai de l'esprit ; nous sommes quittes et nous nous entendons. *Musa ales.* Quel contraste prodigieux entre un cerveau comme celui de l'ami K***, et celui de Coppée, entre le philosophe teutonique et l'artiste parisien ! Solidité, constance, pesanteur, uniformité, abstraction d'une part, et de l'autre malice, vivacité, légèreté, coloris, musique. Le cyclope et la fauvette ne sont pas plus différents. Tous deux incapables d'entrer dans le rôle de l'autre ; réciproquement antipathiques. Le propre du critique est d'avoir une psychologie plus complète et de reproduire ces deux types contraires (et tous les autres) avec la même fidélité.

1er février 1876. — Veillé à la Passerine, en quatuor [1]. Causé de l'infiniment grand et de l'infiniment petit. S*** ne peut encore comprendre qu'un millimètre cube est encore aussi vaste relativement au point mathématique que le globe l'est à un ciron. L'esprit non exercé prend toujours la limite de ses perceptions sensibles pour la limite des choses. Le grand lui paraît plus clair que le petit, parce que le grand est un multiple de lui-même, tandis qu'il ne sait plus analyser ce qui doit être mesuré autrement. La pensée dans sa cervelle lui paraît explicable, mais dans une cervelle mille fois plus petite lui semble un mystère.

Les femmes rencontrant partout l'incompréhensible arrivent très vite à s'en accommoder et prennent l'habitude de tout convertir en questions de foi et d'opinion. La différence entre le connaissable et l'inconnaissable ne leur est jamais claire. La critique scientifique n'est pas leur affaire ; elles ne brillent que dans l'analyse des sentiments.

Se mettre à tous les points de vue, faire vivre son âme par tous les modes, ceci est à la portée de l'être pensant, mais il faut avouer que très peu profitent de la permission. Les hommes sont en général emprisonnés et vissés dans leurs circonstances à peu près comme les animaux. Ils ne s'en doutent guère, parce qu'ils ne se jugent pas. Se mettre en dedans de tous ses états et apercevoir du dedans sa vie et son être, est le fait du critique et du philosophe.

25 février 1876. — Prêcher est une œuvre vaine ; montrer l'exemple est deux fois mieux, car cela persuade davantage et ne sacrifie pas le prêcheur.

---

1. Amiel avait baptisé « l'Ile d'Azur », ou « la Passerine », le salon de son amie *Seriosa*, qui vivait avec sa mère et sa sœur.

Même remarque pour le professorat. Mieux valait écrire des livres ; les étudiants vous en savent plus gré et l'on y gagne plus d'honneur.

Le dévouement et l'abnégation peuvent donc être une sottise. Le monde préfère l'égoïsme bien entendu et la société y trouve plus d'avantages. Singulière application du proverbe : Charité bien ordonnée commence par soi-même.

Le cœur soupire après un régime où chacun penserait surtout à autrui, régime d'amour fraternel et de rayonnante sympathie, où le bien commun résulterait de l'universel oubli de soi. Mais le monde est construit sur un autre plan. Il repose sur l'intérêt personnel et sur l'amour-propre. Que chacun travaille énergiquement à son affaire, à son métier, à sa fortune, à sa réputation, à son crédit, qu'il s'ingénie à dépasser ses égaux, à éclipser ses émules, à procurer à sa famille, à sa ville, à sa patrie, en se le procurant d'abord à lui-même, la richesse, la gloire, la supériorité, c'est tout ce qu'on lui demande. Le monde a toujours bafoué ou broyé les enthousiastes, les rêveurs, les généreux, les oublieux d'eux-mêmes. Il les exploite et ne les vénère pas, sauf en théorie et des siècles après leur mort, pour faire croire qu'il a l'âme grande. Mais sa pratique va d'un côté et son enseigne n'est qu'une ruse. La morale, c'est pour la bonne façon, la réalité a ses maximes propres. L'Évangile est cité sur la porte, mais dans la boutique c'est Mercure qui est dieu.

Le sophisme inconscient, la contradiction intéressée se retrouvent partout chez les peuples dits chrétiens, comme dans le clergé lui-même. Loi d'ironie : plus les maximes sont éthérées, plus le fond est grossier. L'indignité pratique aura les oreilles les plus prudes et les paroles les plus suaves.

Celui qui ne se fait pas un peu craindre ne se fera jamais beaucoup aimer. Celui qui ne se défend pas sera toujours vilipendé, et loin d'admirer sa douceur on la méprisera. Le monde ne respecte que la force et ne reconnaît que la force qui s'impose à lui. *Mundus vult decipi*, disait Érasme. Le monde veut qu'on l'illusionne, c'est vrai, mais il veut aussi qu'on le contraigne et qu'on le force. Il est de nature frondeuse, revêche, anarchique, stérile, et instinctivement il

absout ceux qui le rudoient, le fouaillent, le conduisent et
le domptent. Seulement il veut être flatté. C'est ce que font
les démagogues. Le public dans son ensemble est un troupeau
de sots, mais il faut lui laisser croire qu'il est la sagacité, le
goût, la justice, la raison ; c'est ce que font les journalistes
et les critiques. On dicte aux oies leurs opinions, tout en se
prosternant ostensiblement devant elles. C'est la méthode
du courtisan ambitieux avec tous les despotes. L'animal aux
cent mille têtes est le sultan actuel et on l'enguirlande comme
ses prédécesseurs à une tête.

26 février 1876. — Ce soir, une lettre anonyme, d'écriture
contrefaite et employant le *tu*, m'attaque comme professeur,
prétend que « mes étudiants désertent mon cours, me tiennent
pour un rabâcheur d'idées générales, et qu'on a déjà fait une
démarche secrète pour demander mon remplacement, bref
qu'un orage me menace »... J'imagine que le lâche plaisir de
faire de la peine et d'inquiéter est le mobile de l'auteur
anonyme de ce billet. Je n'ignore pas que la haine veille
toujours autour de nous et autour de moi. Néanmoins, j'ai
beau faire, ces menées me font du mal. Je ne puis méconnaître non plus que mon cours ne me satisfait pas, que je
deviens impropre à l'enseignement, faute de mémoire et
d'aisance, ce qui m'interdit l'improvisation. Les avantages
de mon cours, l'exactitude, la précision, l'ordre, la méthode,
la proportion ne sont pas de ceux qui frappent les élèves, ni
chemin faisant, ni même en revenant en arrière sur les étapes
franchies. Ils ne font attention qu'à une chose, que j'ai le
nez dans mes notes, et que mes petits papiers ont l'air en
désordre. L'apparence est contre moi. D'autre part, je ne
puis pas recommencer la vie, ni mon travail ni mes façons,
parce que mon intérêt principal est maintenant ailleurs, et
que je ne suis pas assez fou pour sacrifier mes dernières
années à une œuvre stérile et inutile.

Si donc mes défauts l'emportent sur mes qualités et les
font oublier, mieux vaut le divorce. Qu'on me prenne tel
que je suis, qu'on me demande ce que j'ai, ou qu'on me
laisse partir, je veux dire prendre ma retraite.

Tout en méprisant les lettres anonymes, il faut en profiter

pour faire son examen de conscience. Or, je sens parfaitement mes lacunes, mes faiblesses, mon impuissance et mes torts. C'est plutôt de témoignages encourageants que j'ai besoin, parce que je doute toujours d'être utile, d'être suffisant, et qu'on peut facilement me persuader que je ne sers de rien.

Autre leçon. Pour alléger mon sujet, j'ai écarté la bibliographie, et peut-être mes étudiants en concluent-ils que je ne suis au courant de rien. J'ai évité la vanité de l'érudition, l'ostentation des ressources, et l'on m'en punit.

Oubliant mon intérêt qui est de paraître une autorité, je m'efface devant la chose, je ne songe qu'au cours lui-même ; et la conséquence, c'est que je parais un zéro à ces auditeurs que la chose ne captive pas. Ce sont deux manières qui ne peuvent s'entendre ; je suis impersonnel, et nos gens ne sortent pas des questions de personnes.

D'ailleurs je ne me pique de rien, je suis tout à fait détaché de ma toge et de mes travaux. Tout cela m'est indifférent, étranger, inférieur. Je ne sais ni ne veux ni ne puis me faire valoir, me mettre en relief, en imposer, gagner, entraîner.

Cela revient donc toujours à un manque de convenance entre ma nature et mon milieu. Pas d'adaptation. On ne me goûte pas, on ne me comprend pas, on ne m'accepte pas dans ce que j'ai de meilleur et on persévère à me vouloir autre que je ne suis.

Voilà mes vieux chagrins qui renaissent. Je les avais oubliés, mais eux ne m'oublient pas. Comme cela tombe bien, avec les projets littéraires de ces trois ou quatre mois prochains, qui exigeaient santé, calme d'esprit, gaieté, entrain !

Malédiction !... Sur qui ? mon Dieu, sur personne, tout au plus sur la cruauté du hasard. Je regrette ces circonstances fâcheuses, parce qu'elles ôtent du bonheur, de la force, et ne créent que de la tristesse et de la stérilité. Je m'ingénie, moi, à ne froisser, à n'affliger, à n'éteindre, à n'étouffer personne. Mais si profonde que je fasse la solitude autour de moi, et quoique j'interpose entre ma vie et le monde une vaste zone de renoncement, les dards empoisonnés traversent cet espace et m'atteignent néanmoins. — O mélancolie !

19 mars 1876. — Les esprits bien faits sont une imperceptible minorité parmi les foules, les masses et les millions qui forment le public ; mais ils sont l'élite et seuls comptent pour la qualité. Les masses ont pour elles le nombre, la force et même le droit ; mais elles n'ont ni la raison, ni le goût, ni l'excellence, ni la distinction. Leur pente naturelle est à la fausse grandeur, à la fausse magnificence, au médiocre brutal, et quand la démocratie a fait croire aux gens à l'égalité de culture et à l'équivalent des opinions, elles ne se gênent plus dans leurs préférences et leurs applaudissements.

Moralité. Pour diminuer les chances de caricature posthume, il faut simplifier de son vivant les traits de son apparence publique. Il faut choisir soi-même ce qui doit durer dans le souvenir d'autrui, mettre en relief ce qu'on a de meilleur et de plus fort, donner, sinon une définition, au moins une signature de son être, il faut se concentrer, se résumer dans une œuvre qui fasse médaille. La médaille est monument et document autobiographique.

Si tu mourais demain, que resterait-il de toi ? des brimborions épars, quelques vers, quelques rapports, des paperasses professorales. Que dirait-on de toi ? Il avait des talents divers, mais il mit à les cacher toute la patience que d'autres emploient à les produire. Il aurait pu se faire un nom, il préféra l'incognito. *Amen* ! Nous n'en dirons rien.

Tu as place dans quelques chrestomathies (entre autres Staaf[1]), tu es mentionné dans la *Revue des écrivains suisses* de Daguet, dans *Genève et ses poètes* de Marc Monnier. A l'Institut, à l'Université, dans Genève, tu serais oublié en quelques mois. C'est peut-être le *Roulez tambours !* et ton *Escalade* qui persisteront quelques années encore dans la mémoire populaire[2]. Et voilà tout. Non pas tout. Ma

---

1. Staaf, *La Littérature française*, Paris, 1871, t. III, p. 584.
2. Amiel désigne ici la Section de littérature de l'Institut national genevois, dont il fut longtemps président. L'*Escalade de 1602*, ballade historique, 1875. Le *Roulez tambours !* dont Amiel avait composé les paroles et la musique en janvier 1857, dans les jours d'angoisse où la Confédération suisse se préparait à repousser l'invasion d'une armée prussienne, est devenu un chant patriotique, populaire dans la Suisse entière.

filleule cherchera à m'élever un gracieux mausolée dans l'un de ses romans [1]. — Mais, à tout prendre, ce résultat vaut-il un demi-siècle d'études, d'expériences, de méditations et d'action ? *Pulvis et umbra sumus.*

15 avril 1876 (veille de Pâques).— Cette oscillation morale entre la désespérance et l'amour, entre Zénon et Jésus, entre mon vieil homme et mon meilleur moi, reparaît dans mon âme à toutes les époques. L'expérience de la vie me ramène inévitablement au pessimisme ; puis l'idéal proteste et reprend le dessus. J'alterne entre la vue désolante et froide de la réalité et la vue religieuse de nos destinées. Le cœur et la conscience prennent leur revanche de la raison. Est-ce là être contradictoire, illogique, sans unité ? Ces deux instincts, ces deux tendances, ces deux principes ne sont-ils pas humains tous les deux ? La mélancolie à propos de ce qui est mortel et périssable, notre vie y compris, n'est-elle pas naturelle ? le retour à ce qui triomphe de la mort, du mal, de la tristesse, n'est-il pas légitime et sain ?

Heureuses, sans doute, les âmes qui savent entretenir sans relâche en elles la tendance supérieure, le sentiment du divin et de l'indestructible, la flamme sacrée. Pour moi, je ne puis qu'y revenir après de longues excursions au désert, et la rallumer qu'après de longues défaillances.

Ce qu'il y a de divin en nous, c'est la puissance du sacrifice, la faculté de dévouement, le saint amour, la charité, l'immolation volontaire pour le salut des autres ou pour la gloire du Bien ; c'est la dignité de l'espèce, sa fleur et sa couronne. Cela ne crée point l'immortalité individuelle, mais cela est la chose immortelle, surnaturelle, surhumaine, et humaine pourtant. C'est parce que cette flamme brûlait dans le cœur de Jésus, que le monde a fait de Jésus l'homme-Dieu. C'est parce que l'humanité ne mérite pas le sacrifice, que le sacrifice est si grand et le martyre si noble. L'homme n'a droit sur nous qu'à la réciprocité et à la justice ; mais aimer sans cause, surabonder en pardon, en prévenance, en pitié,

---

1. C'est elle, « ma littéraire filleule », qui écrira une biographie d'Amiel : *Henri-Frédéric Amiel*, Étude biographique, par Berthe Vadier, Paris, 1886.l

en générosité, en bonté, c'est être enfant du ciel, c'est être comme nous nous figurons qu'est Dieu lui-même, c'est imiter le Nazaréen.

16 avril 1876 (Pâques). — Ce qui me manque, c'est la cohésion, la ténacité, la consistance, la résistance, cette vigueur égoïste de l'être qui s'approprie tout ce qu'il peut et retient autour de son moi, de son intérêt, de sa volonté, les choses, les gens, les impressions, les idées, pour s'affirmer et se dilater dans sa personnalité. Pour moi, je suis plus immatériel, désintéressé et purifié que cela ; mon être subtil se débarrasse de toute substance, comme une sorte d'encombrement grossier de ses mailles. Nature critique et contemplative, je me rapproche de l'esprit pur, de la forme sans matière. Tout mon bagage, mon acquis, se borne à une aptitude et à une méthode, et redevient simple virtualité. Je n'ai plus rien, mais je suis quelqu'un. Je n'ai plus d'étendue, mais l'étendue est en moi, à l'état de puissance. Cette subtilité éthérée fait ma passivité apparente ; je ne suis que possible, résorbé, implicite, comme une force retournée à l'état latent. Je ne suis qu'une capacité indéterminée et non un talent établi, prouvé, en exercice et en fonction...

Il est certain qu'il y a en moi quelque chose d'insaisissable, d'incoercible, d'indéfinissable, de délié et de subtil, qui est l'esprit, dont les ressources, les métamorphoses et les caprices défient le calcul et se moquent des classificateurs. A côté de cette flamme légère, tout paraît lourd, momifié, cristallisé, épais, uniforme, opaque, pédant. L'esprit est un feu follet, qui laisse patauger les sots, les cuistres, les philistins, les animaux de routine, les ruminants, les crustacés, et n'a pas la moindre velléité de leur prouver qu'il a des ailes. Il rit de leur bêtise et s'amuse de leurs bévues. Tous les captifs, les bornés, les muselés se croient libres, et traitent les libres d'extravagants. C'est un plaisir qu'il faut leur abandonner.

Halte ! Cette liberté absolue de l'esprit a deux inconvénients : elle rendrait inhumain pour les inférieurs, qui ont la rage de se croire les supérieurs; elle ferait oublier à l'homme sa dépendance de Dieu et le péché. — L'homme libre doit contenir sa joie par la bonté et par l'humilité. Tout avantage crée un devoir et produit une responsabilité. L'esprit ne dispense pas de donner un bon exemple ; il doit rassurer, si possible, l'extrême susceptibilité des médiocres et des nombreux ! Il faut qu'il se fasse pardonner des envieux, des jaloux, des bossus, des idiots, par son indulgence, sa bonhomie et sa modestie. Autrement il a tout le monde contre lui et ne peut rendre de service, c'est-à-dire manque sa vocation.

19 avril 1876 (midi). — La pluie a cessé. Les moineaux pépient assez tristement. La matinée s'est envolée à refeuilleter les trois cahiers 137, 138 et 139, qui précèdent celui-ci, c'est-à-dire à renouer avec moi-même. Le journal intime me dépersonnalise tellement que je suis pour moi un autre et que j'ai à refaire la connaissance biographique et morale de cet autre. Cette puissance d'objectivation devient une cause d'oubli. Mes états antérieurs, mes configurations et métamorphoses, m'échappent comme accidents transitoires. Ils me sont devenus étrangers, objets de curiosité, de contemplation ou d'étude ; ils n'affectent pas ma substance intime ; je ne les sens pas à moi, en moi, ils ne sont pas moi. Je ne suis donc pas une volonté qui se continue, une activité qui s'accumule, une conscience qui s'enrichit : je suis une flexibilité qui devient plus flexible, une mue qui s'accélère, une négation de négation et une réflexion qui se réfléchit comme deux glaces en face l'une de l'autre. La légère bordure de chacune d'elles est la seule mesure de la quantité d'images réciproques qui s'encadrent indéfiniment l'une dans l'autre. Mon identité se retrouve entre le moi et le toi, mais est-elle assez fluide !

C'est de l'omphalopsychie. — L'évanouissement de mon être en sera bien facilité, car je m'aperçois moi-même comme les fantômes à l'aube, déjà diaphane, inconsistant, vaporeux, illusoire. Ma veille se connaît comme le rêve d'un rêve. Je n'ai ni pesanteur, ni solidité, ni fixité, et n'ai pas le préjugé opaque qui pèse sur les yeux humains, le préjugé de l'existence. L'impersonnalité a subtilisé jusqu'au principe pensant, jusqu'au moi.

Cet état bouddhique doit être impossible à faire comprendre à tous ces emprisonnés qui ne peuvent sortir de leur individu et qui se croient positivement réels, parce qu'ils ont des mains qui empoignent leurs pieds et qu'ils ont conscience de vouloir.

Il me semble que ce qui enchaîne à l'existence c'est la douleur. Celui qui souffre ne peut imaginer qu'il ne souffre pas ; il est ramené à un point particulier, il redevient subjectif. La limite de l'objectivité, c'est donc la souffrance. Par la pensée nous serions dieux et nous nous dissoudrions en esprits ; c'est la douleur qui nous rabat dans notre humanité.

20 avril 1876. — Veillé chez S*** à qui, selon son vœu, je lis quelques douzaines de pages, empruntées aux deux derniers cahiers de ce journal... Remarqué, chemin faisant, un tic de mon style spontané, c'est la surabondance des nuances synonymiques. Il y a tâtonnement minutieux dans l'idée, et besoin de complet. Est-ce mauvais, est-ce bon ? je l'ignore. Au lieu du coup unique et central, j'emploie une grêle de coups, probablement parce que je suis méditant, c'est-à-dire cherchant. Quand on sait ce qu'on veut dire, on peut procéder par la formule simple ; quand on pense plume en main, on tourne et vire autour de son sujet. — De là deux styles tout différents.

30 avril 1876. — Le professeur est fait pour les élèves et non pas l'inverse, comme le médecin pour les malades, et le sabbat pour l'homme. Il faut donc leur parler leur langue, les captiver à leur manière, condescendre à leur allure puisqu'ils ne veulent ou ne peuvent absolument pas se mettre à la tienne. Intrinsèquement le cours en sera moins bon, moins perfectionné, moins complet ; mais le professeur doit songer aux gens plus qu'à la chose. Sa tâche est pédagogique. S'il a laissé l'inattention ou la désertion se faire, peu importe la bonté du cours lui-même ; le but est manqué. L'état le paie pour qu'il intéresse ses auditeurs et les allèche à l'étude. Comment ? c'est son affaire. Mais voilà justement ce qui m'est antipathique dans le métier, la nécessité de l'adresse, du calcul oratoire, de l'enjôlement rhétorique, des trucs pour se faire valoir soi-même, des condiments, des allusions, bref la cuisine et les artifices du professorat à la française...

Je ne puis souffrir l'éloquence, lorsqu'il s'agit de pure instruction. Il y a là une sorte de captation et de fraude, qui me paraît une infidélité pour la chose, une bassesse pour celui qui l'emploie, un mépris pour ceux sur qui on la pratique.

— Mais cette loyale austérité est traitée d'impuissance par le vulgaire qui veut qu'on l'enjôle, *mundus vult decipi* ; ce respect est qualifié de froideur ; les idées ne paraissent que du vide à ces intelligences paresseuses, massives, positives. Le peuple brame après le veau d'or, après les superstitions, les abus, et oblige ses conducteurs à lui donner ce qu'il aime, le vin capiteux, les grosses bourdifailles. Rendez-nous nos idoles, traitez-nous en brutes et nous serons contents ; mais dites-nous que nous sommes des dieux, et des faiseurs de dieux. — Il est sûr que s'adresser aux instincts inférieurs, aux vieux penchants, aux habitudes invétérées est la méthode du succès. Les anciennes ficelles sont toujours les meilleures.

Mais la question est celle-ci : veux-tu te raidir dans ta méthode personnelle ou faire des concessions à la matière première de ton auditoire ? Mieux vaudrait faire des concessions, essayer de plaire. Seulement le peux-tu ? Découper des sujets particuliers, développer ceux-ci davantage, improviser plus librement serait peut-être un moyen de ramener les élèves qui se débandent. Mais ce sera beaucoup de peine pour rien. Les opinions faites et les répugnances contractées empêchent toute perception des changements survenus. L'impopularité ne se conjure pas, parce qu'elle ne se déjuge et ne se rejuge point. Ce qui est fait est fait, ce qui est dit est dit. On est classé parmi les professeurs à fuir ; cet interdit universitaire persiste quoi qu'on fasse à sa rencontre. Il y a donc un véritable enfantillage à réclamer contre cette sentence aveugle et sourde. C'est frapper un mur de ses poings.

Deux autres issues : planter là une carrière stérile et ingrate ; ou bien laisser couler l'eau, considérer la place comme une pension de retraite et travailler, en attendant, à des publications littéraires. Ceci est l'attitude d'une quantité de vieux professeurs et la compensation des belles années consumées en un service très peu rémunérateur. J'ai vingt-six ans de service, et j'ai sacrifié à cette pauvre carrière les choses les plus précieuses, le mariage, la réputation, une vie plus à mon goût. Quand même à présent les services seraient plus payés qu'ils ne valent, l'équité ne réclamerait pas. C'est plutôt ma fierté qui en serait blessée. — Toutefois la première issue me tenterait davantage... Mais je voudrais sortir par la bonne porte, avec les honneurs de la guerre, et non comme un fuyard.

Je n'aperçois que des impasses et des humiliations. Cela ne met pas de bonne humeur. C'est pourquoi j'ai en horreur de penser à l'avenir. J'y marche à reculons et les yeux fermés, pour sauvegarder du moins l'heure présente contre l'anxiété, l'amertume et le désespoir. Le travail n'est qu'un bouclier protecteur. Il s'agit toujours de masquer l'abîme, de tromper la faim inassouvie, d'étourdir les chagrins du cœur, de faire bonne mine à jeu perdu. Quand tout s'en va sous l'eau, la santé, les amis, la mémoire, les illusions, les croyances, on se réfugie successivement sur les points non submergés de l'être ; et c'est ainsi que me voilà rimeur de circonstance et joueur d'échecs à l'occasion. A ne regarder que ses brèches envahissantes, on deviendrait enragé.

13 mai 1876 (neuf heures du soir). — Bonne journée. Bouclé les *Etrangères* [1], du moins les soixante et une traductions, car il reste l'appendice et les notes à corriger encore. — Est-ce que j'éprouve du soulagement, de la joie, de l'orgueil, de l'espérance ? Pas trop. Je n'éprouve rien du tout, ou du moins la sensation est si confuse que je ne puis l'analyser. Je serais plutôt tenté de me dire : que de labeurs pour un aussi mince résultat ! *Much ado for nothing !* Les rythmes

1. *Les Etrangères, poésies traduites de diverses littératures,* par H. F. Amiel, 1876. — Cet essai proposait quelques innovations rythmiques.

nouveaux me laissent froid. — Et cependant l'œuvre est réussie. Mais qu'importe la traduction en vers ! Mon intérêt s'en détache déjà. Mon esprit demande autre chose et mon activité aussi...

Qu'est-ce qu'Edmond Scherer va dire de ce volume ? Cela m'intéressera, car sa critique est impitoyable.

15 mai 1876. — Ce matin, corrigé les épreuves finales des *Etrangères*. Voilà une affaire dans le sac. La théorie en prose qui termine le volume m'a fait plaisir, elle m'a plus agréé que la seconde partie (Rythmes nouveaux). L'ensemble de l'ouvrage est un problème résolu, celui de la traduction en vers français, considéré comme un art spécial. C'est de la science appliquée à la poésie. Le tout n'est pas de nature à déconsidérer un philosophe, car ce n'est que de la psychologie appliquée.

21 mai 1876. — Qu'ai-je fait depuis septembre dernier ? Un travail sur Mme de Staël ; *Les Etrangères*, 2.000 vers environ ; *L'Escalade de 1602*, 450 vers ; *Charles le Téméraire*, 1200 vers.

J'ai présidé quelques séances, fait aboutir un concours de littérature, corrigé des épreuves, relu La Fontaine, beaucoup écrit de lettres. Mais voilà tout. Je dois avoir prodigieusement perdu de temps, musé, rêvassé, piétiné, bousillé. Ah ! j'oubliais : j'ai étudié le XVe siècle, avec les chroniqueurs et les *Volkslieder*, avec les historiens J. de Müller, Barante, Vuillemin, de Gingins, Daguet, Laurent, Zellweger, Comines, Delamarche, Cantu, Lavallée, Michelet ; revu beaucoup de poésies en diverses langues avant d'avoir adopté mes soixante et un morceaux spécimens pour les *Etrangères*. — Relu V. Hugo, Coppée, Sully-Prudhomme ; lu la quatrième année de la *Critique philosophique*.

Pourquoi donc me semble-t-il avoir dormi ? Parce que le tout ne diffère pas beaucoup de rien, et que neuf mois disparus ne sont pour ma conscience que fumée légère. Impossible de me prendre au grand sérieux. Tout ce que je fais ne me paraît qu'un néant, un badinage, une manière de tromper

le vide menaçant que je sens en moi. Je n'ai ni résignation,
ni sérénité, ni espérance.

31 mai 1876. — Tout le mouvement de l'univers n'est que
matière pour la pensée. L'esprit cherche donc à s'en isoler
pour se le soumettre. La méditation est une retraite en soi,
elle construit une cellule invisible, qui soit un observatoire
et un laboratoire, où les phénomènes tourbillonnants soient
tamisés, choisis, analysés, convertis en lois générales, en
idées, en modes de l'esprit. Elle suppose deux choses, la
communication avec le monde, et la faculté de s'en abstraire.

Nous n'avons pas besoin de chercher le monde, car il vient
à nous tout seul ; c'est la défensive qui est plus malaisée. La
dissipation est le fait de nature, mais le recueillement utile
suppose beaucoup d'art, de discipline, de précautions et
d'arrangements. Nous devons imiter l'appareil optique, par
lequel, étant donnés les rayons lumineux directs et réfléchis
qui essaiment et frissonnent dans l'espace, l'individu arrive
à prendre conscience des formes, des corps, des couleurs et
des distances. Nous devons nous fabriquer l'analogue de la
pupille, du cristallin, de la rétine. Notre esprit doit découvrir
les meilleurs appareils pour son fonctionnement, les abat-jour,
les lentilles, les compas, les prismes, qui lui permettent de se
saisir de son objet, la vérité.

12 juillet 1876. — Misère sur misère... Au réveil, hébétude
des sens et accès de toux, paupières dolentes, incapacité,
tristesse. La toilette, le déjeuner, les frictions, l'air frais
m'ont un peu refait, et l'énervement est moindre. Mais c'est
encore l'état déprimé. O la santé ! Être dispos, allègre,
gaillard, en appétit, en gaîté, en puissance, quelle bénédiction !
Hélas ! à présent, je n'ai plus de dents pour manger, et tout
m'est difficile, le sommeil, la digestion, le travail, le voyage.
Je ne puis supporter la grande lumière, la sueur, l'oreiller
de plumes, le lit chaud ni froid, etc. Bref, je suis horriblement
sensitif et douillet, ou plutôt vulnérable et délicat. Tout
m'entame, et je ne m'adapte presque plus à rien. Cela ne
peut aller ainsi. Il faut ou me fortifier ou disparaître. Les

énervés sont malheureux. Ils ne reprennent que laborieusement et artificiellement l'équilibre et le dessus ; la noyade s'approche, et ils l'expérimentent en détail.

Une autre preuve d'usure générale de mes nerfs, c'est la déperdition. Tout me quitte, les cheveux, les dents, la mémoire et la volonté. J'assiste à mon décerclement et mes douves se relâchent au fur et à mesure, mon pauvre baril ébaroui ne peut plus rien retenir dans ses flancs. Le découragement et l'indifférence accélèrent cette démolition ; car je me détache de ce qui se détache de moi. Bref, toutes mes appartenances et dépendances natives, toutes mes richesses acquises me sont successivement retirées. Dépouillement précoce, pénible épreuve.

Après tant de malheurs, que vous reste-t-il ? — Moi.

Ce moi, c'est la conscience centrale, l'axe de toutes les branches retranchées, le support de toutes les mutilations. Je n'ai bientôt plus que cela, la pensée nue. La mort nous réduit au point mathématique ; la destruction qui la précède nous refoule par cercles concentriques de plus en plus étroits vers cet asile dernier et inexpugnable. Je savoure par anticipation ce zéro dans lequel s'éteignent toutes les formes et tous les modes. Je vois comment on rentre dans la nuit, et inversement je retrouve comment on en sort. La vie n'est qu'un météore dont j'embrasse la courte durée. Naître, vivre et mourir prennent un sens nouveau à chaque phase de notre existence. S'apercevoir comme une fusée, assister à son propre et fugitif phénomène, c'est de la psychologie pratique. J'aime bien mieux regarder le monde, qui est un feu d'artifice plus vaste et plus riche ; mais, quand la maladie rétrécit mon horizon et me ramène sur ma misère, ma misère est encore un spectacle pour ma curiosité. Ce qui m'intéresse à moi, malgré mes dégoûts, c'est que j'y trouve un exemplaire authentique de la nature humaine, par conséquent un spécimen de valeur générale. Mon repas n'a plus qu'un mets, mais c'est encore un repas. L'échantillon me fait comprendre une multitude de situations analogues et une foule de mes semblables.

A supposer que ce moi persiste après la dissolution de son organisme actuel, il serait curieux pour lui de comparer une autre façon de conscience et de pensée, je suppose celle des êtres de Mars, Jupiter, et autres planètes de notre système, ou des habitants de Sirius ou autres soleils.

Prendre conscience de tous les modes possibles de l'être serait une occupation suffisante aux siècles des siècles, du moins pour les consciences finies qui relèvent du temps. Il est vrai qu'elles pourraient s'empoisonner cette félicité progressive par l'ambition de l'absolu et du tout à la fois. Mais on peut répondre que les aspirations sont nécessairement prophétiques, puisqu'elles n'ont pu naître que sous l'action de la même cause qui leur permettra d'aboutir. L'âme ne peut rêver l'absolu que parce que l'absolu est ; la conscience de la perfection possible est la garantie que le parfait sera.

La pensée est éternelle ; c'est la conscience de la pensée qui se fait graduellement à travers les âges, les races, les humanités. Telle est la doctrine de Hegel. L'histoire de l'esprit serait l'approximation de l'absolu, et l'absolu diffère aux deux bouts de cette histoire. Il *était* au début, il *se sait* à l'arrivée, ou plutôt il avance dans la possession de soi-même avec le déroulement de la création. Ainsi pensait également Aristote.

Si l'histoire de l'esprit et de la conscience est la moelle même et l'essence de l'être, alors être acculé à la psychologie personnelle, n'est pas sortir de la question, c'est être dans le sujet, au centre du drame universel. Cette idée est consolante. Tout peut nous être enlevé ; si la pensée nous reste, nous tenons encore par un fil magique à l'axe du monde. Mais nous pouvons perdre la pensée et la parole. Il reste alors le sentiment simple, le sentiment de la présence de Dieu et de la mort en Dieu ; c'est un dernier vestige du privilège humain, celui de participer au tout, de communiquer avec l'absolu.

> Ta vie est un éclair qui meurt dans son nuage,
> Mais l'éclair t'a sauvé s'il t'a fait voir le ciel.

14 juillet 1876. — Reçu : *Échos poétiques* (flonflons pour le Tir fédéral de Lausanne)... Écume de bière, troisième qualité ; rinçure de rimes incorrectes et de banalités fades, que le populaire prend pour de la poésie ; grossiers boutons de cuivre qu'il confond avec des bijoux.

O patriotisme de cantine, tu es fait pour dégoûter de tout ce que tu manipules si lourdement ; après toi, on n'ose plus chanter la patrie, la liberté, la carabine, comme on répugne à boire à la coupe où le palefrenier malpropre vient d'essuyer ses lèvres. Mais pourquoi ce dégoût ?

> Nous sommes de ce monde où les plus belles choses
> Ont un pire destin.

Toutes les grandes idées sont destinées à l'encanaillement. Les mots les plus nobles doivent traîner dans les cabarets, comme le nom suprême de Dieu finit par entrer dans tous les jurons. Ce qui est le plus saint, le plus grand, le plus éthéré, le plus mystérieux est condamné à cette dégradation inévitable. Le manteau même de la déesse ou de la madone, de chute en chute, arrive au fumier. L'égout est l'héritier universel de toutes les magnificences de l'histoire.

Et pourquoi pas ? c'est le droit des épais et des nombreux de se griser à leur tour de ce qui a fait l'enthousiasme des penseurs, des héros et des saints. Les idiots couchent dans le lit des génies. Cela leur donne une illusion d'amour-propre.

Les choses délicates doivent s'habituer à cette perspective, d'être un jour empoignées par les lourdes mains noires. Mais j'aime encore mieux pour elles ce sort que celui d'être exploitées par les aigrefins, les hypocrites et les fourbes. Or il faut opter entre ces deux maux. Espérer pour les vérités l'asile d'âmes dignes de les comprendre et de les honorer, c'est une chimère. Les multitudes les avilissent, les habiles en tirent des moyens de fraude et de gouvernement. La vraie élite humaine, qui est tout au point de vue de la qualité, n'est rien pour la quantité.

Résignons-nous. Il faut que des voix avinées et enrouées braillent le Progrès, beuglent la Liberté, vocifèrent la Fraternité. Les chefs-d'œuvre de l'art plastique arrivent à la foire sous la forme de grotesques images. Qu'importe ! Si l'enlaidissement de la copie rencontre des yeux de plus en plus ignares, il y a convenance mutuelle. L'estampe qui séduit l'enfant ou le sauvage, fait reculer l'artiste, mais elle a trouvé son public. — Heine ne voulut pas partager l'athéisme avec son cordonnier. Qu'y gagnait-il ? les gens ont beau réciter le même symbole, ils ne le comprennent chacun que suivant sa mesure, sa culture et sa portée.

Les raffinés ont tous la même superstition que les femmes anglaises, celle de la distinction. Ils sont anti-plébéiens, anti-égalitaires ; ils ne reconnaissent d'égaux que dans leurs pareils. Ils ne peuvent se résoudre à passer pour zéro les différences de culture, d'éducation, de noblesse native, de clairvoyance et de goût, et à traiter les malotrus, les malappris, les manants de pair à compagnon. Pour eux, la verroterie, la ferblanterie, la ripopée ne peuvent être confondus avec le diamant, l'acier, la liqueur fine. Bref, ils perçoivent malgré tout les différences et les degrés. L'esprit démocratique, lui, ne veut voir que les ressemblances. La vraie critique consiste à voir les deux choses à la fois. L'écrivain populaire est celui qui dégage ce qu'il y a de commun dans toutes les couches sociales, et qui s'adresse à cette moyenne de préjugés, de sentiments, de passions que n'atteignent pas les diversités particulières.

Etre populaire, être national, cela te serait possible, si tu rencontrais un peu plus de sympathie, d'accueil, de justice, quoique personnellement tes affinités avec ton milieu, et avec ta double patrie genevoise et suisse, soient bien peu marquées. Mais l'impersonnalité t'est si facile. — Seulement quand on se refuse à te reconnaître, la nécessité de la défensive te rejette dans la froideur et tu exagères les contrastes pour ne pas les laisser oublier. Le débonnaire laisse dormir ses droits s'ils ne sont pas contestés ; une négation insolente l'oblige à les faire valoir. Désavouer ce qu'on a de meilleur est une lâcheté. S'incliner devant les erreurs de la platitude ou les arrogances de l'infériorité est une bassesse. De cela, je ne me sens pas capable.

Le dédain vaut mieux que la colère, la pitié mieux que le dédain, l'indulgence mieux que la pitié, et la bonté mieux que l'indulgence.

16 juillet 1876. — De mes quatorze mille pages de journal, qu'on en sauve cinq cents, c'est beaucoup, c'est peut-être assez. Une seule urne suffit à contenir nos cendres et à conserver notre nom pendant quelques générations encore, si nous sommes de ceux qui ont eu l'apparence d'un nom. Des mille milliards d'hommes qui ont vécu, combien ont laissé une trace glorieuse ? un sur cent millions. Tous les autres font partie de l'humus historique et anonyme qu'accumulent les siècles. Peu d'entre nous échappent à la fosse commune de l'oubli. Le Livre de mémoire a peu de places et ne les cède qu'aux privilégiés. Il est déjà difficile de laisser un souvenir durable à plus de deux ou trois cœurs aimants.

22 juillet 1876. — Lecture : cinquante pages de Töpffer *(Bibliothèque de mon oncle)*. Déçu en mal. Prestige entamé. Mes impressions d'autrefois le plaçaient trop haut. Une foule d'imperfections m'apparaissent dans ce que je croyais un chef-d'œuvre (les incohérences, les trucs, la recherche, les tics, le défaut d'unité morale). Valeur très mélangée. Originalité assez laborieuse. Ces révisions critiques à dix ou vingt ans de distance déplacent souvent beaucoup les valeurs relatives. Les *distinguo* arrivent et abondent. Le parfait résiste, mais ce qui est veiné, soufflé, artificiel, descend en grade. Ce qui surprend dans Töpffer, c'est le manque d'homogénéité dans la pensée, le ton, le style. Les pages ne se tiennent pas ensemble et n'ont pas l'air d'être du même âge ni de la même main. Les impropriétés de termes, les fautes de français ne sont pas rares. Un filon de goguenardise assez vulgaire traverse ce talent dont la force est dans le pittoresque, et le charme dans les saillies de sensibilité et de bon sens, alternant avec la malice.

23 juillet 1876 (dix heures du soir). — Nous achevons la *Bibliothèque de mon oncle*, première partie, et commençons le *Voyage autour de ma chambre*.

Celui-ci est plus élégamment écrit et plus homogène que l'autre ; mais on sent trop la gageure, le badinage ; l'ouvrage genevois a plus de sève, plus de cœur, plus de pittoresque, plus de sentiment sérieux, il vous saisit davantage et par de meilleurs endroits. Et je n'ai revu cependant que les deux premières amourettes de Jules, savoir Héloïse et Miss Lucy. La Juive est encore bien supérieure, si mes souvenirs ne me trompent.

Un peu plus de naïveté et de vraisemblance embelliraient bien davantage cette délicieuse nouvelle, dont le défaut est la disparité des pages et des tons. Voir à la fois avec les yeux de la quinzième année et de la cinquantaine, cela se peut, pourvu que ce soit le même personnage qui se raconte et qui se juge ; mais l'intervention de l'auteur, un tiers personnage, avec ses malices personnelles, cela nous gâte la réalité du récit.

En quoi réside le charme de l'humour ? en ce qu'il nous fait vivre de beaucoup de manières à la fois. Nous sommes à la fois triste et gai, illusionné et désillusionné, jeune et vieux, tendre et moqueur. — Mais l'art du romancier humoriste est de maintenir malgré cela l'unité du personnage et de rester dans les données de sa propre fiction. Dès qu'il pèche contre cette règle, il fait évanouir le prestige et brise la bulle d'iris, que nous aimons à enfler avec lui ; cette inadvertance nous dépite, nous fait peine, c'est un rêve qui s'envole ; l'enchanteur nous réveille de notre enchantement par sa faute et nous lui en voulons.

Le secret de la fiction heureuse, c'est donc aussi une logique, logique de la fantaisie, de l'illusion, du sentiment, mais logique néanmoins, c'est-à-dire enchaînement des parties, convergence des effets, unité d'impressions. Ce secret est également celui du style, celui du théâtre. Il est la concentration de mille convenances délicates, la mise en accord des contrastes eux-mêmes, la simulation de la vie qui résout continuellement ce problème.

Ce qu'on raconte doit avoir l'air *arrivé*, et celui qui raconte doit le premier y croire : sinon, nous ne sommes plus en poésie, mais en prose. L'ironie nous glace, et l'invraisemblable nous laisse indifférent : donc le poète doit être un magicien sincère qui ne se moque ni de son auditoire, ni de son art. La moquerie est forcément stérile et inféconde ; elle détruit tout et ne crée rien : donc le romancier doit être naïf, au moins la plume à la main.

Pour me tirer des pleurs il faut que vous pleuriez.

Ainsi la folie même a sa méthode, la fantaisie a son espèce de raison, l'apparence de la vie a son mystère comme la vie. Autant vaut dire que toute production a la même loi profonde ; produire c'est engendrer ; l'étincelle de l'existence ne se communique que dans l'amour, et dans l'amour il y a toujours illusion, car il y a de l'idéal.

24 juillet 1876 (huit heures du matin). — Inconvénient du Journal intime : il est trop complaisant pour nos lamentations ; il remplace l'action médicatrice par la description des maux ; il dérive d'ordinaire vers l'apologie ; il est un épicuréisme plutôt qu'une discipline, du moins quand on est passé de la morale à la psychologie et qu'on a substitué la contemplation à la sanctification, Montaigne à Pascal.

Le Journal intime est une manière de rêver, et par conséquent de flâner. C'est de l'oisiveté occupée, une récréation qui simule le travail. Il n'y a pas de travail sans but utile, sans effort et sans esprit de suite. Or j'écris ici sans but quelconque, sans continuité d'idée et sans direction voulue. — A quoi me sert cet interminable soliloque ? A penser et à écrire, ou plutôt à défendre d'engourdissement complet la faculté de réflexion et celle d'expression. C'est quelque chose. Mais en même temps, ce procédé trop commode m'empêche de faire un livre et de construire une théorie. Or l'indolence n'entretient pas la force. Le laisser aller n'aiguise, n'augmente aucune aptitude. Le pelotage éternel ne fait gagner aucune partie.

A préluder sans fin l'œuvre ne vient jamais.

Le monologue sans frein, sans borne et sans intentions, s'il défend de l'anéantissement, affaiblit néanmoins. Il conduit à l'inertie par le rabâchage et à l'épuisement par déperdition vaine. C'est une coulée de sève, une fistule qui ruine, une fuite de douve... Cette sottise fuse, mine, dévore, consume la vie sans profit pour personne. C'est l'holocauste à la déesse stérile, à l'Inutilité.

Ainsi tu auras couvé des œufs de pierre toute ta vie, d'abord en te dévouant par devoir à des œuvres infécondes et à des êtres ingrats, ensuite en éternisant pour ton compte les préludes de l'attente et les soupirs du découragement ; enfin en te refusant par orgueil à faire valoir tes restes (comme s'ils pouvaient donner ta mesure, la mesure de tes premières capacités ou de tes ambitions) et en te réfugiant dans les bagatelles. Inadaptation à ton milieu, rupture avec les circonstances, dégoût de ton sort, cœur froissé, te raidir et t'abstenir, te distraire en te disséminant... Cette histoire est mélancolique ! Elle ressemble à une vie manquée.

Oui, mais à qui la faute : es-tu à condamner ou à plaindre ?. Ton climat moral a recroquevillé ton âme, ton talent, ton caractère. Tu eusses voulu être accepté, il fallait t'imposer de force. Cette nécessité t'a rempli de dégoût. L'animosité, la haine, le soupçon, la perfidie ou simplement la mésintelligence, et l'inintelligence incurables du prochain t'ont fait tomber les bras. Et la désespérance tranquille t'a ôté jusqu'à la tentation de la lutte. Ce monde est darwinien, et tu n'es pas de ce monde. Le désaccord est fondamental.

26 juillet 1876. — Relu le cahier 141 [1], avant de coudre son successeur. Le journal est un oreiller de paresse ; il dispense de faire le tour des sujets, il s'arrange de toutes les redites, il accompagne tous les caprices et méandres de la vie intérieure et ne se propose aucun but. Ce journal-ci représente la matière de quarante-six volumes à trois cents pages. Quel prodigieux gaspillage de temps, de pensée et de force ! Il ne sera utile à personne, et même pour moi il m'aura plutôt servi à esquiver la vie qu'à la pratiquer. Le journal tient lieu de confident, c'est-à-dire d'ami et d'épouse ; il tient lieu de production, il tient lieu de patrie et de public. C'est un trompe-douleur, un dérivatif, une échappatoire. Mais ce factotum qui remplace tout, ne représente bien quoi que ce soit. Il me rappelle ce meuble dont parle Töpffer, à

1. Le cahier 141 du Journal intime, qui porte, entre autres remarques jetées sur sa couverture : « 20 juin-25 juillet 1876, cent pages en un mois, ce chiffre dépasse de beaucoup la moyenne ».

à la fois parapluie, canne, siège, et qui était insuffisant dans tous les emplois. Le journal est un pis aller, d'accord. Mais en voyage on simplifie son attirail, et ma vie provisoire ne sort pas de l'état de voyage...

(Onze heures du soir.) — Qu'est-ce qui constitue l'histoire d'une âme ? C'est la stratification de ses progrès, le relevé de ses acquisitions et la marche de sa destinée. — Pour que ton histoire instruise quelqu'un et t'intéresse toi-même, il faudra qu'elle soit dégagée de ses matériaux, simplifiée, distillée. Ces quatorze mille pages ne sont que le monceau des feuilles et des écorces de l'arbre dont il s'agirait d'extraire l'essence. Une forêt de cinchonas ne vaut qu'une barrique de quinine. Toute une roseraie de Smyrne se condense dans un flacon de parfum.

Ce parlage de vingt-neuf années se résume peut-être en rien du tout, chacun ne s'intéressant guère qu'à son roman et à sa vie personnelle. — Tu n'auras peut-être jamais le loisir de le relire toi-même. Ainsi... ainsi quoi ? Tu auras vécu, et la vie consiste à répéter le type humain et la ritournelle humaine comme l'ont fait, le font et le feront, aux siècles des siècles, des légions de tes semblables. Prendre conscience de cette ritournelle et de ce type, c'est quelque chose et nous ne pouvons guère faire rien de plus. La réalisation du type est mieux réussie et la ritournelle plus joyeuse si les circonstances sont propices et clémentes, mais que les marionnettes aient fait comme ceci ou comme cela...

Trois p'tits tours, elles s'en vont !

tout cela tombe au même gouffre, et revient à très peu de chose près au même.

Se gendarmer contre le sort, se débattre pour échapper à l'issue inévitable, c'est presque puéril. Quand la durée d'un centenaire et celle d'un éphémère sont des quantités sensiblement équivalentes, — et la géologie ou l'astronomie nous permettent de regarder ces durées de ce point de vue, — que signifient nos imperceptibles vacarmes, nos efforts, nos

colères, nos ambitions, nos espérances ? Pour le songe d'un
songe il est risible de soulever de prétendues tempêtes. Les
quarante millions de galionelles qui peuplent un pouce cube
de craie comptent-ils beaucoup pour nous ? Les quarante
millions d'hommes qui font la France comptent-ils davantage
pour un sélénite ou un jovien ?

Être une monade consciente, un rien qui se connaît comme
le fantôme microscopique de l'univers : c'est tout ce que nous
pouvons être.

28 juillet 1876 (onze heures du soir). — Lecture : Töpffer
(Le Presbytère, première partie*)*. Le paysage en est un peu
mou, et la fable a des invraisemblances. Mais que la peinture
des rêveries de l'adolescent est délicatement faite ! Les
canards, le chien, la Pernette sont charmants. Prévère et
Reybaz, Charles et Louise sont pleins de vie et de réalité.
— Il est évident que l'extraordinaire n'est point indispensable à l'art, les choses et les gens de tous les jours sont
matière suffisante, il faut seulement savoir les rendre et les
reproduire avec vérité, relief et grâce, leur conserver le
caractère et la couleur, et avant tout cela, les voir. Voir le
pittoresque et le poétique dans tout ce qui nous environne
et nous touche, c'est le talent original, bien différent du talent
dérivé, qui n'aperçoit qu'à travers les formes littéraires
créées par d'autres, et ne tire son magnétisme que d'un autre
aimant. Celui qui extrait directement de la nature conserve
le privilège de la nouveauté. Il peut être incorrect, il est du
moins inventif, et par ce côté-là, il a quelque chose de durable.
Le style d'imitation, le contre-coup de répercussion est au
style de source ce que dans l'arc-en-ciel double le premier
arc est à l'autre, ce que l'éclat est au reflet.

Le monde et l'homme sont partout ; là où nous sommes, il
y a tout ce qu'il faut pour l'art. Ce n'est donc pas l'étoffe qui
manque, c'est l'ouvrier, c'est l'observateur ingénieux et
l'industrieux styliste. Comment tirer parti de cet arbre,
de ce mur, de cette anecdote, de cette impression, de ce
concours particulier de rayons et de circonstances ? Voilà
la question. Les hommes de génie rendent les bagatelles
importantes et font la valeur des choses. Des milliers de sites

et de villas l'emportent sur les Charmettes de Rousseau, mais Rousseau leur a été refusé. Ainsi les sujets abondent, c'est le dompteur qui fait défaut. Le grand esprit grandit tout ; l'inventeur fait de rien quelque chose ; celui qui pense fait sortir d'un grain de sable plus de trésors que l'irréfléchi d'une île entière.

L'art suprême, c'est donc l'art de féconder tous les sujets, la méthode novatrice et créatrice, arrachant de tout l'étincelle cachée, la paillette de diamant, la note expressive, le trait caractéristique, l'accent ou la leçon.

> Tout ce qu'il a touché se convertit en or.

8 août 1876. — La femme est une passivité aimante qui reçoit l'idée et l'étincelle, et ne s'électrise pas seule. La virilité seule commence quelque chose spontanément, est une origine, un *punctum saliens*. Donc le principe féminin est subalterne, il vient à la suite et en second. C'est l'homme qui de nature est le maître dans l'art, la législation, la science, l'industrie ; la femme est élève, disciple, servante, imitatrice. La courtoisie chevaleresque a beau le dissimuler, il n'y a pas égalité entre les sexes. Indispensables l'un à l'autre, l'un est conducteur, l'autre conduit. Le bélier est le chef de la brebis ; le contraire serait une aberration et une monstruosité. L'orgueil des femmes américaines amènera une réaction ; tout ce que sont ces dames, elles le doivent à l'homme ; que celui-ci se lasse dans sa générosité et les laisse à leur propre mérite, le plongeon expiatoire leur fera mesurer l'immensité de leur ingratitude.

La nature a voulu la subordination de la femme ; l'homme civilisé dignifie sa compagne, se soumet volontairement à la grâce, à la douceur, à la faiblesse, lui crée un droit protecteur, lui fait une place privilégiée. Mais si l'obligé, niant le bienfait, prétend avoir gagné ce qu'on lui a donné et ne rien devoir à personne, le bienfaiteur pourra s'arrêter net dans cette voie.

L'illusion est celle-ci : la supériorité constitue un devoir moral du supérieur envers l'inférieur ; mais l'infériorité ne constitue aucun droit légal de l'inférieur sur le supérieur. La générosité est belle et noble, mais elle est facultative ; le boiteux, en exigeant qu'on le porte, fait disparaître le désir de l'aider. L'homme se plaît à protéger la femme, mais que la femme le somme impérativement de la servir et de la protéger, le goût en passe aussitôt à celui qu'une prière eût attendri.

En substituant la sphère légale à la sphère morale, l'émancipation des femmes desséchera la société, comme la charité légale détruit la charité réelle, comme l'amour par ordre stériliserait la couche conjugale. — En demandant plus que l'égalité civile et l'égalité économique, les femmes jouent gros jeu. On leur demandera l'égalité des services, et ce sera bien fait.

14 août 1876. — L'ingénuité confiante, c'est-à-dire l'abandon, est le trait distinctif de la bonne nature allemande. Avec elle, il y a plus de sécurité qu'avec tout autre, parce qu'il y a plus de franchise, de probité, de simplesse. Ici l'homme est plus près de l'homme, la main touche la main, le cœur parle au cœur, avec moins de voiles ou d'ambages, de finesse et de précautions. *Die Treue* est encore la vertu dominante. De là aussi la susceptibilité avec les railleurs, la gaucherie avec les adroits, l'antipathie pour les rusés, l'admiration naïve pour l'élégance, et aussi l'exagération gourmée des manières de bon ton. Quand l'Allemand doit sortir de sa bonhomie, il ne sait plus quelle mine faire. — Le manque de noblesse me choque, mais j'ai un faible pour cette candeur affectueuse, pour cette loyauté du *Gemüth* qui ne se sent à l'aise que dans la bienveillance réciproque. Ce n'est pas acheter trop cher l'immédiateté des rapports humains que de la payer par une familiarité un peu vulgaire. La bonne franquette a aussi sa grâce.

Mais gare aux querelles dans ce milieu ; leur crudité dégénère aussitôt en grossièreté. Quand on n'est pas ganté, les ongles paraissent vite. C'est alors qu'on mesure la valeur de la politesse, de la dignité, de la réserve. De même le burlesque allemand est insupportablement bas. Le naturel étant déjà terre à terre, il est évident qu'à descendre un

étage ou deux on doit arriver au trivial, au brutal et à
l'ignoble.

Ainsi tout se compense. C'est pourquoi on ne saurait
mettre une nation au-dessus d'une autre. Mais avec les
individus, il n'en est pas de même ; eux peuvent réunir les
qualités de plusieurs nations et atténuer les défauts corres-
pectifs. Aussi, sans aimer les défauts allemands, français,
italiens, anglais, genevois par exemple, il y a partout des
personnes distinguées que je puis aimer et estimer. On m'a
souvent cru ici un entraînement pour l'Allemagne, ce qui est
une parfaite erreur ; mais je sais ce que vaut l'Allemagne.
A Lausanne, on me trouve très genevois, et Dieu sait pourtant si l'esprit genevois est de mon goût.

21 août 1876. — La tendance croissante des penseurs
contemporains est de rejeter la liberté, l'immortalité, le
théisme. La doctrine de l'Évolution tend à remplacer les
autres. Tout ce qui la contrarie, le dualisme, la révélation,
la liberté morale, est attaqué énergiquement. Au fond, il y a
des méprises diverses. La foi s'appuie sur le mystère, qu'elle
n'explique pas mais qu'elle accepte. La science veut constater,
contrôler, vérifier, expliquer et n'accepte rien sans garantie.
— Si la foi pouvait et voulait convenir qu'elle ne sait rien
de ce qu'elle croit, la science reconnaîtrait plus aisément
que l'inconnu est immense et que l'inconnaissable est plus
vaste que l'inconnu.

La foi est une anticipation imaginaire de la connaissance,
une explication provisoire et hypothétique, que le sentiment
trouve ou accueille, mais qu'il confond avec une vérité
prouvée et démontrée. Tantôt la foi est un stimulant de la
recherche et par conséquent un moyen de découverte ;
tantôt elle est un barrage et un obstacle à toute poursuite et
à toute innovation. Dans le premier cas, c'est la foi philosophique à la vérité ; dans le second cas, c'est la foi ecclésiastique à un dogme, à une formule, à un système. L'une croit
à la vérité cachée mais réelle ; l'autre croit à la vérité apparente et reçue. C'est par la foi au paradoxe qu'est attaquée
la foi orthodoxe. La foi à la science lutte contre la foi reli-

gieuse. Ou plutôt deux religions sont aux prises. La Tradition et la Révolution, l'ancien et le nouveau, l'esprit conservateur et l'esprit novateur entrent dans la mêlée.

29 août 1876. — Ma vie n'est pas saine et normale, car elle est livrée à tous les tourbillons intérieurs et ne réalise aucun plan. Je vis non seulement au jour le jour, mais je passe par toutes les manières de voir et de sentir, sans règle fixe, sans dessein arrêté, sans unité de caractère et de conduite. Je ne veux rien, je me laisse flotter à tous les vents de l'air et à tous les courants de l'onde, comme une feuille morte qui aurait la propriété de se sentir elle-même. Je ne suis qu'une conscience psychologique, un milieu où se passent des phénomènes que je ne dirige point et que je me contente de noter. Je me regarde vivre, comme on suit un rêve, par curiosité forcée. C'est être une pensée, moins que cela, une perception intérieure, un sphygmomètre enregistreur, ce n'est pas être un homme. Un homme fait de sa vie une œuvre et laisse une œuvre ; son activité a un but et devient un travail ; ses tendances se classent et se trient, il devient un caractère, un individu, quelqu'un. Toi, tu en restes à l'indétermination, à la virtualité ; tu n'es qu'en promesse, qu'en espérance, qu'en perspective... Comme les nuages, tu attends que le vent te pousse, que le soleil te dore, que la chaleur te soulève.

Tu as passé de la morale à la psychologie, de l'activité volontaire et responsable à la passivité méditative, de la vie virile à l'existence végétale, de la vaillance à la rêverie. La société n'étant qu'une arène, tu n'es plus de ce monde, tu n'en parles plus la langue et l'on ne t'y comprend plus...

Chrétiens, Juifs, Musulmans, matérialistes, stoïciens, épicuriens ne savent que faire de toi ; les économistes non plus. Ton quiétisme bouddhique serait expulsé même de nos derniers couvents. Les évolutionnistes te trouveraient aussi un aérolithe, un échantillon baroque et anormal, une monstruosité bouffonne. Le danger de cette bizarrerie, c'est l'isolement absolu. Il ne faut pas rompre avec son temps, car à lui cela est bien égal. Il ne s'embarrasse pas des êtres énigmatiques, et les rejette dédaigneusement parmi les non-valeurs. Pour être de ce monde, il faut servir à quelque chose, avoir forme, figure, poids, couleur, des propriétés constantes, une énergie propre, et entrer dans l'engrenage des passions, des préjugés, des intérêts, des institutions, des services qui constituent la société. Que ferait-on d'un sélénite ou d'un saturnien tombé dans la foule humaine ? Il ne pourrait ni marcher, ni parler, ni comprendre, et n'aurait rien de mieux à faire qu'à mourir sans retard.

Je m'aperçois très bien que ma culture acquise ne fait pas corps avec moi, que je suis en dedans d'elle et prêt à m'en détacher comme le papillon de sa chrysalide. Le fait d'être un mâle, un Genevois, un Européen, un individu du xixe siècle ayant appris ceci ou cela, n'est qu'un accident de surface. Toute cette particularisation est fortuite, et me semble une enveloppe qui peut tomber sans peine. Je ne sens entre moi et une forme quelconque de l'être sensible que des distances très franchissables. Je me réveillerais Japonais, femme, fou, enfant, chameau, jovien ou sélénite, que je ne crierais pas à l'impossible. Le temps et l'espace n'existent pas solidement pour moi, et par conséquent toutes les métamorphoses sont faciles. Déjà en 1846, il y a trente ans, j'ai, pendant deux semaines, senti mon corps hors de mon vrai moi, je le regardais avec curiosité, comme une chose étrangère, et le bruit de mes pas sur le plancher me faisait retourner la tête. Il n'y a donc pas adhérence énergique entre mon apparence et ma réalité, entre ma forme et ma substance. Ma monade centrale tolère telle ou telle agrégation comme son expression provisoire ; mais elle ne se fait pas illusion sur la fragilité de cette configuration. Son essence est polymorphique, et par conséquent foncièrement indéterminable, quoique momentanément déterminée...

Mon individualité c'est de n'en point avoir et de les contenir toutes en puissance, de le sentir, et d'en avoir conscience. Pour me définir, il faut renverser la méthode de la définition, et au lieu de me classer en me spécifiant, me spécifier en me faisant classe, genre, type. Mon individu est de n'être personne, comme Ulysse, mais d'être personnalité non individuelle, personnalité générale. Je suis anonyme, parce qu'aucun nom ne me caractériserait. Je suis amorphe parce que toute forme arrêtée serait une sorte de mensonge. Je ne suis rien (de particulier), parce que je puis être tout (je ne dis pas le tout). Prends garde aux inconvénients, malheureux sélénite.

Esprit-protée, il faut consentir à rester dans sa chenille, pour être et agir quelque part. Ce qui est nécessité pour les autres doit être pour toi concession, condescendance, acceptation. L'éternel doit devenir historique, l'esprit doit se faire chair, la possibilité doit s'enfermer dans un de ses cas algébriques pour qu'il y ait réalité. Cette incarnation est un abaissement sans doute, c'est une déchéance comparée à l'état divin. Mais cette déchéance métaphysique est une noblesse morale, puisqu'elle est un sacrifice consenti. Il est peut-être fâcheux que le monde soit ; mais une fois l'humanité existant, sa rédemption successive repose sur ce travail séculaire des esprits se résignant à leur captivité et travaillant à l'endroit où les prédécesseurs ont laissé la besogne collective...

Du point de vue moral, tu accepterais l'incarnation, l'abaissement, la détermination, la solidarité, la participation à l'œuvre collective fût-ce en quantité infinitésimale, tu travaillerais par humilité et religion ; tu ferais comme tout le monde, du moins comme les meilleures âmes.

N'est-ce pas le passage de l'Hellénisme à l'Évangile ? de l'Olympe à Gethsémané ? du culte de la joie à la religion de la douleur ? La poursuite de la beauté se transforme en charité. Le fils de Dieu se fait serviteur, le juste se voue à la croix pour sauver ce qui était perdu, l'heureux accepte la souffrance pour consoler tout ce qui souffre. Le beau paraissait supérieur au sublime ; maintenant le sublime paraît plus beau que le beau. Le péché apparaît comme la maladie universelle, et assainir les autres en se purifiant d'abord soi-même semble le devoir de tous. Or, le laisser aller, l'indolence, l'apathie, le découragement, l'incurie, sont le contraire de la lutte contre le péché. On s'aperçoit que l'indulgence envers soi-même est une complicité avec le mal, et l'on se dit que l'abdication n'est pas permise, que le bon exemple est un devoir. Si la désespérance n'est pas une révolte, elle est néanmoins une faute, car elle ne fait de bien à personne et elle augmente la somme du mal. Nous sommes tous condamnés à la douleur, à la mutilation et à la mort. Ceux qui ont plus reçu et plus à perdre doivent aussi l'exemple de la magnanimité.

8 septembre 1876 (huit heures du matin). — Temps gris, froid, rechigné. Une quinte de toux me met comme du vinaigre dans les yeux. Mélancolie.

L'imagination anticipe les maux et les ressent ou les dépeint par avance ; cela diminue la surprise quand ils sont là ; oui la surprise, mais non la peine. Chose curieuse, on les trouve même cruels de revenir achever leurs blessés ; c'est-à-dire qu'on s'en croyait quitte pour la souffrance préalable et imaginaire. Notre imagination a quelque chose du ruminant; elle digère deux fois ses douleurs. Elle prélibe son calice, puis en savoure la lie. Elle se désole de ce qu'elle va perdre, puis de ce qu'elle a perdu.

Mais chez moi tout cela ne conduit pas à l'effort défensif, à l'action, à la révolte. Tout cela n'est que le rêve à double fond de ma passivité attentive. L'idée d'échapper à mon sort, de faire mon sort ne m'aborde même pas. Je sens à l'orientale ; je vois, j'entends rouler le char de la fatalité ; sera-ce pour moi ? peut-être. Mais la pensée d'arrêter ses roues ou de les éviter me paraît enfantine. L'effort suppose l'espérance ; or je ne sais plus espérer. Le minimum de volonté qui me reste, se dépense en acceptation et résignation.

J'assiste immobile à mon démembrement. Cette inertie bouddhique est la preuve de l'intellectualisme, de la conversion de toutes les forces de l'être en simple conscience réfléchie. La méditation du zéro sur lui-même, l'évanouissement de tous les phénomènes dans la substance du moi et du moi dans le vide, c'est bien le nirvâna psychologique. Un néant qui s'aperçoit, c'est la pensée pure.

12 septembre 1876. — En toute matière, il serait convenable que le critique eût l'esprit de la chose, un peu de compétence et de modestie. Il est vrai que ces qualités gênent et que, pour être tranchant, il vaut mieux s'en passer. Mais l'intelligent qui ne sent pas ses limites manque d'intelligence ; le critique qui ne peut se critiquer n'est pas un vrai critique. Comprendre est quatre fois plus difficile que juger. comprendre c'est entrer objectivement dans les conditions de ce qui est, tandis que juger c'est simplement émettre une opinion individuelle.

Ceci me fait repenser à Edmond Scherer, qui ne s'aperçoit pas toujours de la différence entre son goût personnel et une sentence impartiale. En poésie et en esthétique, il a quelques opinions préconçues et quelques habitudes irréfléchies, dont il ne sent pas la subjectivité. Ce qui diminue sa supériorité critique, c'est un trait de caractère, la confiance en soi. Un scepticisme tranchant est une singularité curieuse. Je l'explique, comme tant d'autres choses, par la loi d'ironie. Quand on doute de tout le reste, on ne doute pas de sa sagacité. De même quand la Sainte-Hermandad condamnait au nom du Dieu des miséricordes, elle était impitoyable sans scrupule. Ou quand on fait vœu de pauvreté pour soi, on est rapace pour son ordre. Rien ne sert de se piquer de quelque vertu, puisque la compensation comique s'en trouve toujours à notre insu quelque part. Nous prêtons toujours à rire. Quel est ton ridicule à toi ? Parbleu d'abonder en maximes dont tu ne suis pas une, de t'épuiser à comprendre la sagesse sans la pratiquer, de préparer toujours le rien, de vivre sans vivre. La contemplation qui n'ose pas être purement contemplative, le renoncement qui ne renonce pas tout à fait, la contradiction chronique, voilà ton fait. Le scepticisme inconséquent, l'irrésolution non convaincue mais incorrigible, la faiblesse qui ne veut pas s'accepter et ne peut se convertir en force, tel est ton malheur. Son aspect comique, c'est la capacité de conduire les autres devenant incapacité de se conduire soi-même, c'est le rêve de l'infiniment grand arrêté par l'infiniment petit, c'est l'apparence de la parfaite inutilité des dons. Arriver à l'immobilité par l'excès de mouvement, à l'impuissance par l'excès des tentations, au zéro par la pléthore des nombres, c'est étrangement bouffon et tristement drôle ; et la moindre commère peut en faire des gorges chaudes.

Extrêmement subjectif par le sentiment et objectif par

la pensée, ton individualité est d'être impersonnel et ton ennui de devoir être individuel. Ta lacune est dans le vouloir, le principe de ton abstention est dans le doute, et le doute provient de l'impossibilité de tout voir, jointe à la probité qui repousse le parti pris et la décision arbitraire. En d'autres termes, tu es mal adapté à la condition humaine et tu mourras sans avoir vraiment déballé, parce que ton milieu n'a pu ni t'accommoder, ni s'accommoder de toi.

Ton moi condamné à n'être que lui-même, tandis que son instinct profond est d'être le non-moi, voilà l'espèce de supplice dont tu ne peux sortir. Il faudrait se borner et cela t'est peut-être impossible, soit parce que ton âme n'y consent pas, soit parce que ton esprit ne sait ce qui devrait être choisi. L'indétermination dans la désespérance, c'est le point où se maintient ton être central et que tu retrouves toujours dans ta conscience au-dessous de tes distractions, entreprises et diversions de détail.

Mon âme est un gouffre dont rien n'a jamais satisfait le désir, et que l'extirpation du désir n'a pas encore apaisée. Elle veut pouvoir se donner tout entière, avec amour, foi, enthousiasme, et aucun objet n'a pu l'absorber ni même lui faire illusion. Cette aspiration immense et confuse est une soif qui ne s'éteint point. On demande sa différence avec la souffrance des réprouvés ? C'est que celle-ci est le remords éternel, et que l'autre peut vaguement espérer soit le bonheur soit le néant.

Je ne suis donc ni révolté, ni soumis : nouvelle ambiguïté. L'état inquiet, instable, indéfinissable, anxieux est mon état. L'énigme qui se connaît énigme, le chaos qui s'aperçoit, le désordre qui se sent et ne se débrouille pas, telle est ma situation. Du reste, même quand l'intuition a traversé et illuminé l'abîme de son large éclair, la vision s'oublie et se mêle ensuite et l'effort est à recommencer. L'esprit individuel ne réussit pas à se saisir dans son essence, peut-être parce que son essence est de n'être pas individuel.

19 septembre 1876. — Lecture : Doudan (*Mélanges*, deux cent cinquante pages du tome I). C'est délicieux ! Esprit, grâce, finesse, imagination, pensée, il y a de tout dans ces lettres. Combien je regrette de n'avoir pas connu cet homme-là, qui est le Français sous sa forme exquise, un délicat né sublime (mot de Sainte-Beuve), qui s'est dérobé au public par un trop vif amour de la perfection, mais a été de son vivant et dans son cercle jugé l'égal des meilleurs. Il ne lui a manqué guère que la dose de matière, de brutalité et d'ambition nécessaire pour prendre sa place au soleil. Mais apprécié dans la meilleure société de Paris (le monde des de Broglie), il n'a pas cherché autre chose. Il me rappelle Joubert.

20 septembre 1876 (huit heures du matin).—Poussé Doudan jusqu'à la cent vingt-neuvième lettre. Il avait quarante-deux ans et crevottait déjà, se plaignant d'un mal de tête perpétuel, craintif et casanier au dernier point. Pourtant il a vécu trente années de plus. Est-ce que ce serait mon avenir ? Je ne pense pas. Il faut pour cela le coffre solide et les fonctions végétatives en bon état. Or c'est par les voies respiratoires que je suis entamé. J'ai un crabe dans les bronches. Cela n'épargne pas son homme comme les malaises nerveux.

Un pâle soleil balafre de son rayon matinal le Palais de Justice en face de moi. Ce rayon n'est ni chaud ni lumineux ; il sourit comme un vieillard. Ce n'est pas le « sourire gigantesque » que Doudan attribue à Vinet, c'est le sourire de la résignation triste, une éclaircie fugitive et sans conséquence.

(Plus tard.) — L'esprit consiste à satisfaire l'esprit d'autrui en lui donnant deux plaisirs à la fois, celui d'entendre une chose et d'en deviner une autre, c'est-à-dire de faire coup double. Ainsi Doudan n'énonce presque jamais directement sa pensée, il la déguise et l'insinue par l'image, l'allusion, l'hyperbole, la litote, l'ironie légère, la colère feinte, l'humilité jouée, la malice aimable. Plus la chose à deviner est différente de celle qui est dite, plus il y a de surprise agréable pour l'interlocuteur ou le correspondant. Cette manière subtile et charmante de s'exprimer permet de tout enseigner

sans pédanterie et de tout oser sans blesser. Elle a quelque
chose d'aérien et d'attique, mêlant le sérieux et le badin, la
fiction et la vérité, avec une grâce légère que La Fontaine et
Alcibiade ne désavoueraient pas. Ce badinage socratique
suppose une liberté d'esprit qui surmonte la maladie et la
mauvaise humeur. Cet enjouement délicat n'appartient
qu'aux natures exquises, dont la supériorité se cache dans
la finesse et se révèle par le goût. Quel équilibre de facultés
et de culture il réclame ! Quelle distinction il témoigne ! Il
n'y a peut-être qu'un valétudinaire capable de cette morbi-
desse de touche, où la pensée virile se marie à la mutinerie
féminine. L'excès, s'il y a excès, est peut-être dans l'effémination du sentiment. Doudan ne peut plus supporter que
le parfait, le parfaitement harmonieux, et tout ce qui est
rude, âpre, puissant, imprévu, brutal, lui donne des convul-
sions. Le hardi en tout genre l'agace. Cet Athénien de l'époque romaine a l'épicurisme de l'oreille, de l'œil et de l'esprit.
Le pli d'une feuille de rose le ferait tressaillir. Il rappelle
cette princesse de contes de fées qui sentait à travers douze
matelas la dureté d'une fève glissée dans sa couchette.

> Une ombre, un souffle, un rien, tout lui donnait la fièvre.

Ce qui manque à ce douillet, c'est la force, la force créatrice comme la force musculaire. Son cercle n'est pas si large
que je le présumais. Le monde classique et la Renaissance,
l'horizon de La Fontaine est son horizon. Il est assez dépaysé
dans les littératures germaniques ou slaves. Il n'a pas entrevu l'Asie. L'humanité pour lui n'est pas beaucoup plus
large que la France. La nature n'est pas pour lui une Bible.
Dans la musique et la peinture il est assez exclusif. En philosophie il s'arrête à Kant. (Il est vrai que le volume de sa
correspondance ne le conduit que jusqu'en 1843). En résumé,
c'est l'homme de goût superfin et ingénieux, mais ce n'est
pas un critique entier, ce n'est à plus forte raison pas un
poète, ni un philosophe, ni un artiste. C'était un causeur
admirable, un épistolaire délicieux, qui aurait pu devenir
un auteur en se concentrant. Attendons le second volume

pour reprendre cette impression provisoire et la rectifier. (Il déteste Port-Royal et ne trouve à Vinet que de l'esprit : cela le classe).

(Midi.) — Refeuilleté tout le volume, dégusté tout cet atticisme, repensé à cette organisation si originale et si distinguée. Doudan était un psychologue pénétrant et curieux, un scrutateur des aptitudes, un éducateur des intelligences, un homme d'infiniment de goût, d'esprit, de nuance et de délicatesse ; mais sa lacune était dans l'énergie persévérante de la pensée, dans la patience, dans l'exécution. C'était un accoucheur plutôt qu'un géniteur. Il se contenta toute sa vie de prodiguer les germes féconds, sans les couver et les mûrir. Timidité, désintéressement, paresse, insouciance, l'ont renfermé dans le rôle de conseiller littéraire et de juge du camp, tandis qu'il aurait pu combattre. Mais vais-je le blâmer ? Ma foi non. D'abord, ce serait tirer sur mes alliés ; ensuite, il a peut-être choisi la bonne part.

Gœthe n'a-t-il pas fait la remarque générale qu'auprès de tous les hommes célèbres on trouve des individus non arrivés à la célébrité, et que les premiers tenaient pourtant pour leurs égaux ou leurs supérieurs ? Descartes, je crois, a dit la même chose. La renommée ne court pas après ceux qui ont peur d'elle. Elle se moque des amoureux transis et respectueux qui méritent ses faveurs mais ne les arrachent pas. La renommée est une virago qui doit être sollicitée ou même forcée,

> Et veut dans son amant un bras qui la fouaille.

Le public ne se donne qu'aux talents hardis et impérieux, aux entreprenants et aux habiles. Il ne croit pas à la modestie et n'y voit qu'une simagrée de l'impuissance. Conclusion : le Livre d'or ne contient qu'une partie des génies réels ; il ne nomme que ceux qui ont fait volontairement l'effraction de la gloire. L'Évangile lui-même, dans un autre sens, dit que l'entrée du ciel est aux audacieux, et que ce sont les violents qui l'emportent.

15 novembre 1876. — Lu la brochure Laveleye [1], avec qui je suis d'accord, comme avec tout ce que j'ai lu de cet écrivain, qui m'est sympathique. Sa thèse est que le pur Evangile peut fournir la religion de l'avenir et que l'abolition de tout principe religieux, comme le demande le socialisme actuel, est aussi funeste que la superstition catholique ; c'est la conclusion de Laurent (*Religion de l'avenir*). La méthode protestante serait le chemin de cette transformation du christianisme sacerdotal en Évangile simple. — Laveleye n'estime pas que la civilisation puisse continuer sans la croyance en Dieu et dans l'autre vie. Peut-être oublie-t-il que le Japon et la Chine prouvent le contraire. Mais il suffit de prouver que l'athéisme général produirait une baisse morale de la moyenne pour qu'il convienne de s'en détourner. Cependant ce n'est là que la religion utilitaire. Une croyance utile n'est pas pour cela une vérité. Et c'est la vérité, la vérité scientifique, établie, prouvée, rationnelle qui seule satisfait aujourd'hui les désabusés de toutes les classes. — Peut-être faut-il dire : la foi gouverne le monde, mais la foi actuelle n'est plus dans la révélation ni dans le prêtre ; elle est dans la raison et dans la science. Y a-t-il une science du bien et du bonheur ? Voilà la question. La justice et la bonté dépendent-elles d'une religion particulière et déterminée ? Comment former des hommes libres, honnêtes, justes et bons ? C'est là le point. L'art d'épurer la religion est subordonné à cet intérêt supérieur.

Chemin faisant, vu de nouvelles applications de ma loi d'ironie. Chaque époque a deux aspirations contradictoires, qui se repoussent logiquement et s'associent de fait. Ainsi au siècle dernier le matérialisme philosophique était partisan de la liberté. Maintenant les darwiniens sont égalitaires, tandis que le darwinisme prouve le droit du plus fort. L'absurde est le caractère de la vie ; les êtres réels sont des contresens en action, des paralogismes animés et ambulants. L'accord avec soi-même serait la paix, le repos et peut-être l'immobilité. La presque universalité des humains ne conçoit l'activité et ne la pratique que sous la forme de la guerre,

[1]. Emile de Laveleye, *L'avenir religieux des peuples civilisés*, 1876.

guerre intérieure de la concurrence vitale, guerre extérieure et sanglante des nations, guerre enfin avec soi-même. La vie est donc un éternel combat, qui veut ce qu'il ne veut pas et ne veut pas ce qu'il veut. De là ce que j'appelle la loi d'ironie, c'est-à-dire la duperie inconsciente, la réfutation de soi par soi-même, la réalisation concrète de l'absurde.

Cette conséquence est-elle nécessaire ? Je ne crois pas. Le combat est la caricature de l'harmonie, et l'harmonie qui est l'association des contraires est aussi un principe de mouvement. La guerre est la pacification brutale et féroce, la suppression de la résistance par la destruction ou l'esclavage des vaincus. Le respect mutuel vaudrait mieux. Le combat naît de l'égoïsme qui ne reconnaît d'autre limite que la force étrangère. Les lois de l'animalité dominent presque toute l'histoire. L'histoire humaine est essentiellement zoologique ; elle ne s'humanise que tard et encore dans les belles âmes éprises de justice, de bonté, d'enthousiasme et de dévouement. L'ange ne perce que rarement et difficilement dans la bête supérieure. L'auréole divine n'apparaît qu'en lueurs fugitives autour des fronts de la race dominatrice de la terre.

Les nations chrétiennes manifestent pleinement la loi d'ironie. Elles professent la bourgeoisie du ciel, le culte exclusif des biens éternels, et jamais l'âpre poursuite des biens périssables, l'attachement à la terre, la soif de la conquête n'a été plus ardente que chez ces nations. Leur devise officielle est juste le contraire de leur aspiration positive. Sous un faux pavillon, elles font la contrebande et la course avec une bouffonne sécurité de conscience. Est-ce fraude hypocrite ? Non, c'est l'application de la loi d'ironie. La supercherie est si usuelle qu'elle devient inaperçue du délinquant. Et toutes les nations se démentent à journée faite, et aucune ne sent combien elle est ridicule. Il faut être japonais pour apercevoir les contradictions burlesques de la civilisation chrétienne. Il faut être sélénite pour comprendre à fond la bêtise de l'homme et son illusion constante.

Le philosophe aussi tombe sous la loi d'ironie, car après s'être mentalement défait de tous les préjugés, c'est-à-dire s'être impersonnalisé à fond, il lui faut rentrer dans sa guenille et sa chenille, manger et boire, avoir faim, soif, froid, et

faire comme tous les autres mortels après avoir momentanément fait comme personne. C'est ici que l'attendent les
poètes comiques ; les besoins animaux se vengent de cette
excursion dans l'empyrée et lui crient avec moquerie : Tu
es boue, tu es néant, tu es homme !

26 novembre 1876. — Lecture : deuxième partie de *Mademoiselle de Saint-Maur* [1]. Que de talent, d'esprit, de savoir,
de style ! C'est de la joaillerie en pierres fines, scintillante de
mille feux. Et pourtant, le cœur n'est pas content. Le roman
méphistophélique laisse triste. Cette société faisandée, ces
femmes artificieuses tiennent du Bas-Empire. Ce monde
raffiné est singulièrement près de la corruption. Pas un personnage qui n'ait de l'esprit à revendre, mais qui n'ait transmué sa conscience en esprit. Ces élégances ne sont que le
masque de l'immoralité. Ces histoires de cœur où il n'y a plus
de cœur font une impression étrange et pénible.

Victor ne pouvant émouvoir s'est fait prestigieux. Ses
femmes sont des nixes (démons femelles) qui entraînent
l'homme à sa perte. Leurs enchantements sont funestes. En
définitive, cette littérature est malsaine. Le lecteur, même
ébloui, sent qu'il est dans le faux, mais il boit le breuvage
de Circé ; il entrevoit de la fraude, de la magie, et cède pourtant, mais il garde du malaise et de la honte. Le plaisir que
donne cette lecture ressemble donc à un plaisir coupable.
L'imagination et les sens ont étourdi l'âme. Mauvais succès ;
car c'est l'analogue de celui d'Impéria. Victor est un magicien ;
mais il abuse de sa baguette et pense trop exclusivement à
plaire aux roués.

4 décembre 1876. — Beaucoup songé et rêvassé à Victor
Cherbuliez qui remplit la *Revue des Deux Mondes*, car il y
tient le roman, la haute politique et la critique d'art. C'est
un écrivain consommé, notre meilleur depuis Rousseau. Le
roman est peut-être encore la partie la plus contestable de
son œuvre, parce qu'il y manque la naïveté, les entrailles,

---

1. Victor Cherbuliez, *Le fiancé de Mademoiselle de Saint-Maur*, 1876.

l'illusion. Mais que de savoir, de style, de finesse et d'esprit, que de pensées partout et quelle possession de l'idiome ! Il m'étonne et je l'admire. Ce que j'aime le moins en lui, c'est l'adresse obséquieuse envers le chauvinisme français ; Cherbuliez n'a qu'un préjugé, et c'est un préjugé utile. Je préfère les témérités généreuses et les hardiesses désintéressées. C'est un homme supérieur, mais ce n'est pas une âme grande, un cœur chaud, ni une conscience profonde. Sa catégorie n'est pas la bonté, mais la pensée. C'est un esprit vaste, fin, déniaisé, plein de ressources ; c'est un raffiné d'Alexandrie, archi-cultivé en tous sens, mais ne se dévouant à rien, et remplaçant par l'ironie qui laisse libre le *pectus* qui rend sérieux. Pascal dirait : il n'est pas monté de l'ordre de la pensée à l'ordre de la charité. — Ne soyons point ingrats : un Lucien ne vaut pas un saint Augustin, mais il est Lucien. Ceux qui affranchissent les esprits rendent service, comme ceux qui persuadent les âmes. Les libérateurs ont leur rôle après les conducteurs ; les négatifs et les critiques ont leur fonction à côté des convaincus, des inspirés et des affirmatifs. Le positif chez Cherbuliez ce n'est pas le bien, la vie morale ou religieuse, mais c'est le beau. Son sérieux est dans l'esthétique ; ce qu'il respecte, c'est la langue. Il est donc dans sa vocation car il est écrivain, un écrivain exquis, superfin, exemplaire. Il n'inspire pas l'amour, mais il faut lui rendre hommage.

5 janvier 1877. — Guignon sur guignon. J'ai dû attraper hier un refroidissement, et je me suis luxé légèrement un genou par quelque fausse attitude de sommeil. Me voilà tout misérable ce matin, à demi étouffé par les mucosités et glaires, gêné pour la marche, tempe droite dolente et cerveau étiré, (ce que je crains le plus, car c'est avec la méditation que je me défends contre les autres ennuis). Déperdition active des forces, usure sourde des organes supérieurs, décadence cérébrale : quelle épreuve dure et dont personne ne se doute! Les autres vous plaignent de blanchir, de perdre les dents et d'acquérir des rides, de vieillir au dehors. Qu'est-ce que cela ? Rien, lorsqu'on sent ses facultés intactes. Ce bienfait a été accordé à tant d'hommes d'étude que je l'espérais un peu.

Hélas, faudra-t-il aussi en faire le sacrifice ? Le sacrifice est presque aisé lorsqu'on le croit imposé, demandé plutôt par un Dieu paternel et une Providence particulière. Mais je n'ai pas cette joie religieuse. Cette mutilation de moi-même m'amoindrit sans servir à personne. Je deviendrais aveugle, qui donc y gagnerait ? Il ne me reste qu'un motif : la résignation mâle devant l'inévitable, et l'exemple aux autres ; la pure morale stoïcienne.

Cette éducation morale de l'âme individuelle sera-t-elle donc perdue ? Quand notre planète aura achevé la volute de ses destinées, à qui et à quoi, dans le ciel, cela aura-t-il servi ? A donner une note dans la symphonie de la création. Nous prenons conscience de la totalité et de l'immuable, puis nous disparaissons, nous, atomes individuels, monades clairvoyantes. N'est-ce pas assez ? Non, ce n'est pas assez, car si tout se reperd, il n'y a pas progrès, accroissement, bénéfice, il n'y a que jeu chimique et équivalence des combinaisons. Brahma engouffre après avoir créé. Si nous sommes un laboratoire de l'esprit, que du moins l'esprit grandisse par nous. Si nous réalisons la volonté suprême, que Dieu en ait la joie. Si l'humilité confiante de l'âme le réjouit plus que la grandeur de la pensée, entrons dans son plan, dans ses intentions. C'est là vivre à la gloire de Dieu, pour prendre le langage théologique. La religion consiste dans l'acceptation filiale de la volonté divine, quelle qu'elle soit, pourvu qu'on l'aperçoive distinctement. Or, est-il douteux que le déclin, la maladie et la mort ne soient dans le programme de notre existence ? Ce qui est inévitable, n'est-ce pas le destin ? Et le destin n'est-il pas la désignation anonyme de ce que ou de celui que les religions appellent Dieu ? Descendre sans murmure le fleuve de ses destinées, traverser sans révolte l'initiation des dépouillements successifs, des amoindrissements sans limite, sans autre limite que le zéro, voilà ce qu'il faut. L'involution est aussi naturelle que l'évolution. On rentre graduellement dans les ténèbres, comme on est sorti graduellement de leur sein. Le jeu des facultés et des organes, l'appareil grandiose de la vie rentre pièce à pièce dans la boîte. On commence par l'instinct, il faut savoir finir par la clairvoyance, il faut se voir dépérir et expirer. Le thème musical, une fois épuisé, doit trouver son repos et se réfugier dans le silence.

19 janvier 1877 (dix heures du matin). — Temps magnifique, bleu et argent. Conférence avec mes élèves (sur la peine de mort). Promenade ensuite. Les arbres des Bastions et de la Treille légèrement givrés se baignaient dans une joyeuse lumière. L'air élastique et sain donnait envie de caracoler. Voilà l'hiver sous sa forme esthétique et bienfaisante. Il me semblait rencontrer les beautés mâles de la justice après les affaissements de la sentimentalité. Un brin de sévérité a son charme. Le style net repose du flou rêveur et vague. La bonne éducation et la société normale ne peuvent se passer de crainte. Il est bon d'être légèrement mordu par le froid, tenu en respect par le blâme, éperonné par la franchise. Gare à la mollesse ! Toutes ces pensées me venaient à la suite de ces argumentations écœurantes contre la peine de mort, plaidoyers où le sophisme et la sensiblerie s'entendent à énerver le sentiment du vrai et du juste. Quel bousillage, bon Dieu ! dans ces raisonnements : analyses mal faites, axiomes sans valeur, quarts de vérité noyés dans trois quarts d'erreurs ! Théories borgnes, boiteuses, bossues, bancales, qui se prennent pour des Antinoüs ! Ce sont ces niaiseries qui deviennent populaires. Leur simplicité convient aux foules qui ne réfléchissent pas et ne voient jamais qu'un côté des sujets qui en ont plusieurs. L'art d'entraîner l'opinion est le contraire de la recherche du vrai, c'est l'art de manier les fausses apparences. La sentimentalité et l'imagination aident à toutes les fraudes. La campagne contre la peine de mort (depuis Victor Hugo) le prouve suffisamment.

21 janvier 1877 (onze heures du matin). — Ciel bleu, beau soleil. Est-ce que je préfère l'aristocratie, la monarchie, le despotisme ? Nullement. Est-ce que je détruirais la démocratie si cela dépendait de moi ? Point du tout. Les régimes ne sont ni bons ni mauvais par eux-mêmes, et le régime démocratique a ceci de bon qu'il signifie théoriquement l'homme. C'est la sottise humaine qui m'agace. Mais pour que les sots me laissent tranquille, je leur accorde le droit d'être, de se dilater et de faire la roue. Ma mauvaise humeur n'est que de la préservation personnelle. Tant pis pour ceux qui ne veulent pas tirer parti de mes dons et ne savent qu'en faire ; je ne demande que ce que je leur donne, la liberté.

Je deviens d'ailleurs toujours plus *unbrauchbar* ; car je ne sais pas hurler avec les loups, et ma débonnaireté même me rend de moins en moins sociable. Combien y a-t-il d'individus avec lesquels je me sente en harmonie, en consonance spirituelle, avec qui l'échange me soit facile, agréable, sûr, bienfaisant ? Combien d'hommes ? Y en a-t-il dix, sept, trois, deux ? Je n'ose pas compter. On s'entend sur un point, on diffère sur quatre. — Mieux vaut compter ceux qu'on estime, sans être d'accord avec eux ; il en resterait davantage. Aussi je n'avoue pas mes incompatibilités, et, mieux que cela, je ne leur donne pas l'occasion de naître, en fuyant les clubs, les cercles, les sociétés officielles.

J'ai besoin d'harmonie, d'accord, d'entente, d'abandon, et c'est pour rester bienveillant et doux que je maintiens ou agrandis la distance. J'aime mieux ne pas voir les précipices que je ne puis combler. Je préfère ignorer les gens que les quereller et les combattre. La polémique me paraît stérile et vaine.

> Et pour avoir la paix, je garde le silence.

Si par hasard, je me sens de l'aigreur, quatre, cinq, dix ou vingt plumées d'encre et mon journal intime suffisent à la dissiper. Elle s'écoule en soliloque, ce qui ne fait de mal à personne et me rend l'équilibre intérieur.

3 février 1877. — Je suis sorti avec une flotte, comme dit Schiller, et c'est avec une planche que je rentre au port. Quel abatis d'espérances, quel carnage d'illusions ! Tout m'était ouvert et possible ; maintenant je me cache en mon coin, disputant ma santé à la nature et ma tranquillité aux hommes. J'ai mené l'existence d'un rêveur et n'aurai point laissé de marque de ma pensée. J'aurai vécu ; c'était beau-

coup, du temps de la Terreur ; mais cela est peu remarquable
à présent. J'aurai fait une toute petite carrière, plus que
modeste, sans tapage, sans aventures, sans effet, et sans
trace.

6 février 1877. — Veillé à la Passerine, et causé de l'anarchie
des idées, de l'inculture ordinaire, de ce qui tient le monde
debout, de la marche assurée de la science au milieu des superstitions et des passions universelles, etc.

Ce qui est des plus rares, c'est la justesse d'esprit, l'ordre,
la méthode, la critique, la proportion, la nuance. L'état
commun des pensées, c'est le brouillamini, la confusion,
l'incohérence, la présomption ; l'état commun des cœurs,
c'est l'état passionné, l'impossibilité d'être équitable, impartial, accessible, ouvert. Les volontés devancent toujours
l'intelligence, et les désirs devancent la volonté, et le hasard
fait naître les désirs ; en sorte que les gens n'expriment que
des opinions fortuites, qui ne valent pas la peine d'être prises
au sérieux, et qui n'ont d'autres raisons à donner que cet
argument puéril : Je suis parce que je suis. L'art d'arriver
au vrai est très peu pratiqué, il n'est pas même connu, parce
qu'il n'y a pas d'humilité personnelle et pas même d'amour
du vrai. On veut bien les connaissances qui nous arment la
main ou la langue, et qui servent notre vanité ou notre besoin de puissance ; mais la critique de nous-mêmes, de nos
préjugés ou de nos penchants, nous est antipathique.

L'homme est un animal volontaire et convoiteux, qui se
projette au dehors, et se sert de sa pensée pour satisfaire ses
inclinations ; mais qui ne sert pas le vrai, qui répugne à la
discipline personnelle, qui déteste la contemplation désintéressée et l'action sur lui-même. La sagesse l'irrite, parce
qu'elle le met en confusion et qu'il ne veut pas se voir tel
qu'il est.

La plupart des hommes ne sont que des écheveaux em-
brouillés, des claviers incomplets, des chaos torpides ou violents, de ridicules exemplaires de l'espèce véritable, d'af-
freuses caricatures de l'idéal. Et ce qui rend leur situation
presque irrémédiable, c'est qu'ils s'y complaisent. On ne
guérit pas un malade qui se croit en parfaite santé.

7 février 1877. — Chaque chose doit être traitée selon sa nature, et je vérifie toujours plus que l'objectivité, l'impersonnalité sont le vœu et le don de mon être. L'aisance à se mettre au point de vue en tout sujet, à deviner les conditions propres d'une science, d'un art, d'une œuvre, d'une existence quelconques, et par conséquent à faire du droit en jurisconsulte, de la théologie en théologien, de la pratique en praticien, de la pédagogie en pédagogue, cette souplesse est rare. Chacun est emprisonné ; chacun a son tic, sa limite, sa courbature d'esprit ; il voit juste dans les choses de son ressort, mais sa compétence est étroite. L'omni-compétence serait le fait de l'esprit parfaitement juste et harmoniquement cultivé en tous sens. Ne rien brouiller, ne rien brusquer, ne rien méconnaître, faire aux choses leur place et leur part ; discerner leur valeur, leur mesure, leur originalité, leur rang, les classer, les peser, c'est le fait du critique et du critique philosophe. Pouvoir les refaire, c'est le propre du talent qui a pénétré jusqu'à leur essence et qui s'identifie avec la cause dont ces choses sont les effets. Comprendre et reproduire sont le contrôle réciproque l'un de l'autre. Les deux activités sont les deux preuves de la puissance d'objectivation de l'esprit. Je suppose que c'est la culture philosophique qui m'a communiqué ce besoin et cette habitude de tendre au centre du réel par la réunion des contrastes, d'épuiser toutes les manières d'être, toutes les combinaisons, toutes les formes de la pensée à propos de chaque chose, en un mot ce goût de totalité sphérique, qui me caractérise.

Tout ce qui est partiel ou partial me choque autant que ce qui est faux, déplacé, disproportionné. Tout ce qui suppose autre chose, tout ce qui peut être autrement n'a sur mon esprit aucune autorité. Le sentiment de l'absolu, du parfait, de l'idéal, du complet m'accompagne toujours, même à mon insu. Aussi ce que les gens appellent considérable, important, capital, me paraît précisément de la taille des bagatelles ; et inversement, je trouve qu'il n'y a point de bagatelles. La terre n'est qu'un grain de sable, et un grain de sable est un petit monde : cela dépend du point de vue.

Je suis donc émancipé de la superstition des grosseurs,

grandeurs, etc., affranchi de l'espace et du temps, libéré de l'histoire ; je ne suis enfermé dans aucun des compartiments nationaux, locaux, professionnels. C'est le privilège de l'impersonnalité.

Cette liberté intérieure est une volupté intime dont ne se doutent pas les captifs, qui se targuent de leurs chaînes, variété de reptiles tout fiers de n'avoir pas d'ailes. Ils ne savent pas même ce que c'est qu'un esprit, que l'esprit. Ils ajournent cette connaissance à ce qu'ils appellent le ciel, l'autre vie, l'éternité. Or, elle n'est point interdite à la pensée, mais il y faudrait du désintéressement. D'ailleurs je reconnais que beaucoup d'autres conditions indispensables manquent à la plupart des hommes, que le besoin animal, les passions, l'ignorance, le souci, le chagrin, la maladie exilent du monde supérieur.

Regarde-toi comme un privilégié. Sois humble, reconnaissant, généreux. Essaie de répandre ce que tu as reçu, et de faire, à ta manière, connaître la méthode de la liberté.

11 février 1877 (onze heures du soir). — Nombreuses parties d'échecs et de dames.

L'intérêt que je trouve aux jeux de combinaison est double : l'exercice géométrique d'abord, puis l'expérimentation psychologique. Cultiver sa propre faculté de calcul, étudier le caractère et les opérations mentales de ses partenaires, c'est tout plaisir et même tout profit. Il y a même de l'utilité à jouer avec de plus faibles, en leur faisant les plus grands avantages possibles ; on se gâte un peu la main dans cette lutte, mais on se forme le tact, car il faut deviner l'espèce d'erreur que l'adversaire commettra et l'étendue des imprudences qu'on peut risquer impunément avec tel individu donné. C'est un calcul constant et délicat des probabilités, plus savant et plus fructueux que le simple calcul du jeu correct. Le premier sert à la vie, le second n'est qu'un problème mathématique. Dans le jeu ordinaire, toutes les données sont sur l'échiquier ; dans le jeu inégal, la grande inconnue est ailleurs, elle est dans l'esprit du vis-à-vis ; il faut deviner sa méthode inconsciente, son illusion probable,

la dose de sa pénétration, la nature des pièges qui le pren-
dront ; il faut le dominer par la clairvoyance, présumer jusqu'à ses caprices, pressentir ses convoitises, ses inquiétudes,
ses fougues, ses feintes ; bref il faut l'envelopper et le comprendre lui-même. Je me rappelle qu'à dix-neuf ans je sentais dans la paume de ma main gantée toute l'organisation
de la personne que je faisais valser ; il y avait avertissement
magnétique, intuition par le contact. C'est quelque chose
d'analogue que j'éprouve dans le jeu inégal dont je parlais :
là aussi il y a palpement intellectuel, jaugeage mental, intuition psychologique, étude humaine, approximation d'une
individualité, déchiffrement d'un hiéroglyphe, pénétration
de l'invisible. La perspicacité s'aiguise et s'affine, s'accélère
et s'augmente par cette analyse subtile.

La divination psychologique est bien l'un de mes dons,
peut-être le plus évident. Les êtres se répètent en mon âme
tels qu'ils sont. et je n'ai qu'à les dévider en moi pour les
connaître. Par la sympathie, ils m'affectent et m'oppriment
et m'envahissent ; ils m'étonnent et me dérangent ; puis je
me reprends par la réflexion et l'analyse, et lorsqu'ils sont
compris, je suis libre, rentré dans l'indifférence et l'élasticité.
Le moyen de cette divination est double : une impressionna-
bilité d'électroscope, et l'habitude d'interpréter les nuances.
Sa condition préalable est l'équilibre intérieur, avec une
bienveillance générale, qui n'ait ni vivacité, ni exclusion,
sine ira et studio, en un seul mot le désintéressement.

5 avril 1877. — Repensé à cette soirée bienfaisante d'hier,
où les douceurs de l'amitié, les charmes de l'entente mutuelle,
les délices de l'admiration esthétique et le plaisir du bien-
être s'entrelaçaient et s'alliaient si bien. Il n'y avait pas un
pli à la feuille de rose. Pourquoi ? — Parce que « tout ce qui
est pur, tout ce qui est honnête, tout ce qui est excellent, tout
ce qui est aimable et digne de louange» se trouvait réuni.«L'in-
corruptibilité de l'esprit doux et paisible », le rire innocent,
la fidélité au devoir, le goût fin, l'imagination hospitalière
font un milieu attrayant, reposant, salutaire. *In petto* j'ai
béni mon île d'azur, et senti que cette clôture des vacances

du Trifolium [1] était une fête aussi pour d'autres que pour
moi.

Rendre heureux est encor le plus sûr des bonheurs.

Là où l'on apporte la joie, il est à peu près sûr qu'on la
trouve,

Le mérite est petit, la récompense est grande.

Illuminer un instant une âme comme celle de Seriosa me
semble une piété, une bonne œuvre, une action vertueuse.
Faire du bien à une fille du ciel qui porte sympathiquement
les fardeaux de tant de cœurs affligés et de tant de vies souf-
frantes, c'est une bénédiction et un privilège dont je sens le
prix. Il y a une sorte de félicité religieuse à retremper la force
et le courage de nobles caractères. On est surpris de posséder
cette puissance dont on n'est pas digne, mais on veut du
moins l'exercer avec recueillement.

J'éprouve avec intensité que l'homme, dans tout ce qu'il
fait ou peut faire de beau, de grand, de bon, n'est que l'organe et le véhicule de quelque chose ou de quelqu'un de plus
haut que lui. Ce sentiment est religion. Religion est désappropriation. L'homme religieux assiste avec un tremblement
de joie sacrée à ces phénomènes dont il est l'intermédiaire
sans en être l'origine, dont il est le théâtre sans en être l'auteur
ou plutôt sans en être le poète. Il leur prête sa voix, sa main,
sa volonté, son concours, mais avec le soin de s'effacer res-
pectueusement pour altérer le moins possible l'œuvre supérieure du génie qui se sert momentanément de lui. Il s'*im-
personnalise*, il s'anéantit par admiration. Son moi doit disparaître quand c'est le Saint-Esprit qui parle, quand c'est
Dieu qui agit, quand c'est une merveille incompréhensible
qui se réalise. Ainsi le prophète entend l'appel, ainsi la jeune
mère sent remuer son fruit, ainsi le prédicateur voit couler
les larmes de son auditoire. Tant que nous sentons notre moi,

1. Ce « Trifolium » désigne, avec leur mère, les deux demoiselles Fanny et
Pauline Mercier.

nous sommes contrariés, limités, égoïstes, captifs ; quand
nous sommes d'accord avec l'ordre universel, que nous vi-
brons à l'unisson avec Dieu, notre moi s'évanouit. Ainsi
dans un chœur parfaitement symphonique, il nous faut dé-
tonner pour nous entendre nous-mêmes. L'état religieux c'est
l'extase tranquille, l'enthousiasme recueilli, la contemplation émue, l'adoration calme. — Mais que cet état est rare
pour la pauvre créature harcelée par la nécessité, par le
monde méchant, par le péché, par la maladie, par le devoir !
C'est l'état de bonheur intime ; mais le fond de l'existence,
le tissu général de nos journées, c'est la lutte, l'action, l'effort,
la dissonance. Beaucoup de combats renaissants, des trêves
courtes et toujours menacées, voilà le tableau de la condition
humaine.

Saluons donc, comme un écho du ciel, comme l'avant-
goût d'une économie préférable, ces rapides instants d'accord
parfait, ces haltes entre deux orages. La paix n'est pas en
soi une chimère et une impossibilité ; mais, sur cette terre,
elle n'est qu'un équilibre instable, c'est-à-dire un accident.
— « Heureux ceux qui procurent la paix, car ils sont appelés
enfants de Dieu. »

26 avril 1877. — Refeuilleté le *Paris* de Victor Hugo
(1867). Depuis dix ans, les démentis au prophète se sont
accumulés, mais la confiance du prophète dans ses imaginations n'en est pas diminuée. Fi donc ! l'humilité et le bon
sens ne siéent qu'aux Lilliputiens. Gulliver ne se désavoue
et ne se dédit jamais. Victor Hugo ne voit jamais ce qui le
gêne, il ignore superbement tout ce qu'il n'a pas prévu. Il
ne sait pas que l'orgueil est une borne de l'esprit et qu'un
orgueil sans borne est une petitesse de l'âme. S'il se classait,
lui parmi les autres hommes et la France parmi les autres
nations, il verrait plus juste et ne tomberait pas dans ses
exagérations insensées et ses oracles extravagants. Mais la
clairvoyance, la proportion, la justesse ne seront jamais dans
ses cordes. Il est voué au titanique, au démesuré et à l'illusoire. Son or est toujours mélangé de plomb, ses intuitions
d'enfantillages, sa raison de folie. Il ne peut être simple,
naturel, limpide, lumineux ; il n'éclaire, comme un incendie,

qu'en aveuglant. En un mot, il étonne, mais il impatiente ; il remue, mais il fait peine. Il est toujours à la moitié, ou aux deux tiers dans le faux, et c'est là le secret du malaise qu'il fait perpétuellement éprouver. Le grand poète ne peut se débarrasser du charlatan qui est en lui. Il enfle toujours la voix, il pose, il se boursoufle, il ne connaît pas la joie d'être vrai, d'être conforme au vrai. Quelques grosses piqûres de l'ironie voltairienne auraient dégonflé ce génie ballonné et l'auraient rendu plus fort en le réconciliant avec le bon sens... C'est presque un malheur public que le plus puissant poète de la nation n'ait pas mieux compris son rôle, et qu'à l'inverse des prophètes hébreux qui châtiaient par amour, il encense par système et par orgueil. La France, c'est le monde ; Paris, c'est la France ; Hugo, c'est Paris, Je suis l'alpha et l'oméga, le Sinaï et le Thabor. Peuples, prosternez-vous !

2 mai 1877. — Nouvelles du vaste monde. L'Angleterre se déclare neutre dans la guerre russo-turque, mais elle a commencé par faire main basse sur l'Égypte, dont elle tient les douanes, la marine, les chemins de fer, les finances, le canal, en attendant d'y faire camper ses troupes d'occupation, vingt-cinq mille cipayes qui attendent à Bombay l'ordre de départ. —·L'Angleterre a toujours identifié son utilité avec son droit, et trouvé que son intérêt était une raison suffisante et légitime. L'effronterie de l'égoïsme se tourne chez elle en candeur. Le monde doit s'incliner devant ce qui convient à Albion. *Primo mihi* est la maxime éternelle de l'insulaire.

Sa justice,
C'est son utilité, son besoin, son caprice.

Je suis toujours stupéfait du cynisme de cette politique, dont la base est tout simplement l'appel à la force, en d'autres termes, la brutalité, c'est-à-dire la barbarie. Et être le plus fort, satisfaire largement ses appétits et ne laisser aux autres que ses restes, voilà la théorie et la pratique anglaises. Les vertus chrétiennes sont une broderie individuelle qui sert à dissimuler la tendance nationale. Cette tendance est anti-chrétienne, même anti-humaine ; c'est la tendance darwinienne et animale, l'écrasement du faible par le puissant, la survivance du plus vigoureux. L'Angleterre est un appétit. Regardée du dehors, cette nation est à l'égard des autres ce que sont les rapaces et les carnassiers, elle ne songe qu'à ses affaires et à ses avantages. L'industrie, le commerce, la conquête, tous les moyens lui sont bons pour se maintenir la plus riche, la plus forte, la plus indépendante, la plus robuste parmi ses congénères. Elle a des individus généreux et nobles, désintéressés en un mot, mais l'idéal national est grossier, le rôle de la nation à l'égard des autres peuples est révoltant. L'orgueil cupide et l'égoïsme illimité n'inspirent ni attrait ni respect. Les revers de l'Angleterre n'affligeraient personne, car son profit n'est jamais le profit du genre humain. Son triomphe est même d'un mauvais exemple historique. On n'aime à voir triompher que la justice ; or le cadet des soucis de l'Angleterre c'est d'être juste pour ce qui n'est pas anglais. Le seul sacrifice qu'elle ait fait à une cause désintéressée, c'est l'abolition de la traite, et encore cette abolition a peut-être été pour elle le moyen d'augmenter sa force navale et de revendiquer le droit de visite. — Le service qu'elle rend sans le vouloir à l'humanité civilisée, c'est d'exploiter les pays vierges, de peupler les terres désertes, de stimuler la production universelle par la concurrence et de montrer à l'œuvre la liberté politique. Mais un Anglais est l'homme diminué par toutes les parties de luxe, dans la nature humaine, c'est l'homme *entraîné* comme le cheval de course ou l'athlète, dans un but déterminé d'avance. Il donne toujours l'impression du voulu, du partiel, du tendu, et le naturel chez lui, c'est l'exaltation d'une force primitive. Grattez l'épiderme, vous retrouvez le Scandinave, le berseker indompté. Mais il se défend ainsi contre l'effémination musicale de l'Italie, contre la paresse de l'Orient, contre la préoccupation galante et libertine de la France, etc. S'il indigne le sens chrétien et délicat, il offre au moins un échantillon de vie énergique et saine ; c'est un barbare frotté de culture, et qui s'abuse seulement sur son dieu réel, lequel est Thor et non pas le Crucifié.

Quelle est du reste la nation qui vaille mieux ? Il n'en est pas une où le mal ne vienne contre-balancer le bien. Chacune est une caricature de l'homme. Preuve qu'aucune d'elles ne mérite de supprimer les autres et que toutes ont à recevoir de toutes. Je suis alternativement frappé des qualités et des défauts de chacune : c'est peut-être une bonne chance pour le critique. Je ne me sens aucune préférence pour les défauts du Nord ou du Midi, de l'Occident ou de l'Orient, et je serais embarrassé de signaler mes prédilections. Du reste elles me sont à moi-même indifférentes, car la question n'est pas de goûter ou de blâmer, mais de comprendre. Mon point de vue est philosophique, c'est-à-dire impartial et impersonnel. Le seul type qui me plaise, c'est la perfection, c'est l'homme tout court, l'homme idéal. Quant à l'homme national, je le tolère et l'étudie. Je ne l'admire pas. Je ne puis admirer que les beaux exemplaires de l'espèce, les grands hommes, les génies, les caractères sublimes, les nobles âmes, et ces exemplaires se trouvent dans tous les compartiments ethno-graphiques. Ma « patrie de choix » (pour parler comme Mme de Staël) est avec les individus choisis. Je ne me sens aucune faiblesse d'entrailles pour les Français, les Allemands, les Suisses, les Anglais, les Polonais, les Italiens, pas plus que pour les Brésiliens ou les Chinois. L'illusion patriotique, chau-vine, familiale, professionnelle, n'existe pas pour moi. Je sentirais au contraire avec plus de vivacité les lacunes, les laideurs et les imperfections du groupe auquel j'appartiens. Mon impersonnalité critique commence par me débarrasser moi-même de ces préjugés superstitieux et de ces présomp-tions décevantes. Je ne suis pas même de mon sexe. Loin que mon intérêt dicte ma manière de voir, il me fait pencher en sens contraire. Mon inclination est de voir les choses telles qu'elles sont, abstraction faite de mon individu, correction faite de tout désir et de toute volonté. L'emprisonnement dans un moi particulier me répugne. L'objectivité est mon besoin. Mon antipathie n'est donc pas pour celui-ci ou celui-là, mais pour l'erreur, le parti pris, le préjugé, la sottise, l'exclusivisme, l'exagération. Je n'aime que la justice et la justesse. Les impressions, vivacités, indignations, incartades ne sont chez moi qu'à la surface ; la tendance fondamentale c'est l'impartialité et le détachement. Liberté intérieure et aspiration à être dans le vrai, voilà mon goût et mon plaisir.

22 mai 1877. — Personne ne doute de moi sans trouver en moi un complice. En fait, je m'aperçois au comique plus volontiers et plus aisément qu'au sérieux. L'importance que j'ai attachée à mon Essai [1], est une attitude de convention, pour me créer un intérêt, et en quelque sorte pour faire plaisir à ma filleule. Dans ma pensée de derrière la tête, tout cela m'est indifférent, et me semble lilliputien. En me comparant, j'ai une espèce de satisfaction relative, mais en soi, je trouve ces fariboles inutiles et ces succès ou insuccès insignifiants. Il faut bien jouer à quelque chose et, lorsqu'on joue, le faire correctement, par point d'honneur. J'aime à gagner mes gageures, mais c'est un désir tout platonique.

Tenir à quelque chose c'est se mettre dans la dépendance du public, et je ne pourrais souffrir de trembler devant ce maître, ni d'avoir besoin de ses suffrages pour vivre. Je lui jette ce qui m'amuse, comme on lance une paille sur un ruisseau. Mais que la paille s'engouffre ou surnage, qu'elle échoue ou arrive, cela n'est qu'une distraction et une curiosité pour moi. Mon imagination seule est engagée, non mon cœur.

Je ne crois pas au public, je ne crois pas à mon œuvre, je n'ai pas d'ambition proprement dite ; et je fais des bulles de savon pour faire quelque chose.

30 mai 1877 (midi). — Leçon sur les Hébreux et le génie juif. — Ne pouvant être sympathique, j'essaie d'être juste envers lui. Ce peuple de l'accident, du privilège et de l'élection était répugnant dans tous ses instincts, lascivité, cruauté, rapacité, perfidie, manque d'honneur et de fierté. Mais Jésus était Juif, cela rachète tout. — Les philosophes qui ont aimé

---

1. Amiel désigne ici l'*Appendice* qui termine — avec le sous-titre : *De quelques ressources nouvelles pour la traduction en vers et peut-être pour notre poésie* — le recueil des *Étrangères, poésies traduites de diverses littératures* (Paris, Sandoz et Fischbacher, 1876).

le genre humain n'ont pas eu de goût pour les Juifs (Voltaire, Hegel, Renan). Ils sont choqués du nimbe prestigieux que notre éducation donne à ce petit peuple démesurément surfait et si peu aimable, ni créateur, inventif, généreux, ni spirituel.

La manière judaïque d'entendre la religion dégoûte de la religion elle-même. S'imaginer que Dieu est Juif, quelle bouffonnerie lugubre ! Toutes les nations ont eu l'idée analogue, seulement les autres peuples ont fini par la conciliation et la tolérance, par un Olympe et un Panthéon. Le droit d'autrui a été quelque chose pour eux. Les Juifs entêtés et égoïstes ont dit : Périsse l'humanité plutôt que ma croyance ! La foi chez eux a toujours eu raison de la raison, et triomphé de la justice. L'obstination fanatique est leur seconde nature. Mais la foi juive est le plus grand type de foi connu, puisqu'elle espère encore le Messie depuis le Retour de Babylone, c'est-à-dire après vingt-quatre siècles de déception. — La foi ainsi entendue est une pétrification, une momification, ou du moins une contraction tétanique de l'âme, qui ne peut plus revenir en arrière. C'est une curiosité psychologique, qui mérite l'attention, mais guère l'admiration, car l'admiration doit être réservée pour la grandeur sublime, non pour l'opiniâtreté maniaque. — N'importe ; le judaïsme a fini par imprimer son moule à une partie de l'humanité, car l'esprit religieux dominant dans l'Église chrétienne, c'est encore la foi à l'accident, à l'exception, à l'intervention locale, surnaturelle, arbitraire de Dieu, à l'élection et au privilège, au miracle et à la faveur. Bref c'est la conception enfantine. Le Sémite ne peut s'élever au-dessus de ce point de vue. Son Dieu est un pédagogue partial et vigilant, qui ne procède que par cas particuliers, et non par règles universelles. Le Sémite ne conçoit ni la loi naturelle ni la loi morale, il est anti-philosophique par instinct ; il n'y a pas de loi, il n'y a que des commandements personnels, émanés de l'initiative de Dieu. Le Sémite est purement autoritaire ; le vrai n'a pour lui aucune évidence directe, il ne s'agit jamais que d'obéissance ou d'acceptation à l'égard de tel ou tel homme, envoyé de Dieu. Une fois la lettre de créance vérifiée, on doit croire, on doit se soumettre, quoi qu'il en coûte. La persuasion intérieure de la raison qui comprend ou de la conscience qui approuve n'est qu'une superfétation. C'est la religion des enfants, des esclaves spirituels. L'homme ici est toujours crédule, toujours en tutelle, en puissance de son conducteur, que ce conducteur soit le prêtre actuel ou le prophète de jadis. La religion ainsi entendue confisque en principe la liberté de l'homme ; elle tend à le maintenir dans l'état de mineur à perpétuité.

3 juin 1877. — L'intimité féminine, l'intimité platonique et sainte, qui m'a été si souvent accordée, a cependant toujours été une source de douleurs, pour l'une des deux parties, ou plus exactement pour toutes deux. Mais comment faire ? ce qui fait mourir a été d'abord ce qui fait vivre. L'amer sort du miel. La Nature n'est jamais généreuse qu'à demi et qu'en apparence. Nous trouvons notre tourment dans notre joie, notre punition dans notre privilège. Pour épouser, il m'eût fallu trouver une pareille, mon complément, celle qui eût satisfait mon être entier. Or je n'ai jamais rencontré celle avec qui l'idée de passer la vie entière et l'éternité entière ne me fît pas un peu peur. J'ai toujours aperçu le côté d'ombre, la limite, l'insuffisance, l'obstacle, le point menaçant, et je n'ai pu avoir l'illusion nécessaire à la foi. Cette perception critique n'empêche nullement l'amitié, c'est-à-dire l'affection qui pardonne, encourage, relève, supporte, améliore, mais elle dissipe le prestige, elle empêche cette admiration éblouie qui fait voir dans une femme la femme, la désirée, l'unique, la suffisante, l'épouse en un mot.

4 juin 1877. — Grand concert à la Salle de la Réformation : *Roméo et Juliette* d'Hector Berlioz. L'œuvre s'appelle : Symphonie dramatique pour orchestre avec chœurs. L'exécution a été très bonne et l'œuvre n'ayant subi aucune transplantation philologique peut être jugée directement et telle quelle. Berlioz a la manie de l'originalité et la science de l'orchestration. Qu'a-t-il produit ? Son ouvrage est intéressant, piquant, soigné, curieux, mais au total il laisse froid. —

Si je raisonne mon impression, je me l'explique. Subordonner l'homme aux choses, annexer les voix comme supplément à l'orchestre, est une idée fausse. Convertir une donnée dramatique en simple narration est déroger, de gaieté de cœur. C'est-à-dire que le genre est faux. Un *Roméo et Juliette* où ne se trouve point de Juliette et point de Roméo est une chose baroque. Condamner des âmes qui ont la parole à ne se traduire que par le geste, reproduire un tableau en simple crayon, mettre l'inférieur, l'obscur, le vague en lieu et place du supérieur et du clair, c'est une gageure à rebours du bon sens. On viole la hiérarchie naturelle des choses et on ne la viole pas impunément. Le musicien fabrique une série de peintures symphoniques, sans aucune liaison intérieure, vrai chapelet d'énigmes, dont un texte en prose donne seul la clef et constitue la série. C'est de l'art décoratif et plaqué qui se fait illusion sur lui-même. L'usurpation de la musique instrumentale sur la vocale aboutit au ridicule La seule voix intelligible qui paraisse dans l'œuvre est le père Lorenzo ; son sermon n'a pu être dissous en accords et se chante distinctement. Or la moralité du drame n'est pas le drame, et le drame a été escamoté par le récitatif.

Que de tortillements, pauvre compositeur, pour masquer une véritable impuissance, celle de traduire la passion dans sa langue naturelle ! La chasse à la génialité n'est qu'un artifice destiné à duper le public. Ne pouvant atteindre le beau, on se torture pour donner le nouveau. Fausse originalité, fausse grandeur, faux génie. Ainsi les croque-notes nous inondent de leurs *Caprices*, bouillie informe qui doit nous faire illusion sur la vacuité de substance et d'idées. Ainsi la mode nous jette de la poudre aux yeux sur sa stérilité fondamentale. Cet art strapassé, tortillé, ambitieux et tapageur m'est antipathique. La science qui simule le génie n'est qu'une variante du charlatanisme.

Berlioz est un critique pétillant d'esprit, un musicien savant, ingénieux et inventif, mais il n'a pas les vertus élémentaires de son métier, il croit pouvoir faire le plus quand il ne peut pas faire le moins. C'est un excentrique sans faculté génératrice. Il y a trente ans, à Berlin, j'ai eu la même impression après avoir entendu *l'Enfance du Christ*, exécutée sous sa direction même. Je ne trouve pas chez lui l'art sain et fécond, la beauté solide et vraie.

Liszt doit être de sa lignée.

9 juin 1877. — Je ne suis pas heureux, cela va sans dire. Je ne suis pas résigné. Je n'ai point la paix. J'alterne entre l'indolence et le souci. Le centre de mon calme est la désespérance. Je n'ai point accepté ce qui me froisse, je ne veux point regarder ce qui me navrerait. Je cache aux autres, et même j'essaie d'ignorer le renard qui me ronge les entrailles. J'ai l'attitude du stoïcisme, mais je n'en ai ni l'orgueil ni la vigueur. La tristesse incurable est au fond de mon apparente sérénité. Je suis doux envers la destruction, mais j'ai la mort dans l'âme parce que je sens cette vie manquée et que je n'attends pas de revanche. Rien, rien, rien ! *Nada.*

11 juin 1877. — Se résigner n'est pas une lâcheté, et si l'on y met de l'enjouement, n'est pas même une humiliation. Les infirmités, les besoins, les contraintes sont notre lot ; mieux vaut y céder en badinant que de se cabrer contre ces misères comme des offenses à notre majesté. Oublier l'irréparable, accepter l'irrémédiable, aller au-devant de l'inévitable est beaucoup plus sage que de se consumer ou de s'aigrir dans une lutte vaine.

2 juillet 1877. — Que la santé est rare chez les gens de lettres ! et cependant que faire sans elle ? Littérateur est presque synonyme de souffreteux, valétudinaire, endommagé, malingre, languissant : c'est tant pis pour la littérature. Les délicats, les maladifs, les égrotants, les infirmes, les cacochymes, sont des affaiblis, et les affaiblis pas plus que les énervés ne représentent l'homme normal, qui est l'homme sain, ni la Nature, qui est invulnérable. Le développement moral s'accommode de la cachexie, qui est une longue épreuve de l'âme ; mais le développement artistique réclame la santé, qui est une beauté, une force, une harmonie, une joie, L'éducation par la douleur fait les bons, elle éveille la poésie, mais les œuvres saines doivent être enfantées par la santé. Les mélancoliques, les hypocondriaques, les ascètes, les affligés, les éprouvés, n'engendrent que des produits sans vitalité. La douleur a du bon en qualité d'accident, elle est funeste quand elle fait le fond de la vie. Il faut l'avoir ressentie et traversée pour être humain, mais il faut être en dehors d'elle pour être producteur. Il est fâcheux que le médecin soit un malade ; il faut être guéri pour bien juger et attaquer le mal. L'artiste, l'écrivain doivent se sentir en puissance, en verve, en exubérance pour faire du bon ouvrage ; or ceci est le contraire de la dépression, de l'abattement, de l'asthénie, de la débilité qui résultent de la tristesse.

3 juillet 1877. — L'âme ne procède que par zigzags et oscillations. La vie intérieure n'est que la résultante de contradictions infinies. Le sentiment est mobile comme les flots ou comme les nuages. Le contemplateur impersonnel qui ne veut rien faire ni défaire, mais seulement apercevoir et comprendre, est condamné à voir des répétitions sans terme et sans repos, car l'âme traverse tous les états, tous les modes, toutes les vibrations et recommence toujours ces métamorphoses inquiètes, revient pourtant à son défaut, à son tic fondamental, comme à son gîte.

Ton défaut à toi, c'est la rêverie tournoyante, qui ne cherche rien et ne mène à rien. Tu te contentes de prendre note de ce qui s'agite en toi, tu te recueilles sans autre but que le recueillement, oubliant le passé et l'avenir, esquivant l'action, redoutant tout ce qui engage, engrène, entrave ; c'est-à-dire que tu fais de la méditation un opium, une manière d'étourdissement, une échappatoire à l'obligation, un stratagème inconscient pour éluder les censures de la conscience. Cette rêverie plume en main a l'air d'une recherche de toi-même, tandis qu'elle est une fuite de toi-même. Elle est censée te fortifier, tandis qu'elle t'amollit. Elle est un épicuréisme qui joue l'ascétisme, une songerie vague qui simule la pensée. Elle abuse ton être véritable, elle trompe ta faim, mais elle t'aide à franchir le grand désert de la vie. Celui qui n'a pas de foyer, pas d'enfant, pas d'épouse, pas d'intérêt puissant, pas d'illusion de gloire, pas de carrière et d'ambition, celui que rien n'encourage, n'appelle, ne soutient, qui se sent à peu près inutile à la patrie, à la science, à l'Église, à l'humanité, comment ne chercherait-il pas à s'étourdir ? Il ne peut garder un peu de bonne humeur qu'en fermant les yeux sur ce qui lui manque, ou qu'en s'amusant à la description de ses misères.

4 juillet 1877. — Mais cette « rêverie tournoyante » a un inconvénient plus grave encore que ceux que je notais hier. Elle m'a déshabitué de la pensée conséquente, de la construction rationnelle, de la spéculation philosophique. Je ne sais plus dominer tout un sujet, limiter les unes par les autres toutes les idées particulières qu'il renferme, échafauder un cours, un livre, même une leçon ou un article. Le vagabondage à la gitanesque a remplacé l'exploitation méthodique ; les plaintes éparses de la harpe éolienne m'ont presque ôté la capacité de me composer une symphonie. En un mot, le journal intime m'a nui artistiquement et scientifiquement. Il n'est qu'une paresse occupée, et un fantôme d'activité intellectuelle. Sans être lui-même une œuvre, il empêche les autres œuvres, dont il a l'apparence de tenir lieu... Mais quoi ? peut-on se faire autre qu'on est ? Je ne me suis jamais traité comme moyen ou instrument d'autre chose. Je n'ai point vu en moi une machine à gagner de l'argent, à fabriquer des lois, à écrire des livres. Prendre conscience de la nature humaine a été mon goût le plus ancien et le plus vif : pourquoi le maudire ou le vilipender maintenant, ce goût rare et non pas illégitime ?

15 juillet 1877. — Impression curieuse. Tout me laisse libre, vacant, disponible. Je puis me déterminer dans une direction quelconque et je n'éprouve aucune impulsion sollicitante. Je suis à l'état neutre d'équilibre et d'indifférence, comme une sphère suspendue au bout d'un fil ou flottant dans l'air immobile. Veux-je partir ou rester, aller au nord ou au midi, travailler ou me distraire ? il me semble que tous les partis me sont ouverts... Mais j'oublie que je dois déménager ; faire une cure pour ma gorge ; et que j'ai pas mal d'autres obligations certaines outre les convenances et utilités à garder en vue. L'indétermination absolue n'est donc qu'une apparence momentanée, tenant à mon insouciance oublieuse et aussi au fait que rien ne me relance et ne me dérange dans ma cellule, que je n'ai ni visites, ni lettres à faire, ni leçons à donner, que je n'attends rien ni personne, et que je puis rêvasser sans que rien me rappelle à l'ordre. Ce loisir pur et complet est si rare dans d'autres existences, que je dois en constater la présence et la douceur. Il représente le minimum de gêne et d'encombrement dont on puisse souhaiter l'avantage, ou le maximum de quiétude et de nonchaloir que l'on puisse traverser et posséder. Il est charmant d'être son maître, et de n'obéir à qui que ce soit, de savourer sa liberté et sa tranquillité. Certainement cette félicité est trop courte, pour être bien nuisible, quoiqu'elle soit épicurienne.

(Sept heures du soir.) — Brillant coucher de soleil, effet de lumière hollandais, air limpide, ombres fortes, coloris très vif des feuilles, splendeur humide et presque mélancolique. Les jours ont déjà l'air de se raccourcir. Je ne sais quoi avertit que le temps est court et que l'été s'envole.

Eprouvé aussi le besoin de me renouveler, de changer mon traintrain circulaire d'habitudes quotidiennes, de voir et de faire du nouveau. Je m'apparais comme absurde et encroûté et enterré, sans nécessité et par pure sottise. Il faut se démomifier, donner de la pâture fraîche à ses yeux et à son imagination ; reprendre langue avec les hommes, user de sa liberté. Quand on a des ailes, c'est un péché de ne pas s'en servir ; quand on a de l'argent on doit le dépenser ; quand on n'est pas galérien, il faut quitter son banc, laisser la rame pour l'alpenstock, les livres pour la nature, et son trou studieux pour la « foire aux vanités ». Va-t'en feuilleter les paysages du bon Dieu, les choses étrangères, l'humanité vivante. Tu as besoin de regarder, de causer, de voyager, de secouer ton indolence musculaire.

Restaure-toi, récrée-toi. Renouvellement c'est rajeunissement. Ta vie réclame une mue et une révolution, un autre cours d'idées et un rafraîchissement nerveux. Toute sorte de choses sont à modifier pour te remettre dans l'état normal.

L'esprit peut donc avoir une fringale subite de changement, et dans cette disposition-là, les choses coutumières, les visages familiers, l'ennuient. Il est comme rassasié et, pour reprendre appétit, appelle d'autres aliments, une autre cuisine.

Même celui qui redoute l'inconnu en a donc besoin dans une certaine mesure ; le *statu quo* absolu est donc contre nature. Le conservatisme immobile, la vie de couvent sont des erreurs. La fixité est saine, à condition qu'elle soit complétée par son contraire. L'art de la vie consiste à marier la continuité et l'innovation, la persistance et le progrès, l'identité et le changement. Imitons le temps qui transforme nos visages, mais graduellement, de façon qu'ils sont les mêmes et deviennent autres. L'existence bien réglée doit combiner, dans son tissu, une ou deux constantes avec trois ou quatre variables. — La satiété momentanée que tu ressens prouve que tu as violé la loi hygiénique et que l'uniformité a eu plus que sa part. Rétablis l'équilibre ; change d'air, d'occupation, de milieu, d'horizon. Tu reviendras ensuite avec plus de plaisir à tes intérêts ordinaires, à ton entourage accoutumé, à ton régime habituel.

Chose bizarre. Ta vie est une des plus monotones qu'on puisse imaginer ; tous les mois, toutes les semaines, tous les jours de la semaine s'y ressemblent. L'accoutumance machinale la gouverne. Il semble donc que la répétition éternelle et l'uniformité journalière ne doivent pas t'effrayer et pourtant l'une des anxiétés que te donne l'idée du mariage, c'est la crainte de la satiété et peut-être de la révolte. Tel qui ne mettra pas le pied dehors pendant des mois, frémit à la pensée d'être condamné pour quelques semaines à la prison ou aux arrêts. Nous voulons théoriquement être libres, c'est-à-dire pouvoir renoncer à notre servage, s'il nous lasse ou nous déplaît. C'est donc l'irréparable qui nous inquiète ; être prisonnier, fût-ce dans un paradis, nous est désagréable ; la perpétuité de la chaîne, fût-ce la chaîne d'or ou la chaîne de fleurs, nous effraie ; engager à l'avance, aliéner notre volonté à toujours, lorsque nous la savons mobile, changeante, indocile, nous paraît une témérité, presque une folie. C'est le serment qui fait peur, parce qu'il affirme et que nous ignorons, et qu'il promet ce qui ne dépend pas de nous, l'indestructibilité de l'amour, l'immuable attachement, l'invariable tendresse. Nous pouvons jurer de mourir pour un drapeau, de rester fidèles à l'honneur, de porter notre croix, parce qu'en le voulant nous pouvons le faire ; mais nous ne pouvons pas jurer d'aimer sans fin, parce que nous n'aimons pas à volonté, et que le sentiment se rit de nos ordres. Même à cette heure, à plus de cinquante ans, je ne me connais pas assez pour présumer de moi dix ou vingt ans à l'avenir, du moins sur des cas particuliers. Je sais bien que j'aimerai toujours la perfection, c'est-à-dire la bonté, la santé, la beauté, la justice, l'harmonie, la vérité, la vertu. Il me semble que j'en pourrais faire le serment. Mais mon idée actuelle de telle chose, mon sentiment actuel sur telle personne seront-ils les mêmes ? Je n'en sais rien.

Comment font les autres ? Ils s'abusent de bonne foi ; ils disposent étourdiment de l'éternité et s'en remettent à l'avenir du soin de les éclairer sur la validité de leurs promesses et sur la constance de leur nature. Émus, touchés, ils s'engagent pour la vie ; ils sont sincères ; mais il en est ce qu'il en peut et les serments n'empêchent rien, ni la froideur, ni les regrets, ni les révoltes, ni les haines, ni les fautes, ni les séparations morales. Le serment aggrave les culpabilités, voilà tout. A quoi bon méconnaître la nature des choses ? Une clause subreptice ou déraisonnable est entachée de nullité. On peut affirmer par serment qu'on aime, mais non qu'on aimera. Faites donc promettre et jurer l'honnêteté, la douceur, la patience, la fidélité, la protection, le support, c'est très bien ; mais ne faites pas promettre et jurer l'amour perpétuel, c'est vendre la peau de l'ours, c'est usurper l'avenir, c'est tromper les deux parties, c'est un leurre.

Ne nous engageons qu'à ce qui dépend de nous et qu'à ce qui est juste. Pour l'amour gratuit, pour le pardon, pour la générosité, pour l'héroïsme, nul n'a le droit de les exiger de nous, c'est notre réserve inaliénable...

17 juillet 1877. — Repassé hier mon La Fontaine. Remarqué ses lacunes. Il n'a ni papillon, ni rose, ni rossignol.

Il n'utilise ni la grue, ni la caille, ni le dromadaire, ni le lézard. Il n'a aucun ressouvenir chevaleresque. L'histoire de France date pour lui de Louis XIV. Sa géographie réelle n'a que quelques lieues carrées et n'atteint ni le Rhin ni la Loire, ni les montagnes ni la mer. Il n'invente aucun sujet de fable, et paresseusement prend des thèmes tout faits. Etc. etc. Mais malgré tout cela, quel adorable écrivain, quel peintre, quel observateur, quel comique, quel satirique, quel narrateur ! Je ne me lasse pas de le relire, quoique je sache par cœur la moitié de ses fables. C'est le seul de nos auteurs dont le volume puisse tenir lieu de tout le reste et fournir une citation, un à-propos pour toutes les circonstances publiques ou privées, une épigraphe pour toutes les chroniques mensuelles. Pour le vocabulaire, les tours, les tons, les idiotismes, sa langue est peut-être la plus riche de la belle époque, car elle combine savamment l'archaïsme et le classicisme, le gaulois et le français. Variété, finesse, malice, sensibilité, rapidité, concision, suavité, grâce, gaieté, au besoin noblesse, gravité, grandeur, on trouve tout dans le fabuliste. Et le bonheur des épithètes, et l'adage piquant, et les croquis enlevés, et les audaces inattendues, et le trait qui reste, on ne sait ce qui lui manque, tant il a d'aptitudes diverses.

Que l'on compare son *Bûcheron et la Mort* avec celui de Boileau (fait après) et l'on mesurera la prodigieuse différence entre l'artiste et le critique qui voulait lui en remontrer. La Fontaine vous donne la vision du pauvre paysan sous la monarchie, Boileau ne fait voir qu'un portefaix en sueur. Le premier est un témoin historique, le second n'est qu'un rimeur d'école. L'un est pittoresque, concret, vivant, pathétique ; l'autre est froid, maigre, nu et correct. — Aussi avec La Fontaine, peut-on reconstruire toute la société de son époque, et le bonhomme champenois avec ses bêtes se trouve être le seul Homère de la France. Il a autant de portraits humains que La Bruyère, et Molière n'est pas plus comique que lui.

Son côté vulnérable quel est-il ? C'est peut-être un épicuréisme assez peu idéal, et c'est par là sans doute que La Fontaine est antipathique à Lamartine. La fibre religieuse est étrangère à sa lyre, il n'a pas l'air d'avoir connu le christianisme ni les sublimes tragédies de l'âme. Horace est son prophète, et Ninon son Égérie. La bonne nature est sa déesse, et Montaigne son Évangile. En d'autres termes, son horizon est celui de la Renaissance, et il n'a jamais entendu parler de Bossuet et de Fénelon, du Pape et de l'Église gallicane. Cet îlot païen en pleine société catholique est bien curieux. Ce paganisme est d'une parfaite naïveté. Du reste Rabelais, Molière, Saint-Évremond sont bien plus païens que Voltaire ; il semble que pour le Français tout à fait français le christianisme n'est qu'un placage conventionnel, un costume qui n'adhère pas à la peau, et *a fortiori* n'a rien à faire avec le cœur, avec l'homme central, avec la nature profonde. Ce dédoublement est visible dans Chateaubriand ; il est commun en Italie. C'est l'effet des religions politiques : le prêtre s'y sépare du laïque, le croyant de l'homme et le culte de la sincérité. La fabrication des consciences artificielles est un des résultats du romanisme, d'Azeglio l'a fait remarquer. — Dans ce cas, l'artiste fait bien d'ignorer une religion qui n'est qu'un domino, et de rester dans la religion naturelle. La grimace dévote est l'inverse de la poésie, comme de la beauté. Rien n'est laid comme un capucin, rien n'est répulsif comme un Tartufe, rien n'est désagréable comme la fiction hypocrite. Un paganisme franc et honnête vaut beaucoup mieux. J'incline à croire que la simagrée traditionnelle, c'est-à-dire la duplicité demi-volontaire de la conscience, est la plaie séculaire et millénaire de la chrétienté. L'homme naturel y porte la cocarde de la crucifixion et ne crucifie que la bonne foi. On affecte et l'on professe une religion, mais on vit d'après un autre principe. Le Dieu réel est tout autre que le Dieu officiel. La fraude remplit la grande politique, elle remplit la conduite privée des fidèles. Le culte universel est celui des apparences. — Je préfère La Fontaine, quoique l'hypocrisie soit « un hommage rendu par le vice à la vertu ». Cette éternelle fiction a dégradé l'Occidental. Neuf fois sur dix, les chrétiens sont des fourbes si on les compare à des musulmans, des fourbes de piété, des comédiens de religion.

(Onze heures du soir.) — Lecture : Mme de Souza (*Adèle de Sénange*)... Dans *Adèle de Sénange* rencontré certain per-

sonnage qui a le tic des synonymes. Je me suis dit : Prends garde à toi, tu penches de ce côté, *hic tua res agitur*. — Tout en cherchant la nuance juste de ta pensée, tu parcours le clavier des synonymes, et très souvent c'est par triades que ta plume procède. Attention ! Évite tous les tics, tous les plis, toutes les routines : ce sont des faiblesses. Il faut se servir indifféremment des coupes 1, 2, 3, 4 ou 5, suivant le sujet et l'occasion. Procéder par le mot unique donne de la vigueur ; par le mot double, donne de la clarté, en nommant les deux extrémités de la série ; par le mot triple, du complet, en fournissant le commencement, le milieu et la fin de l'idée ; par le mot quadruple ou quintuple, donne de la richesse, par l'énumération.

Ton défaut principal étant le tâtonnement, tu recours à la pluralité des locutions qui sont des retouches et des approximations successives ; tu y recours du moins dans ce journal écrit d'abondance. Lorsque tu composes, 2 devient plutôt ta catégorie. Il conviendrait de t'exercer au mot unique, c'est-à-dire au trait à main levée, sans repentir. Pour cela, il faudrait te guérir de l'hésitation. Tu vois trop de manières de dire ; un esprit plus décidé tombe directement sur la note juste. L'expression unique est une intrépidité qui implique la confiance en soi et la clairvoyance. Le somnambule et l'animal ne balancent pas, l'instinct est quasi infaillible. Pour arriver à la touche unique, il faut ne pas douter, et tu doutes toujours.

> Quiconque est loup agisse en loup ;
> C'est le plus certain de beaucoup.

Je me demande si, à vouloir revêtir un autre caractère que le mien, j'y gagnerais quelque chose. Ma manière onduleuse née du scrupule a du moins les deux mérites d'être exhaustive et sincère. Quand elle se ferait courte, affirmative, résolue, ne serait-elle pas d'emprunt ? — Réponse : aucun style subjectif et uniforme n'est ton affaire. Ta nature est souple, aie le *style du sujet*. Seulement varie les sujets pour avoir à varier les tons, les tournures, les coupes, les rythmes et l'allure de ton style.

Le journal intime n'étant qu'une méditation rêveuse, qu'un soliloque, non gêné par le temps, bat les buissons à l'aventure sans courir à un but. La causerie du moi avec le moi n'est qu'un éclaircissement graduel de la pensée. De là les synonymies, les retours, les reprises, les ondulations. Qui affirme est bref, qui cherche est long, qui confesse est flexueux, qui songe marche en ligne irrégulière.

J'ai bien le sentiment qu'il n'y a qu'une expression juste, mais pour la trouver je veux choisir entre tout ce qui lui ressemble, et par conséquent mon instinct fait jouer les séries verbales, afin de découvrir la nuance qui traduit le plus exactement l'idée. C'est même mon idée que je tourne et retourne en tous sens, afin de la mieux connaître, d'en prendre conscience. Au pied de la lettre, je pense plume en main, je me débrouille et me dévide par pure curiosité. Il est clair que la forme de style correspondante à cet amusement ne peut avoir les qualités d'une pensée qui se possède déjà et veut seulement se communiquer aux autres, avec netteté, autorité, rapidité. Le journal observe, dissèque, analyse, contemple, furette, tâtonne ; l'article entend faire réfléchir ; le livre doit démontrer.

Conclusion. Le journal intime n'est pas une préparation à l'enseignement ni à l'art de la composition. Il n'apprend ni à parler ni à écrire, ni à penser avec suite et méthode. C'est un délassement psychologique, une récréation, une gourmandise, une paresseuse activité, un faux-semblant de travail. — Il pourrait être un livre de compte moral ; mais il y a bien des années que ce point de vue disciplinaire m'est devenu étranger. J'essaie de me comprendre, mais je ne me gouverne et ne me gourmande plus sérieusement. Je ne sais plus ce que c'est que l'ascétisme, que l'œuvre de la sanctification quotidienne, que la poursuite acharnée d'un but quelconque. Je me laisse vivre, sentir, étudier, penser, et je regarde dans mon âme, comme dans une boîte à phénomènes, sans rien déranger par l'intervention brutale et pédantesque de mon vouloir. Le découragement a fait mon détachement, le détachement s'est rabattu sur la contemplation. Je puis encore travailler au bonheur et au perfectionnement d'autrui; pour moi, il me semble que je tourne sur moi-même, sans désir, sans progrès, sans objet. Je ne deviens plus, je suis. Je ne demande qu'à être pensant et aimant, et qu'à ne pas souffrir. — Je me suis pour ainsi dire supprimé du nombre des causes efficientes et finales, retranché de la société humaine, rayé de la liste des existences individuelles qui ne comptent que par leurs besoins, leurs efforts, leurs effets, leur action sur les choses ou sur les êtres, en un seul mot par leur volonté.

Suis-je arrivé à être un esprit pur, inaccessible aux tyrannies de la nature ou de l'humanité, au-dessus de la souffrance ou du plaisir, des larmes et du rire ? Hélas non. L'homme serait un dieu s'il pouvait se suffire. Je ne me suis pas proposé d'être un dieu, pas plus que d'être conséquent, insensible, saint ou célèbre. Je ne me suis rien proposé du tout. Je me suis laissé respirer, croître, vivre et rêver. Drôle de corps... « monstre incompréhensible » !

21 juillet 1877 (onze heures du soir). — Nuit superbe. Firmament étoilé, causerie de Jupiter et de Phébé en face de mes fenêtres. Effets grandioses de ténèbres et de rayons dans mon préau calviniste : Mantegna, Rembrandt, G. Doré en auraient délecté leurs yeux. Une sonate remontait du gouffre noir, comme une prière de repentir s'échappant du lieu des supplices. Le pittoresque se fondait en poésie, et l'admiration en émotion.

30 juillet 1877. — A. S***[1] fait sur Renan une remarque assez juste, à propos du volume des *Évangiles.* Il fait ressortir la contradiction entre le goût littéraire de l'artiste qui est fin, personnel et sûr, et les opinions du critique qui sont d'emprunt, vieillies et vacillantes. — Cette hésitation entre le beau et le vrai, entre la poésie et la prose, entre l'art et l'érudition, est en effet caractéristique. Renan goûte vivement la science, mais il est encore plus écrivain, et il sacrifiera, s'il le faut, le dire exact au bien dire. La science est sa

1. Article d'Auguste Sabatier, dans le *Journal de Genève* du 29 juillet 1877, sur : Ernest Renan, *Les Évangiles et la seconde génération chrétienne.*

matière plutôt que son but ; son but, c'est le style. Une belle page a pour lui dix fois plus de prix que la découverte d'un fait ou la rectification d'une date. Et sur ce point, je sens de même, car une belle page est belle par une sorte de vérité plus vraie que l'enregistrement de matériaux authentiques. Rousseau était de cet avis. Un chroniqueur peut trouver à raturer Tacite, mais Tacite survit à tous les chroniqueurs. Je sais bien que la tentation esthétique est la tentation française, j'en ai souvent gémi. Néanmoins, si je désirais quelque chose, ce serait d'être un écrivain, un grand écrivain. Laisser un monument *ære perennius*, un ouvrage indestructible, qui fasse penser, sentir, rêver, à travers une suite de générations, cette gloire serait la seule qui me ferait envie, si je n'étais sevré même de cette envie. Ce livre serait mon ambition, si l'ambition n'était vanité, et vanité des vanités.

(Plus tard.) — Malgré les siècles révolus, l'esprit seul s'est dégagé en Germanie, la statue n'est pas sortie de sa gaine, et de la tête elle-même le front seul s'est modelé. L'Allemand est barbare depuis les pommettes jusqu'à la plante des pieds. Le faune remonte en lui jusqu'aux oreilles exclusivement. — Il n'y a qu'à regarder le masque de ses grands hommes actuels, de Bismarck, de Moltke ou de l'empereur Guillaume, pour reconnaître une argile grossièrement pétrie, une race forte mais épaisse, calculatrice mais rude. Esthétiquement, ils font souffrir, et du côté des femmes comme du côté des hommes, on est aussi imparfait d'apparence, d'allure, de forme, de manifestation. On manque également de grâce, de distinction, de noblesse, de dignité, de beauté. La vulgarité germanique est dix fois vulgaire, la corruption germanique, le chantage allemand dix fois plus laids qu'ailleurs. Ils sont condamnés à être honnêtes, solides, sérieux, sous peine de n'avoir plus rien, ressemblant en ceci à la femme qui perd tout en perdant sa pudeur.

Dans mes jeunes années, les vilains côtés de l'Allemagne m'échappaient. Je les couvrais de ma sympathie et les submergeais dans ma bienveillance. Je n'en peux plus dire autant à cette heure. J'aime beaucoup d'Allemands et beaucoup de choses en Allemagne ; mais je n'ai aucun bandeau sur les yeux, et les défectuosités me sont aussi désagréables qu'à personne.

Bains d'Ems, 9 août 1877 (soir). — La justice consiste à reconnaître le droit des autres, le droit réciproque, mutuel, équivalent, des autres nations, des peuples, des sociétés, le droit de l'humanité. Ne serait-ce pas les petits peuples qui peuvent le mieux élaborer les notions de justice internationale ? Les gros ont tous les appétits plus violents et les intérêts plus passionnés. Ils sont les analogues des grands carnassiers. La justice suppose la noblesse de l'âme et le désintéressement. — Une fédération de petits peuples libres, qui ne demandent que l'indépendance, semble la patrie naturelle des idées historiques plus humaines, le sol des théories épurées de civilisation. Un Anglais, un Allemand, un Français, un Russe, un Américain a toujours une arrière-pensée sur la suprématie, l'hégémonie de sa nation. A son insu, il veut la gloire de son peuple et croit à sa supériorité. Un Hollandais, un Danois, un Suisse échappent à cette tentation et à cette illusion. Ce n'est pas eux qui voudraient américaniser, franciser, germaniser, russifier l'Europe. D'avance ils sentent l'avantage et le droit de la diversité. Ils sont plus affranchis des préjugés de nationalité, de race, de confession, de langage. Et le Suisse a peut-être encore la position la plus privilégiée, car sa patrie parle quatre langues, a trois religions, et vingt-cinq communautés politiques. Il sait donc mieux à quelles conditions on s'allie et l'on vit en commun, sans se fouler trop les uns les autres.

Il est vrai que le triomphe grandissant du darwinisme, c'est-à-dire du matérialisme, ou de la force en philosophie, menace la notion de justice. Mais celle-ci aura son tour. La loi humaine supérieure ne peut être empruntée à l'animalité. Or la justice, c'est le droit au maximum d'indépendance individuelle compatible avec la même liberté pour autrui : en d'autres termes, c'est le respect de l'homme, du mineur, de l'adulte, du faible, du petit, et des collectivités humaines, les associations, les États, les nationalités ; c'est la garantie accordée à tous les groupements spontanés ou réfléchis, qui peuvent accroître la somme du bien et satisfaire le vœu des

êtres personnels. — L'exploitation des uns par les autres
blesse la justice. Le droit du plus fort n'est donc pas un droit,
mais un simple fait qui n'a de droit qu'aussi longtemps qu'il
n'y a pas protestation ni résistance. Il ressemble au froid, à
la nuit, à la pesanteur qui s'imposent jusqu'à ce que l'on ait
trouvé le chauffage, l'éclairage, la mécanique. Toute l'industrie humaine est une émancipation de la nature brute ;
les progrès de la justice sont de même la série des reculades
subies par la tyrannie du plus fort. La médecine consiste à
vaincre la maladie, et le bien consiste à vaincre les férocités
aveugles et les appétits effrénés de la bête humaine. Je vois
donc toujours la même loi : la libération croissante de l'individu, l'ascension de l'être vers la vie, vers le bonheur, vers la
justice, vers la sagesse. La gloutonnerie avide est le point
de départ, la générosité intelligente le point d'arrivée. La
chenille doit devenir papillon, et le poupon un sage et un
juste.

Bains d'Ems, 11 août 1877. — Toute la société au salon a
chanté en chœur la *Loreley* et quelques autres mélodies
populaires. Ce qui, dans nos pays, ne se fait que pour le culte,
se fait aussi en Allemagne pour la poésie et pour la musique.
Les voix se mêlent, sans familiarité immodeste. L'art partage
le privilège de la religion. Ceci n'est ni français, ni anglais, et,
je crois, pas même italien. Cet esprit de dévotion artistique,
de collaboration anonyme, de communion désintéressée dans
l'harmonie est germanique ; il fait contrepoids à certaines
pesanteurs prosaïques de la race, qui est sentimentale, mais
aussi sensuelle.

Ems, 13 août 1877. — Je crois que c'est Schopenhauer et
Hartmann qui ont le plus crûment dévoilé l'escamotage de
la Nature, et toutes les ruses dont la sexualité enlace les
individus. Le pessimisme échappe à cette tyrannie fraudu-
leuse du penchant érotique. Qui trompe-t-on ici ?...
L'amour a l'instinct du suicide, car il pousse aux caresses,
et la caresse suprême le tue ; et, si elle est refusée, elle tue
l'amoureux. C'est donc une flamme qui a besoin de brûler,

c'est-à-dire de détruire son aliment, c'est-à-dire de s'annuler elle-même. — La sagesse consiste à changer l'incendie d'un jour en lumière et en foyer continuel, c'est-à-dire à faire vie qui dure avec l'amour ; car le cœur glacé ou embrasé détruisent également l'homme...

Ems, 14 août 1877. — Qu'est-ce qu'un homme bien élevé ? Celui qui connaît et pratique tous les menus devoirs de la politesse. Il a de l'usage, du savoir-vivre, des formes, des manières, des procédés ; il sait varier les égards, parce qu'il devine toutes les convenances. Il entre, il sort, il salue, il demande, il répond, il paie, il réclame, il offre, autrement que l'individu commun et vulgaire. Ses attitudes, son silence, sa façon de s'asseoir ou de manger indiquent l'habitude de la bonne compagnie. Le principe de ces effets innombrables et divers, c'est le respect de soi-même et des autres, manifesté avec toutes les nuances possibles, suivant les circonstances et les personnes.

Qu'est-ce qu'un esprit cultivé ? C'est celui qui a traversé un grand nombre d'apprentissages de la réflexion, et qui peut regarder d'un grand nombre de points de vue. La culture est proportionnelle à la quantité des catégories dont dispose une intelligence. Plus on a en soi de manières d'être possibles, de modes, de moules, de formes, de méthodes, de ressources acquises, plus on est cultivé. L'homme cultivé comprend beaucoup de choses, mais il n'est pas nécessairement inventif, ingénieux, spirituel. Il est seulement exercé, réceptif, ouvert. Ses dons premiers peuvent être médiocres, mais il les a fait valoir par le travail. — Une demi-culture peut gâter le naturel (et c'est le cas de tous les bourgeois, philistins, parvenus, cuistres et pédants de l'univers) ; mais un heureux naturel complètement cultivé donne le vrai dilettante, l'amateur judicieux, le connaisseur éclairé, le public que se désire à lui-même tout artiste et tout écrivain. — La culture purement scientifique ne suffit pas pour faire un esprit cultivé. Il y faut encore la connaissance des hommes, c'est-à-dire la possession de plus d'une langue, le voyage, la littérature. Ce sont les lettres qui cultivent encore le plus ; *litteræ humaniores*.

Un homme instruit n'a pas seulement assoupli et formé ses facultés, mais emmagasiné des connaissances positives. L'homme cultivé peut tout apprendre ; l'homme instruit a déjà des provisions accumulées.

Un homme bien élevé, cultivé et instruit est beaucoup plus agréable qu'un érudit qui peut être un lourdaud, ou qu'un savant spécialiste, dont on ne sait que faire hors de sa spécialité.

Clarens, 23 septembre 1877. — Belle matinée bleuâtre et poétiquement vaporeuse. Erré une grande heure sur le chemin de Belmont, gracieux belvédère qui reproduit en petit la route-terrasse de Charnex... J'aspire des yeux, des oreilles et du poumon, l'air pur, les sensations de toute espèce, qui montent de ce suave paysage matinal. Nappes de rayons obliques, Dent du Midi, toute blanche, émergeant d'une vaste collerette de vapeurs ; pentes boisées et ondulées, lac miroitant et changeant, montagnes d'émeraude et d'améthyste, guipures des noyers, ombres traînantes, vignes mûrissantes, pommes rouges, papillons, quelques couples se rendant à l'église, quelques voiles sur l'eau, les trains discrets avec leur panache de fumée, l'Oasis avec ses roses, ses cyprès et ses saules pleureurs ; tout cela dans ce cirque enchanteur borné par les Pléiades, le Cubly, le Caux, le Sonchoz, l'Arvel, la Dent du Midi et le Grammont. Tout le pays me paraissait un encensoir, et la matinée était une prière. Il fait bon ici contempler, vivre, rêver et mourir.

Une légère brise fait onduler la frange de l'auvent de toile rayée qui protège mon balcon. Quelques chants d'oiseaux, un battement de roues, quelques voix de femmes montent à ma chambre ouverte. Mais on sent le repos dominical à je ne sais quel silence plus vaste qui enveloppe ces petits bruits prochains. On a beau dire, ce recueillement a sa beauté, et l'éternelle activité sent l'esclavage. L'âme veut aussi rentrer en elle, écouter les voix de l'immuable, vivre par sa partie éternelle, échapper au mouvement, éprouver la paix ; elle a son besoin dominical. C'est l'heure du culte, c'est la fonction religieuse, c'est la place du divin.

31 octobre 1877. — Est-ce un signe de maturité ou de déclin ? j'éprouve une grande lassitude morale devant l'obligation de tenir pied au torrent des publications philosophiques et de rester au niveau ; cela m'ennuie même. Ma curiosité des faits nouveaux n'est point épuisée ; mais l'éternel raturage et recommencement des idées sur les choses me rassasie et m'oppresse.

Au fond, j'ai comme Schopenhauer peu de goût à professer la philosophie, comme à inculquer la poésie, à enseigner la religion. Ma vocation n'est plus de mon goût et la défiance de moi-même, le doute sur les résultats, l'indifférence, l'indolence, le scepticisme m'y rendent impropre peut-être. L'esprit critique a tout dévoré. D'ailleurs trois mois de distraction m'ont rendu étranger à toute cette modalité de l'être. Je suis devenu littérateur, épicurien, valétudinaire et paresseux. Mon vieux moi n'est plus moi ; je me reconnais à peine. Le détachement l'a dépouillé des acquisitions de toute sa vie ; il est dévêtu de son être ancien comme mes os maxillaires sont veufs de leurs dents. Cet état de pénurie intérieure, de misère et de vide, d'incertitude et de nonchalance est une épreuve étrange. Il me semble sortir d'une longue maladie ou même du tombeau ; et je demande à mon être actuel : Qui es-tu ? que peux-tu ? que sais-tu ? Je ne me sens aucune volonté, et je flotte comme une simple épave. Faut-il m'effrayer de cette situation anormale ? est-ce un état morbide ? Il me semble que oui, car ainsi l'on ne peut être utile ni à soi ni aux autres ; la carrière virile est terminée ; on est un homme usé, fini ; l'honneur murmure, la fierté rougit, la conscience réclame. — Chacun a son devoir particulier, outre le devoir général de faire quelque chose. Tu dois être un professeur sérieux ; tu dois t'appliquer à quelque travail important ; tu dois économiser le reste de tes forces, au lieu de jeter le manche après la cognée. Et quant à ce qui dépend de ton choix, tu dois choisir ce que personne ne fera mieux que toi ou ne peut faire à ta place, ou ne ferait aussi prochainement. Il faut jouer ton jeu et non le jeu d'autrui, jouer avec tes cartes et non avec les cartes qui te manquent, jouer sans délai et non te proposer vaguement de jouer.

Reprends le gouvernement de ta vie, l'administration et

l'exploitation de tes jours, la responsabilité de toi-même, l'activité, la volonté. Règle tes affaires, ton temps, tes occupations, ton délassement, ton travail. Mets fin résolument aux vacances, et à l'oisiveté. Réveille-toi, toi qui dors, et sors d'entre les défunts. Tu n'es pas encore dispensé. Les velléités, le partage, l'insouciance sont à jeter à la porte.

6 novembre 1877 (huit heures et demie du matin). — Je prends mon instinct sur le fait. Les quatre vers qui précèdent [1] n'ont presque aucun rapport avec l'occasion qui est censée les produire. C'est le *mot* « délaissement » qui a fait partir ma plume, puis un vers en a donné trois autres, et un désagrément imperceptible m'a fait songer à de beaucoup plus grands, et une impression personnelle s'est agrandie et généralisée. Les *Méandres* [2] se sont faits ainsi. Ils traduisent moins mes circonstances individuelles qu'ils ne les utilisent. Les impressions passagères deviennent de simples textes à des observations plus hautes ou plus durables. La poésie change tout ce qu'elle touche et même ce qu'elle reflète, d'un rien elle fait quelque chose, car d'un accident elle remonte à la loi, d'un cas particulier au type, du fait à l'idée, du réel à l'idéal. Et cette tendance se constate aussi bien dans un seul vers que dans un poème entier, dans l'expression d'un sentiment tout subjectif que dans celle d'une vue contemplative, dans le récit d'une action ou dans un tableau descriptif. La langue généralise déjà forcément, la poésie incarne des généralisations, vivifie des pensées, c'est-à-dire enfante des réalités d'élite, un monde plus noble et plus choisi

---

1. Le quatrain auquel Amiel fait allusion termine des réflexions moroses de la veille au soir. Le voici :

> Pourquoi de ses ennuis recommencer la gamme ?
> Ruminer ses chagrins, c'est deux fois en souffrir.
> A tous délaissements accoutumons notre âme,
> Sans révolte sachons renoncer et mourir.

Le troisième vers avait été écrit le premier. Plus tard, Amiel a interverti l'ordre du quatrain.

2. Titre qu'Amiel a longtemps pensé donner au recueil de poésies qui paraîtra en 1879, sous le titre de *Jour à jour*, Fischbacher, Paris.

que le monde positif. Elle rend aux choses le service que la foi religieuse attend, pour les fidèles, de la résurrection ; elle les reproduit plus belles, plus pures, plus grandes, entourées d'une auréole d'immortalité. Le poète est donc le prophète d'un autre mode d'existence, le visionnaire d'une nature et d'une humanité transfigurées, tandis que la prose est la langue de ce monde-ci. Le poète est un habitant de l'Olympe en passage dans l'existence inférieure, c'est Apollon chez Admète, et il est presque vrai au pied de la lettre d'appeler la poésie le langage des dieux.

L'intelligence d'assimilation anticipe presque toujours l'expérience intime et personnelle. Ainsi nous parlons d'amour bien des années avant de le connaître, et nous croyons le connaître, parce que nous le nommons ou que nous en répétons ce qu'en disent les gens ou ce qu'en racontent les livres. Il y a donc des ignorances de plusieurs degrés, et des degrés de connaissance tout illusoires. C'est même l'ennui perpétuel de la société, que ce tournoi avec des verbosités impétueuses et intarissables, qui ont l'air de savoir les choses parce qu'elles en parlent, l'air de croire, de penser, d'aimer, de chercher, tandis que tout cela n'est que bruit vain, apparences, vanité, babil. Le pis est que, l'amour-propre étant derrière ce babil, ces ignorances d'ordinaire sont féroces d'affirmation, ces caquetages se prennent pour des opinions, ces préjugés se posent comme des principes. Les perroquets se tiennent pour des êtres pensants, les imitations se donnent pour des originaux, les fantômes d'idées entendent être traités comme des substances, et la politesse exige qu'on entre dans cette convention. C'est fastidieux.

Le langage est le véhicule de cette confusion, l'instrument de cette fraude inconsciente. — Babélisme, psittacisme : ces maux sont prodigieusement augmentés par l'instruction universelle, par la presse périodique et tous les procédés de vulgarisation actuellement répandus. Chacun remue des liasses de papier-monnaie, et peu ont palpé l'or. On vit sur les signes, et même sur les signes des signes, et l'on n'a jamais tenu, vérifié, senti, expérimenté les choses. On juge de tout et l'on ne sait rien.

Qu'il y a peu d'êtres originaux, individuels et vrais, qui

valent la peine d'être *écoutés* ! Leur vrai moi est englouti dans une atmosphère d'emprunt. Il n'apparaît que dans leur vouloir ; là seulement ils sont sincères, par là seulement on entre en contact avec leur nature réelle. Tous les êtres envisagés comme force, comme caractère, valent la peine d'être *regardés*. Mais combien peu sont autre chose que leurs penchants, autre chose que des animaux vernis simulant, par le langage et la station sur deux pieds une nature supérieure ! La présence en eux de la conscience qui proteste contre leur manière d'être et de la raison qui aperçoit souvent la vacuité, l'inanité de leur verbiage, les met seule un peu au-dessus de l'animalité.

Dans le fait, l'immense majorité de notre espèce représente la candidature à l'humanité ; pas davantage. Virtuellement nous sommes des hommes, nous pourrions l'être, nous devrions l'être ; mais non seulement nous ne sommes pas des anges, nous n'arrivons pas même à réaliser le type de notre race. Les semblants d'hommes, les copies, les charges, les contrefaçons d'hommes remplissent la terre habitable, peuplent les îles et les continents, les campagnes et les cités. Quand on veut respecter les hommes, il faut oublier ce qu'ils sont et penser à l'idéal qu'ils démentent, mais qu'ils portent caché en eux, à l'homme juste, noble, grand, intelligent, bon, inventif, inspiré, créateur, vrai, loyal, fidèle, sûr, à l'homme supérieur en un mot, à l'exemplaire divin que nous appelons une âme. Les seuls hommes qui méritent le nom d'hommes, ce sont les héros, les génies, les saints, les êtres harmonieux, puissants et complets. Est-ce qu'une lyre fendue et décordée est une lyre ? est-ce qu'une épée sans poignée et sans lame est une épée ? est-ce qu'un chanteur à la voix fausse est un chanteur ? est-ce qu'un cheval à trois pieds est un cheval ? Nous ne sommes donc que des échantillons de rebut, de la pacotille, de la friperie et de la maculature, des tessons, des scories, souvent des ébauches à peine dégrossies, en un mot de simples fractions d'hommes.

Peu d'individus méritent d'être écoutés ; tous méritent d'être regardés avec une curiosité compatissante et une clairvoyance humble. Ne sommes-nous pas tous des naufragés, des mutilés, des malades, des maniaques, des condam-

nés à mort ? Que chacun travaille à son perfectionnement et
ne blâme que lui-même ; tout ira un peu mieux pour chacun.
Quelque impatience que nous procure le prochain et quelque
indignation que nous inspire notre race, nous sommes en-
chaînés ensemble, et les compagnons de chiourme ont tout
à perdre aux injures, reproches et récriminations mutuelles.
Taisons-nous, aidons-nous, tolérons-nous, et même aimons-
nous. A défaut d'enthousiasme, ayons de la pitié. Posons
le fouet de la satire, le fer rouge de la colère ; mieux
valent l'huile et le vin du Samaritain secourable. On peut
extraire de l'idéal le mépris ; il est plus beau d'en tirer la
bonté.

(Onze heures du matin.) — Le solitaire est très mauvais
juge de la valeur relative des dons qu'il possède ; c'est au
marché qu'il l'apprend. Pour lui, dans son ermitage, ses diamants valent des cailloux. Il est très possible que ce qu'il
tient pour bagatelle et bibus ait du prix pour les gens du
dehors. Ainsi, pour toi, ces 14.000 pages de Journal te
paraissent des ritournelles et des redites, parce que la vie
intérieure tourne en cercle. Qui sait si d'autres n'y trouveront
pas un attrait plus sérieux, de l'instruction, de l'édification
même ? L'auteur de l'*Africa* ne tenait pas à ses petits sonnets
amoureux, et ce sont ces petits sonnets qui ont fait sa gloire.
La plupart des célébrités sont peut-être célèbres par autre
chose que ce qui leur paraissait le meilleur de leur lot. Le
monde a sa mesure, je ne dis pas que ce soit la meilleure,
mais historiquement c'est la seule qui serve. — Tu n'as
jamais consenti à te regarder avec les yeux du public et de
l'opinion et à te subordonner à ce jugement extérieur, parce
que c'est le procédé des habiles et des utilitaires. Tu n'as pas
voulu t'exploiter comme une mine, comme une usine, comme
une forêt, comme un bétail, en cherchant ce qui a cours, ce
qui se vend, ce qui réussit sur le marché littéraire ou social.
Cette fierté est permise, mais tu l'as poussée un peu loin. Il
faut bien se respecter soi-même, mais le parfait dédain pour
les préférences courantes, pour le goût public, pour la mode,
est une imprudence. On ne sait plus soi-même ce qu'on vaut,
et l'on devient de plus en plus timide. On est distancé par

tous les béotiens, qui ont du flair et de la ténacité ; et c'est
dommage, après tout...

19 novembre 1877. — Éprouvé aujourd'hui que le texte
écrit, les ratures et les variantes hébétaient l'imagination et
paralysaient la verve. Quand j'avais cherché longtemps en
scribe, le crayon à la main, je me levais et après trois tours
de chambre, la chose venait librement d'elle-même. La
poésie doit être chantée ou dictée ; l'effort laborieux de
l'homme courbé sur son pupitre l'effarouche et la met en
fuite. Quand l'œil est fasciné par les caractères graphiques,
l'esprit ne vole plus, et se traîne seulement. Il faut parler sa
pensée et chanter ses rêves ; l'improvisation et la dictée
sont des libératrices du talent. Je m'en aperçois un peu tard.

9 décembre 1877. — Ce soir, lu une partie des *Cariatides*
de Banville. Je m'efforce en vain d'aimer cette manière d'entendre la poésie. Les Parnassiens sculptent des urnes d'agate
et d'onyx, mais que contiennent ces urnes ? de la cendre.
Ce qui manque là, c'est le sentiment vrai, c'est l'âme, c'est la
vie morale, c'est le sérieux, c'est le pathétique, c'est la vie
élevée et la sincérité. Le talent est prestigieux, mais le fond
est vide. L'imagination veut tout remplacer. On trouve des
métaphores, des rimes, de la musique, de la couleur ; ce
qu'on ne trouve pas, c'est l'homme. Cette poésie superficielle
et factice peut enchanter à vingt ans ; mais qu'en peut-on
faire à cinquante ? Banville me fait songer à Pergame, à
Alexandrie, aux époques de décadence, où la beauté de la
forme cache l'indigence de la pensée et l'épuisement du cœur.
— J'éprouve avec intensité la répugnance que cette école
poétique inspire aux braves gens. On dirait qu'elle n'a souci
de plaire qu'aux libertins, aux blasés, aux raffinés, aux
corrompus, et qu'elle ignore la vie saine, les mœurs régu-
lières, les affections pures, le travail rangé, l'honnêteté et le
devoir. Cette bohème élégante ne vaut pas mieux que la
bohème crapuleuse. C'est de l'art de courtisane. C'est de la
fanfaronnade de vice. C'est une affectation, et parce que
c'est une affectation, c'est une école frappée de stérilité. Le

lecteur désire dans le poète mieux qu'un saltimbanque de la
rime et un pipeur de vers ; il veut trouver en lui un peintre
de la vie, un contemplateur, un ami, un semblable, un être
qui pense, qui aime, qui a de la conscience, de la passion, du
repentir, et non un simple baladin jonglant avec la volupté.
L'école dont le drapeau est *l'art pour l'art* se juge à ses fruits.
Elle dégoûte le lecteur de ses dieux et de son culte, parce
que sous ces grands mots apparaît sa parfaite frivolité. Ce
pseudo-paganisme n'est qu'une contenance. Il n'empoigne
pas l'homme actuel. Il n'est qu'une poussière d'or jetée sur
un cadavre.

19 décembre 1877. — Le monde et toi vous vous regardez
l'un l'autre avec des yeux étrangers. Il ne te comprend pas,
tu ne le comprends plus. Il n'y a bientôt plus rien de commun
entre vous. Ainsi doivent sentir les centenaires, quand tout
ce qu'ils ont aimé est descendu au tombeau. C'est là le dessé-
chement aride, l'ensablement, la pétrification contre laquelle
voudrait lutter Gudule [1]. Elle y voit l'envahissement de la
mort. Il est sûr que c'est le contraire de la vie. Je n'éprouve
pourtant que très peu de vide, de langueur ou d'ennui. Si
c'est le dépérissement, il n'est pas très douloureux ; les révoltes de la chair n'y paraissent plus. On dirait plutôt une
phtisie paisible de la volonté, un marasme lent de l'âme. —
Il me semble sortir d'un long évanouissement. Épiménide
sortant de sa caverne devait éprouver des impressions analogues.

Deux intensités de contemplation : au premier degré,
c'est le monde qui se volatilise et devient un pur songe ; au
second degré, c'est notre moi qui, à son tour, n'est plus qu'une
ombre, le rêve d'un rêve. Fantasmagorie brahmanique.

24 mars 1878. — Un sexe qui préfère la faveur à la justice,
la superstition à la sagesse, l'opinion à la connaissance,   .
l'erreur à la vérité, doit être tenu à l'écart des grandes questions et des grandes décisions historiques. Il n'a que les

---

1. L'un des surnoms par lesquels le Journal désigne Fanny Mercier.

facultés du lieutenant et non celles du général. Il est nul et serait redoutable comme juge, comme législateur, comme révolutionnaire, comme fondateur, comme inventeur. Il convient de l'utiliser pour toute chose, mais de ne lui laisser la direction suprême de rien. Lui accorder la parfaite égalité de fonctions et de droits avec l'autre sexe serait tenir parfaitement en échec l'humanité et la civilisation. Les exceptions apparentes ne prouvent rien. Quelques femmes extraordinaires n'empêchent pas la moyenne d'être l'élément sentimental, passionné, retardataire, routinier, passif, de la société. Le progrès se fait non par elles, mais malgré elles. Le progrès, c'est essentiellement le progrès dans la vérité, et c'est l'homme qui invente, qui trouve, qui découvre, innove, entreprend, essaie, l'homme qui crée et conquiert. *Cuique suum.* Le mâle a bien des faiblesses et bien des torts ; mais tout serait pire s'il cessait d'être le maître. La gynécocratie a dû être une triste époque et son retour n'est pas à désirer. La seule effémination d'une race est déjà sa décadence...

Il sera curieux que l'ère démocratique finisse par l'émancipation totale des femmes, qui mettra fin aux habitudes de la démocratie. Les femmes ont toutes le faible aristocratique, elles détestent la vulgarité et l'égalité ; leur goût est pour la distinction, pour la faveur arbitraire, pour l'inégalité des mérites. Leur premier soin sera d'arranger une bonne tyrannie à leur goût, la dictature du prêtre et de l'artiste. La revanche sera drôle.

Le libéralisme en politique et en religion, est la dernière chose qu'aimeront et pratiqueront les femmes. Le respect pour la science est l'antipode de leur penchant.

25 mars 1878. — La tendance féminine est l'assimilation rapide et usurpatrice. On convertit carrément les réminiscences en trouvailles personnelles. On croit que c'est arrivé... Le besoin critique d'indiquer ses sources, de reconnaître ses emprunts, de citer ses prêteurs, de faire aux autres leur droit, n'est pas proprement féminin. L'écho prétend à l'originalité. Le petit élément additionnel de recombinaison se pose comme l'égal de la création-mère. Le talent d'élève se tient pour l'équivalent du génie magistral. Et cette illusion a sa bonne foi, ou du moins elle se garde de tout examen de conscience, qui pourrait l'inquiéter. On ne veut pas faire la différence entre enfanter et engendrer, entre exploiter et inventer, entre la puissance d'imitation et celle d'innovation. La lune qui reflète s'imagine aussi être une lumière par elle-même, et se figure *in petto* être un petit soleil. L'avidité réceptive et la facilité reproductive ne sont pourtant que des qualités secondaires de l'intelligence. Le mâle seul travaille sur les choses et fait du neuf. L'esprit féminin pompe les idées de l'homme et se figure les avoir extraites de la nature elle-même. Ce larcin perpétuel et inavoué est la comédie des époques de culture. Les dames représentent assez bien les argentiers qui font arriver dans leurs coffres les écus produits par le travail incessant des autres hommes et qui estiment être les supérieurs de ceux qui apportent, parce que ce sont eux qui emportent. — Les frelons de la ruche intellectuelle se moquent des abeilles qui fabriquent le miel et se croient mieux que des collaborateurs.

L'*imaginative* n'est pas tout à fait l'imagination. La femme ne produit pas les idées fécondes, mais elle trouve les détails, elle agence, polit, finit, perfectionne, elle voit les négligences, elle embellit les dehors. Elle représente l'adresse et le goût, la finesse et le soin. En un mot, une œuvre bien faite doit être créée et dégrossie par l'homme, achevée par la femme. A l'un l'architecture, à l'autre la toilette. Les chefs-d'œuvre supposent en effet le génie et le talent, l'un fournissant l'étoffe et les proportions, l'autre éliminant les bavures et les défauts. Et les œuvres plus humbles ne supposent pas moins le concert de deux forces, qui sont bien toutes deux chez l'artiste, mais dont l'une prédomine d'ordinaire dans l'un des sexes. — Aussi, suis-je très heureux et très favorisé de revoir à deux tout ce que je fais depuis quelques années. Cet auxiliaire et ce contrôle m'est très utile sans parler du grand avantage d'avoir, au lieu d'une simple copiste, un secrétaire intelligent, sympathique et zélé [1].

---

1. En février 1879, Amiel, depuis plusieurs années visiteur familier des dames Benoît, deviendra leur hôte régulier, leur pensionnaire, au numéro 13 de la rue Verdaine. Mlle Valentine Benoît, déjà connue dans la Suisse romande par des

27 mars 1878 (minuit). — Continué Rousseau [1] (*Correspondance ; Origine de l'inégalité,* et polémique y relative).
Qu'il est difficile de s'arrêter à un jugement définitif sur un
homme qui a provoqué et autorisé toutes les antipathies, et
dont la vie dément les principes, dont la devise et le talent
se contredisent ! etc., etc. Chaque jour je passe par les impressions opposées, et le prends alternativement en mésestime
ou en admiration. La disparate entre le talent et le caractère,
entre les mœurs et la pensée, entre l'homme et l'auteur
donne des sensations douloureuses. Un être énigmatique et
discord fait peine à regarder. — Conscience peu délicate et
immense orgueil ; talent de feu et goût pour la pose ; désharmonie en tout, sur tout. Gouverné par l'impression et l'imagination ; la pensée au service de la passion. Peut-être victime d'une ambiguïté, celle qui est au fond de sa vie et de
ses livres : la Nature. La nature humaine est-elle le penchant,
l'appétit, l'instinct ? — Paradoxal, revêche à tous les préjugés ; réfractaire, explosible ; ennemi de toute contrainte ;
tenant une gageure toute sa vie. Spécimen à l'appui du
système de Schopenhauer, comme quoi l'intelligence est

nouvelles et des comédies enfantines, publiées sous le pseudonyme de Berthe
Vadier, avait trouvé dans Amiel un guide et un censeur littéraire, un maître
en poésie. Cette amitié précieuse, faite de bonne grâce, d'enjouement, de mutuelle sollicitude et d'admiration pour la poésie et l'art, adoucit l'inquiétude
et les maux croissants de l'auteur du *Journal intime,* qui marquait le vrai caractère de cette relation en appelant Berthe Vadier « ma filleule ». — « Elle est
ma néophyte, mon élève, mon initiée » (9 septembre 1880). — « Longues cau-
series à propos de chaque page de nos lectures en commun, lectures bibliques,
scientifiques ou littéraires. Ma filleule récolte ce que tant d'autres ont passionnément désiré, mais aussi elle a eu le courage de le rendre possible, en me faisant
un nid et un abri pour la santé et pour la maladie, pour le travail et la récréation. En outre, elle ne cherche qu'à me comprendre et me complaire... La
maman à son tour est toute maternelle. En un mot, ce n'est pas une pension où
je me trouve bien, c'est une famille qui reporte sur moi la sollicitude dont elle a
entouré le frère et le père aujourd'hui défunts. Voilà pourquoi l'état de maladie
est ici une douceur et non un effroi » (11 septembre 1880). Et les derniers mots
tracés par la main d'Amiel en son Journal seront encore un témoignage de
reconnaissance à cette amitié domestique et littéraire, si ingénieusement dévouée.

1. En relisant dans les premiers mois de 1878 la plus grande partie des
œuvres de J. J. Rousseau, Amiel se préparait à écrire la conférence qu'il
devait prononcer à l'occasion des fêtes du centenaire du Citoyen de Genève,
en juillet de cette année, et qui fut publiée dans le recueil : *J. J. Rousseau
jugé par les Genevois d'aujourd'hui* (Sandoz, Genève et Paris, 1879).

l'esclave sans le savoir de la volonté inconsciente, de l'élan aveugle et irréfléchi. Épicurien qui fait le stoïque ; voluptueux jouant l'austère ; c'est l'imagination qui est le centre de son être. Ce sont toujours les autres (et la société au besoin) qui ont tort. Lui, il est le seul ayant raison, le seul bon, le seul juste, et la trompette du jugement dernier peut sonner... on sait le reste. Antipode de la psychologie chrétienne. Ni humilité, ni pénitence, ni conversion, ni sanctification. L'homme naturel fait l'apothéose de l'homme naturel ; le pécheur tire de son péché la preuve qu'il est le meilleur des hommes. Tout à l'inverse du publicain, c'est sur le dos des autres qu'il fait pénitence. Quand il confesse une faute, c'est le prochain ou ce sont les circonstances qui en sont la cause première ; il est donc la victime et non le coupable. Une fausse notion du mal et du péché, notion due à la résistance du moi à toute humiliation, est donc l'axe de sa vie, l'origine de toutes ses erreurs. Son moi n'a jamais su se renoncer, se mortifier, se crucifier. Le phénomène de la nouvelle naissance lui est resté inconnu. Il s'est aimé, approuvé, indulgé jusqu'à la fin. Il a repoussé avec indignation d'abord les inculpations injustes de ses contemporains, puis les reproches justes de sa conscience. Il a voulu entortiller sa conscience elle-même, et jusqu'à la sévérité divine, par la magie de son plaidoyer. — Ce n'est pas un sage qui cherche le vrai, c'est un puissant avocat qui veut gagner sa cause. Il n'a que l'air d'un philosophe, au fond, c'est un orateur, qui sait s'enthousiasmer pour sa thèse et qui mettant le sophisme au service de sa passion n'est momentanément plus sophiste car il s'abuse lui-même. Telle est la merveille dangereuse de l'imagination. Elle arrive à se faire illusion de bonne foi.

14 avril 1878. — Peut-être le besoin de penser par soi-même et de remonter aux principes n'est-il tout à fait propre qu'à l'esprit germanique. Les Slaves et les Latins sont volontiers dominés par la sagesse collective, par la tradition, l'usage, la coutume, le préjugé, la mode ; ou bien ils les brisent en esclaves révoltés, sans percevoir d'eux-mêmes la loi inhérente aux choses, la règle vraie, non écrite, non arbitraire, non imposée. L'Allemand désire toucher la Nature ; le Français, l'Espagnol, le Russe, s'arrêtent à la convention. C'est toujours la vieille querelle des philosophes grecs : θέσει ἤ φύσει ? La racine du problème est dans la question du rapport de Dieu et du monde. Immanence ou transcendance, cela décide de proche en proche de la signification de tout le reste. Si l'esprit est en dehors des choses, il n'a pas à se conformer à elles. Si l'esprit est destitué de vérité, il doit la recevoir des révélateurs. Voilà la pensée méprisant la Nature et assujettie à l'Église, voilà le monde latin.

22 avril 1878. — Lettre de la cousine Julie... Ces bonnes parentes âgées sont difficiles à satisfaire par les gens occupés. Plainte si l'on n'écrit pas. Plainte si l'on écrit brièvement. Plainte si l'on fait le tableau de ses occupations et préoccupations, et qu'on veuille les mettre au courant. Au lieu de se réjouir qu'on travaille et d'entrer dans les circonstances, plainte et presque reproche. Elles ne peuvent et même ne veulent pas comprendre la vie des hommes, surtout des hommes d'étude. Ces ermites de la rêverie sont effarouchées par le monde, dépaysées dans l'action. Ces poules ingénues regardent toujours avec la stupeur de l'épouvante les êtres qu'elles ont connus dans l'œuf, et s'exclament de voir les uns tenter les espaces de l'air, les autres voguer sur les plaines de l'eau. Malheureux aigles ! malheureux cygnes ! malheureux canards ! malheureux canaris ! osez-vous bien quitter le gîte et la basse-cour, téméraires ? — Ces lamentations sont un peu fatigantes, et ces remontrances quelque peu burlesques. Mais quoi ! On ne change plus à soixante-dix ans, et une pieuse bonne âme de dame villageoise, à demi aveugle, ne peut plus élargir son point de vue, ni se figurer les existences sans rapport avec la sienne.

Par quel point ces âmes qu'enveloppent les minuties de la vie quotidienne se rattachent-elles à l'idéal ? Par les aspirations religieuses. La foi est leur planche de salut. Elles connaissent la vie supérieure, leur âme a soif du ciel. Elles ignorent les cent mille particularités géographiques de l'Europe, mais elles n'ignorent pas l'Europe. Toutes leurs opinions sont imparfaites, mais leur expérience morale est grande. Leur pensée est pleine de ténèbres, mais leur âme est pleine de jour. On ne peut parler avec elles des choses de la terre, mais elles sont mûres pour les choses du cœur. Si elles ne peuvent nous comprendre, c'est à nous d'aller à leurs devants, de parler leur langue, d'entrer dans leur sphère d'idées, dans leur mode de sentir. Il faut les aborder par leur grand côté, et pour leur témoigner plus de respect, leur faire ouvrir l'écrin de leurs plus chères pensées. Quand les feuilles de la vigne se rident et se sèchent, la grappe est plus sucrée et plus vermeille. Il y a toujours quelque pépite d'or au fond de toute vieillesse honorable. Essayons de la mettre en lumière et donnons-lui l'occasion de se montrer aux regards affectueux. Cela est possible.

19 mai 1878. — La critique est-elle une science ? oui, dans un sens, puisqu'on peut dresser le catalogue de ses conditions préalables et de ses exercices préliminaires ; mais elle est surtout un don, un tact, un flair, une intuitions, un instinct, et, dans ce sens, elle ne s'enseigne pas et ne se démontre pas, elle est un art. Le génie critique, c'est l'aptitude à discerner le vrai sous les apparences et dans les imbroglios qui le dérobent ; à le découvrir malgré les erreurs du témoignage, les fraudes de la tradition, la poussière des temps, la perte ou l'altération des textes. C'est la sagacité chasseresse que rien n'abuse longtemps et qu'aucun stratagème ne dépiste. C'est le talent du juge d'instruction qui sait interroger les circonstances, et faire jaillir un secret inconnu de la prison de mille mensonges. Le vrai critique sait tout comprendre, mais il ne consent à être la dupe de rien, et ne fait à aucune convention le sacrifice de son devoir, qui est de trouver et de dire le vrai. — Avec les vivants, avec les institutions présentes, avec tout ce qui est vindicatif, armé, menaçant, irritable, il peut être obligé à des égards et à des prudences, à des attentions et à des sourdines qui le vexent ; mais il veut voir clair, s'il n'ose ou ne peut faire voir clair. Les affectations, les poses, les masques, les charlatanismes, les boniments, les supercheries l'ont en aversion. Il doit être pour le faux comme la voix redoutée et légendaire qui fait dire aux roseaux :

Midas, le roi Midas a des oreilles d'âne.

O le critique ouvert et indulgent mais incorruptible et infaillible, l'Éaque de la littérature, sans faiblesse et sans humeur, où est-il ? combien y en a-t-il ? lequel a pris la devise de Jean-Jacques : *Vitam impendere vero* ? Hélas !

20 mai 1878. — L'érudition suffisante, la culture générale, la probité absolue, la rectitude du coup d'œil, la sympathie humaine, la capacité technique, que de choses sont indispensables au critique, sans parler de la grâce, de la délicatesse, du savoir-vivre, du trait !

.   L'esprit bien rarement arrive à la justesse.

Le critique parfait n'existe pas. Contentons-nous du critique passable, c'est-à-dire éclairé et honnête.

20 juin 1878 (neuf heures du matin). — Avec quelle effrayante rapidité mon travail et ma pensée me deviennent étrangers et inconnus ! je viens d'en avoir la preuve. J'avais à faire la liste des questions d'examen et j'ai eu grand'peine à retrouver les cours eux-mêmes, et les sujets traités ; tout au plus si avec mes plans détaillés je me suis tiré d'affaire. Je perdrais mes jambes et ma tête, si elles n'étaient pas chevillées à moi. On pourrait me voler mes notes ou les embrouiller, mes vingt-neuf ans de professorat seraient à recommencer. Cette nullité de cohésion et d'appropriation est une grande misère ; je rentre chaque jour dans le dénuement et le dépouillement initial. Je n'ai que la nue-propriété, l'investiture imaginaire de mes connaissances ; je suis pauvre et vide. Mon étude sur Rousseau ne sera pas terminée que les vingt mille pages lues à cette intention seront effacés de ma mémoire ; je sens que mon esprit est comme les glaciers qui rejettent de leur sein les terres, les cailloux et les blocs ; il exsude tout ce qui lui vient du dehors ; il se maintient dans sa pureté formelle. Il veut la flexibilité et répudie la richesse, les matériaux, les faits. La moindre maladie, un choc, une

chute feraient du livre de mon intelligence un livre blanc.
Probablement que la tendance à m'extérioriser de moi-
même, à me détacher de moi par la critique constante, a
produit cette faiblesse de mon esprit à retenir les images,
les signes et les choses, tous ces fatras qui constituent l'érudition. La fameuse équation de Fichte : Moi = Moi, devient
presque ma formule. Ma pensée est le nirvâna de toute connaissance particulière. L'indifférence pour le provisoire, l'accessoire, l'accidentel, le relatif a fini par produire une demi-
impuissance à garder une provision quelconque. Ainsi la
lumière ronge les couleurs... Halte ! il est des maux qu'on
augmente en les regardant. Celui-ci est du nombre. La philosophie a évaporé ma faculté mnémonique, en me rendant
omnimode et neutre. Elle m'a mis dans la situation d'outre-
tombe, où le monde n'est plus pour l'âme qu'un vague souvenir, et où tous les phénomènes se fondent dans leur loi.

15 juillet 1878. — Soulagement. Dès que, plume en main,
je médite, cela m'arrache à la souffrance morale ; j'oublie
les horreurs de la vie pratique, je rentre dans l'état contemplatif. La pensée est presque impersonnelle ; elle ouvre la
région du calme. Les monstres mêmes ne sont plus que des
curiosités, des images pour celui qui pense sur eux ; il n'est
plus sous leur ascendant.

20 juillet 1878 (sept heures et demie du matin). — Avantage du style noble : il dissimule la médiocrité des aperçus
ou des comparaisons. « Une chaleur de chien » serait assez
vulgaire ; l' « ardente canicule » devient épique. Or la canicule est le mois où le chien domine, le chien c'est-à-dire
Sirius ; c'est le mois (du 24 juillet au 24 août) où Sirius se
lève et se couche en même temps que le soleil, et comme ce
mois est le plus chaud de l'été, le chien en a paru la cause :
cum hoc, ergo propter hoc. Le chien tirant la langue exprime
la soif ; le chien céleste cause la soif. Ainsi procède l'imagination populaire et l'astronomie anoblit tout. Grâce à l'Égypte,
une chaleur de chien est devenue du beau style. — Et la
règle générale, c'est que le familier devient sublime, en faisant

traverser à l'imagination quelque souvenir d'un ordre élevé, historique ou naturel. Exemple : les termes de chasse et d'écurie, jusqu'aux fientes d'animaux, se trouvent du grand style en français, à cause de la chevalerie et de la noblesse qui les ont employés ; les termes de science sont réputés pédants, et les termes de métier censés bas, parce que les gentilshommes ne s'en sont pas servis. Ces répugnances traditionnelles se conservent dans la démocratie et survivent au régime social qui les a engendrées. Ce qu'on appelle le goût consiste à ne réveiller que des idées consonantes avec l'effet à obtenir, lesquelles ne dérangent pas l'impression produite et même, si possible, l'augmentent. Le goût trie donc avec soin les couleurs, les sons, les mots, les images, pour éviter les disparates et toutes les rencontres fâcheuses ; il multiplie les harmoniques autour de la note fondamentale, les allusions engageantes autour du motif qu'il développe. Le goût, c'est le tact littéraire. — L'orateur, le poète, le compositeur procèdent comme la fleuriste. Il s'agit de créer le bouquet le plus expressif et le plus charmant. Toute œuvre d'art gracieuse est un sélam, et tout sélam veut persuader. Le goût est la méthode instinctive de plaire.

(Soir.) — Le Dr Z... m'a franchement avoué que l'issue possible de mon mal était la mort par étouffement, et même par trois causes d'étouffement : l'emphysème, le gonflement du cartilage thyroïde et les viscosités laryngiennes. J'ai trois muets du sérail qui me tiennent le cordon. Il est difficile que je réchappe à tous les trois.

26 juillet 1878. — Chaque matin je m'éveille avec le même sentiment d'être usé et fini, de me débattre en vain contre la marée montante qui va m'engloutir. Je dois périr étouffé, et les trois étouffeurs sont à l'ouvrage, et leur progrès les anime à continuer. L'un comble par en bas la cavité aérienne, l'autre étrangle le soupirail de la respiration, le troisième essaie d'en boucher l'orifice. Le dernier, en outre, par les efforts spasmodiques qu'il m'impose, espère faire éclater quelque conduit à l'intérieur. Il y a quelque chose d'odieux pour l'individu à sentir ainsi les agents de Siva travailler à sa destruction ; dévoré par dedans, il assiste à cet homicide dont il fait les honneurs ; c'est contre nature. Cela ressemble à un supplice de l'Inquisition.

On ne peut ennuyer les autres de ses gémissements, d'ailleurs inutiles. On ne peut rien entreprendre, quand chaque jour amène quelque ennui nouveau. On ne peut même prendre un parti dans une situation confuse et incertaine où l'on prévoit le pis, mais où tout est douteux. A-t-on encore devant soi quelques années ou quelques mois seulement ? Y aura-t-il mort lente ou catastrophe accélérée ? Et que faire, si je dois garder la chambre ou le lit ? J'entends, qui me soignera ? où pourrai-je abriter ma fin ? Comment supporterai-je les jours et comment les remplirai-je ? Comment finir avec calme et dignité ? Je ne sais pas. Je fais mal tout ce que je fais pour la première fois ; or ici, tout est nouveau ; rien n'est préparé, répété, expérimenté ; on finit au hasard. Quelle mortification pour celui qui a trop chéri l'indépendance ! il dépend de mille imprévus. Il ignore ce qu'il fera, ce qu'il deviendra ; il ne peut rien prévoir. Il voudrait causer de ces choses avec un ami de bon sens et de bon conseil. Mais voici, il n'en trouve point. Il ne veut pas effrayer les deux affections qui lui sont le plus dévouées, et il est presque sûr que les autres s'ingénieront seulement à l'étourdir et n'entreront pas dans le vrai de la position.

Et en attendant (en attendant quoi ? la santé ? la certitude ?) les semaines s'écoulent comme l'eau, sa force se consume comme un cierge fumeux. La clairvoyance égale les progrès du mal, mais ne tente pas d'y remédier ; il a la paresse fataliste du Musulman et l'irrésolution pure du sceptique sincère. A quoi se décider, quand tous les partis sont mauvais et qu'on tient trop peu à ceci ou à cela ? Se contenter du moins mauvais est certainement fort sage ; mais c'est un piètre mobile.

Est-on libre de se laisser aller sans résistance à la mort ? La conservation de soi-même est-elle un devoir ? Devons-nous à ceux qui nous aiment de prolonger le plus possible cette lutte désespérée ? Il me semble que oui, mais c'est encore une contrainte. Il faut alors feindre une espérance que l'on n'a pas, cacher l'absolu découragement que l'on éprouve. Pourquoi pas ? Il est généreux à ceux qui succombent de ne pas diminuer l'ardeur de ceux qui bataillent ou qui se réjouissent. Nous sommes tous, du plus au moins, des condamnés à mort.

> Un peu plus tôt, un peu plus tard,
> Ce n'est pas grande différence.

(Plus tard.) — Ainsi deux voies parallèles me conduisent au même résultat : la méditation me paralyse, la physiologie me condamne. Mon âme se meurt, mon corps se meurt. De toute façon j'aboutis à la clôture. Laissé à moi-même je me ronge de tristesse ; et la médecine me dit aussi : Tu n'iras pas plus loin. Ces deux verdicts semblent indiquer la même chose, c'est que je n'ai plus d'avenir, et que je dois faire mes paquets. Cela paraît absurde à mon incrédulité, qui voudrait y voir un mauvais rêve. L'esprit a beau dire : c'est ainsi, l'assentiment intérieur se refuse. Encore une contradiction. Je n'ai pas la force d'espérer, et je n'ai pas la force de me résigner. Je ne crois plus et je crois encore. Je sens que je suis fini, et je ne puis me figurer que je sois fini. Serait-ce déjà de la folie ? Mais non, c'est la nature humaine prise sur le fait ; c'est la vie qui est une contradiction réelle, puisqu'elle est une mort incessante et une résurrection quotidienne, qu'elle affirme et nie, détruit et reconstruit, assemble et disperse, abaisse et relève à la fois. Vivre c'est mourir partiellement et renaître partiellement ; c'est persévérer dans ce tourbillon aux deux aspects contraires, c'est être une énigme.

Si le type invisible dessiné par ce double courant, entrant et sortant, si cette forme qui préside à tes métamorphoses a elle-même une valeur générale et originale, qu'importe qu'elle continue son jeu quelques lunes ou quelques soleils de plus. Elle a fait ce qu'elle avait à faire, elle a représenté une certaine combinaison unique, une expression particulière de l'espèce.

Ces types sont des ombres, des mânes. Les siècles paraissent occupés à leur fabrication. La gloire est le témoignage qu'un type a paru aux autres types plus neuf, plus rare, plus beau que les autres. Les hommes vulgaires sont encore des âmes ; seulement ils n'ont d'intérêt que pour le Créateur, et pour un tout petit nombre d'individus.

Sentir sa fragilité est bien, mais y être indifférent est une vue plus haute. Mesurer sa misère est utile, mais apercevoir sa raison d'être est plus utile encore. Mener deuil sur soi-même est encore une vanité ; on ne doit regretter que ce qui vaut ; se regretter soi-même, c'est prouver à son insu que l'on y attachait de l'importance. En même temps, c'est méconnaître sa véritable valeur. Il n'est pas urgent de vivre, mais il importe de ne pas déformer son type, de rester fidèle à son idéal, de protéger sa monade contre l'altération et la dégradation. Si cela n'est pas possible, le Nirvâna devient désirable. Mais cela est-il impossible ?

Tu n'as pu réaliser ton rêve ; ce n'est pas la question, car notre rêve comprend notre entourage, notre milieu, la société humaine, autant de choses qui ne dépendent pas de nous. Mais ne peux-tu protéger ton type, réaliser ton originalité ? Ceci dépend davantage de toi. Tu es probablement un éprouveur psychologue. Dans ce cas, ces 14.800 pages de Journal intime sont un effet de ta vocation. Tu as dialogué avec ton Moi, comme un pommier porte des pommes. Cela n'accroît pas le patrimoine de la science. Mais cela prouve peut-être quelque chose : que la vie intérieure ne doit être qu'un pis aller ? que cette variété de cloître ne vaut pas mieux que le cloître ? que la désuétude de la volonté ne sert pas à grand'chose dans un monde construit sur le plan de la guerre universelle ? que les vertus féminines sont presque nuisibles chez un homme ? que la timidité et la mauvaise honte peuvent rendre inutiles les plus beaux dons ? que l'irrésolution s'augmente avec les·années et que le non-vouloir prolongé devient l'impuissance du vouloir ? Mais ce résultat serait terriblement maigre.

Ton originalité valable quelle est-elle ? C'est probablement la flexibilité psychologique qui te permet de comprendre et de reproduire les états d'âme et de conscience les plus divers. Débrouiller les écheveaux difficiles, et dégager des lois imprévues, c'est à cela peut-être que tu devrais désormais te borner, après une longue dispersion de tes recherches. Concentre-toi donc dans le rôle d'Œdipe ; à peine s'il t'en reste le temps. — Ne t'attache et ne t'attaque plus qu'à des problèmes qui en vaillent la peine et qui ne réclament qu'un minimum d'érudition et de mémoire. Laisse peut-être aussi dormir la construction synthétique, la composition, qui est un casse-tête, et profite de tes dispositions pour l'analyse. Fais ce qui te plaît le plus et ce qui te réussit le mieux ; ce sera double profit. Tu t'es usé à faire ce qui convenait aux choses ; maintenant n'emploie l'esprit des choses qu'à comprendre tes circonstances, et songe à sauver ce qu'il y a de plus intéressant dans le capharnaüm de tes intuitions et de tes expériences personnelles. On ne survit que par ce qui ne peut être remplacé...

J'aurais voulu ne pas souffrir et me maintenir dans l'impersonnalité de la pensée ; c'était ma seconde position, une fois perdue la première, celle de l'harmonie affectueuse et réciproque avec un milieu sympathique. — Mais la seconde position est également perdue : la mort du désir ne donne pas le repos.

> Vide affreux d'un cœur sans désir,
> Peut-on le sentir et survivre ?
> Peut-on respirer sans poursuivre
> Un but, un rêve, un avenir ?
>
> (VINET).

Est-ce qu'une troisième position sera plus tenable ? Celle de l'humilité soumise qui se résigne à l'amoindrissement, qui se console de tous ses naufrages et qui consent à cultiver un jardinet sur un îlot, avec ou sans compagne, et le temps qu'il plaira au Maître de la vie. La félicité de la plénitude, l'immobilité du néant, plaisaient mieux à mon orgueil ; des deux manières, le Moi était invaincu. Ce qui est le plus difficile, c'est d'accepter la mutilation, l'abaissement, la rentrée dans la poussière et dans la banalité. Le renoncement en bloc a encore je ne sais quoi de majestueux ; mais le dépècement est injurieux. L'arrachement poil à poil de sa crinière est insupportable au lion. Être doux devant la mort demande moins d'empire de soi que de rester doux avec les avanies interminables du dépouillement. Loi d'ironie. Il y a un quart de siècle qu'on me prêche le renoncement, et je crois que je ne m'étais pas encore renoncé, quoique j'eusse renoncé à beaucoup de choses. C'est toujours l'histoire de la Sibylle ; on veut le même prix du dernier livre que de tous les autres avant qu'ils fussent brûlés.

11 août 1878. — Réfléchi aux difficultés de l'œuvre du démon, je veux dire de la composition et du style. Les exigences sont innombrables, et elles vont par paires qui se contrarient. Chez moi presque toute la force vive est absorbée par les frottements, c'est-à-dire par les réflexions, préoccupations, anxiétés, scrupules, qui viennent à la traverse de l'élan, et paralysent ma verve. Toutes les parties de mon être se tiennent en échec, et visant à l'harmonie arrivent à l'immobilité. Composer, c'est résoudre ce problème bizarre d'agir en somnambule avec les circonspections de l'homme éveillé ; de douter sans douter, d'être assuré, joyeux, hardi, dans sa parole, tout en étant partagé, inquiet, anxieux dans son cœur. C'est être couché debout, emporté de sang-froid, c'est réaliser l'absurde, stupéfier le bon sens.

Il est évident que ce qui me gêne, c'est la critique intérieure arrivant trop tôt,

> Car se regarder voir peut empêcher de voir.

Tous les scrupules sont de mise quand on délibère, mais dans l'action il faut être de son avis et frapper impétueusement comme une corneille qui abat des noix. Celui qui s'analyse, se querelle et se discute perpétuellement lui-même, détruit son élan. L'hésitation sur la phrase, sur le mot, sur l'idée, sur le fond et sur la forme, tue la verve. La peur ôte la joie, et la joie qui s'éteint glace le talent...

La conscience, la timidité, l'hésitation, le manque de mémoire rendent la composition quasi impossible. La procréation veut plus de fougue et de confiance. Aussi ton style sent la lampe. Il est fait et non pas né. Il lui manque le coup d'aile, la grâce, la gaieté, la félicité, le naturel. Une pratique soutenue de l'art d'écrire .eût augmenté ta souplesse ; mais tu n'as jamais eu la bonne méthode, celle qui parle son discours avant de l'écrire, et qui va aussi du vivant au vivant, de la forme ébauchée à la forme définitive. Tu procèdes autrement, par habitude professorale et didactique. Tu analyses ton sujet pour lui-même, sans te permettre l'ébattement personnel qui t'amuserait ou le dialogue avec le lecteur qui l'amuserait. Tu es trop détaché, trop sérieux, trop tendu, trop pontifical. Ton malaise gratuit ne te procure que la mauvaise humeur des autres. Plus tu fais effort, moins tu réussis ; c'est la loi...

Mon Dieu, il en est pour toi de la composition comme de tout le reste. Tu ne sais rien cueillir, rien finir. Tu n'oses pas, la défiance t'étouffe.

(Plus tard.) — Ce que je trouve le plus difficile dans la composition, c'est la rigoureuse liaison des parties, quand on ne veut rien oublier, rien répéter, et rien mettre hors de place. La convergence d'effet représente, dans le style académique, l'unité d'action au théâtre. Tout ce qui retarde, ou dévie, ou détonne, tout ce qui obscurcit est mauvais.

12 août 1878. — Leçons à tirer de cette dernière expérience[1] : 1º tu t'es rendu la tâche horriblement difficile, en voulant tout lire, tout examiner ; — 2º en n'osant pas conclure, trancher, te décider plus vite ; — 3º en prenant ton sujet de trop haut, de trop loin ; — 4º en exigeant trop de ton discours, de ton style, et de toi-même.

Ces monographies encyclopédiques, résumant quatre-vingts

---

1. La composition de sa *Caractéristique générale de J. J. Rousseau.* Quelques semaines plus tard, le Journal dira : « C'est la seule de mes œuvres qui soit certaine d'être lue en 1978... J'ai jugé comme je voudrais être jugé si j'étais Jean-Jacques au lieu de n'être que Henri-Frédéric. Il me semble que j'ai fait comprendre dans sa grandeur l'œuvre de notre concitoyen, tout en faisant la critique de l'homme, de ses théories et de son talent. Il me semble difficile de dire plus de choses en quarante pages. »

volumes en trente pages d'un style lapidaire et sen-
tencieux sont un casse-tête. Ce qu'elles coûtent n'est jamais
payé par personne, et l'on n'en dit que ces deux mots peu
flatteurs : dense et minutieux. Par conscience, tu t'es ima-
ginés être toi-même le Tribunal des Morts, et peser les destinées d'une âme...

J'ai manqué de bon sens, c'est-à-dire dépensé dix mille
francs à produire une botte d'asperges. La botte peut être
superbe ; elle coûte infiniment trop cher. J'ai été un pur fou.
Mettons que ce morceau soit déclaré passable, c'est toujours un simple spécimen de critique, qui ne servira pas à
Rousseau, et ne me servira pas à moi-même, qui laissera
indifférents mes concitoyens et ne me fera pas d'amis ailleurs.
Pour vingt individus qui m'en sauront gré, j'aurai consumé
des mois ; il est difficile d'être plus sottement prodigue de
sa peine.

Après cela, il faut reconnaître que sans la pression des
circonstances je n'aurais pas fait ce travail ; que ce travail
vaut mieux que rien ; qu'il est dans ma nature de prendre
les sujets par leur plus grand côté ; qu'avoir cherché la justice ne donne jamais de regrets ; qu'avoir écrit trente pages
en bon style ne fait jamais rougir. Voyons, pardonne-toi.
Seulement, n'accepte plus de commandes officielles, renonce
à tous les discours publics. Tu n'as plus la voix, tu n'as pas
la sympathie et la faveur, tu n'as pas d'affinité avec le public ; tu n'as pas même le désir de lui plaire. Contente-toi
d'écrire, et encore si cela te fait plaisir, sur des sujets de ton
goût et de ton choix, à ton heure, sans précipitation ni obligation. Écrire, du reste, ce n'est pas publier. Compose pour
ta satisfaction personnelle, ne mets au jour que ce qui a des
chances d'être utile ou d'être accueilli. — Tu ne voudrais
pas, pour toute la gloire de Rousseau, avoir le quart de ses
malheurs. N'étant pas ambitieux, ne te tourmente donc point
par niaiserie ou candeur.

(Onze heures du matin.) — La vraie utilité à tirer d'une
œuvre serait d'en commencer une autre, pour profiter immédiatement des innombrables aperçus que révèle la pratique de l'art. Ainsi on profiterait de ses écoles, on capita-

liserait son expérience, on accroîtrait sa virtuosité. — Quand je pense que j'ai toujours ajourné l'étude sérieuse de l'art d'écrire, par tremblement devant lui et par amour secret pour sa beauté, je suis furieux de ma bêtise et de mon respect. J'ai eu comme du scrupule à surprendre le secret des maîtres, à dépecer les chefs-d'œuvre pour mon utilité. Et quand j'ai été forcé d'écrire, je l'ai fait au hasard, à tâtons, en amateur craintif, en écolier respectueux. Je n'ai pas de métier, pas plus comme professeur, comme philosophe, comme poète, que comme écrivain. Je suis partout un novice, mais point d'autorité et d'assurance. La raison de cette insuffisance, c'est moins l'incapacité que l'indécision. La timidité n'a pas osé s'approprier un domaine et dire : Ceci est à moi. Aucune de mes aptitudes n'est arrivée à la maîtrise, à la sécurité intérieure. Je n'ai pas même découvert mon don spécial, mon individualité, mon originalité, et je n'ai eu d'autre maxime que prendre l'esprit des choses et faire de mon mieux la chose quelconque à faire. — Ainsi je n'ai pas mieux exploité mon talent que ma fortune. J'ai tout laissé perdre par chevaleresque incurie, par aversion pour l'habileté. Mon pauvre garçon, que tu as été bête !... Et il en a été de même pour les choses du cœur. Tu n'as tiré parti d'aucune des faveurs de la destinée.

27 août 1878. — L'organisme est un échafaudage risqué comme le crédit ; il n'est que du gaz et de la cendre momentanément tissus par le caprice de la vie. Cette montagne de cellules est travaillée par la tendance à retourner aux éléments. L'existence individuelle n'est qu'un météore, une effervescence, une phosphorescence qui apparaît et disparaît. L'ombre d'une ombre, une forme vaine, un fantôme qui s'aperçoit. Ce qui constitue sa réalité, c'est une résistance passagère à la destruction, une réaction contre les influences du dehors. Vivre, c'est réagir, c'est surtout rayonner. La passivité c'est l'état inerte. Il ne vaut pas la peine d'être vivant, si l'on anticipe la mort par l'apathie... Dormir, rêver, penser, agir, ce sont les quatre degrés de l'être. C'est être plante, animal, contemplateur, homme... Est-il certain que la hiérarchie précédente soit correcte ?

Aristote tenait la contemplation pour plus divine que l'action. L'action, comme toute création de génération, a une grande partie d'aveuglement et d'impétuosité. Vaut-il mieux voir clair ? La production volontaire et consciente, si elle était possible, cumulerait deux privilèges. Nous imaginons que l'esprit pur, que Dieu sait ce qu'il fait en faisant.; mais nos inspirés, nos inventeurs, nos génies font ce qu'ils ne savent pas, ils sont entraînés, portés, poussés par une force secrète, dont ils sont les agents plutôt que les maîtres et les véhicules plutôt que les gouverneurs.

En tout cas, il y a aussi une fécondité d'idées ; et la puissance cérébrale consiste à combiner et à construire quelque chose. Tout ce qui est décousu, épars, confus, n'est qu'une matière et n'est pas une production, n'est qu'une étoffe et pas une œuvre. Les œuvres sont des actions intellectuelles. Le penseur en sa cellule agit donc aussi, à condition qu'il se propose un but, qu'il élucide une idée, qu'il aide au travail de l'espèce. C'est le bousillement pur qui est du temps gaspillé ; c'est le tortillage de l'inutile qui est condamnable.

Est-ce que, par exemple, ces quatorze mille neuf cent six pages serviront à quelqu'un ou à quelque chose ? éclaireront-elles une question ? fourniront-elles des matériaux à une science ? J'en doute. Elles m'ont servi à vivre, mais ma vie a servi à quoi ? — Un pauvre petit professeur, un apprenti écrivain, un quart de savant, un demi-quart de poète : cela n'a point de valeur, cela ne laisse aucune trace.

30 août 1878. — Importance d'un mot en philosophie. Schopenhauer dit : Toute vie est action, toute action effort, tout effort douleur, donc la vie est un mal. Pessimisme. — Mais il n'est pas vrai que toute action soit effort, souvent l'action est élan, c'est-à-dire joie, sentiment de puissance ; l'oiseau qui plane ne souffre pas à voler, ni le promeneur à se promener. Le seul fait de manquer d'un mot fait ici confondre l'emploi de la force avec l'effort, l'expansion avec la volonté, l'action avec la fatigue. Distinguons deux activités conscientes : l'activité spontanée et l'activité voulue ; la première est presque aussi légère que l'activité inconsciente. Tout ce qui se fait avec plaisir, avec amour, avec enthousiasme se fait aisément.

31 août 1878. — L'heure est propice. Lumière, température, sonorité, sont agréables. Rien ne tourmente. Profitons-en. Jouissons, au lieu de palper nos peines et nos meurtrissures. Nous tolérons les autres, pourquoi ne pas nous tolérer nous-mêmes ? C'est péché fait de se dénigrer sans cesse et de se regarder sous son plus mauvais jour. Le peintre de portrait s'ingénie à découvrir l'attitude, la pose qui fait valoir toutes les lignes de son modèle. Pourquoi faire perpétuellement le contraire avec toi-même, et noter avec acharnement tes fautes, tes brèches, tes défectuosités, tes défaillances, tes déperditions ? Ne pourrais-tu te regarder avec un peu plus de complaisance ou de charité, te faire à toi-même les honneurs de ta personne ? Certainement, tu n'es plus jeune, tu n'es ni beau, ni élégant, ni fort, ta capacité de travail est faible, il n'est plus sûr que tu aies de l'esprit ; mais enfin, à Genève, tu n'es pas tout à fait du gros monceau. Tu as quelque instruction, quelque talent, un peu de goût ; tu as rendu quelques services ; tu occupes une place sinon brillante, du moins estimable parmi les lettrés et les penseurs genevois. Dans l'histoire littéraire de ce pays, ton nom est presque assuré d'obtenir une ligne. Cette *aurea mediocritas* a son prix.

23 septembre 1878. — Le sentiment ne peut rien promettre, puisqu'il ne sait pas ce qu'il deviendra et ne dépend pas de la volonté. Les serments de la passion ne sont pas enregistrés par Jupiter. Que valent donc les serments conjugaux ? On peut promettre la fidélité et l'obéissance ; mais peut-on promettre la durée de l'amour ? Le serment, fût-il sincère, est fou ; aussi n'est-il tenu que rarement, exactement comme s'il n'avait pas été fait. L'homme espère diminuer sa faiblesse en la niant. Il fait le brave, pour cacher sa peur. Il essaie de lier sa mobilité par sa signature. Pauvres stratagèmes ! Mieux vaudrait ne promettre que ce qui dépend de nous, la probité et l'intégrité. Le cœur ne se laisse enchaîner

par aucun procédé juridique ; mais la conscience aussi
échappe aux sophismes du cœur. Le devoir des époux subsiste, quand le charme et l'attrait de la vie commune ont
disparu. On aime aussi longtemps qu'on peut, et l'on aide
honnêtement lorsqu'on n'aime plus.

Néanmoins, cela fait cercle vicieux. L'époux qui réclame
l'amour tandis que c'est à lui de l'inspirer a le droit pour
lui, et néanmoins il est ridicule : est-il une meilleure preuve
que le serment n'est ici qu'une fiction légale, une mesure
de décorum ? — Et d'autre part, obtenir par contrainte
ce qui n'a du prix que donné par joyeux consentement, est
décourageant, disons mieux nauséabond.

J'en conclus qu'un mariage n'est à conseiller que s'il est
irrésistible. Il ne faut prendre pour époux que l'être nécessaire. Dans ce cas, quelle que soit l'issue on peut se dire :
c'était écrit, c'était mon destin, Dieu l'a voulu, résignons-
nous. Comme une œuvre d'art ne vaut rien sans inspiration,
une décision irréparable ne vaut rien sans un entraînement
surnaturel. Il nous faut l'illusion que Dieu y a mis la main ;
que nous obéissons à une suggestion providentielle. Entre
nos calculs approximatifs et une résolution irrémédiable, il
y a incommensurabilité. Les vœux perpétuels sont une
trahison envers la faiblesse humaine, qui peut bien se lier
elle-même présomptueusement, mais que l'on ne doit pas
lier par ses propres paroles, car elle a droit au repentir, et
sa liberté ne peut [être] aliénée en une seule fois pour toujours.

25 octobre 1878. — Exercices d'ingéniosité intuitive : mé-
tagrammes, logogriphes, mots en étoile, mots carrés sylla-
biques, problèmes pointés, problèmes alphabétiques, bouts-
rimés et l'inverse (vers à terminer). Le *Journal de la Jeunesse* (Hachette, 1878) en contient une opulente collection.
A quoi servent ces exercices ? à aiguiser la sagacité, à
rompre l'esprit en tous sens, à le rendre plus attentif, plus
prompt, plus souple, plus fin. Charades, anagrammes,
énigmes, même rébus ne sont pas inutiles. Le but est toujours le même, c'est de cultiver l'aptitude devineresse, l'instinct cryptologique. Il n'y a pas de mal à développer l'Œdipe

qui dort en nous. On doit savoir se retourner, découvrir les pistes, imaginer les attaques, inventer les méthodes, renouveler les procédés, épuiser les possibles. Qui sait interroger les choses et trouver leur secret, est propre à l'étude comme à la pratique. D'ailleurs, cela rentre dans mon principe : prendre l'esprit des choses, se mettre à tout. L'intelligence est l'outil universel ; elle contient tous les moules et tous les modes. Un psychologue ne dédaigne rien et les jeux sont une mine qu'il se garde de négliger.

4 novembre 1878 (dix heures du matin). — Nuit assez misérable. Réveillé trois ou quatre fois par ma bronchite ; entrailles dérangées. Mélancolie, inquiétude. Il est possible que j'étouffe une de ces nuits d'hiver. J'entrevois la convenance de me tenir prêt, et de mettre la dernière main aux quelques productions que j'ai en portefeuille. Il y a aussi les mesures pour Clarens, mon testament, mes affaires, ma correspondance, qu'il faut régler. Faire l'ordre partout, afin de ne laisser derrière soi ni difficultés, ni embarras, ni ennuis, ni reproches, ou du moins de ne pas les mériter. Tâche de laisser un bon souvenir et des regrets.

Pour commencer, passe l'éponge sur tes griefs et tes amertumes ; pardonne à tous, ne juge personne, pas même ceux qui te méconnaissent ou te desservent. Ne vois dans les malveillances et les inimitiés que des malentendus. « Autant qu'il dépend de nous, soyons en paix avec tous les hommes. » — Au lit de mort, l'esprit ne doit plus voir que les choses éternelles. Toutes les mesquineries du temps s'évanouissent. Le combat est terminé. Il est permis de ne se rappeler que les bienfaits reçus et d'adorer les voies de Dieu. Il est naturel de se concentrer dans le sentiment chrétien de l'humilité et de la miséricorde. « Père, pardonne-nous nos offenses, comme nous pardonnons à ceux qui nous ont offensés. »

Prépare-toi comme si Pâques prochain était ta dernière pâque, car tes jours désormais seront courts et mauvais, et les augures sont défavorables.

7 novembre 1878. — Avec ma filleule causé aujourd'hui du *trompe-l'œil* en peinture, et à ce propos de l'illusion poétique et artistique qui ne veut pas être confondue avec la réalité même. Le trompe-l'œil désire abuser la sensation ; l'art véritable ne veut que charmer l'imagination, sans décevoir l'œil. Quand nous voyons un bon portrait nous disons : c'est vivant ; en d'autres termes nous lui prêtons par surcroît la vie. Quand nous voyons une figure de cire, nous avons une sorte d'effroi ; cette vie qui ne se meut point nous donne une impression de mort, et nous disons : c'est un fantôme, c'est un revenant. Dans ce cas, nous voyons ce qui manque et nous l'exigeons ; dans l'autre nous voyons ce qu'on nous donne et nous donnons de notre côté. L'art s'adresse donc à l'imagination ; tout ce qui ne s'adresse qu'à la sensation est au-dessous de l'art, presque en dehors de l'art. Une œuvre d'art doit faire travailler en nous la faculté poétique, nous induire à imaginer, à compléter la perception. Et nous ne faisons cela qu'à l'imitation et l'instigation de l'artiste. La peinture-copie, la reproduction réaliste, l'imitation pure nous laisse froids, parce que leur auteur est une machine, un miroir, une plaque iodée et non pas une âme.

L'art ne vit que d'apparences, mais ces apparences sont des visions spirituelles, des rêves fixés. La poésie nous représente une nature devenue consubstantielle à l'âme, parce qu'elle n'est qu'un ressouvenir ému, une image vibrante, une forme sans pesanteur, bref un mode de l'âme. Les productions les plus objectives ne sont que les expressions d'une âme qui s'objective mieux que les autres, c'est-à-dire s'oublie davantage devant les choses, mais elles sont toujours l'expression d'une âme ; de là ce qu'on appelle le style. Le style peut n'être que collectif, hiératique, national, quand l'artiste est encore l'interprète de la communauté ; il tend à devenir personnel à mesure que la société s'accommode de l'individualité et désire la voir s'épanouir.

L'originalité, c'est l'individualité du style, comme le style est le moule psychologique des objets à présenter, ou plutôt la trace involontaire du mouleur.

6 décembre 1878 (onze heures du soir). — Lecture : von Loeper (*le Faust de Gœthe*).

Gœthe est ici traité, comme un ancien ou comme Dante. Apothéose de l'homme et de l'œuvre. Introduction, commentaires, bibliographie. Variantes. Et pourtant rien ne ressemble moins que le Faust à une création d'une venue, où tout se tient et fait bloc. C'est plutôt une cathédrale construite pendant soixante ans et sans plan primitif, sans unité rigoureuse. Ce n'est pas une tragédie, mais un *Mysterium*. Et ce *Mysterium*, qui doit représenter la vie humaine et la lutte de l'être fini contre l'infini, laisse une impression de lacune. Faust n'est pas l'homme central, car il a peu de cœur, et peu de conscience. Son enthousiasme est de tête ; c'est une puissante intelligence, ce n'est pas une grande âme, ni un beau caractère, ni un héros, ni un martyr. La sécheresse et l'égoïsme percent à travers cette organisation pensante. — Sa réception dans le Paradis chrétien est une violence faite à la logique, une conclusion arbitraire, un *Deus ex machina*. — Il est sauvé par l'intercession des femmes ; mais il ne l'a pas mérité. Faust est un Abélard, un Paracelse, un Bruno, un sorcier et un chercheur, mais il ignore l'humilité, le sacrifice, la charité, la sainteté. Il est en dehors de la sphère religieuse et même de la vie morale, car il ne se précocupe pas du devoir et de son devoir. C'est le côté glacial de cette œuvre de génie. On peut s'intéresser à Faust, parce qu'il a souffert, on ne peut pas l'aimer, parce que son idéal n'est ni pur ni bienfaisant.

24 décembre 1878 (midi). — Beau temps brillant et dur. Dernière leçon sur Spinoza, nette, compacte et, je crois, convaincante. Les élèves ne se doutent pas de ce qu'il faut de choses pour fabriquer cette chose si simple, l'exposition complète d'un sujet de philosophie en trois quarts d'heure, avec son appréciation, l'histoire ultérieure et le pourquoi de son influence. Tout paraît naturel, facile, insignifiant à l'inexpérience, et elle ne sait pas plus de gré de la clarté simple et concise d'une leçon que de la lumière du jour. Pour être juste, il faudrait comparer, il faudrait se douter du travail d'exégèse, de réduction, de construction, de mensuration, d'information que suppose la chose. Or de quoi se doutent-ils ? Ils sont naïvement ingrats comme tous les écoliers, et comme nous le sommes tous, enfants envers nos parents, hommes envers la société, fidèles envers notre Église, mortels envers notre Dieu. Nous n'avons conscience que de notre mérite et de nos prétentions, non de tout ce qui nous est accordé gratuitement. Jamais ceux qui sont gâtés ne s'en aperçoivent que lorsque la faveur cesse et que la privation commence.

28 décembre 1878. — Essayé hier un petit *impetus philosophicus*, pour parler comme Bacon. C'est une échappée sur l'Infini en mathématique au moyen des variations d'un triangle. On arrive sans peine par là à l'infini de quatrième puissance. Ce petit apprentissage ne doit pas être inutile à l'esprit, car il habitue à la précision, à l'analyse complète, et à l'exploitation exhaustive d'un sujet.

Si la plus élémentaire des formes finies ouvre sur l'infini vingt-trois portes pour commencer, et ensuite bien davantage, on peut en dire :

> L'infini nous entoure : il est si près de nous,
> Qu'un enfant même peut l'entendre.

Prendre conscience du sens des termes, c'est sortir de la grossièreté commune, qui ne voit qu'à peu près et en gros, et qui rapetisse tout à sa taille.

Au fond, le poétique, l'immense, le sublime sont partout, mais on sait rarement les voir. Ainsi les Juifs ne connaissaient que deux ou trois nombres sacrés (7, 12, 40), mais Pythagore a vu que le nombre, c'est-à-dire tous les nombres, avaient un sens divin, une valeur symbolique, et contenaient un mystère sacré. Ainsi Leibniz a vu dans la dernière parcelle de la matière une monade, et cette monade est la clef de la théologie elle-même. C'est notre platitude qui fait la vie plate...

5 janvier 1879. — Tâche de te regarder de dehors et même de loin et réponds à cette question : Pourquoi tant de mains féminines t'ont-elles été tendues ? pourquoi a-t-on eu de tant de côtés des sympathies pour toi ? — Quoi d'étonnant ?

d'abord tu comprends et aimes les femmes ; ensuite tu as besoin d'elles. Tu leur fais du bien, elles te le rendent. Il n'y a rien de merveilleux dans l'attraction mutuelle quand il y a bienfait réciproque. L'affinité n'est que la traduction d'une harmonie. Seulement ton inclination est de nature esthétique, désintéressée, cordiale, tandis que l'amour viril est d'ordinaire une forme de l'appropriation, il veut posséder, assujettir, enchaîner, accaparer ce qu'il aime. C'est la grossièreté ordinaire qui fait paraître ta façon inconcevable. L'amour platonique, l'amour spirituel est pourtant une possibilité, je dis mieux une réalité, mais il paraît qu'il est bien rare. Les gens ne connaissent entre les deux sexes que l'amour sexuel, qu'ils pensent dignifier en le rendant exclusif et jaloux. Ils réservent à la vie future le saint amour, l'attrait angélique, celui qui est fondé sur l'admiration. Pourquoi cet ajournement ? Est-ce que l'attachement proportionnel à la perfection n'est pas une loi divine ? est-ce qu'une loi divine n'est pas éternelle ? est-ce qu'une loi éternelle ne peut pas s'appliquer sans délai ?

10 janvier 1879. — Je me dépersonnalise avec une telle facilité, que je me confonds momentanément avec d'autres ; ma manière d'être à moi se perd dans le nombre et je ne sais plus ce que je suis comme individu, parce que mon individu ne m'intéresse pas plus que ses analogues et ses congénères. J'aime à avoir conscience de toute vie, et si ma vie a quelque attrait pour ma curiosité, c'est simplement parce qu'elle est plus disponible pour moi et plus accessible à mon étude. Je ne suis pour moi qu'un laboratoire à phénomènes, un échantillon psychologique de l'humanité. Il m'est agréable de m'avoir sous la main comme sujet d'expérience et d'observation, mais le besoin presque universel de faire primer son petit Moi sur les gens et les choses, d'accroître sa sphère de domination et de propriété, de lui faire une grande carrière, de le rendre important, puissant, illustre, cet instinct-là m'est quasi étranger ; je ne le connais que sous la forme négative, la répugnance à être violenté dans ma nature ou mon indépendance, la résistance à l'injustice, à la ruse et à l'oppression. — Cette ardeur envahissante et conquérante du Moi, que l'on croit être propre à l'humanité entière, n'est qu'un fait assez général, comme la gourmandise ou la luxure. Il n'est pas dans l'essence de l'espèce, ni dans son idéal. La soif de la mort se trouve aussi, et le besoin de se donner à quelque chose de plus grand que soi n'est pas si extrêmement rare ; les natures vraiment religieuses le savent bien et le prouvent.

13 janvier 1879. — Perdu beaucoup de temps à chercher un journal et à mettre en ordre mes livres et papiers sur mes tables. Tristesse. Je constate toujours l'encombrement, le retard, l'oubli ; les torts de mon indolence, les faiblesses de ma mémoire, les velléités inefficaces ; je suis humilié et affligé. Impossible même de me rappeler quels billets j'ai écrits hier. Une nuit creuse un abîme entre le moi d'hier et celui d'aujourd'hui. La continuité que créent le vouloir et l'effort dans le même sens, je ne la connais pas. La persévérance, la constance, la pertinacité ne me sont plus connues que de nom. Ma vie est décousue, elle est sans unité d'action, parce que mes actions elles-mêmes m'échappent... Probablement que ma force mentale, s'employant à se posséder elle-même sous forme de conscience, laisse aller tout ce qui peuple d'ordinaire l'entendement, comme le glacier rejette tous les cailloux et blocs tombés dans ses crevasses afin de rester cristal pur. L'esprit philosophique répugne à s'encombrer de faits matériels, de souvenirs insignifiants. La pensée ne se cramponne qu'à la pensée, c'est-à-dire qu'à elle-même, qu'au mouvement psychologique. Enrichir son expérience est son unique ambition. L'étude intérieure du jeu de ses facultés devient son plaisir et même son aptitude et son habitude. La réflexion n'est plus que l'appareil enregistreur des impressions, émotions, idées qui traversent l'esprit. La mue se fait si énergiquement que l'esprit est non seulement dévêtu, mais dépouillé de lui-même, et pour ainsi dire désubstantié. La roue tourne si vite qu'elle se fond autour de l'axe mathématique, resté seul froid parce qu'il est impalpable et sans épaisseur.

Tout cela est très bien, mais fort dangereux.

Tant qu'on fait partie du nombre des vivants, c'est-à-dire

qu'on est plongé au milieu des corps, des intérêts, des luttes·
des vanités, des passions, et aussi des devoirs, il faut renoncer à cet état subtil ; il faut consentir à être un individu déterminé, ayant un nom, une position, un âge, un organisme,
une sphère d'activité particulière. L'impersonnalité a beau
être une tentation, il faut redevenir un être emprisonné dans
certaines conditions de la durée et de l'espace, un individu
qui a ses congénères, ses alentours, des amis, des ennemis,
une profession, une patrie, qui doit se nourrir, se loger, visiter
son linge, payer ses contributions et ses fournisseurs, surveiller ses affaires, en un mot, faire comme le premier animal
ou le premier passant venu. Il y a des jours où tous ces détails
me semblent un rêve, où je m'étonne du pupitre qui est sous
ma main, de mon corps lui-même ; où je me demande s'il y
a une rue devant ma maison et si toute cette fantasmagorie
géographique et topographique est bien réelle. L'étendue et
le temps redeviennent alors de simples points. J'assiste à
l'existence de l'esprit pur, je me vois *sub specie æterni-
tatis*.

L'esprit ne serait-il pas la capacité de dissoudre la réalité
finie dans l'infini des possibles ? Autrement dit, l'esprit ne
serait-il pas la virtualité universelle ? ou l'univers latent ?
Son zéro serait le germe de l'infini, qui s'exprime en mathématiques par le double zéro soudé (∞).

Conséquence : l'esprit peut faire en soi l'expérience de
l'infini ; dans l'individu humain se dégage parfois l'étincelle
divine qui lui fait entrevoir l'existence de l'être-source, de
l'être-base, de l'être-principe, dans lequel tout repose comme
une série dans sa formule génératrice. L'univers n'est qu'une
irradiation de l'esprit ; les irradiations de l'Esprit divin sont
plus que des apparences pour nous, elles ont une réalité
parallèle à la nôtre. Les irradiations de notre esprit sont des
miroitements imparfaits du feu d'artifice tiré par Brahma ;
notre science toutefois a pour contrôle de pouvoir prédire les
phénomènes (astronomie) ; celui d'engendrer de nouveaux
phénomènes (chimie), ou de reconstruire le passé en l'expli-
quant (linguistique, philosophie de l'histoire). — Nos erreurs,
nos rêves, nos chimères ne sont qu'à nous. Elles engendrent
aussi quelque chose, le monde subjectif des superstitions et

des monstres. — Le grand art n'est grand que parce qu'il a des conformités avec l'ordre divin, avec ce qui est (musique, art plastique, poésie).

L'idéal est l'anticipation de l'ordre par l'esprit. L'esprit est capable d'idéal parce qu'il est esprit, c'est-à-dire parce qu'il entrevoit l'éternel. Le réel au contraire est un fragment, il est passager. La loi seule est éternelle. L'idéal est donc l'espérance indestructible du mieux, la protestation involontaire contre le présent, le ferment de l'avenir. Il est le surnaturel en nous, ou plutôt le sur-animal, la raison de la perfectibilité humaine. Celui qui n'a point d'idéal se contente de ce qui est ; il ne querelle point le fait, qui devient pour lui identique avec le juste, avec le bien, avec le beau.

Mais pourquoi l'irradiation divine n'est-elle pas parfaite ? Parce qu'elle dure encore. Notre planète, par exemple, est au milieu de ses expériences. La flore, la faune continuent. L'évolution de l'humanité est plus près de son origine que de sa clôture. Or la spiritualisation complète de l'animalité paraît singulièrement difficile, et c'est l'œuvre de notre espèce. A la traverse vient l'erreur, le péché, la maladie, l'égoïsme, la mort, plus les catastrophes telluriques. La construction du bien-être, de la science, de la moralité, de la justice pour tous est ébauchée, mais n'est qu'ébauchée. Mille causes retardatrices, perturbatrices, troublent ce gigantesque travail, auquel les nations, les races, les continents prennent part. A l'heure qu'il est, l'humanité n'est pas encore constituée comme unité physique, et son éducation comme ensemble n'a pas encore commencé. Tous les essais d'ordre ont été des cristallisations locales, des rudiments d'organisation momentanée. C'est à présent que les possibilités se rapprochent (l'union des postes, des télégraphes ; expositions universelles ; voyages autour de la planète ; les congrès internationaux, etc.). La science et les intérêts lient les grandes fractions d'humanité que les langues et les religions séparent. Une année où l'on projette un réseau de chemins de fer africains, allant des bords jusqu'au centre, mettant en jonction, par terre, l'Atlantique, la Méditerranée et l'océan Indien, suffit à caractériser une ère nouvelle. Le fantastique est devenu le concevable ; le possible tend à devenir le réel.

La planète devient le jardin de l'homme. L'homme a pour principal problème de rendre possible la cohabitation des individus de son espèce, c'est-à-dire de trouver l'équilibre, le droit, l'ordre des temps nouveaux. La division du travail lui permet de tout chercher à la fois ; industrie, science, art, droit, éducation, morale, religion, politique, rapports économiques, tout est dans l'enfantement.

Ainsi tout peut être ramené au zéro par l'esprit, mais ce zéro est fécond, il contient l'univers et en particulier l'humanité. L'esprit n'a pas plus de fatigue à suivre le réel dans l'innombrable qu'à prendre conscience des possibles ? co peut sortir de o ou y retourner.

14 janvier 1879. — Gros mal de tête. Tout me rebrousse et m'agace à l'envi : lettres que je reçois, leçon à donner (qui n'est pas prête), le bois qui ne brûle pas, le sentiment d'une séance désagréable à présider cette semaine, un accident à mon inexpressible, et surtout la conscience d'une honte, d'une humiliation pour mieux dire, d'une peine irréparable. En y réfléchissant, je me rappelle que, sauf M. de Banville, pas un des Parisiens à qui j'ai écrit ou envoyé quelque chose depuis deux ans, ne m'a seulement accusé réception ; et même mes connaissances, comme Edmond Scherer, Victor Cherbuliez, Coppée, Taine, Pelletan, ont pris la même attitude. Jusqu'à Rambert, jusqu'à Tallichet [1], ne tiennent plus compte de moi. Est-ce assez descendre ! Il paraît que je suis devenu idiot, que je suis nul, du moins à l'unanimité de ces suffrages-là. Cette découverte ne fait pas plaisir sans doute, et un peu de révolte est permise, puisqu'on a vingt-quatre heures pour maudire ses juges. — Mais cela ne durera pas.

J'entrevois avec curiosité comment l'humeur peut devenir massacrante. C'est la manière indirecte dont se venge l'amour-propre mortifié. Le moi ne veut pas rester sur une dépression et se paie un petit accès de tyrannie farouche. Il a souffert,

1. Eugène Rambert (1830-1886), peintre de l'Alpe vaudoise, critique et historien littéraire, professeur à Zurich. — Ed. Tallichet (1828-1911), directeur de la *Bibliothèque universelle* à Lausanne.

il veut faire souffrir. On l'a blessé, il blesse. Et tout cela, instinctivement, par une sorte de mouvement réflexe. Comment triompher de la mauvaise humeur ? D'abord par l'humilité : quand on sait sa faiblesse, pourquoi se courroucer que les autres la signalent ? Ils sont peu aimables, sans doute, mais ils sont dans le vrai. Ensuite par la réflexion : finalement on reste ce qu'on est, et si l'on s'estimait trop, ce n'est qu'une opinion à modifier ; l'incivilité du prochain nous laisse tels que nous étions. — Surtout par le pardon : il n'y a qu'un moyen de ne pas détester ceux qui nous font du mal et du tort, c'est de leur faire du bien ; on surmonte sa colère par la bénignité ; on ne les change pas, eux, par cette victoire sur ses propres sentiments, mais on se dompte soi-même. Il est vulgaire de s'indigner pour son compte ; on ne doit s'indigner que pour les grandes causes. On ne fait sortir de sa blessure le dard empoisonné que par le dictame de la charité silencieuse et prévenante. Pourquoi permettre à la malignité humaine de nous aigrir ? à l'ingratitude, à la jalousie, à la perfidie même de nous irriter ? On n'en finit pas avec les récriminations, les plaintes ou les châtiments. Le plus simple est d'éponger tout cela. Les griefs, les rancunes, les emportements troublent l'âme. L'homme est justicier ; mais il y a un mal qu'il n'est pas tenu de punir : c'est celui dont il est victime. Il faut avoir un procédé de guérison pour ces maux-là. Le feu purifie tout.

> Mon âme est comme un feu qui dévore et parfume
> Ce qu'on jette pour le ternir.

19 janvier 1879. — Pour nous tous, le monde n'est que l'occasion de nous affirmer nous-mêmes, et dans ce sens tous les esprits sont subjectifs ; mais la différence c'est que les uns ont beaucoup plus de touches libres dans leur clavier et peuvent reproduire les mélodies du dehors en les dénaturant moins, et que les autres résonnent comme la cloche ou le tambour ou la tige vibrante, c'est-à-dire avec le même son, plus ou moins intense, mais monophone. La polyphonie, la polychromie sont le signe de la vocation critique. Les esprits compacts, massifs, unisonores, unicolores, peuvent être originaux et avoir du prix en eux-mêmes, mais ils sont faits pour être classés et non pour classer, pour être trompés, non pour comprendre.

Un chien regarde bien un évêque ; c'est l'excuse de tous les esprits lourds essayant de juger un esprit fluide. Ai-je assez entendu de bêtises sur Victor Cherbuliez ? Mais le béotisme est-il jamais averti de lui-même ? A-t-il jamais la pudeur de se récuser et l'instinct de se taire ? Non. Il serait déjà sur la frontière de l'Attique ; il respirerait l'air du Cithéron. Entrevoir sa propre bêtise, c'est lui échapper à demi. Se condamner, c'est entrer en conversion. Rougir, c'est n'être plus soi. — Est-ce qu'un dindon aurait jamais honte de sa dindonnerie ?

C'est la bonté qui limite volontairement la finesse. L'esprit laissé à lui-même serait impitoyable, car la foule des intelligences ressemble à une ménagerie ou à une faune ; pour l'esprit subtil, tout est plèbe ; pour l'esprit olympien, tout est marécage et ennui. C'est la bonté qui met un écran sur les rayons électriques trop aigus de la clairvoyance ; c'est elle qui se refuse à illuminer les laideurs et les misères de l'hôpital intellectuel ; c'est elle qui écarte cette classification du prochain sur le principe de la bêtise ou plutôt du discernement. Elle a peur d'un privilège ; elle préfère être humble et charitable ; elle s'efforce de ne pas voir ce qui lui crève les yeux, c'est-à-dire les imperfections, les infirmités, les déviations, les rhumatismes et les éborgnements spirituels. Elle pose un capuchon sur la sagacité, pour ne pas faire souffrir inutilement les autres ; ou, quand la sagacité a regardé, la bonté prend la parole avant elle pour faire remarquer une jolie coquille dans le sable aride, une paillette dans le bloc vulgaire, un brin de marjolaine dans la gerbe de paille sèche et inodore. Sa pitié prend des airs approbatifs. Elle triomphe de ses dégoûts pour encourager et relever.

On a souvent remarqué que Vinet avait loué des choses faibles. Ce n'était point illusion de son sentiment critique ; c'était charité. « N'éteignons point le lumignon qui fume encore. » Et j'ajoute : Ne contristons jamais sans utilité. Le grillon n'est pas le rossignol ; pourquoi le lui dire ? Entrons dans l'idée du grillon, c'est plus nouveau et plus ingénieux. C'est le conseil de la bonté.

L'esprit est aristocratique, la bonté est démocratique. En démocratie, l'égalité des amours-propres dans l'inégalité des mérites crée pratiquement une grosse difficulté. Les uns s'en tirent en muselant leur franchise par la prudence ; les autres en corrigeant leur perspicacité par la douceur. Il semble que la bienveillance soit plus sûre que la réserve. Elle ne blesse pas et ne tue rien. C'est le parti que j'ai pris.

Il est plus agréable de déchiqueter les gens, comme faisait Boileau ; mais c'est se donner un droit qu'on n'a pas. Il faut tolérer que chacun vive, et chaque animal selon son espèce. A l'occasion, il faut aider chacun à se développer selon sa nature. — A peine si dans la plus étroite intimité on peut dire le fond de sa pensée ; on est tenu de garder le secret des autres, quoiqu'on l'ait découvert et non pas reçu en dépôt ; on n'est vraiment maître que de son secret à soi ; celui-là, on en peut disposer ; on peut révéler ses sottises, ses lacunes, ses défauts, ses torts ; seulement, il ne faut le faire que pour donner courage ou lumière à l'interlocuteur, car on lui donne prise sur soi-même et qui sait si plus tard il n'en abusera pas ? La charité est généreuse ; elle se risque volontiers et, malgré cent expériences successives, elle ne suppose pas le mal à la cent unième. On ne peut être à la fois bon et cauteleux, ni servir deux maîtres, son égoïsme et l'amour. Il convient d'être sciemment hasardeux, pour ne pas ressembler aux habiles de ce monde qui n'oublient jamais leur intérêt et qui ne pensent qu'à cela. Il faut savoir être trompé. C'est le sacrifice que l'esprit et l'amour-propre doivent faire à la conscience. C'est le crédit à ouvrir à l'âme, c'est ce que font les enfants de Dieu.

N'est-ce pas Bossuet qui a dit : Les belles âmes savent seules tout ce qu'il y a de grandeur dans la bonté ?

21 janvier 1879. — On me raconte la première séance de Bouvier[1] (sur *la Bible*). Comme toujours, il essaie de concilier

____

1. Auguste Bouvier (1826-1893), professeur à la Faculté de théologie, prédicateur et écrivain. Amiel, qui l'avait en haute estime et en amitié, collabora avec lui à des publications sur l'histoire de l'Université de Genève.

la science avec la foi, et la cosmologie réelle avec la genèse de
Moïse. Les théologiens ne se consolent pas de voir que la
Bible de la Nature a seule autorité pour la science. Mais la
science ne donne pas d'idéal ; ce sont les religions qui donnent
l'idéal populaire ; l'idéal populaire de la vie est indispensable.
La meilleure religion pour nous sera celle qui nous donnera
le plus de force et de consolation.

La religion tient d'abord lieu de science et de philosophie ;
ensuite elle ne doit plus garder que sa place, qui est l'émotion
intime de la conscience, la vie secrète de l'âme en communication et en communion avec le vouloir divin et l'ordre
universel. La piété est le rafraîchissement quotidien de
l'idéal, la remise en équilibre de notre être intérieur, agité,
troublé, dévié, irrité, aigri par les accidents journaliers de
l'existence. La prière est le baume spirituel, le cordial précieux qui nous rend la paix et le courage. Elle nous rappelle
le pardon et le devoir. Elle nous dit : Tu es aimé, aime ; tu as
reçu, donne ; tu dois mourir, fais ton œuvre ; surmonte ta
colère par la générosité ; surmonte le mal par le bien. Qu'importent l'opinion aveugle, ton caractère méconnu, les ingra-
titudes éprouvées ? Tu n'es tenu ni à suivre les exemples
vulgaires, ni à réussir. Fais ce que dois, advienne que pourra.
Tu as un témoin, ta conscience ; et ta conscience c'est Dieu
qui te parle.

1ᵉʳ février 1879 (quatre heures du soir). — Un spectacle
curieux m'attendait au pont du Mont-Blanc. Un tourbillon
de plusieurs centaines de mouettes tournoyait en aval du
pont, plongeant dans le fleuve, remontant en fusées, criant,
battant des ailes, happant en l'air les miettes qu'on leur jetait ;
c'était étourdissant comme un carrousel aérien, sans trêve et
sans repos. Pour dix centimes de pain frais, on pouvait
s'amuser une demi-heure. Douze cygnes majestueux cin-
glaient au milieu de cette populace aquatique, qui les en-
nuyait de sa turbulence fébrile et insolemment vorace.
Quelques hardis moineaux se risquaient sur la culée du
pont, pour attraper quelque miette oubliée. Ces mouettes,
prises en masse, faisaient comme un nuage de neige, et repor-

taient l'imagination jusqu'aux fiords norvégiens. Les ailes ont bien un peu de gris dessus et du noir en dessous ; mais le blanc domine. Ce sont des frimas volants.

25 février 1879. — Forte bise toute la nuit ; et maintenant la neige. La nature est positivement convulsée et frénétique tous ces temps. L'ouragan du 20 février doit recommencer demain ; l'observatoire de New-York l'a prédit. C'est des Bermudes que nous arrive ce furieux. Le savant a maintenant l'inspection de la planète ; mais s'il dénonce les échappés, il ne peut encore les faire rentrer dans la geôle. Il dit : gare de devant ! prenez vos précautions ! c'est déjà quelque chose. Les maux prévus peuvent être en partie adoucis et réparés. Fermer les écoutilles et carguer les voiles équivaut à couper les griffes à la tempête. L'essentiel n'est pas de gêner un phénomène extérieur, mais de s'en préserver. Qu'importe qu'il grêle, si l'on peut mettre à l'abri les récoltes, ou plus simplement si les pertes mêmes sont couvertes par l'assurance. Il n'est pas nécessaire de gouverner le vent, si l'on peut se gouverner malgré le vent. Que la Nature suive ses lois, pourvu qu'en neutralisant l'une des lois par l'autre, l'homme protège ses volontés et aille à ses fins. Souffle le vent, si avec la vapeur nous le remontons, si avec l'électricité nous nous passons de vapeur, si avec la chimie et la mécanique nous manions des forces qui narguent les forces du dehors. L'ouragan n'est pour nous qu'un coursier poussif ; le télégraphe le devance de trois ou quatre jours sur des espaces relativement restreints, tels que la largeur de l'Atlantique On peut imprimer à San-Francisco un discours prononcé à Londres, huit heures avant que Londres l'ait entendu. Les nouvelles les plus récentes de l'Afghanistan nous arrivent par New-York, c'est-à-dire ont fait trois fois le chemin direct.

3 mars 1879. — La politique judicieuse a pour critérium l'utilité sociale, le bien public, le plus grand bien réalisable ; la politique creuse, vantarde et écervelée part de l'idée des droits de l'individu, droits abstraits dont l'étendue est affirmée, non démontrée, car le droit politique de l'individu est précisément ce qui est en question. L'école révolutionnaire oublie toujours que le droit sans le devoir est un compas à une seule branche. Elle enfle l'individu en ne l'occupant que de lui-même et de ce que lui doivent les autres, mais en se taisant sur la réciproque, et en éteignant en lui la capacité de se dévouer à une œuvre générale. L'État devient une boutique, l'intérêt en est le principe (utilitarisme anglais) ; ou bien c'est une arène où chaque gladiateur ne travaille que pour son honneur (radicalisme français). Dans les deux cas, l'égoïsme est le moteur de l'individu.

L'Église et l'État devraient ouvrir deux carrières inverses à l'individu : dans l'État, l'individu devrait mériter, c'est-à-dire conquérir ses droits par des services ; dans l'Église, il devrait faire le bien en effaçant ses mérites par l'humilité volontaire.

L'américanisme volatilise la substance morale de l'individu, qui subordonne tout à lui-même et croit le monde, la société, l'État faits pour lui, pour lui servir de tête de Turc. Ce point de vue dénigrant, et de boucaniers, a quelque chose de répugnant. Cette absence de gratitude humaine, d'esprit de déférence et d'instinct de solidarité me fait froid. C'est un idéal sans beauté et sans noblesse.

Consolation. L'égalitarisme compense le darwinisme, comme un loup tient en respect un autre loup. Mais tous deux sont étrangers au devoir. L'égalitarisme affirme le droit de n'être pas mangé par son prochain, le darwinisme constate le fait que les gros mangent les petits, et ajoute : tant mieux. Ni l'un ni l'autre ne connaissent l'amour, la fraternité, la bonté, la pitié, la soumission volontaire, le don de soi.

Toutes les forces et tous les principes agissent à la fois dans le monde. La résultante est plutôt bonne. Mais la guerre est laide, parce qu'elle disloque toutes les vérités et ne présente en bataille que des erreurs contre des erreurs, des partis contre des partis, c'est-à-dire des moitiés d'êtres ou des monstres contre d'autres monstres. Une nature esthétique ne s'accommode pas de ce spectacle, elle veut percevoir l'harmonie et non toujours le grincement des dissonances. Cette union toujours ajournée l'impatiente. Les coulisses lui répugnent, elle voudrait l'illusion théâtrale ; elle demande le repas et désire sortir des apprêts culinaires. Un numéro de journal est une photographie de cette confusion de Babel dans les idées, dans les intérêts, dans les tendances. — Il faut bien admettre cette condition des sociétés humaines : le tapage, la haine, la fraude, le crime, la férocité des intérêts, la ténacité des préjugés ; mais le philosophe en soupire et n'y peut mettre son cœur.

Le combat du volvon avec le vibrion

lui donne des nausées, et il a besoin de regarder de haut l'histoire et d'entendre souvent la musique des sphères éternelles.

13 mars 1879. — Lecture : Hermann Grimm (*Gœthe étudié comme l'un des grands types de l'imagination poétique*).

Ces analyses chimiques du génie me font toujours rire ; car elles sous-entendent la possibilité de refaire ce qu'elles décomposent. Or le propre du génie et même de la vie est justement la concrétion, la fusion des éléments que la chimie ne peut que désagréger. La science, qui est admirable dans le domaine des choses quantitatives, pondérables, mesurables, est ridiculement pataude dans les choses de l'âme, du cœur, du goût. On dirait un forgeron qui veut forger des ailes de papillon ou des yeux de mouche. Cette pesanteur pédantesque est plus propre aux théoriciens allemands qu'à personne.

> Par la sambleu, Messieurs, je ne croyais pas être
> Si plaisant que je suis.

Il faut beaucoup de naïveté pour se croire dans le sujet, quand on détruit le phénomène qu'il s'agit d'expliquer. Autant vaut égorger un lapin, pour trouver le secret de la vie dans son estomac. Les gens qui entreprennent la fabrication des talents en sont au même point. Ce que l'on enseigne n'est jamais que secondaire, ce que l'on apprend n'est pas le talent, mais l'art de s'en servir. Nul ne sait jamais bien que ce qu'il a trouvé lui-même. Le talent mûr allume les talents naissants, mais par son exemple, non par des préceptes.

On ne comprend que ce que l'on répète en soi, que ce que l'on retrouve dans sa propre nature. Le mimétisme psychologique est l'art de pénétrer. La divination, l'intuition, ne se remplacent par rien ; et les lourdauds s'abusent, s'ils croient avec leurs fausses clés, leurs échelles et leurs lanternes sourdes pouvoir entrer partout. Ils ne peuvent pas même comprendre la première fillette venue, le plus jeune enfant pendu à la robe de sa bonne. Les obtus le sont partout, même armés de besicles, de balances et de bistouris. Est-ce que les grammairiens épluchant les poètes ne font pas l'effet bouffon ? En un mot, l'incompétence est partout parce que l'outrecuidance des épais ne connaît pas de bornes. En toute matière, il faut être de la famille, de la maison, du métier, avoir l'instinct et le sens de la chose, pour en parler sans radotage et sans verbiage.

15 mars 1879. — Lecture : Stahl (*Les histoires de mon parrain*) ; Legouvé (quelques chapitres de *Nos Filles*). Ces écrivains mettent l'esprit, la grâce, la gaieté et l'agrément du côté des mœurs honnêtes ; ils veulent montrer que la vertu n'est pas si fade, et que le bon sens n'est pas si ennuyeux. Ce sont des moralistes persuasifs et des conteurs captivants. Ils travaillent au relèvement de la France, et excitent l'appétit du bien. Cette gentillesse a pourtant un danger. La morale dans du sucre passe certainement, mais on peut craindre qu'elle n'ait passé pour son sucre, et que le sens moral n'y ait rien gagné. Les sybarites tolèrent un sermon assez gentil, délicat pour flatter leur sensualité littéraire ; mais c'est le goût en eux qui est charmé, ce n'est pas la conscience qui s'éveille. Ils sont donc flattés mais non remués ; leur vanité est satisfaite et leur principe de conduite n'est pas atteint.

Moraliser en faisant rire, instruire en amusant sont deux méthodes préconisées dans les âges de faiblesse, mais sont probablement deux illusions. Égayer, instruire, moraliser sont des genres qu'on peut mêler et associer, sans doute, mais qu'il faut savoir séparer pour obtenir des effets réels et francs. L'enfant dont l'esprit est bien fait n'aime pas d'ailleurs les mélanges qui tiennent de l'artifice et de la supercherie. Le devoir exige l'obéissance, l'étude réclame l'application, le jeu ne demande rien que la bonne humeur. Convertir l'obéissance et l'application en jeu agréable, c'est efféminer la volonté et l'intelligence. La nature a donné à l'enfant des os et des dents, pourquoi lui refusez-vous l'occasion de mâcher et de peiner ? Vous ne voulez donc pas qu'il devienne un homme ?

Conclusion. Ces efforts pour mettre la vertu à la mode sont louables, mais s'ils font honneur aux écrivains, ils prouvent l'anémie morale de la société. Aux estomacs non gâtés il ne faut pas tant de façons pour leur donner le goût du pain.

17 mars 1879 (onze heures du soir). — Refait ma leçon sur le Positivisme. Impression d'ennui chaque fois que je touche à cette prétendue doctrine, aussi maigre d'aperçus nouveaux que de résultats intéressants. Ce Comte n'a pas trace de verve, d'esprit, de fécondité. Il n'a qu'une idée, délayée avec une insupportable prolixité, et cette idée n'est pas juste, n'est pas neuve, n'est pas grande. Quand on ôte à Comte ce qu'il a pris à Hume, à Broussais, à Saint-Simon, à Turgot, il ne reste que le fatras diffus et prétentieux de l'empirisme vulgaire. Quand on déplume ce faux paon, on ne trouve qu'un poulet banal bouffi de lui-même. C'est dépitant. Et l'admiration des gens pour la chose et pour l'homme, impatiente comme toute exagération bête.

23 mars 1879 (midi). — Relu ce cahier. Il me choque par de nombreuses répétitions. Mais ces répétitions ont un côté utile ; elles sont des vérifications, des contrôles. Qui veut plaire, les évite ; mais qui ne s'occupe que du vrai, les tolère. Les notations barométriques, hygrométriques, etc., sont comme elles peuvent ; elles suivent les variations du temps et l'uniformité de ses variations ; elles ne représentent que ce qui est, et ne tracent pas de courbes inventées. L'art s'ingénie à faire du nouveau, crainte de satiété ; l'observation note le réel comme il se présente. — Peut-être y a-t-il une ou plusieurs constantes dans ces variations quotidiennes de la pensée ou du sentiment : ceci sera à dégager plus tard. Y a-t-il des variations de saison, ou d'années, ou d'âge ? question ouverte. Aurai-je jamais le temps de relire ces quinze mille pages ou d'en tirer quelque utilité scientifique ? Douteux. Elles m'auront du moins servi à vivre, comme toutes les autres habitudes hygiéniques, la friction, le lavage, le dormir, l'alimentation, la promenade, etc. La principale utilité du Journal intime est de rétablir l'intégrité de l'esprit et l'équilibre de conscience, c'est-à-dire la santé intérieure. Si, en outre, il est instructif ou récréatif, c'est bien, mais surérogatoire. S'il aiguise l'esprit d'analyse, s'il entretient l'art de s'exprimer, tant mieux ; mais il pourrait se passer de ces avantages. S'il sert de mémorandum biographique, ceci encore est accessoire.

31 mars 1879 (onze heures du soir). — Il est malaisé de changer subitement d'occupation et de manière d'être, et de passer d'un cours historique à un cours théorique. La vitesse acquise, la force d'inertie font obstacle à cette inversion mentale. Pour faciliter la crise, j'ai fait emporter de ma chambre tous les livres qui m'ont servi cet hiver, j'ai employé deux heures à remettre en ordre et en liasse tous les feuillets volants qui composent le cours que je viens de terminer. J'ai balayé tous les vieux souvenirs, et j'ai rouvert notes et livres relatifs à mon cours d'été. Mais ici, comme toujours, éprouvé une impression désolante, celle de la pénurie, de l'insuffisance, du vide, du suranné. Il me semble que je ne sais plus rien, qu'il faudrait tout bouleverser, tout refaire, tailler à neuf et en plein drap. D'autre part, je sens que cela [est] téméraire et absurde, que je n'en ai pas le temps, qu'il vaut mieux utiliser ce qui est fait, perfectionner ce qui est ébauché, rectifier ce qui est hasardé, compléter ce qui a des lacunes. Au fond, j'aurais voulu entreprendre quelques recherches neuves, dussent ces monographies ne pas se lier entre elles ; mais un cours doit présenter un sujet dans son unité, dans son ensemble, et me revoilà ballotté entre ces deux méthodes qui aboutissent à des plans tout autres. Lequel vaut mieux ? l'un des procédés fait avancer la science, l'autre semble plus nécessaire à des élèves. Avec l'un on chemine à la découverte, avec l'autre on s'assure du pays conquis, on en fait la carte et l'occupation.

1er avril 1879 (six heures du soir). — Psychologisé toute la journée. Opéré la crise, entré dans ce mode de pensée, réveillé en moi l'aptitude, l'intérêt et le souvenir, nécessaires à cette espèce de recherches. Cette crise ressemble au phénomène de la conversion. Il s'agit de rompre avec ses habitudes, de revêtir un nouvel homme, en un mot de faire l'impossible ou ce qu'on tenait pour tel. Cette transformation, qui est mieux qu'une mue de la surface ou un retournement stratégique de l'activité, est une violente secousse qui ébranle toutes nos profondeurs ; on peut la rapprocher de la crise que traverse l'insecte en métamorphose.

Au fond, c'est une épreuve morale. La nécessité devient vertu. Le penchant est brutalisé, le désir dompté par le vouloir, l'inertie vaincue par le devoir. C'est mieux encore que le travail mécanique changé en chaleur et en électricité. C'est la chenille changée en papillon.

7 avril 1879. — Mieux eût valu peut-être une vie pleine et déchirée qu'une vie déserte et vide... Mais ma vie n'a pas été déserte ni vide ; elle a été, à tout prendre, celle d'un contemplatif, qui a fait des sacrifices au devoir et a connu beaucoup d'affections. Il est vrai que la tendresse filiale, conjugale et paternelle ne lui a pas été accordée ; mais il a peut-être d'autant mieux connu l'amour et l'amitié. Il a tenu à la porte la passion ; mais la sympathie, la bienveillance, la dilection désintéressée et secourable, l'amour platonicien, la cordialité humaine ont surabondé dans sa vie. Se plaindra-t-il de sa part ? Non. S'il en est de plus attrayante et de plus enviable, la sienne a été celle qu'ambitionnent les sages. Activité désintéressée, affections douces, loisir et liberté, paix méditative, voilà ce qu'il a eu. Son indépendance réelle a été plus grande que celle de personne. Il n'a jamais subi la volonté d'un autre, et s'est senti son maître depuis l'âge de treize ans. La place faite à sa fantaisie, à la libre disposition de son temps, a été énorme. La vie intérieure lui a ouvert toutes ses avenues. Il a pu, pour ses récréations, écrire quinze mille pages de réflexions où la rêverie se recueille à sa guise. Tout cela doit compter.

Lundi de Pâques, 14 avril 1879 (huit heures et demie du matin). — O délices, j'ai dormi et je reviens presque à l'état normal. Les toits sont blancs, l'hiver aussi revient, mais qu'est-ce que cela fait ? C'est la santé qui est le soleil. Tirons vite quelques leçons de cette rude expérience de trois jours.

Je suis éminemment destructible : un petit désordre sur un point compromet très vite la machine tout entière. J'ai donc très peu de force de résistance, de vitalité proprement dite.

Une fois pris dans l'engrenage de la douleur, je ne crois plus en sortir ; j'ai très peu de cette force qu'on appelle l'espérance ; je n'attends rien de l'avenir, je ne fais appel à aucun dieu secourable, et je n'ai pas plus de foi au médecin ; je me retire dans l'apathie stoïque, qui ressemble fort à la désolation morne, car tout me paraît perdu.

La maladie me fait surtout honte ; elle m'humilie, comme un défaut physique, comme un ridicule, comme un œil bouffi ou une épaule tordue. C'est dire que je ne compte pas sur la charité compatissante de mes semblables, et que leur commisération, telle qu'elle est, me fait peur.

La maladie rend incapable, et j'ai horreur de donner prise à la moquerie des inférieurs ou des égaux.

La maladie rend dépendant, et je redoute la dépendance ; je crains d'être à charge, d'être pénible, répugnant, fatigant. Je ne devine qu'un cas agréable, celui d'un accident chirurgical, d'une blessure militaire, soigné par une femme aimante ; ici le mal est esthétique et la convalescence délicieuse. Mais pour tous les maux vilains et défigurants, pour les misères chroniques, mon instinct serait celui du chat, me cacher et disparaître.

La maladie est une atteinte à notre liberté et à notre dignité, et c'est par là qu'elle est surtout redoutable à l'homme de loisir et d'aisance. La croire envoyée par une divinité jalouse ou paternelle est un ingénieux stratagème de la conscience humaine, qui l'ennoblit pour la combattre, comme un chevalier armait un vilain pour pouvoir lui couper la gorge. En réalité, la nature est sans entrailles, sans humeur ni honneur, et elle aime à dévorer tout ce qui ne se défend pas de son mieux contre la mort.

Il est trop tard pour régler ses affaires d'attendre ce signal, la maladie, parce que si certaines maladies n'arrêtent que l'activité extérieure, d'autres atteignent immédiatement les nerfs et même le cerveau, c'est-à-dire suspendent la pensée, la clairvoyance, le souvenir et la justice.

La maladie doit aussi enseigner la bonté prévenante. Songeons que beaucoup de gens sont malades sans l'avouer, que beaucoup ont leur épine secrète, leur écharde inconnue, leur épreuve cachée, leur cilice et leur croix que l'on ignore, et que n'en pas tenir compte, c'est risquer d'être cruel. Même ceux qui sont joyeux et bien portants ne le seront pas toujours, leur triomphe pourrait bien n'être pas long, la prospérité éternelle n'est pas le fait de notre espèce, c'est le lot sans pareil de 1/10.000.000 des mortels. Ainsi, entrons de cœur dans la condition humaine. Nous faisons partie d'une race de douleur, qui doit lutter sans terme contre la faim, le froid, la misère, l'ignorance, la brutalité, la maladie, la passion, l'injustice, et qui doit se contenter du moindre mal et du plus petit progrès, en attendant pour chacun la défaite et la destruction. Payons notre tribut de pitié et de travail. Collaborons avec une piété patiente à l'œuvre de l'espèce. Donnons un peu de joie à tous ces galériens de l'existence, à tous ces condamnés à mort. C'est là notre raison d'être et aussi notre récompense.

21 avril 1879. — Pourquoi toute cette synonymie dans mes pages de Journal ? L'instinct qui me pousse à cette luxuriance doit être assez complexe. J'imagine que le désir de me remémorer le vocabulaire, celui de noter tous les détails et aspects de la chose, le tâtonnement sur le trait essentiel, sont des causes concomitantes de ce luxe terminologique. Ce luxe a peut-être un inconvénient : il disperse l'esprit et lui enlève la précision. Il faudrait peut-être m'imposer la discipline, deux semaines par mois, d'exclure toute synonymie. Trois à peu près ne remplacent pas le trait juste. Celui-ci est unique. Mon procédé ordinaire enveloppe l'objet et tourne autour ; l'autre procédé frappe au centre et marque le trait caractéristique. Il convient d'avoir les deux méthodes à sa disposition pour n'être esclave d'aucune et ne contracter aucun tic. Il est vrai que dans le Journal intime, la plume ne se surveille pas, et cabriole selon son allure naturelle, mais il est mieux qu'elle ait toutes les allures. Il me semble du reste que cette flexibilité est dans mes moyens, disons plus, dans mes goûts. La manière m'ennuie ; lorsque je m'y laisse aller, c'est par paresse. Le seul style qui me plaise, c'est le style de la chose. Oui, mais l'obstacle est dans les habitudes antérieures. L'instinct évite ce qui lui est inconnu, car le sentier à frayer est toujours pénible. Que de formes littéraires j'ai négligées : la narration gaie, le raisonnement suivi, l'improvisation ailée, la critique légère, l'éloquence, c'est-à-dire le solide et l'agréable ! Ma forme habituelle est sautillante ou laborieuse, il lui manque la grâce et l'enjouement. Pourquoi ? parce que ces qualités résultent de la conversation, et que Genève m'a condamné au silence méditatif du monologue.

27 avril 1879. — Mon insouciance est acquise plutôt qu'originelle. Ce qui est ancien chez moi c'est la désespérance, et la réflexion préférée à l'action. Le mal de Hamlet est bien aussi mon mal. C'est également la tendance de toute une partie des penseurs allemands, et le fond bouddhique de la doctrine de Schopenhauer. L'impulsion animale et la volonté sont inférieures à la pensée.

5 mai 1879. — Ce n'est qu'à mon corps défendant que je songe aux torts volontaires qu'on a eus envers moi. En ne m'observant pas, j'oublierais tous les griefs et je manquerais ainsi de dignité. La nécessité de la défensive me fait violenter ma nature. Par goût, je préfère la débonnaireté bienveillante qui ne tient registre d'aucune observation défavorable ; et malgré l'apparence contraire, ce Journal est un procédé hygiénique pour revenir à l'indulgence. Ma plume

soulage ma peine. Ma confidence à moi-même me débarrasse
le cœur. Et je ne suis jamais plus disposé à ouvrir un compte
nouveau à ceux qui m'ont irrité, que lorsque j'ai fermé ces
pages. C'est qu'au fond, espérant très peu changer les choses
ou les gens, n'aimant ni la plainte, qui est inutile, ni le reproche, qui aggrave le mal, je ne travaille qu'à changer mon
impression et à revenir à l'équilibre. Les ennuis et les chagrins mettent l'âme dans l'état subjectif ; le soliloque la
ramène à l'état impersonnel. N'est-ce pas là le rythme de
mes journées ? le monde m'agite et me trouble, et je recon-
quiers la sérénité comme je puis, tantôt par le contact avec
les affections vraies, tantôt par la méditation. Je ne désire
accuser ni blâmer personne, je n'ai point à faire mon apologie, je n'aspire qu'à retrouver le calme et à rentrer dans la
bienveillance. A supposer que je me trompe sur les gens et
les choses dont il m'arrive de parler, à supposer même des
souffrances illusoires et des torts imaginaires, le résultat
demeurerait encore bon et légitime, puisqu'il est la guérison
de ces petites misères et le retour à l'état objectif. Il ne s'agit
donc ni de réquisitoire ni de plaidoyer, puisqu'il n'y a ni
galerie ni tribunal. Il s'agit de thérapeutique quotidienne
ou plus simplement d'ablutions. On purifie son corps des
poussières de la route ; pourquoi ne point purifier son âme
du contact des vilenies humaines ? On recommence ainsi
la marche, ayant jeté derrière soi tout ce qui ne mérite pas
le souvenir. C'est une application indirecte du précepte biblique : Ne vous couchez point sur votre colère. C'est une
forme plus prosaïque de la prière du soir.

6 mai 1879. — Magnifique journée. Impression athénienne en passant sur la Place Neuve. Inondation de lumière, joie des yeux, belles formes architecturales, sous la
coupole d'azur limpide. Légèreté d'être, alacrité nerveuse,
pensée ailée. Je croyais être jeune, je sentais à la grecque.

> J'ai sur l'Hymète éveillé les abeilles,
> C'est là, c'est là que je voudrais mourir !

O Pallas Athéné, vous m'êtes apparue, et j'ai éprouvé comme
un ravissement.

22 mai 1879 (Ascension, huit heures du matin). — Temps
magnifique et délicieux. Légèreté d'être. Gaieté au dehors
et au dedans. Lumière caressante, bleu limpide de l'air,
gazouillements d'oiseaux ; il n'est pas jusqu'aux bruits
lointains qui n'aient quelque chose de jeune et de printanier.
C'est bien une renaissance. L'ascension du Sauveur des
hommes est symbolisée par cet épanouissement de la nature
allant à la rencontre du ciel... Salve des cloches. Les rayons
du matin dansent sur les fauteuils, sur les tapis, et y font
éclore le parterre des couleurs. Les bois du parquet, les
nuances des broderies, les plis des rideaux sourient et présentent un bouquet de tons veloutés et frais, vifs et doux,
qui réjouissent l'œil. L'oreille et les poumons ont pareille-
ment leur voluptueux régal. Le caractère de toutes ces sensations réunies est la suavité. Je me sens remettre à l'état
esthétique, qui m'était étranger depuis longtemps. Mon
âme regarde par toutes ses fenêtres. Les formes, les contours, les teintes, les reflets, les timbres, les contrastes et les
accords, les jeux et les harmonies de tout cela la frappent
et la ravissent. Il est bon parfois de vivre à la périphérie,
c'est de la gratitude. Il y a de la joie dissoute dans l'atmosphère. Mai est en beauté. Ce serait quasi un péché que de se
refuser à ses avances, et d'emprisonner son cœur dans la
sévérité claustrale.

Dans mon préau, le manteau de lierre a reverdi, le mar-
ronnier est tout vêtu de sa feuillée, le lilas de Perse, près de
la petite fontaine, a rougi et va fleurir ; par les larges percées, à droite et à gauche du vieux collège de Calvin, se
montrent le Salève par-dessus les arbres de Saint-Antoine,
les Voirons par-dessus le coteau de Cologny ; et les trois
rampes d'escaliers, qui, espacées et d'étage en étage, conduisent entre deux hautes murailles de la rue Verdaine
à la terrasse des Tranchées, rappellent à l'imagination
quelque vieille cité du Midi, une échappée de Pérouse ou de
Malaga.

(Neuf heures trois quarts.) — Toutes les sonneries de la ville sont en branle. L'heure du culte approche. Aux impressions pittoresques, musicales et poétiques, s'ajoutent les impressions historiques et religieuses. Tous les peuples de la chrétienté, toutes les églises distribuées autour de la planète, fêtent la glorification du Crucifié...

Arrêt soudain de toutes les cloches. Silence émouvant. Attente et presque oppression de l'âme. C'est le moment où le culte est une délivrance ; la communauté appartient à l'orateur, et se donne avec lui à son Dieu. Et que font à cette heure tant de nations qui ont d'autres prophètes et honorent autrement la Divinité ? Que font les Juifs, les Musulmans, les Boudhistes, les Vichnouistes, les Guèbres ? Ils ont d'autres dates pieuses, d'autres rites, d'autres solennités, d'autres croyances. Tous ont cependant quelque chose en commun. Tous ont de la religion, tous donnent à la vie un idéal et entendent que l'homme s'élève au-dessus des misères et des petitesses de l'heure présente et de l'existence égoïste. Tous ont foi à quelque chose de plus grand qu'eux-mêmes, tous prient, tous s'humilient, tous adorent ; tous voient au delà de la Nature l'Esprit, au delà du mal le bien. Tous témoignent en faveur de l'Invisible. C'est par là que tous les peuples fraternisent. Tous les hommes sont des êtres de soupir et de désir, d'inquiétude et d'espérance. Tous voudraient se remettre en accord avec l'ordre universel et se sentir approuvés et bénis par l'Auteur de l'univers. Tous connaissent la souffrance et souhaitent le bonheur. Tous connaissent le péché et demandent le pardon.

Dans le concours des religions, le christianisme a quelques avantages : il peut s'épurer et se spiritualiser lui-même. Ramené à sa simplicité originelle, il est la réconciliation du pécheur avec Dieu, par la certitude que Dieu aime malgré tout et qu'il ne châtie que par amour. Si le christianisme n'a point créé la morale, il a fourni un mobile nouveau et une force nouvelle pour accomplir la morale parfaite ; il a donné goût à la sainteté en la rapprochant de la gratitude filiale.

23 mai 1879. — ...Pour moi, je ne connais pas de régal spi-

rituel plus attrayant que de lire au fond d'une âme et d'être
initié à une vie intérieure. C'est la joie qu'on attend en paradis, pourquoi se la donne-t-on si rarement sur la terre ?
Est-ce que la fraternité morale ne permet pas l'amour divin,
qui est indifférent au sexe et étranger à la volupté ? Cette
manière d'aimer m'a toujours paru naturelle et facile ; mais
on appelle « mangeurs de cœurs », Don Juans insatiables,
ceux qui ne réclament rien pour eux, qui ne visent à aucune
possession jalouse, et qui répudient la passion tyrannique
ou exclusive. L'affection de l'âme semble une chose non
classée, non connue, non admise. L'amitié tendre et désintéressée entre les sexes passe pour absurde et impossible.
Impossible ? elle ne l'est pas, puisque je l'ai éprouvée dix
ou vingt fois. Absurde ? je ne trouve pas, puisqu'on la rêve
pour l'avenir.

28 juin 1879 (midi). — Dernière leçon du cours, du semestre et de l'année. Bien fini. Mes élèves ont chaleureuse-
ment applaudi, et je me sens soulagé d'un grand poids.
Réussi à condenser en trois quarts d'heure la matière d'une
demi-douzaine de leçons, bouclé tous mes fils, ramené mon
sujet à l'unité globale, et terminé par le centre mathématique.

6 août 1879. — Si donc l'être fini a une tendance à s'affirmer, à se dilater, il a aussi la tendance contraire, celle à se
nier. La soif d'existence contient la soif de destruction. Le
désir de procréation a pour corrélatif le goût de la mort.
L'anéantissement a donc bien sa volupté. L'égoïsme radical
se complète par l'antégoïsme, par l'héautophobie, par l'antipathie pour soi-même. Un individu dont le clavier est in-
tégral sera donc aussi son ennemi et son persécuteur, un
héautontimorouménos, pour parler avec Térence. On regarde
ceci comme monstrueux, comme absurde, comme impossible.
On y a mal regardé. On a clos trop vite l'inventaire de nos
impulsions sourdes. L'homme est plus compliqué qu'on ne
l'imagine. Seulement l'amour de soi apparaît à notre conscience, tandis que la haine de soi appartient à la région plus

obscure ; cette haine agit en nous sans nous, c'est le procédé par lequel la nature combat les inconvénients de l'égoïsme. Quand cette haine est fort adoucie et devient consciente, elle s'appelle le désintéressement, le détachement. Quand ce détachement coûte et qu'il résulte d'un effort, il devient le renoncement, la résignation, l'abnégation ; ces choses sont des vertus, tandis que la haine de soi est un danger. Mais toute vertu a pour point de départ un instinct ; l'instinct dont il est question ici vise au refoulement du moi, à sa limitation et même à sa suppression, c'est le principe de négation, la soif de la mort.

23 août 1879. — Un rimeur n'est pas un poète ; un amateur n'est pas un artiste. Il faut épouser sa profession pour s'y distinguer ; il faut posséder à fond son instrument pour être de la partie. Toi, tu ne te piques de rien, tu essaies un peu des choses pour t'amuser, mais tu en restes aux préludes, aux débuts, lorsque tu as deviné la méthode et compris le procédé des gens. Ton besoin n'est pas de produire, mais de comprendre, ni de faire, mais d'être capable de faire. Tu ne tiens pas à prouver tes aptitudes, mais à les sentir. Ainsi toutes tes activités et même tes publications ne sont que des exercices psychologiques, des analyses de l'âme et des manipulations de facultés. Le summum de mon ambition est d'être un connaisseur de la nature humaine, se trouvant à l'aise dans tous les labyrinthes de cette terre inconnue. Mon esprit, aussi fluide et impersonnel que possible, se contenterait de pouvoir habiter partout, mais n'a la prétention d'être propriétaire nulle part.

Je ne suis donc ni poète, ni philosophe, ni pédagogue, ni savant, ni écrivain. Je suis un peu critique et un peu psychologue, voilà tout. Et comme je déteste m'imposer, dès que la sympathie est absente, je dérobe aux profanes mes vrais dons, mes vrais besoins, et je n'offre plus que mes toquades inoffensives.

9 septembre 1879. — Porté à F*** une liasse de lettres de son père et de sa mère. J'ai cru voir que cela l'intéressait médiocrement, vu la laideur du papier et les humbles circonstances qu'elle révèle. L'amour-propre aurait à gagner à constater l'ascension ; mais il obéit au préjugé nobiliaire et rougit d'une extraction modeste.

Un naturaliste a dit avec raison : « Je serais plus fier d'être un singe perfectionné qu'un Adam dégénéré ». Le sentiment populaire n'en est pas là. Il envie les parvenus, mais il les raille. Le parvenu lui-même a le plus souvent la sottise d'avoir honte de ses origines. — Au fond, ce sont les deux conceptions du monde qui sont ici en lutte : celle du Judaïsme ou de la Gnose, et celle de la science contemporaine ; la première voyant dans la création spirituelle une décadence continue, la seconde y voyant une évolution constante ; l'une partant de la perfection hypothétique, l'autre y tendant. L'excellence est-elle devant nous ou derrière nous ? a-t-elle été ou sera-t-elle ? le meilleur est-il passé ou futur ? voilà la question. Est-ce que le nouveau-né est supérieur au vieillard ? est-ce que le gland est supérieur au chêne, l'œuf d'aigle à l'aigle même ? Cette supposition absurde repose sur une prémisse inconsciente, celle que le rien sans défaut et sans erreur vaut mieux que l'être avec des erreurs et des défauts.

Le néant est parfait, l'être imparfait : ce sophisme choquant ne devient beau que dans le platonisme, parce que le néant y est remplacé par l'Idée, qui est, et qui est divine.

L'idéal, la chimère, le vide ne doivent pas se mettre tellement au-dessus du réel qui, lui, a l'incomparable avantage d'exister. Le million que vous imaginez sans peine, vaut-il le billet de mille que j'ai placé à la Caisse d'épargne ? Une femme idéale serait charmante sans doute, mais elle est un fantôme ; la femme qui vous aime a des imperfections, mais du moins vous la tenez dans vos bras. On ne vit pas de viande rêvée, de pain en perspective, d'affections espérées, d'ombres insaisissables. — L'idéal tue la jouissance et le contentement en faisant dénigrer le présent et le réel. Il est la voix qui dit non, comme Méphistophélès. Non, tu n'as pas réussi ; non, cette femme n'est pas belle ; non, tu n'es pas heureux ; non, tu ne trouveras pas le repos ; tout ce que tu vois, tout ce que tu fais, tout est insuffisant, insignifiant, surfait, contrefait, imparfait. La soif de l'idéal c'est l'aiguillon de Siva, qui n'accélère la vie que pour précipiter la mort. Cet incurable désir fait la souffrance de l'individu et le progrès de l'espèce. Il tue le bonheur au profit de la dignité. Il sacrifie l'homme à l'humanité. Si le suicide volontaire est réputé irréligieux, le suicide inconscient est la loi divine, car les nobles créatures sont celles qui s'immolent à une cause désintéressée. En d'autres termes, Dieu veut bien le suicide, mais il ne le veut que pour lui seul. Celui qui se tue est un déserteur à ses yeux. Mais que chaque génération se consume pour la suivante, c'est la règle. Seulement la dernière, pour laquelle toute l'humanité se sera sacrifiée, ou plutôt aura été sacrifiée, ne sera qu'égoïste et ne sera pas heureuse. Ainsi l'histoire universelle ne serait qu'une colossale mystification. La pensée ne serait qu'une cause d'infortune, un don funeste et même perfide...

Alors ? le seul bien positif c'est l'ordre, donc la rentrée dans l'ordre ; donc le retour à l'équilibre. La pensée est mauvaise sans l'action et l'action sans la pensée. L'idéal est un poison s'il ne s'intègre avec le réel, et réciproquement, le réel se vicie sans le parfum de l'idéal. Rien de particulier n'est bon sans son complément et son contraire. L'examen de soi est dangereux s'il usurpe sur la dépense de soi ; la rêverie est nuisible quand elle endort la volonté ; la douceur est mauvaise quand elle ôte la force ; la contemplation est fatale quand elle détruit le caractère. Le trop et le trop peu pèchent également contre la sagesse. L'outrance est un mal, l'apathie un autre mal. L'énergie dans la mesure, voilà le devoir ; l'attrait dans le calme, voilà le bonheur !

24 septembre 1879 (trois heures du soir). — Assisté à un phénomène extraordinaire, il y a une heure. Nous faisions des bulles de savon avec ma filleule [1]. L'eau de savon avait été renouvelée et les bulles se divisaient assez mal sous

---

1. « Après le dîner, *bullé* avec succès. Avec l'éventail, j'ai tiré d'une bulle jusqu'à quarante et cinquante rejetons. Ce jeu est vraiment poétique. Il demande une grande légèreté de main. » (Journal intime, 18 juin 1880.) Voir le poème XL du recueil *Jour à jour : La bulle de savon.*

l'éventail, paraissant trop aqueuses. Cependant une des subdivisées, d'un pouce de diamètre, a fait ce que je n'ai encore jamais vu. Elle a erré près du plafond longtemps sans redescendre, puis a pris la couleur de la perle, ensuite s'est bosselée et plissée par endroits, et enfin a paru changée en un ballon captif de soie, qui flottait dans l'air sans déperdition de son contenu, et sans aucun tournoiement dans ses parois. Au seul mouvement de nos lèvres et de notre haleine, quand il était redescendu quelque peu, il remontait doucement. Bref, il était solidifié, changé en cocon, en aérostat. Nous étions trois témoins. Au bout d'un quart d'heure environ, nous avons voulu voir la texture de ce ballon léger. Je l'ai reçu sur l'éventail où il est resté intact, avec une forme qui n'était plus sphérique tout à fait. Après examen et même attouchement, j'ai voulu le relancer. Malheureusement l'éventail était verni ; le ballon adhérait par un point et il s'est déchiré. Le tissu adorablement fin et soyeux dans ses plis était parfaitement sec. Sous le doigt il est devenu impalpable. Combien j'aurais voulu l'étudier au microscope !

En résumé, l'eau s'était résorbée et la toile de savon sans maille et sans pore avait fait globe complet. Bref la bulle était devenue solide. Cette métamorphose nous a plongés dans l'émotion, comme une sorte de miracle. Nous pensions avoir épuisé les secrets de Pompholyx, et après deux mois des tentatives les plus variées, voici du nouveau, voici un prodige. Cela tient du mystère religieux.

> Émus, nous croyons voir Brahma,
> Brahma jouant avec les mondes.

On parle au figuré d'un rêve qui prend corps ; ici, la transformation est au propre. La bulle s'est modifiée. Elle a perdu son irisation et sa sphéricité et sa fragilité et sa transparence, en changeant de régime d'existence. Naître c'est consolider un fluide. Ce qui augmente la merveille du phénomène, c'est qu'un moment avant son apparition Berthe me disait : « Oh ! solidifiez une de ces belles bulles ! » Cette réalisation soudaine en a pris un caractère fantastique. On aurait pu croire que la féerie n'y était pas étrangère. Après coup, je me suis rappelé que ma poésie commençait par ce **vers** :

> Perle que traverse le jour,

et qu'elle parlait de *contexture*, de *tissu*, d'*aérostat*. Un poète est-il un visionnaire ? Il croit n'employer que des images et ces images deviennent des faits ; ces métaphores sont des vérités. Il prophétise sans le savoir. Il exprime la nature somnambuliquement. Le monde que nous estimons réel n'est que le songe de Maïa ; et les inspirés ne sont que les échos inconscients de ce rêve cosmogonique. L'imagination intuitive est un mode de connaissance.

5 novembre 1879. — C'est à l'individu, au citoyen, à juger les partis, les meneurs, les harangueurs, et à se faire une opinion malgré les sophismes dè plaidoirie qui font la grosse voix autour de lui. L'éloquence et la presse, loin d'aider à voir clair, s'ingénient à entortiller les gens et à leur jeter de la poudre aux yeux. L'honnêteté est un oiseau rare ainsi que l'impartialité. On ne veut pas être juste ; la passion a une secrète horreur de ce qui pourrait la déranger ; loin que ce soit l'intelligence qui mène le vouloir et la conscience morale qui dirige la pensée, c'est le vouloir qui conduit l'intelligence, et la passion qui guide le vouloir. L'intelligence est un moyen, un instrument, un esclave, un animal domestique, elle a un maître qui est la partie obscure et irréfléchie de l'homme, et qui s'appelle son naturel. La liberté de la majorité des hommes ne diffère guère de celle de la bête, c'est celle de suivre ses impulsions inconscientes, ses mobiles inavoués. La Fontaine le savait bien. — L'homme est une passion mettant en jeu une volonté qui pousse une intelligence, et ainsi les organes, qui ont l'air d'être au service de l'intelligence, ne sont que les agents de la passion. Le déterminisme a raison pour tous les êtres vulgaires ; la liberté intérieure n'existe que par exception et par le fait d'une victoire sur soi-même. Même celui qui a goûté de la liberté n'est libre que par intervalles et par élans : la liberté réelle n'est donc pas un état continu, elle n'est pas une propriété indéfectible et toujours la même. Cette opinion répandue n'en est pas moins sotte. On n'est libre que dans la mesure où l'on n'est pas dupe de soi, de ses prétextes, de ses instincts, de son naturel. On n'est libre que par la critique et l'énergie, c'est-à-dire par le détachement et le gouvernement de son moi, ce qui suppose plusieurs sphères concentriques dans le moi, la plus centrale étant supérieure au moi, étant l'essence plus pure, la forme super-individuelle de notre être, notre forme future sans doute, notre type divin. Nous sommes donc assujettis, mais susceptibles d'affranchissement ; nous sommes liés, mais capables de nous délier. L'âme est en cage, mais peut voltiger autour de sa cage. Le Platonisme explique très bien le fait de cette émancipation.

2 janvier 1880. — Sentiment de repos, même de quiétude. Silence dans la maison et au dehors. Feu tranquille. Bien-être. Le portrait de ma mère semble me sourire. Je ne suis pas confus, mais heureux de cette matinée de paix. Quel que soit le charme des émotions, je ne sais pas s'il égale la suavité de ces heures de muet recueillement, où l'on entre-voit les douceurs contemplatives du paradis. Le désir et la crainte, la tristesse et le souci n'existent plus. On se sent exister sous une forme pure, dans le mode le plus éthéré de l'être, savoir la conscience de soi. On se sent heureux, d'ac-cord, sans agitation, sans tension quelconque. C'est l'état dominical, peut-être l'état d'outre-tombe de l'âme. C'est le bonheur, tel que l'entendent les Orientaux, la félicité des anachorètes, qui ne luttent plus, qui ne veulent plus, qui adorent et jouissent. On ne sait avec quels mots rendre cette situation morale, car nos langues ne connaissent que les vi-brations particulières et localisées de la vie, elles sont im-propres à exprimer cette concentration immobile, cette quiétude divine, cet état de l'océan au repos qui reflète le ciel et se possède dans sa propre profondeur. Les choses se résorbent alors dans leur principe ; les souvenirs multiples redeviennent le souvenir ; l'âme n'est plus qu'âme et ne se sent plus dans son individualité, dans sa séparation. Elle est quelque chose qui sent la vie universelle, elle est un des points sensibles de Dieu. Elle ne s'approprie plus rien, elle ne sent point de vide. Il n'y a peut-être que les Yoghis et les Soufis qui aient connu profondément cet état d'humble volupté, réunissant les joies de l'être et du non-être, état qui n'est plus ni réflexion ni volonté, qui est au-dessus de l'existence morale et de l'existence intellectuelle, qui est le retour à l'unité, la rentrée dans le plérome, la vision de Plotin et de Proclus, l'aspect désirable du Nirvâna.

Il est sûr que les Occidentaux et surtout les Américains sentent tout autrement. Pour eux, l'activité dévorante, incessante, est synonyme de la vie. Il leur faut conquérir l'or, la domination, la puissance, écraser les hommes, et assujettir la nature. Il leur faut la quantité, le détail, le mouvement. Ils s'acharnent sur le nombre et ne conçoivent pas même l'infini. Ils s'obstinent aux moyens et ne pensent pas un moment au but. Ils confondent l'être avec l'être individuel, et la dilatation du moi avec le bonheur. C'est dire qu'ils ne vivent pas par l'âme, qu'ils ignorent l'immuable et l'éternel, qu'ils se démènent à la périphérie parce qu'ils ne peuvent pénétrer jusqu'à l'axe de leur existence. Ils sont agités, ardents, rageurs, positifs, parce qu'ils sont superficiels. A quoi bon tant de trémoussement, de vacarme, de convoitise, de batailles ? tout cela c'est de l'étourdissement. Est-ce qu'au lit de mort ils ne s'en aperçoivent pas ? Alors pourquoi ne pas s'en apercevoir plus tôt ? L'activité n'est belle que si elle est sainte, c'est-à-dire dépensée au service de ce qui ne passe point. L'homme-fourmi et l'homme-abeille ne sont que de médiocres échantillons de l'homme.

3 janvier 1880. — Lettre de Ch. R...[1] Ce doux ami est im-

---

1. Charles Ritter (1859-1905), un ancien élève d'Amiel, qui s'intitulait son « disciple », et qui fut au nombre de ses plus fidèles amis. Amiel avait pensé un moment lui léguer le manuscrit du *Journal intime*, et le désigner comme l'un de ses exécuteurs testamentaires. « Laissez-moi vous dire autre chose encore écrira Charles Ritter à M. Edouard Schuré en 1883, c'est ma très grande admiration pour le *Journal* d'Amiel. Une révélation, par exemple ! Qui l'aurait jamais cru ? Vous le soupçonniez peut-être : moi, point. C'est un des plus beaux et des plus doux livres que j'aie jamais lus. » Le nom d'Amiel revient souvent dans le recueil de lettres : *Charles Ritter, ses amis et ses maîtres*, publié par son frère,

pitoyable. Il trouve mes remerciements pas assez chaleu-
reux. Il préfère toujours le recueil de 1874 à celui qui a été
publié. Il prétend que faire des concessions à l'éditeur, c'est
pécher contre le Saint-Esprit de la poésie, etc. — Sensitif
comme une femme et tenace dans ses impressions, il est un
peu difficultueux dans la correspondance. J'essaie de rassurer ses susceptibilités hyper-délicates. La vie solitaire a
deux inconvénients majeurs : elle rend chatouilleux outre
mesure ; elle émousse le bon sens. Mon bon Ch. R... est un
sage par le désintéressement ; mais il s'isole trop du public
et du monde. Cela nuira et nuit déjà à son goût, qui chemine
du côté de l'excentrique et du misanthropique. En le voyant
se cramponner à l'*Epître grondeuse* et aux pièces *noires* que
j'ai éliminées, j'éprouve du souci. Il a un faible pour ce que
je trouve le moins bon dans mon portefeuille. Est-ce lui ou
moi qui nous trompons ? est-ce que la révision littéraire
que j'ai fait subir à mes pièces est une erreur ? Je crois avoir
raison poétiquement, mais il n'a peut-être pas tort psychologiquement...

C'est une sensation curieuse que celle d'avoir à se défendre contre ses disciples ; il est embarrassant d'écrire des
lettres à bride abattue, quand on voit qu'elles sont épluchées
à la loupe, et traitées comme des inscriptions monumen-
tales, où chaque caractère a été prémédité et gravé pour
la vie éternelle. Cette disproportion entre la parole et sa
glose, entre la vivacité ailée et la sévère dissection, n'est
pas favorable à l'aisance. On n'ose plus être ingénu devant
un sérieux qui met à tout de l'importance ; il est difficile
de garder son abandon, s'il faut se surveiller à chaque phrase
et à chaque mot. — L'esprit consiste à prendre les choses
dans le sens qu'elles doivent avoir, à se mettre au ton des
gens, au niveau des circonstances ; l'esprit est dans la justesse, qui devine, pèse et apprécie vite, légèrement et bien.
O Athéniens, vous le saviez, l'esprit joue, la muse est ailée !
O Socrate, tu savais badiner !

Eugène Ritter. Lausanne, Payot, 1911. — Le « recueil publié » dont parle ici
Amiel, c'est *Jour à jour, poésies intimes*, Paris, Fischbacher, 1880.

3 février 1880. — Mort de Bersot ; article ému d'Edmond Scherer (*le Temps*). C'est un cancer à la face et au pharynx qui a enlevé ce philosophe, lequel a supporté en stoïque ce mal odieux, et a travaillé jusqu'au bout sans se plaindre. Il était directeur de l'École normale, et né en 1816.

6 février 1880. — Lu les quatre discours prononcés sur la tombe d'Ernest Bersot. Ils m'ont mis la larme aux yeux. Cette fin d'un stoïcien a bien plus de grandeur que la fin d'un dévot, entouré de tous les rites superstitieux de l'Église, et des incantations puériles par lesquelles le sacerdoce défend son crédit et son ascendant. Le catholicisme laisse trop voir ses intérêts de boutique à chaque lit de mort. Ici tout a été mâle, noble, moral, spirituel. — Le Ministère de l'Instruction publique (Ferry), l'Académie des Sciences morales (Levasseur), l'École normale (Gaston Boissier) et les élèves (Michel) ont rendu hommage au caractère, au dévouement, à la constance et à l'élévation de pensée du défunt. « Apprenons de lui à vivre et à mourir. » Ces obsèques ont une dignité antique. — Gageons que *l'Univers*, cet aboyeur clérical, aura jeté sa bave sur cette cérémonie, car le sacristain ne connaît que le goupillon et calomnie tout le reste. Pouah !

7 février 1880. — Givre et brouillard sans discontinuation ; mais l'aspect est féerique et ne ressemble en rien aux aspects lugubres de Paris et de Londres dont parlent les journaux.

Ce paysage d'argent a une grâce rêveuse, une élégance fantastique, que ne connaissent ni les pays du soleil, ni ceux de la houille. Les arbres ont l'air d'appartenir à une autre création, où le blanc aurait remplacé le vert. En voyant ces allées, ces bosquets, ces touffes, ces arcades, ces dentelles, ces girandoles, on ne soupire nullement après autre chose ; leur beauté est originale et se suffit, d'autant plus que le sol poudré de sucre, le ciel estompé de brume, les lointains très doux et très unis, forment une gamme charmante à l'œil et un ensemble plein d'harmonie. Aucune dureté, tout est velours. Dans mon enchantement, j'ai renouvelé ma promenade avant et après le dîner. L'impression est celle d'une fête, et les teintes étouffées ne sont ou ne semblent être qu'une coquetterie de l'hiver, qui a fait la gageure de peindre quelque chose sans soleil et de charmer néanmoins le spectateur.

9 février 1880. — Mauvaise nuit... Grande gêne de la gorge, par hyper-viscosité. Il s'en est suivi lever plus tardif, bousculade de mes soins hygiéniques, ricochet de désordres. A cette heure, je me sens froid dans le corps, j'ai la tête molle et la main gourde, et je tousse comme un cheval énervé... La vie court, tant pis pour les endommagés ! Dès que le tendon d'Achille fléchit, que les reins perdent leur ressort et que la mémoire s'en va, on est roulé par le flot des jeunes, des endentés, des voraces et des bien portants. Le *væ victis, væ debilibus* est toujours le hurlement de la foule lancée à l'assaut des biens terrestres. On est toujours l'obstacle de quelqu'un, puisque, si petit qu'on se fasse, on occupe toujours un espace quelconque, et que, si peu qu'on envie ou qu'on possède, on est envié et convoité par quelqu'un. Vilain monde, monde de vilains ! Pour se consoler, il faut songer aux exceptions, aux âmes nobles et généreuses, aux êtres qui désirent notre durée et non notre disparition, à qui nous sommes nécessaires et qui nous veulent du bien. Il y en a, qu'importent les autres ! — Le voyageur qui traverse le désert se sent entouré de rapaces qui ont soif de son sang ; le jour, les vautours volent au-dessus de sa tête ; la nuit, les scorpions se glissent dans sa tente, les chacals tournent autour de ses feux de bivouac, les moustiques labourent son derme de leur avide aiguillon ; partout la menace, l'animosité, la férocité. Mais par delà l'horizon, plus loin que les sables arides où circulent les tribus ennemies et les hordes humaines, les pires de toutes, le voyageur se rappelle quelques têtes chères, des regards et des cœurs qui le suivent dans ses rêves, et il sourit. Au fond, nous nous défendons plus ou moins d'années, mais nous sommes toujours vaincus et dévorés ; le ver du sépulcre ne nous manque jamais. Ceux qui nous aiment meurent parfois avant nous. La destruction est notre destinée et l'oubli notre partage.

> Nous avons tout prévu pour fuir la mort cruelle,
> Mais des plaines de l'air va fondre l'hirondelle...
> La pauvre libellule, oh ! ne l'envions pas !

Comme le gouffre est près ! Sitôt que je suis entamé, je prends conscience de la situation véritable. Mon esquif est mince comme une coquille de noix, peut-être comme une coquille d'œuf. Que l'avarie grossisse un peu, et je sens que tout est fini pour le navigateur. Un rien me sépare de l'idiotisme, un rien de la folie, un rien de la mort. Une brèche légère suffit à compromettre tout cet échafaudage ingénieux et fragile, qui s'appelle mon être et ma vie. La libellule n'en est pas encore un symbole assez frêle ; c'est bien la bulle de savon qui traduit le mieux cette magnificence illusoire, cette apparence fugitive du petit moi qui est nous.

11 février 1880. — Laprade a l'élévation, la grandeur, l'harmonie, la noblesse. Qu'est-ce donc qui lui manque ? le naturel et peut-être l'esprit. De là cette solennité monotone, cette tension un peu emphatique, cet air hiératique, cette démarche de statue. Il se prend décidément trop au sérieux ; cette muse ne déchausse jamais le cothurne et cette royauté n'ôte jamais sa couronne, pas même pour dormir. L'absence totale du badinage, de la familiarité, de la simplicité est un défaut. Laprade est chevillé dans son armure. Socrate et Platon avaient le mot pour rire. Laprade est aux Anciens ce que la tragédie française est à celle d'Euripide, ce que la perruque de Louis XIV est à la chevelure d'Apollon. Sa majesté est factice et fatigante. Les poètes-anges sont exposés à devenir ennuyeux. Ils ne peuvent jamais dire: « Nicole, apporte-moi mes pantoufles » ; on ne peut avec eux sortir du convenu, descendre du nuage, toucher le réel ; leur sublimité soutenue essouffle, et à la fin agace le simple mortel. S'il n'y a pas là proprement de l'affectation, il y a du moins une sorte de pose théâtrale et sacerdotale, une attitude de métier, qui a un inconvénient esthétique.

Le vrai n'est pas si beau que cela, mais il est plus vivant, plus pathétique, plus varié. Les marmoréens sont froids. N'est-ce pas Musset qui disait : Si Laprade est un poète, alors je n'en suis pas un ? — Les impassibles au moins sont pittoresques.

23 février 1880. — Tous les grands édifices religieux ou politiques ont le crime pour fondement, l'injustice et la fraude pour maçonnerie, et le sang humain pour ciment. — Et plus tard, il se chante toujours des hosannas sur le résultat acquis. Il ne se trouvera jamais un peuple qui fasse amende honorable sur son passé et rende un territoire volé. Une patrie ni une église n'ont de pudeur ni de conscience ; elles estiment toujours que leur réussite est providentielle et que par conséquent le succès les absout. L'égoïsme et la passion, le mensonge et l'audace président à l'histoire universelle. Ce sont les personnages en second qui prêchent la justice, l'idéal, le bien, et qui représentent le sacrifice d'eux-mêmes. Les mangeurs gouvernent, les mangés travaillent. Les forts sont les maîtres, les purs sont les victimes. Les vertus des uns sont la mine exploitée par les autres. C'est la candeur des actionnaires qui fait l'opulence de tous les lanceurs, gros bonnets et commanditaires oisifs. Lions et renards sont les maîtres du monde.

27 février 1880. — Traduit douze à quatorze petites poésies de Petœfi. Elles sont d'une saveur étrange. Il y a de la steppe, de l'orient, du Mazeppa, de la frénésie dans ces chants cinglés avec la cravache. Quel emportement de passion, et quel éclat farouche ! quelles images grandioses et sauvages ! On sent que le Magyar est un centaure, et que c'est par hasard qu'il est européen et chrétien. Le Hun chez lui tourne à l'Arabe.

20 mars 1880. — Lecture : Cahun (*la Bannière bleue*), histoire du monde à l'époque de Gengis-Khan, sous forme de Mémoires. C'est un Turc ouïgour qui raconte. On aperçoit

la civilisation par le revers et par le rebours ; les nomades
sont chargés de balayer cette corruption.

Gengis se donne aussi comme le Fléau de Dieu, et il a de
fait réalisé le plus vaste empire que connaisse l'histoire,
allant de la mer Bleue à la Baltique et des toundras de la
Sibérie aux rives du Gange sacré. Il a culbuté les plus solides empires de l'Ancien Monde, sous le sabot de ses chevaux et la flèche de ses sagittaires. Du remuement qu'il a
fait subir à l'humanité occidentale sont sorties de très
grandes choses : la chute de l'empire byzantin, et partant
la Renaissance, les voyages de découverte vers l'Asie, en-
trepris par les deux côtés de la planète, c'est-à-dire Gama
et Colomb ; la formation de l'empire turc et la préparation
de l'empire russe. Ce prodigieux ouragan descendu des hauts
plateaux asiatiques a fait tomber les chênes pourris et les
édifices vermoulus de tout l'ancien continent. La descente
des Mongols, ces jaunes au nez camard, est un cyclone de
l'histoire, qui dévaste et assainit notre treizième siècle, et
brise aux deux bouts de la terre connue les deux grandes
murailles chinoises, celle qui couvrait l'antique empire du
Milieu, celle qui parquait dans l'ignorance et la superstition
le petit monde de la chrétienté.

Attila, Gengis, Tamerlan doivent compter dans le souvenir des hommes comme César, Charlemagne et Napoléon.
Ils ont soulevé et brassé les masses profondes des peuples,
labouré l'ethnographie, fait couler des fleuves de sang et
renouvelé la face des choses. Les quakers ignorent qu'il y a
une loi des tempêtes dans l'histoire, comme dans la nature.
Les maudisseurs de la guerre ressemblent à ceux qui mau-
dissent la foudre, les orages ou les volcans ; ils ne savent
ce qu'ils font. La civilisation tend à pourrir les hommes,
comme les grandes villes à vicier l'air.

Nos patimur longæ pacis mala.

Les catastrophes ramènent violemment l'équilibre et
rappellent brutalement l'ordre méconnu. Le mal se châtie
lui-même, les écroulements remplacent le régulateur non
trouvé. Aucune civilisation ne peut supporter qu'une dose

déterminée d'abus, d'injustices, de corruption, de hontes, de crimes. Cette dose atteinte, la chaudière éclate, le palais s'effondre, l'échafaudage se détraque, les institutions, les cités, les états, les empires tombent en ruines. Le mal que contient un organisme est un virus qui le ronge et finit par en avoir raison s'il n'est éliminé. Et comme rien n'est parfait, rien ne peut échapper à la mort.

24 mars 1880. — Qu'il est plus fructueux de compter les sables de la mer, de ratisser des étymologies, de faire l'anatomie d'un puceron, bref de s'occuper de choses réelles, et d'échapper aux vacuités de l'opinion, aux inanités de la croyance ! — Tous ces religionnaires ignorent ce que c'est que la vérité, la vérité prouvée, impersonnelle, permanente ; ils sont des somnambules emprisonnés dans leur infatuation, et qui ne peuvent faire la différence d'un fantôme et d'un corps, d'une hallucination et d'une vérification. On ne discute pas avec eux, on les évite, on évite leur conversation, leurs griffes et leurs anathèmes. Ils sont impossibles à convaincre, ennuyeux à suivre, dangereux à contrarier.

18 avril 1880. — Pourquoi me serait-il dur de mourir, puisque je me sens poussé dehors par toute la génération qui me succède ? A l'exception de deux ou trois attaches individuelles, je ne suis nécessaire à aucune œuvre. Ma famille, l'université, ma patrie, la science, la littérature s'apercevront à peine de ma disparition ; et même les témoignages de regret ne seront qu'une courtoisie, une bienséance, et non une preuve de douleur. Il n'est ni revue, ni journal, ni coterie, ni parti qui fassent avec moi une grande perte. Je ne vois même que deux cœurs à qui je causerai un vide réel.

Je n'ai aucun grand ouvrage sur le chantier, je ne laisse pas d'enfant à élever, de principe à défendre. Le monde se passera à merveille de moi. Je n'ai jamais eu cette énergique vitalité qui s'approprie les choses et divinise son Moi. Il m'est plus facile qu'à un autre d'être doux envers la mort.

D'ailleurs cinquante-huit ans est un âge présentable, qui dépasse notablement la vie moyenne. Le prochain estimera que tu as eu ta part. Regarde-toi avec les yeux des autres. Pourquoi te regretterais-tu plus que tu ne seras regretté ? Il est sûr que tu n'as pas pu « déballer » tout ce qui était en toi, que tu n'as pas su t'adapter à ton milieu et y trouver le bonheur, ni lui donner ce qui lui aurait plu. Mais si cet inconvénient a été ta vie, il facilite du moins ton départ. Mieux vaudrait avoir eu une vie pleine, avoir dépensé toutes les forces de ton esprit et de ton cœur, et t'en aller plein de jours. Mais, pour chacun, l'essentiel est d'accepter sa destinée, et d'agréer ses privations...

Le sort t'a déçu, tu as parfois boudé ton sort. Plus de reproches mutuels. Il faut s'endormir dans l'accord.

25 avril 1880. — Il est bien possible que, tout au fond de ma conscience, il se trouve un mécontentement sourd, une tristesse, une révolte, une angoisse, un doute, que je n'ose pas amener au jour ni regarder. Je soupçonne un froissement d'orgueil, un brisement de cœur, une insoumission qui rougit de se déclarer et même de s'apercevoir. Peut-être ne suis-je ni courageux, ni résigné, ni consolé ? Je n'ai pas d'espérance, et je ne veux pas contester avec le destin, ni donner un mauvais exemple aux autres, ni me broyer contre l'impossible, ni me déchirer à l'irrémédiable. En un mot, je ne suis d'accord ni avec moi-même, ni avec le monde, ni avec Dieu. Je n'ai donc pas la paix, mais le semblant de la paix. Il y aurait un fond de détresse inavouée, de désolation muette, de mélancolie indéfinissable, sous mon calme et mon détachement. La vie m'aurait-elle donc manqué parole ? aurais-je raté le bonheur, fait faillite à ma destinée ? Qui sait ? Ai-je une foi tenace dans une survivance de mon être et dans une revanche de la partie actuelle ? Guère, ou même pas du tout. Je sens que tout, tout, tout m'échappe et que jamais je ne serai heureux ni ici-bas, ni ailleurs. Où puiserais-je et renouvellerais-je ma joie ? Ma joie repose exclusivement sur l'affection de quelques êtres aussi fragiles que moi. Le chrétien, lui, se croit aimé personnellement de l'Éternel et prédestiné à la béatitude. Il peut braver les maux, les deuils et la mort.

La croyance vaut peut-être mieux que la vérité. La vérité

est impitoyable, la croyance est maternelle. La science est
froide pour nos aspirations, la foi les caresse et nous relève.

Est-ce que les plus belles âmes auraient donc été les plus
sujettes à l'erreur ?

10 mai 1880. — Ce monologue signifie quoi ? Que la rêverie tourne sur elle-même comme le rêve ; que le soliloque
sans but est une perte de temps ; que des impressions addi-
tionnées ne font pas un jugement équitable, ni une pensée
exacte ; que le journal intime est bon prince et souffre le
verbiage, le rabâchage, l'épanchement, la plainte...

Cette jaserie n'a qu'un avantage, évaporer le mécontentement, ramener l'état neutre et l'équilibre intérieur. Une
autre utilité peut-être, c'est d'entretenir la main, et le doigté
littéraire, comme les gammes d'exercice que fait le pianiste.
Ces effusions sans témoin et sans objet sont l'entretien de
la pensée avec elle-même, les arpèges involontaires mais
non pas inconscients de cette lyre éolienne que nous portons en nous. Ces vibrations n'exécutent aucun morceau,
n'épuisent aucun thème, n'achèvent aucune mélodie, ne
réalisent aucun programme, mais elles traduisent la vie dans
son intimité. Elles expriment non un vouloir, mais une sensibilité, une conscience qui raisonne. Et tandis que la volonté fatigue, ce babillage délasse. La fatigue naît du travail
et de l'effort ; le délassement vient du jeu et de l'abandon.

Mais tous deux sont mauvais alors qu'ils sont outrés.
Halte donc, à la besogne !

19 mai 1880. —... Tandis qu'on me disait fait pour la vie
domestique, éminemment mariable, je ne l'étais pas du tout.
Je n'étais fait que pour les affections, mais les affections de
libre amitié. Je n'ai jamais eu la dose d'illusion et d'entraînement nécessaire pour risquer l'irréparable. Aucun engage-
ment à perpétuité ne m'a souri. La perfection seule m'aurait rassuré, et d'autre part, je n'étais pas digne de la perfection... J'ai employé l'idéal même à me garer de toute
captivité réelle... Pour toutes les choses vulgaires, le bon sens
me paraissait suffire. Mais pour le mariage, j'ai vu qu'il

fallait davautage, un coup de la grâce, une impossibilité de résister, un entraînement, un charme, un appel. O ingénuité ! ô mysticisme ! c'est la poésie qui m'a sevré de la prose, c'est le mariage tel que je l'ai vu qui m'a dissuadé du mariage. L'inadaptation par mysticisme, par raideur, par délicatesse, par dédain, est le malheur ou du moins le caractère de ma vie. Je n'ai su m'accommoder à rien, ni de rien ; seulement, comme je n'aime ni à déranger les choses ni à me déranger, je me suis abstenu sans bruit de tout ce qui n'était pas selon mon goût. L'indépendance a été mon asile ; le détachement ma forteresse. Les choses ne pouvant pas me satisfaire, j'ai essayé d'extirper le désir par où elles nous asservissent. J'ai vécu de la vie impersonnelle, étant de ce monde comme n'en étant pas, pensant beaucoup et ne voulant rien, démissionnaire de tout, sauf de la liberté.

Cet état d'âme correspond à ce que chez les femmes on appelle le cœur brisé ; et il y ressemble en effet, car le trait commun c'est la désespérance. Quand on sait qu'on n'obtiendra jamais ce qu'on eût aimé, et que l'on ne peut se rabattre sur quelque chose de moins, on est, pour ainsi dire, entré au cloître, on a coupé le tendon d'Achille, le cheveu d'or, ce qui fait la vie humaine, c'est-à-dire l'illusion, l'effort incessant vers un but qu'on croit accessible. On vit par hasard, mais on n'a plus la soif de vivre, on a perdu le motif de vivre, le stimulant de l'activité. On est à l'état de rêve et de contemplation. On est un anachorète et un revenant. On regarde du rivage les vagues de la haute mer et les navigateurs qui se battent contre le vent. On n'est plus de ce monde et l'on ne comprend même plus très bien la naïveté des batailleurs, qui n'anticipent pas leur désabusement et croient à l'éternité de leurs passions d'un jour...

26 mai 1880. — Toutes ces choses idéales, la Patrie, l'Église, la Nation, l'Humanité, la Science, la Civilisation, l'Art, ne s'aperçoivent qu'à distance, lorsqu'on cesse de distinguer les individus qui les représentent. L'imagination et l'enthousiasme noient toutes les misères, imperfections, défectuosités des individus réels et présents dans l'ensemble grandiose qu'ils sont censés composer. La Postérité, le Public, sont encore de ces belles chimères que l'esprit personnifie. Le réel nous remplit d'ironie, de dédain ou d'amertume, et nous devons le poétiser pour le rendre supportable. Pour voir le Christianisme, il faut oublier presque tous les chrétiens. Pour reprendre un peu de foi, il faut reconstituer le nimbe que l'expérience dissout et disperse, il faut se refaire de l'illusion.

Le sentiment critique est chez toi si vif, que toutes les laideurs, les pauvretés, les erreurs, les insuffisances humaines te sautent aux yeux et te prennent à la gorge. Tout ce qui n'est pas parfait te fait souffrir. Aussi la solitude t'est nécessaire pour reprendre l'équilibre et revenir à l'indulgence. Elle t'est bonne aussi pour oublier le train de ce monde, où c'est le plus souvent la queue qui conduit la tête, la force qui l'emporte sur l'esprit, la volonté qui précède l'intelligence, où c'est rarement le plus autorisé, le plus expert qui dirige, qui prononce, qui organise, qui exécute. — Tu as le malheur de ne pouvoir t'agenouiller devant l'opinion, devant le journalisme, devant le suffrage universel, devant la démocratie, parce qu'un moindre mal n'est pas un bien, et qu'une fiction n'est pas une vérité. Tous ces prétendus principes sont presque aussi nuisibles qu'utiles, et faux que vrais. Bref, tu ne reconnais que des supériorités individuelles ; les collectivités ne sont point organes de science ni de sagesse. Tous les fétiches te répugnent. Mais tu sais que cette disposition désabusée est un malheur.

On ne doit jamais se brouiller avec son temps. Il faut au contraire remercier les gens qui veulent bien être législateurs, médecins, administrateurs, pédagogues, journalistes, etc., et se dire que sans eux tout irait plus mal encore. Tout nombre comparé à l'infini devient nul, mais comparé à zéro, devient quelque chose. Il ne faut mépriser rien de ce qui agit.

28 mai 1880. — Le jeu de bascule entre l'imagination et la raison est bien curieux. Je commence toujours par la sensation agrandie, et par voir en noir ; je mets les choses au pire et j'anticipe les conséquences extrêmes. C'est l'effet d'un caractère peu tourné à l'espérance et d'une sensibilité un peu morbide. Mais une sortie, une diversion quelconque, une leçon donnée, une promenade, un repas rétablissent en moi l'équilibre. Je revois les choses sous un autre aspect, mon impression se complète, mon jugement se rassied. Je ressens donc les inconvénients de la vie solitaire, de l'énervement, de l'organisation frêle ; et je dois être en garde contre un premier mouvement, qui est l'effroi du nouveau, le refus d'examen, l'irritation d'être dérangé, le pressentiment fâcheux...

Ne te prononce qu'à la troisième inspection ; défie-toi du pessimisme de la première et de l'optimisme de la seconde. Arrive au vrai par l'élimination de deux excès consécutifs et opposés.

30 mai 1880. — N'ai-je pas exagéré mon indépendance ? En évitant de toucher les murs de mon préau, de regarder en face mes obstacles, mes obligations, mes chances pour échapper à des crève-cœur, n'ai-je pas outrepassé les droits de la prudence et la mesure de la sagesse ? Tu redoutes non seulement l'effort vain, mais l'effort. Tu es ennuyé d'un combat sans terme et sans espérance. Tu ne luttes plus ni contre le sort, ni contre la maladie, ni contre les hommes, ni contre ta nature. Tu essaies d'exister avec le minimum de frottement possible. Un valétudinaire et un découragé ne peuvent guère faire mieux. Mais être doux envers la mort et envers les vivants, ce n'est pas être héroïque ; c'est vivre au point de vue du cloître ; c'est entrer en Thébaïde ; c'est être bonze ou soufi. C'est exister le moins possible. C'est mourir à la vie pour faciliter la transition au Nirvâna. — D'accord mais il n'y a pas choix. Quand la force est partie, il ne faut pas garder les ambitions de la force ; mieux vaut même abdiquer avant. « Savoir quitter l'état qui nous quitte, a dit Jean-Jacques, c'est être homme en dépit du sort. »

Mieux vaudrait encore mourir au péché. Le péché est aussi bien ne pas vouloir ce qui devrait être voulu, que de vouloir ce qui n'est pas bien. Renoncer peut être une recherche de soi-même. La fierté est peut-être un plaisir coupable. Dieu veut moins notre renoncement en bloc, que notre renoncement à la volonté propre. Il prétend que nous suivions son chemin et sa méthode plutôt que les nôtres ; que nous fassions ce qui lui fait plaisir et non ce qui nous fait plaisir à nous.

O mon Dieu, habites-tu l'arrière-fond de ma conscience ? Non. Il y a là des mécontentements, des hontes, des regrets, des tristesses que je n'ose pas même remuer. Il y a des doutes, des détresses, des effrois, confus et indicibles. Le fond de nos vertus n'est pas de la vertu. Je crois que la malédiction de ma vie a été la question du sexe, tout ce qui se rattache à la pudeur, à la volupté. Elle a tourmenté mes jours et mes nuits, ma veille et mes rêves, mon enfance, ma jeunesse et ma maturité. Elle a troublé ma conscience, échauffé mon imagination, effarouché ma timidité, bouleversé mon cœur, empêché ma carrière. Cette fonction physiologique a été pour moi une misère incessante. Le mariage précoce, ou même le libertinage, eût mieux valu que la continence et que le célibat. C'est la femme qui délivre de l'impureté, parce qu'elle délivre du désir, des songeries, des tentations. Il est horriblement dangereux de faire l'ange quand on est homme, et de faire la vierge quand on est un mâle. — La Nature se venge férocement du déni de justice qu'on lui a fait par poltronnerie ou par discrétion.

31 mai 1880 (huit heures du matin). — Ne raffinons pas. Les vues subtiles ne remédient à rien. Également, il faut vivre. Le plus simple est de ne quereller aucune illusion, d'accepter débonnairement l'inévitable. Quand on est au spectacle, il faut se prêter aux données théâtrales, et non faire le désabusé et le dégoûté. Plongé dans l'existence humaine, il faut la prendre comme elle est, sans horreur tragique, sans raillerie amère, sans bouderie déplacée, sans exigence excessive ; l'enjouement et la patience sereine valent mieux. Traitons-la comme le grand-père traite sa petite fille, comme l'aïeule traite son petit-fils ; entrons dans la fiction de l'enfance et de la jeunesse, lors même que nous appartenons à l'âge avancé. Il est probable que Dieu lui-même regarde avec complaisance les illusions du genre humain, quand elles sont innocentes. Il n'y a de mauvais que le.péché, c'est-à-dire l'égoïsme et la révolte. Quant à l'erreur, l'homme en change souvent, mais il n'en sort jamais ; comme il peut bien voyager sans cesse, mais ne cesse pas d'être quelque part. On est sur un point de la vérité, comme on est sur un point du globe. L'ubiquité et l'omniscience ne sont pas les attributs de l'homme. Les grands esprits pressentent et font pressentir l'Esprit sphérique qui voit tout, sait tout, enveloppe tout. L'Esprit de Dieu est à la fois dans tous les modes et comporte à la fois tous les possibles : aussi échappe-t-il à l'erreur.

Les esprits individuels ne seraient-ils pas semblables aux sphérules que l'éventail fait sortir de la bulle de savon qu'il divise ? Toutes tendent à reconstituer la sphère et à reproduire soit les couleurs du prisme soit l'image du monde circonvoisin. Elles ne sont qu'apparence et se contentent de l'apparence, mais elles réalisent la loi. Ce qu'elles contiennent de substance n'est presque rien ; c'est une goutte d'eau avec quelques atomes de savon. Leur loi est de s'arrondir sous le souffle de l'espérance, et de se tisser un globe avec un grain de vérité, développé en tous·sens par la fantaisie et l'illusion. La différence des pompholyx et des hommes, c'est que les premiers ne se trompent pas, et que les seconds se trompent presque toujours. Les bulles sont réussies, les individus ne le sont pas. Les bulles sont sphériques, les individus présentent toutes les déformations imaginables. — Du reste, végétaux et animaux, tous les êtres finis sont la série des cas particuliers entre la sphère vide de la bulle et la sphère pleine de l'esprit, entre le zéro et l'infini, entre o et oo. S'individualiser, c'est non seulement se séparer de la masse, c'est d'ordinaire plisser et crisper la forme sphérique, comme cela arrive aux cellules qui composent un tissu organique.

La société seule représente une unité un peu complète. L'individu doit se contenter d'être une pierre de l'édifice, un rouage de l'immense machine, un mot du poème. Il est une partie décroissante de la famille, de l'état, de l'humanité, et de tous les groupements spéciaux que forment les intérêts, les croyances, les aspirations et les travaux. Les âmes les plus éminentes sont celles qui ont conscience de la symphonie universelle, et qui collaborent de plein gré à ce concert si vaste et si compliqué qu'on appelle la civilisation.

L'individu n'est qu'un point qui devient cercle, cellule, organisme, vie, pensée, et qui, à travers toutes les particularisations momentanées que nécessite l'action ne perd point de vue la sphère, la totalité, l'harmonie. — Il lui est permis de refaire en lui mentalement toutes les séries industrielles, esthétiques, morales, religieuses, scientifiques, juridiques, c'est-à-dire de retisser rapidement sa planète et même le cosmos. Chaque femme qui enfante refait en miniature la série des maternités. L'esprit du penseur peut en raccourci refaire l'évolution de sa race, retrouver en soi le granit et l'éozoon, l'état solaire et la matière nébuleuse. Le travail de l'humanité au moment où il se recueille, le résultat des siècles, devient l'étoffe de sa méditation, l'échelon de son rêve. C'est, à la mesure de sa faiblesse, l'analogue de l'omni-présence divine. C'est pourquoi l'antique formule de « l'homme créé à la ressemblance de l'Éternel » est assez vraie. L'esprit est un diminutif de l'esprit. Une sphère d'un millimètre de rayon est une sphère, comme la sphère céleste. Un nouveau-né est à son père ce que son père, homme simple, est à un génie, ce qu'un génie humain est à l'une des intelligences archangéliques, ou ce que le Directeur de Sirius est à Dieu, pour parler sémitique et la langue de la piété.

L'esprit est capable en principe de supprimer toutes les limites qu'il trouve en lui, limites de langue, de nationalité, de religion, de race, d'époque. Mais il faut dire que plus il devient spirituel et omnimode, moins il a de prise sur les autres, qui ne le comprennent plus et ne savent que faire de lui. L'influence est aux hommes d'action, et pour agir rien n'est plus utile que l'étroitesse de la pensée jointe à l'énergie de la volonté. Soyez épée, marteau ou boulet de canon pour remuer les hommes et atteindre un but. Les ambitieux et les voraces se moquent des rêveurs, qui leur rendent leur moquerie en pitié. Le rêve est gigantesque, mais l'action est naine. Aux esprits captifs le succès, la renommée et le profit ; c'est bien assez ; mais ils ignorent les délices de la liberté et les joies du voyage dans l'infini. — Du reste,

je n'entends pas préférer les uns aux autres, car chacun n'est
heureux que selon sa nature. L'histoire d'ailleurs ne se fait
que par les spécialités et les combattants. Seulement, il
n'est peut-être pas mauvais qu'au milieu des activités dévo-
rantes du monde occidental, quelques âmes brahmanisent
un peu. L'Européen et surtout l'Américain est un homme
mais n'est pas l'homme. Le sage, qui a médité sur la sphère,
veut avoir conscience de l'homme complet, et toute la civilisation chrétienne n'est encore pour lui qu'une manière d'être
et un spécimen à consulter, mais non l'humanité.

(Onze heures du matin.) — Ces excursions dans l'Empyrée
sont-elles une école buissonnière ? Oui et non. Oui, s'il n'en
doit ressortir qu'une distraction passagère pour ma *Wenigkeit.*
Non, si ma profession me permet la pensée sans but, parce
que mon enseignement ou ma plume en profitent plus tard.
— La pensée sans but me semble une paresse, un épicuréisme, et cependant la rêverie est mère de la poésie, parfois
même de la découverte ; elle est une forme de la prière, une
manière de respirer pour l'âme, elle est une dilatation de
l'être, le jeu de la pensée, la volupté de l'esprit. — Cela veut
dire qu'elle peut alterner avec le travail, mais ne doit pas
le remplacer. — Tu inclines à l'abus de la rêverie, parce que
tu as un faible pour l'inutile, et que tu as, parmi les hommes,
des famines inassouvies de communication fraternelle. Le
monologue est le supplément du dialogue. Ta sociabilité
naturelle a dû se métamorphoser en réclusion griffonnante.
Un amoureux conterait aux murailles son martyre plutôt
que de se taire. A défaut d'épouse, de confident, d'ami, on
prie ; à défaut de prière, on ouvre son journal intime. Et les
pages suivent les pages, comme chez une femme qui regrette
sa jeunesse les larmes suivent les larmes, sans bruit et sans
témoin, sans refoulement et sans excitation.

Il me semble parfois que je regarde couler ma vie, comme
un blessé regarde couler le sang de ses veines. Cette apathie
résignée qui assiste à la destruction de l'être, sans se débattre
contre la destinée, me rappelle le Mioritza des Roumains,
ce berger que sa brebis sermonne. Voilà l'inconvénient de la

rêverie ; à la longue elle paralyse. L'expérience décourage. On n'est plus dupe de l'espoir. On devient fataliste comme un musulman, doux comme le mouton. — On se rassasie enfin de son indolence, comme de tout le reste, et l'action, le devoir, l'urgence nous réclament à leur tour. Après le sucre, il faut le sel ; après l'immobilité, la marche ou la gymnastique ; après la solitude, il faut retourner à ses semblables. — L'alternance pour l'équilibre, voilà la loi.

> Il est bon de parler et meilleur de se taire,
> Mais tous deux sont mauvais alors qu'ils sont outrés.

1ᵉʳ juin 1880. — Lecture : Stendhal, *La Chartreuse de Parme.* L'œuvre est remarquable. C'est même un type, une tête de ligne. Stendhal ouvre la série des romans naturalistes, qui suppriment l'intervention du sens moral et se moquent de la liberté prétendue. Les individus sont irresponsables ; ils sont gouvernés par leurs passions, et le spectacle des passions humaines fait la joie de l'observateur et la pâture de l'artiste. Stendhal est le romancier selon le cœur de Taine, le peintre fidèle qui ne s'émeut ni ne s'indigne et que tout amuse, le coquin et la coquine, comme le brave homme et l'honnête femme, mais qui n'a ni croyance, ni préférence, ni idéal. La littérature est ici subordonnée à l'histoire naturelle, à la science ; elle ne fait plus partie des *humanités*, elle ne fait plus à l'homme l'honneur d'un rang à part ; elle le range avec les fourmis, les castors et les singes. Cette non-moralité indifférente achemine au goût pour l'immoralité, car les vilenies ont plus de saveur que la vertu. Le vitriol est plus curieux que le sucre, et l'empoisonnement présente plus de phénomènes que la simple alimentation.

Le vice de toute cette école c'est le cynisme, le mépris pour l'homme ravalé au rang de la brute ; c'est le culte de la force, l'insouciance de l'âme, un manque de générosité, de respect, de noblesse, qui s'aperçoit malgré toutes les protestations contraires, en d'autres termes l'inhumanité. On ne peut être matérialiste impunément : on est grossier même avec une culture raffinée. La liberté de l'esprit est une grande chose assurément, mais l'élévation du cœur, la croyance au bien, la capacité d'enthousiasme et de dévouement, la soif de perfection et de sainteté est chose plus belle encore.

7 juin 1880. — Je relis Mme Necker de Saussure... L'*Éducation progressive* est une œuvre admirable. Quelle mesure, quelle justesse, quelle raison, quelle gravité ! Que cela est bien observé, bien pensé et bien écrit ! Cette harmonie de la science et de l'idéal, de la philosophie et de la religion, de la psychologie et de la morale est bienfaisante, parce qu'elle est saine. Ce livre est un beau livre, un traité classique, et Genève peut être fière d'une pareille production, qui résume une si haute culture et une si solide sagesse. Voilà la vraie littérature genevoise, la tradition centrale du pays.

21 juin 1880 (onze heures du matin). — Ma filleule m'a installé dans son petit salon bleu ; j'y ai passé deux heures et m'y suis tranquillisé. D'abord j'y ai trouvé du silence, ensuite j'y ai rencontré l'harmonie esthétique. Ce boudoir tout rempli de formes et de créations aimables (car chaque dessin, chaque meuble, chaque livre, chaque bibelot, chaque couleur signifie quelque chose, est le résultat d'un choix, la marque d'un goût, l'effet d'un travail), ce boudoir m'a fait l'impression d'un asile, d'un asile poétique, intime, recueilli, bienfaisant. L'heure qu'on passe seul dans le boudoir d'une femme est une initiation à sa vie ; on a l'histoire de ses rêves et une sorte d'échappée sur son âme. Une jeune personne qui laisse un ami dans son sanctuaire lui fait la même faveur que si elle lui prêtait le journal de ses pensées. Il est sûr qu'un intrus, un manant, un méchant, un libertin qui auraient pénétré par fraude dans la cellule discrète donneraient à son habitante un sentiment de profanation. Une sorte de lustration serait désirable après cette sorte de souillure. La pudeur virginale s'étend à tout l'intérieur occupé par la jeune fille, à tout ce qui lui est personnel et particulier. L'haleine ou même le regard des indignes offense et tache ce qu'il effleure. L'être délicat repousse cette familiarisation choquante, comme il refuserait de boire au verre qui vient de servir à un voisin de table. Le respect de soi-même exige que le voile entre la curiosité grossière du dehors et les grâces mystérieuses du sanctuaire ne puisse être levé. L'imagination, le cœur, l'innocence, ressemblent à l'hermine. *Noli me tangere* est leur devise. La pureté est leur idéal. — Cette horreur féminine pour les proximités profanes est un profond instinct du sexe, qui sauvegarde la fraîcheur et le flou de la vertu. La vierge doit fuir tous les contacts et s'envelopper d'un nimbe pour conserver son prestige et sa grâce. L'immaculé est son devoir et fait sa puissance. C'est ainsi qu'elle se réserve pour l'amour.

La chambre où elle vit, celle où elle dort, sont comme l'enveloppe superficielle et protectrice de la fleur, comme le cocon du ver à soie. Leur tissu doit rester intact. Il est bon de pousser jusqu'à la mysticité la défensive de la délicatesse. Cette force répulsive est la gardienne de la modestie et de l'honneur. De sacré à secret il n'y a guère de distance. Le mystère est un trésor.

25 juin 1880. — Hier après-midi violent orage. Tonnerres, éclairs, énormes ondées mêlées de grêle. Travaillé à mes deux dernières leçons ; et pris mes mesures pour avoir tout dit sous la forme réduite et raccourcie que m'impose le temps. Je trouve beaucoup de charme à résoudre ce problème didactique : ne rien sacrifier de son vaste sujet, avoir rempli son programme tout entier et finir à l'heure dite du jour présent. Cela donne à l'esprit la même satisfaction qu'un sonnet « sans défaut ». C'est là le bouquet mis sur l'édifice, c'est le point d'honneur professoral et la gloire du métier. Ou je me trompe fort ou je terminerai à point nommé, ayant renoué tous les fils et rassemblé toutes les lignes dans ma péroraison et mon adieu. Il me semble que cela s'annonce bien...

26 juin 1880 (midi). — Achevé mon cours avec la précision que je désirais. L'œuvre est bouclée. Je n'ai rien omis, et placé chaque chose à son rang dans ce vaste et fourmillant sujet [1]. Le cercle est revenu sur lui-même. Je ne suis pas

---

1. L'enseignement d'Amiel, dans ce semestre d'été (quatre heures par se-

mécontent. Pour y réussir, j'ai subdivisé mes heures en minutes, calculé mes masses, compté mes mailles et mes points. Cette broderie oratoire est un procédé que je puis apprendre ; il n'est du reste qu'une toute petite partie de l'art professoral. Répartir sa matière dans un nombre déterminé de leçons, est plus difficile encore. Trouver la proportion des parties, la vitesse normale d'exposition n'est pas chose facile. Le conférencier peut faire une suite de séances complètes, l'unité ici, c'est la séance ; un cours scientifique doit se proposer un but plus grand, l'unité du sujet et du cours. Son point de vue est objectif. Il ne cherche ni le succès oratoire, ni le plaisir des curieux, mais il est le prêtre de son sujet, il en fait les honneurs avec gravité et recueillement. Il suppose à l'auditoire le respect et l'amour de la science, et dédaigne tous les artifices culinaires, toutes les stratégies de rhéteur. Ce qu'il veut réjouir, c'est l'intelligence pure, le besoin de comprendre et de contempler. Il me semble, sauf erreur, que mon cours peut donner cette joie. Le témoignage d'autres personnes en d'autres temps me sert de contrôle. On a comparé mes cours à des cathédrales transparentes, où les masses, les lignes, les détails s'aperçoivent dans leurs proportions et baignent dans la lumière. La sérénité platonicienne est le ton qui convient au vrai, et à l'exposition philosophique.

27 juin 1880. — L'opinion individuelle n'a aucune valeur dans les choses de science. Pourquoi semble-t-elle en avoir une dans les questions de morale, d'éducation, de politique, de théologie ? Parce qu'ici la preuve de la niaiserie de l'opinant est plus difficile à fournir. Le plus effronté n'oserait se prononcer sur une question de chimie, d'astronomie, de géologie, d'algèbre, dont il n'entend pas même les termes. Mais quand il s'agit de choses beaucoup plus difficiles et plus compliquées, il reprend son assurance, il se croit compétent et tranche du connaisseur... Cela revient à dire qu'il y a des sciences mathématiques et naturelles, mais qu'il n'y a point

maine), traitait de la *Psychologie des Nationalités,* cours qu'il avait professé pour la première fois en 1861.

de sciences morales. L'État et l'Église par exemple sont des joujoux beaucoup plus faciles à connaître qu'une montre ou une toupie. Il faut un certain apprentissage pour faire une serrure ou une pantoufle, mais, pour faire des lois, cela va tout seul sans préambule et sans réflexion. Ici la science infuse est à tout le monde et un voyou vaut quiconque. Toute l'ironie socratique revient devant cette infatuation grotesque. Que chacun veuille s'instruire et s'efforce de se faire une opinion juste, c'est bien. Mais d'ordinaire l'opinion est antérieure à l'examen, elle décide, tranche, prononce sans avoir jamais traversé le doute ni la modestie. Voilà le bouffon et le triste. Ce sont les plus jeunes qui sont les plus arrogants ; les prétentions sont en sens inverse des titres. La démocratie a toujours poussé vers ce résultat, parce qu'elle efface systématiquement les différences d'âge, d'expérience, d'instruction et de mérite, et qu'elle affecte de compter seulement les opinions et les opinants. La démocratie existe ; c'est peine perdue de noter ses travers et ses ridicules. Tout régime a les siens, et ce régime est encore un moindre mal. La supposition dans ce régime, c'est que tout le monde aime la vérité, cherche les lumières et se rend aux bonnes raisons. Il faut agir dans cette hypothèse. Tout doit être plaidé auprès du public, de la foule, de la multitude. La victoire n'est pas à celui qui a le plus de sagesse, mais qui sait le mieux persuader. Manier adroitement les apparences, c'était l'art des sophistes ; c'est toujours le talent de ceux qui réussissent en démocratie. « Le sophiste est supérieur aux autres, non pas qu'il possède plus de vérités (toute opinion est aussi vraie qu'une autre), mais parce qu'il sait l'art de gagner les hommes à son avis, à ce qu'il lui est utile de leur persuader. » Les Athéniens l'ont dit franchement : l'orateur populaire est le maître des illusions agréables ; il est le magicien qui joue avec les passions et jongle avec les principes. Sa force se mesure au succès.

(Plus tard.) Visite à S*** et continué la conversation d'hier. Parlé des maladies qui menacent la démocratie et qui dérivent de la fiction légale dont elle fait son fondement. Le remède consisterait à insister partout sur la vérité qu'elle

oublie systématiquement et qui lui servirait de contrepoids : sur l'inégalité des talents, des vertus et des mérites, sur le respect dû à l'âge, aux capacités, aux services rendus, etc. L'arrogance juvénile et l'ingratitude jalouse sont à stigmatiser aussi souvent que possible, lorsque l'institution les favorise légalement. Il faut insister sur le devoir, lorsque l'institution ne parle que des droits de l'individu. Il faut ne pas abonder dans le sens vers lequel l'on penche. Tout ceci, il est vrai, n'est qu'un palliatif, mais dans la société humaine, on ne peut espérer davantage. Les hommes ne procèdent que par la succession des erreurs contraires. Ils traversent la vérité, comme le pendule traverse la perpendiculaire, pour en sortir aussitôt.

28 juin 1880. — Lecture : Mme Necker de Saussure, (achevé l'*Étude sur la vie des femmes*). C'est beau, grave, sensé, élevé, délicat, parfait. Quelques aspérités ou incorrections de langage ne comptent pas. On éprouve un respect mêlé d'attendrissement pour l'auteur, et l'on se dit : voilà un livre rare, où tout est sincère et où tout est vrai.

1er juillet 1880 (trois heures). — Température lourde. Sirocco. Ennui. Langueur. Je devrais revoir mes notes songer aux examens de demain. Aversion intérieure ; mécontentement ; vide. Est-ce la conscience qui murmure ? le cœur qui soupire ? l'âme qui se dévore ? le sentiment de la force qui s'enfuit et du temps qui se perd ? D'où provient cette anxiété confuse ? Est-ce d'une tristesse, est-ce d'un regret, est-ce d'une appréhension ? Je ne sais pas. Mais ce rongement vague est dangereux ; il pousse aux décisions brusques et folles. On veut ainsi échapper à soi-même, mettre en déroute les papillons noirs et les diables bleus, étouffer la voix importune de ce qui nous manque. Le mécontentement est le père des tentations. Je comprends les diverses frénésies de la volupté, du haschisch, des alcooliques. Il s'agit de gorger le serpent invisible qui se cache au fond de notre puits, de le gorger pour l'endormir.

Et toutes ces vaines fureurs, que témoignent-elles ? d'une

aspiration. Nous avons soif d'infini, d'amour, de je ne sais quoi. Il y a là un besoin inassouvi. C'est Dieu qui appelle ou qui se venge. C'est le bonheur qui rugit au fond du gouffre.

3 juillet 1880. — Veillé à la Passerine. — On ne s'occupe que du plébiscite de demain [1].

4 juillet 1880 (dimanche, huit heures et demie du matin). — Le soleil succède à une grosse pluie. Est-ce un présage en ce jour solennel ? La grande voix de la *Clémence* vient de sonner. Ses volées puissantes m'empoignaient aux entrailles. Pendant un quart d'heure, elle a continué son appel pathéthique : « Genève, Genève, souviens-toi. Je m'appelle *Clémence*. Brisée par le temps, le vœu populaire m'a fait revivre. Je suis la voix de l'Église et de la Patrie. Genevois, servez Dieu et soyez unis. »

(Sept heures du soir.) — La *Clémence* a sonné encore pendant la dernière demi-heure du scrutin. Quand elle s'est arrêtée, à cinq heures moins cinq minutes, ce silence avait une gravité terrible, comme celui qui pèse sur la foule qui attend la rentrée du juge et la sentence capitale. — La destinée de l'Église et de la patrie genevoise est maintenant dans l'urne. Le dépouillement doit être commencé.

(Onze heures du soir.) — Victoire sur toute la ligne ; les *oui* n'ont que les deux septièmes des voix, sur un scrutin énorme de 13.200 votants. Soulagement universel. Je trouve à la Passerine et à la rue Charles-Bonnet tout le monde en émotion, en joie, en reconnaissance [2]. Chacun sent que Genève l'a réchappé belle et que la patrie compte une délivrance de plus.

---

1. Une loi portant séparation entre l'Église et l'État, et adoptée par le Grand Conseil, était, ce jour-là, soumise à la votation du peuple genevois. Elle fut rejetée à une forte majorité (9.305 contre 4.044 voix).

2. La Passerine, chez les dames Mercier ; la rue Charles-Bonnet, chez le professeur Auguste Bouvier.

A domicile, ma filleule pleurait de joie, en apprenant le résultat.

5 juillet 1880. — Journée de forte émotion.

La *Clémence* a sonné deux fois, l'une après la proclamation officielle des résultats du plébiscite, l'autre, après midi, pour appeler à la prière.

Toute la ville était en l'air, c'était un jour de fête. Les drapeaux sortaient des fenêtres. Le peuple s'est réuni au Molard, est monté à Saint-Pierre ; service d'actions de grâce, cortège à travers toute la ville, avec la musique et les bannières de 1813. Retour au Molard, où deux discours ont encore été prononcés. Allégresse universelle.

Le moment le plus pathétique a été à Saint-Pierre. Quatre ou cinq mille hommes, tête nue, remplissaient le parvis de la cathédrale et J. Cougnard a fait à cette foule frémissante l'allocution patriotique et militaire qui était attendue. L'âme de la vieille Genève et l'esprit des ancêtres étaient bien sous les voûtes du temple, qui abritait en quelque sorte la République entière, comme au temps d'Athènes ou d'Argos...

Impression de piété, comme devant un mystère. Il semble qu'on ait une échappée fugitive sur les coulisses de l'histoire et de la Providence.

Il y a des mots qui ont encore une vertu magique auprès des gens du peuple, ce sont ceux d'État, de République, de Patrie, de Nation, de Drapeau, et je crois même d'Église. La culture sceptique et railleuse ne connaît plus l'émotion, l'exaltation et même l'ivresse que ces mots font naître chez les gens simples. Les blasés ne se doutent pas des tressaillements de l'âme populaire à ces appels qui les laissent froids. C'est leur punition ; c'est aussi leur infirmité. Ils sont ironiques, ils sont individualistes, ils sont isolés et inféconds.

J'éprouve de nouveau ce que j'ai éprouvé au Centenaire de Jean-Jacques ; c'est que les petits messieurs distingués, la banque dévote, la race des gens comme il faut, dont le pharisaïsme a rompu avec la foule, me glacent le cœur et l'imagination.

Du reste, je suis à cheval sur une contradiction intérieure ;

je souffre d'une double répugnance instinctive : la répugnance esthétique pour la vulgarité en tout genre ; la répugnance morale pour la sécheresse de cœur. — Ainsi personnellement, je ne suis attiré que par les individus tout à fait
cultivés, éminents et spirituels ; et d'autre part, rien ne
m'est plus doux que de palpiter avec l'esprit national, avec
le sentiment des foules. Je ne goûte donc que les deux
extrêmes, et cela me sépare de chacun d'eux. Les raffinés
me trouvent populacier ; le populaire me trouve raffiné...

6 juillet 1880. — Temps magnifique. Promotions du
Collège. Entendu le signal des tambours et de la musique...
Je n'ai pas eu l'entrain nécessaire pour aller à la fête des
écoles... D'ailleurs je voulais cuver mes impressions d'hier.
Le besoin de calme, d'immobilité, de recueillement, l'a
emporté...

Vers la nuit tombante, j'ai accompagné à la plaine de
Plainpalais nos trois dames. Foule immense, air joyeux des
visages. La fête s'est terminée par le feu d'artifice traditionnel, sous un ciel calme et tout étoilé. En rentrant, je pensais : voilà pourtant la République. Depuis une semaine tout
ce peuple est en l'air. Il campe comme les Athéniens sur
l'Agora. Depuis mercredi, les conférences, assemblées populaires, se sont succédé coup sur coup ; on retrouve chez soi
les journaux et brochures ; on pérore dans les cercles ; dimanche, plébiscite ; lundi, cortège d'allégresse, cantiques à
Saint-Pierre, harangues au Molard, fête des hommes. Mardi,
fête de la jeunesse masculine. Mercredi, fête des écoles
primaires, etc., etc.

Genève est une chaudière toujours en ébullition. C'est un
haut-fourneau qui n'éteint jamais ses feux. Pour conserver
sa paix dans ce bouillonnement et ce tourbillonnement, il
faut avoir un asile et en savoir fermer la porte.

Vulcain avait plus d'une forge. Genève est certainement
un des soupiraux de l'esprit européen, une des enclumes où
se martèlent le plus de projets, une des usines où s'essaient
le plus de nouveautés, non brevetées des gouvernements.
Quand on pense que les proscrits de toutes les causes tra-

vaillent ici, le mystère s'explique un peu. Mais la meilleure explication, c'est que républicaine, protestante, démocratique, savante et entreprenante, Genève est depuis des siècles une sorte d'avant-garde, qui explore les pays inconnus, et qui a l'habitude de se tirer d'affaire elle-même. Depuis le temps de la Réformation, elle est sur le qui-vive, et chemine une lanterne dans la gauche et une épée dans la droite. Sa hardiesse est prudente ; elle ne jette jamais le manche après la cognée, et ne lance point son va-tout. Ce qui me plaît, c'est qu'elle ne cède pas encore à l'imitation, et qu'elle se décide par elle-même. Ceux qui lui disent : Faites comme à New-York, faites comme à Paris, faites comme à Rome, comme à Berlin, ont encore du dessous. Les perroquets et les singes ne la persuadent pas. Elle laisse prêcher au désert les doctrinarismes qui la désagrégeraient ; elle flaire les pièges et s'en détourne. J'aime cet indice de vitalité. Ce qui est original a seul une raison suffisante de vivre. Quand les mots d'ordre viennent d'ailleurs, on n'est plus que province... Les formules creuses et cosmopolites minent les petites nationalités, comme elles ruinent les arts et la littérature. Les *ismes* sont des acides qui dissolvent tout ce qui est vivant et concret. Avec le réalisme, le libéralisme, le romantisme on ne fait pas un chef-d'œuvre, pas une œuvre ; comme avec une théorie physiologique on ne fait pas un enfant. Le séparatisme a encore moins de vertu que tous les autres *ismes*, car il est l'abstraction d'une négation, l'ombre d'une ombre. Les *ismes* ne sont point des principes féconds, c'est à peine même s'ils sont des formules explicatives. Ce sont plutôt des noms de maladies, car ils expriment un élément en excès, une exagération dangereuse et abusive. Exemple : empirisme, sans-culottisme, idéalisme, voltairianisme, radicalisme. Le propre des choses réussies et des êtres bien venus, c'est d'échapper à ces catégories nosologiques. Celui qui se porte parfaitement n'est ni sanguin, ni bilieux, ni nerveux. Une république normale contient des partis et des points de vue opposés, mais elle les contient à l'état de sels combinés. Un rayon de lumière contient aussi toutes les couleurs, tandis que le rouge ne contient pas un sixième de la lumière complète.

8 juillet 1880. — Il y a trente ans que j'ai lu Waagen (sur les *Musées*) ; l'ami Rod. R... [1] le lit maintenant. Je fais tous les ans la même remarque : il repasse sur mes sentiers, une génération après moi. C'est en 1842 que je raffolais de peinture, en 1845 que j'ai étudié la philosophie de Krause, en 1850 que j'ai professé l'esthétique, etc. Mon ressuscité a beau être de mon âge, il arrive à mes étapes quand elles sont pour moi des antiquités. Cette impression de lointain est curieuse. Je m'aperçois alors des catacombes de ma mémoire et des étages de cendre historique accumulés au-dessous de mon sol actuel.

La vie de l'esprit ressemblerait-elle à celle des vieux saules ou des impérissables baobabs ? La couche vivante de la conscience se superposerait-elle à des centaines et à des milliers de couches mortes ? Mortes ? c'est sans doute trop dire, mais quand la mémoire est lâche, le passé est presque entièrement aboli. Se souvenir qu'on a su n'est pas une richesse, c'est l'indication d'une perte ; c'est le numéro d'une gravure qui n'est plus à son clou, le titre d'un volume qui n'est plus sur son rayon ; c'est une cicatrice de la mémoire, un hile affligeant. Voilà mon esprit ; c'est le cadre vide de milliers d'images effacées. Mon esprit, stylé par ces innombrables exercices, est tout culture, mais il n'a presque rien retenu dans ses mailles. Il est sans matière et n'est plus que forme. Il est apte à tout et ne possède rien. Il n'a plus le savoir, il est devenu méthode. Il s'est éthérisé, algébrisé. La vie l'a traité comme la mort traite les autres ; elle l'a déjà préparé à une métamorphose ultérieure. Dès l âge de seize ans, je pouvais regarder avec les yeux d'un aveugle fraîchement opéré, c'est-à-dire que je pouvais supprimer en moi l'éducation de la vue et abolir les distances ; à présent je puis considérer l'existence à peu près comme d'outre-tombe, comme d'au delà, *sub specie aeterni* ; je puis sentir en ressuscité ; tout m'est étrange ; je puis être en dehors de mon corps et de mon individu, je suis *dépersonnalisé*, détaché,

---

1. Rodolphe Rey (1824-1882), l'auteur de *Genève et les bords du Léman*, 1868. Amiel passa en sa compagnie l'hiver de 1874 à 1875 à Hyères. Une santé fragile empêchait Rodolphe Rey, avec qui depuis lors Amiel a échangé quelques lettres, de séjourner à Genève dans la saison du froid et des brouillards.

envolé. Ma conscience peut devenir celle du bonze, du soufi, du brahmane. Une seule forme m'est peu naturelle, c'est la mienne. — Est-ce là de la folie ? Non. La folie est l'impossibilité de rentrer dans son équilibre après le vagabondage dans les formes étrangères, après les visites dantesques aux mondes invisibles, après les excursions au Sabbat. La folie est de ne pouvoir se juger et s'arrêter. Or, il me semble que mes transformations mentales ne sont que des expériences philosophiques. Je ne suis rivé à aucune. Je fais de la psychologie. Mais je ne me dissimule pas que ces tentatives amincissent le fil du bon sens, parce qu'elles dissolvent les préjugés et les intérêts personnels. On ne se défend bien qu'en revenant parmi les hommes et qu'en roidissant sa volonté. La contemplation pure évapore l'individualité ; pour sortir du rêve, il faut souffrir et agir.

Tu es un ballon captif ; ne laisse pas user la cordelette qui te rattache à la terre. Tu es un homme, sois homme. Il est vrai que la douleur physique te rappelle souvent et infailliblement que tu n'es pas un esprit. Mais il convient aussi que tu te cramponnes au réel par d'autres facultés. Il faut travailler pour ses semblables et porter volontairement sa part du fardeau de l'espèce. Il faut partager son bien, c'est-à-dire répandre ses idées, et partager les maux d'autrui, c'est-à-dire entrer dans la manœuvre de la grande nef.

Tu l'as fait, car tu viens d'agir comme professeur et comme citoyen. C'est la réaction qui s'opère. Tu retombes dans la méditation extatique, dans l'immobilité du solitaire. Il n'y a pas grand mal. L'omphalopsychie a aussi son droit.

C'est égal, retrempe tes muscles, reprends une vitalité plus solide. Gare à l'effémination, elle incline aisément à la pusillanimité, à la stérilité et à l'hypocondrie.

14 juillet 1880. — Quel est le livre que je préférerais avoir écrit dans la littérature genevoise ? Peut-être celui de Mme Necker de Saussure, ou *l'Allemagne* de Mme de Staël. Ainsi donc la philosophie morale est encore ce qui vaut le mieux pour un Genevois. La gravité intellectuelle est ce qui nous sied le moins mal. L'histoire, la politique, la

science économique, l'éducation, la philosophie pratique
nous sont ouvertes. Nous avons tout à perdre à nous franciser et à nous *pariser*, puisque nous portons alors de l'eau
à la Seine. La haute critique indépendante est peut-être
plus facile à Genève qu'à Paris, et Genève doit demeurer
dans sa ligne, moins asservie à la mode, cette tyrannie du
goût, à l'opinion régnante, au catholicisme, au jacobinisme.
Genève doit être à la grande nation ce que Diogène était à
Alexandre, la pensée indépendante et la parole libre qui
ne subit pas le prestige et ne gaze pas la vérité. Il est vrai
que ce rôle est ingrat, mal vu, raillé ; mais qu'importe ?...
En cet ordre de choses, il faut se contenter d'être seul.

Montre ce qu'on peut faire en le faisant toi-même.

Ne conseille personne ; agis ; et si tu n'agis pas, garde-toi
le secret. On ne prescrit pas l'originalité, on la réalise, si
l'on peut.

25 juillet 1880. — Descendu à l'appartement M***, rendu
mes devoirs aux œuvres d'art. La *Vénus accroupie* est la
pièce la plus charmante de la collection. Comme contraste
des lignes, grâce des contours, variété des mouvements, plénitude des formes, comme séduction chaste et heureuse apparence, on ne saurait souhaiter rien de plus accompli. C'est
l'eurythmie de la beauté, le poème du corps féminin, la cantate de la perfection plastique. De la pointe des cheveux à
la plante des pieds, tout est velouté, caressant, élégant,
suave, délicieux. Aphrodite serait déesse même au suffrage
universel. A elle, la pomme d'or. Même ce que l'on ne voit
jamais, la partie la moins ciselée et la plus massive, la région
entre la ceinture et les genoux, a des raffinements sculptu-
raux ravissants, des inflexions, des méplats, des fossettes,
qui vivifient les surfaces et font palpiter les profondeurs.
L'asile où s'élabore la vie naissante est une châsse d'un travail précieux, beau à contempler de quelque côté que ce
soit. Les mots qui désignent toutes ces parties ont quelque
chose de bas, mais le regard n'y sait découvrir qu'un modelé

superbe et des attraits délicats, imprévus bien qu'innommables. Le statuaire dans sa langue muette exprime en détail et *con amore* ces larges assises de la beauté ; il les pétrit de la hanche à la rotule, du buste au flanc, du flanc au rein, des reins au râble ; mais le spectateur ne sait comment désigner avec convenance ces fractions du nu, et ces segments du torse de Cythérée. L'oreille a des susceptibilités plus nombreuses que l'œil ; mais l'œil lui-même emprunte ses pudeurs à l'imagination ; il peut voir Aphrodite tout entière sans voile et admirer... Ce n'est jamais que l'idée accessoire rattachée à la nudité qui fait l'indécence. Eve nue au grand jour, sur le gazon d'Éden, a quelque chose de touchant ; une femme nue dans la pénombre de son alcôve est simplement érotique. Le nu peut être innocent et pur, même chez la déesse de la volupté ; il est licencieux chez la beauté légère ; il est révoltant chez la laideur sensuelle... La mode n'a plus qu'une pudeur, celle du calcul ; elle ne se refuse que ce qui ferait manquer le but. Ce sont les vilains pieds qui tiennent pour la longue robe, et les tailles imparfaites qui redoutent les échancrures ou les collants. Ceci revient à dire : le beau est fait pour être vu, le vêtement gêne la vue ; donc tout l'art travaillera à faire du vêtement l'auxiliaire de la beauté, à le rendre flatteur, transparent ou même nul.

La sculpture va même plus loin, car dans l'intérêt esthétique elle dévêt la beauté féminine des intimes végétations que conserve la nature ; elle efface en outre les dernières traces de l'utile, savoir les deux hiles inférieurs, déjà presque dérobés sur le vivant, dans un silo mystérieux. En un mot, elle écarte toutes les allusions viscérales ; elle masque le laboratoire physiologique ; elle dissimule tout ce qui peut inspirer la répugnance et ne laisse en dehors que ce qui peut enchanter. — La nature a une autre ressource ; comme elle veut l'amour et que la beauté manque souvent, elle aveugle par le désir ; le sexe devient un attrait par lui-même, les sexes se poursuivent dans l'ombre, et l'imagination allumée par les sens fournit tout ce qui manque ; ainsi la gorillesse devient une Cypris pour son gorille qu'elle voit comme un Apollon, et le prestige fugitif suffit aux fins naturelles, à défaut de réalité.

L'art serait le désespoir de la nature si le contrôle se faisait. Mais chacun ferme les yeux et mange son pauvre poisson à la sauce de l'idéal. Cela est plus sage, plus pratique et plus humain. Il faut rêver la perfection et s'accommoder de l'imparfait. — Et encore que sont les imperfections de la ligne et de la chair, à côté des imperfections du cœur et de l'esprit ? Une âme mal faite ou mal élevée dans un corps bien fait ne donne que des joies courtes. L'art a du moins ceci qu'il donne l'illusion et parfois la présence du parfait, c'est-à-dire qu'il réjouit le sens divin, qu'il console momentanément du réel, qui est toujours imparfait. L'art est une échappée sur un monde supérieur, où les choses répondent à nos aspirations, et nous disons : enfin !

28 juillet 1880. — Après midi longue promenade sous le soleil, mais l'air était tonique et salubre. Je reviens, satisfait de ma carcasse, et réjoui d'être rentré en communion avec la nature. Les eaux du Rhône et de l'Arve, le murmure des flots, l'austérité des berges, l'éclat des verdures, le frissonnement des feuillées, la splendide lumière de juillet, la rayonnante fécondité des champs, la lointaine lucidité des montagnes, la blancheur des glaciers sous la sérénité de l'azur, les fraîcheurs de la Jonction [1], les taillis de la Bâtie, les ombrages de Saint-Georges, tout m'a charmé, les yeux, les sens et l'imagination. Il me semblait être revenu aux années de la force. J'étais inondé, offusqué de sensations. J'étais surpris et reconnaissant. La vie universelle me portait. La caresse de l'été m'allait au cœur. Je revoyais les immenses horizons, les hardis sommets, les lacs bleus, les vallées tournantes, toutes les libertés d'autrefois. Ce n'était pourtant pas de la nostalgie. C'était une impression indéfinissable, sans espérance, désir, regret, une sorte d'attendrissement et d'élancement mêlé d'admiration et d'anxiété. On sent à la fois de la joie et du vide, on aperçoit à travers ce qu'on possède l'impossible et l'irréalisable, on mesure à la fois sa richesse et sa pauvreté, en un mot l'on est et l'on n'est pas, on est dans la contradiction intérieure parce qu'on

1. La jonction des deux cours d'eau qui se réunissent en aval de Genève.

est dans l'état transitoire. Cette ambiguïté inexprimable est propre à la nature humaine qui est ambiguë, puisqu'elle est la chair devenant esprit, l'étendue se changeant en pensée, le fini entrevoyant l'infini, l'intelligence virant en amour et en douleur.

L'homme est le *Sensorium commune* de la Nature, l'endroit où s'entr'échangent toutes les valeurs. L'esprit est le médium plastique, le principe et le résultat de tout, l'étoffe, le laboratoire, le produit, la formule, la sensation, l'expression, la loi, celui qui est, celui qui fait, celui qui sait. Tout n'est pas esprit, mais l'esprit est dans tout et contient tout. Il est la conscience de l'être, c'est-à-dire l'être à la seconde puissance. — Si l'univers subsiste, c'est que l'Esprit aime à apercevoir son contenu dans sa richesse et dans son expansion, dans sa préparation surtout. Nous aussi nous trouvons un certain charme à nos portraits et à nos cahiers d'enfant. Dieu n'est d'ailleurs pas égoïste, il consent à ce que des myriades de myriades de soleils s'ébattent dans son ombre, il accorde la vie et la conscience à des multitudes innombrables de créatures qui participent à l'être, à la nature, et toutes ces monades animées multiplient en quelque sorte la divinité.

4 août 1880. — Je reçois le numéro 10 et dernier de la *Feuille centrale de Zofingue* (vingtième année)[1]. C'est l'éternel recommencement de la jeunesse, qui croit faire du nouveau en répétant toujours la même chose. Heureusement que les peupliers, les fauvettes, les jasmins ne font pas de journaux, car à chaque printemps ils rediraient leurs feuillées, leurs chants, leurs parfums, avec la prévention du progrès.

C'est la continuité qui domine la nature, la continuité des retours ; tout est redite, reprise, refrain, ritournelle, et le nouveau est singulièrement plus rare que le connu. Les rosiers ne se lassent pas de redonner des roses, les oiseaux de bâtir des nids, les jeunes cœurs d'aimer, les jeunes

---

1. Journal d'une Société d'étudiants des différents cantons de la Suisse, qui se réunit annuellement dans la petite ville de Zofingue. Amiel en avait été un membre fervent, de 1838 à 1843.

lèvres de chanter les pensées et les sentiments qui ont cent mille fois servi aux devanciers. La monotonie profonde dans l'agitation universelle, voilà la formule la plus simple que fournisse le spectacle du monde. Tous les cercles se ressemblent et toutes les existences tendent à tracer leur cercle.

Comment éviter le *fastidium* ? En fermant les yeux sur l'uniformité, en cherchant les petites différences, puis en mettant son goût à la répétition. Les physionomies ne sont pas identiques, et dîner tous les jours ne cause pas d'ennui. — Pourtant le meilleur préservatif contre la satiété et le blasement, c'est le travail. Ce que l'on fait peut fatiguer les autres, mais l'effort personnel est du moins utile à son auteur. Le barbouillage amuse l'enfant qui barbouille ; la poussière qu'il fait, la sottise qu'il exécute, lui donnent l'illusion de l'importance et de l'esprit. Donc, si chacun travaille, la vie universelle aura de la saveur, quand même elle rabâche à perpétuité la même cantilène, les mêmes aspirations, les mêmes préjugés et les mêmes soupirs. « Chacun son tour » est la devise des êtres mortels. S'ils font de l'ancien, eux-mêmes sont nouveaux ; s'ils imitent, ils croient inventer. Ils ont reçu, ils transmettent. *E sempre bene !*

8 août 1880. — Le soir, lecture à haute voix. C'est plaisir avec des personnes intelligentes qui comprennent à demi-mot et achèvent les intentions. Mais quel art que l'art de lire ; il en renferme trois ou quatre autres, dont le moindre est riche en difficultés et en ressources. Quand je pense à ce qu'il aurait pu donner entre mes mains et aux obstacles qui m'arrêtent maintenant (pharyngite, bronchite, asthme, etc.), je ne puis m'empêcher de soupirer.

9 août 1880. — Ma filleule me reparle de ma lecture d'hier, qu'elle admire avec vivacité, puis nous causons de cet art en lui-même. Elle prétend que tous les genres, tous les types et tous les styles me réussissent également, qu'elle a plus de plaisir là qu'au théâtre, que tous mes personnage, bêtes ou gens, et mes paysages deviennent vivants et distincts ; que tous ces rôles créés à la baguette sont d'un naturel à faire illusion, et donnent l'impression d'un jeu poétique ; qu'elle ne sait où j'ai fait la connaissance de toutes les professions, de tous les caractères. Un mot sérieux : « On dirait que vous avez fait l'homme et le monde ou que du moins vous assistiez à leur confection, tant vous les possédez bien. » — L'intuition est en effet cette puissance sympathique qui devine l'âme des choses et qui vibre à l'unisson avec elle. La clairvoyance magnétique n'est pas un vain mot. Tout est dans tout et nous pouvons συμφρονεῖν avec toutes les existences. Plus l'esprit est esprit, plus il est omnimode ; le protéisme est son privilège et sa mesure ; et il apparaît aux êtres moins avancés comme sans limites et sans configuration. Les esprits captifs sont des poulets qui ne peuvent ni suivre les esprits libres ni les approuver, à moins qu'ils ne les aiment ; mais alors ils regardent du rivage le cygne qui affronte la mer, l'aigle qui conquiert l'étendue, et se disent : Nous sommes les vrais enfants de l'œuf, les autres sont téméraires. — Mieux que cela, les esprits captifs sont des crustacés enfermés dans leur forme spéciale ; ils clabaudent contre les métamorphoses comme le renard écoué contre les longues queues. Chaque impuissance aime à se convertir en abstention volontaire ; une infériorité, à prendre le masque d'un supérieur ; l'incapable, à se donner pour un sage...

Goûter à tout en critique friand n'est que du dilettantisme ; et vingt dilettantes ne comptent pas autant qu'un seul artiste. Faire une chose a plus de prix que de parler de mille. Tout le feuillage d'un pommier n'équivaut pas à une pomme. Ce qui dure, ce qui peut résister à la mort, surtout ce qui est fécond, voilà l'essentiel. Ainsi, qu'importent les 16.300 pages de ce Journal ! Une nouvelle de Mérimée, un article de Sainte-Beuve, une lettre de Doudan comptent davantage, puisqu'ils sont écrits, publiés et d'un style achevé.

20 août 1880. — La langueur laisse arriver la fin, mais ne finit pas dans le sens actif du mot. La mort elle-même peut devenir un consentement, donc un acte, un acte moral.

L'animal expire, l'homme doit remettre son âme à son auteur, résigner dignement ses fonctions, il doit vouloir ce que Dieu veut. Il ennoblit ainsi la pure nécessité naturelle ; il moralise la physiologie ; il solennise ce qui n'est que lugubre et trivial. La décrépitude et la destruction rentrent ainsi dans le cadre de la vie supérieure ; l'âme prouve sa noblesse en surmontant l'ignoble ; le divin brille à travers son abaissement et ses haillons. *Incessu patuit Dea.*

24 août 1880 (neuf heures du matin). — Si l'on attend pour agir on n'agit pas ; si l'on attend pour se reposer on ne se repose pas ; si l'on ajourne la sagesse, le plaisir, la réflexion, leur heure ne vient pas. Mieux vaut ne se piquer de rien, profiter du présent et ne pas escompter l'avenir. Voilà la morale d'Épicure. Faire à chaque moment son devoir, voilà celle de Zénon. Suivre sa pente ou la contrarier c'est le va-et-vient éternel de l'âme, qui oscille entre le bonheur et la dignité, parce qu'elle a besoin de l'un et de l'autre. Il est certain que je m'éloigne lentement du stoïcisme, et que je dérive vers le nonchaloir de Montaigne. Quand l'ambition et l'espérance sont mortes, quand tout est incertain et fugitif, on se réfugie dans le calme bienveillant et dans la quiétude. On désire ne pas souffrir et diminuer la souffrance d'autrui. On ne vise plus au génie, à l'héroïsme, à la gloire ; on se contente de la tranquillité. Sentir et penser dans son ermitage, à cela se bornent tous les vœux ; on laisse le vouloir à la jeunesse et aux hommes de désir. Ce renoncement de vieillard est naturel quand la force est partie et que les infirmités sont là. La vieillesse n'est pas un âge ; elle est une privation et une mutilation...

Avec les années, j'aime le beau plus que le sublime, l'uni plus que le hérissé, la noblesse de Platon plus que la sainteté farouche des Jérémies. Toutes les violences du barbare me paraissent inférieures à l'enjouement de Socrate, à la sérénité de Jésus. Je goûte les âmes équilibrées et les cœurs bien appris, dont la liberté est aimable et n'a pas les rudesses de l'esclave récemment libéré. C'est le tempérament des vertus les unes par les autres qui me charme, comme c'est la fusion de toutes les nuances délicates qui fait la grâce non pareille de la carnation féminine. Les qualités exclusives et tranchées ne servent qu'à accuser l'imperfection. Supposez dans un vilain visage un œil, un seul œil beau : cet œil montrera la laideur du reste.

29 août 1880. — Vif sentiment de mieux-être. J'en profite pour reprendre les exercices négligés et les habitudes interrompues, mais une toilette minutieuse me prouve ce que je supposais bien, c'est que ces rudes étrillées accourcissent le fuseau de mes jours. J'ai vieilli de plusieurs mois en une semaine ; cela s'aperçoit aisément aux cheveux. Les alentours feignent par affection de ne rien voir ; le miroir est plus véridique. Cela n'ôte pas son prix à la convalescence ; mais on entend néanmoins la navette des destinées et l'on se sent courir à la mort en dépit des haltes et des trêves accordées. — La plus belle existence serait celle d'un fleuve où les rapides et les cascades ne seraient traversés que près du berceau, et dont le cours grossissant se formerait d'une succession de riches vallées résumées chacune en un lac aux aspects également et diversement pittoresques, pour aboutir, à travers les plaines de la vieillesse, à l'océan où tout ce qui se fatigue vient demander le repos. — Il est peu de ces existences pleines, fécondes et douces. A quoi sert de les désirer ou de les regretter ? Il est plus sage et plus malaisé de voir dans son lot le meilleur qu'on pût avoir, et de se dire qu'après tout le plus habile tailleur ne peut nous faire un justaucorps plus exact que notre peau.

Le vrai nom du bonheur, c'est le contentement.

30 août 1880 (deux heures). — Grondements de tonnerre, lointains et graves. Le ciel est gris, sans pluie ; les oiseaux ont de petits cris agités et craintifs. On dirait le prélude d'une symphonie ou d'une catastrophe...

Quel éclair te traverse, ô mon cœur soucieux ?

Une chose est singulière : tous les métiers circonvoisins (ferblantier, cardeur, maître d'école) continuent ; il s'y joint même des déchargements de planches et d'autres tapages inusités ; néanmoins ces bruits nagent dans le silence, dans un silence mat, positif, qu'ils ne peuvent masquer, silence qui remplace la rumeur confuse de la ruche en travail, observable dans toute ville un jour de semaine. Ce silence est extraordinaire à cette heure, car il ne fait pas chaud. Il ressemble à de l'attente, à du recueillement, presque à de l'anxiété. Y a-t-il des jours où « le petit souffle de Job » produit plus d'effet que la tempête ? où un grondement sourd à l'horizon fait suspendre le concert de toutes les voix, comme au désert, le rugissement du lion quand tombe la nuit...

2 septembre 1880 (neuf heures du matin). — Joie des yeux. Des colorations charmantes se déroulent devant moi. Tapis à fleurs, meubles brodés,. écrans pompéiens, paravent noir et or, plumeau écarlate, et sur ma cheminée le vert d'une bruyère, le velours d'une pêche, les boules et les cristaux irisés ; la guirlande d'immortelles multicolores sous le portrait de ma mère, les quatre fauteuils de divers styles, tout cela fait une palette de tons qui se marient, se contrastent, se nuancent à ravir. — Les sensations de l'oreille sont également variées et adoucies ; on sent la vie à distance, dans un lointain qui poétise tout : les voix, les bruits, les rumeurs, les pas, les chants, les industries, s'associent en une musique légère qui fait rêver. La seule analyse de ce tissu acoustique est presque une volupté. Toutes les pulsations de la vie universelle viennent retentir dans ma conscience, comme toutes les vibrations de l'atmosphère font tressaillir Arachné au centre de sa toile. C'est délicieux. L'immense volume d'air que commandent mes fenêtres fait la richesse de ce kaléidoscope sonore, où rien ne rappelle la souffrance, la misère, la maladie et le chagrin.

Un jeudi de septembre est un jour fortuné. S'il a des bienfaits pour la force, il a des grâces pour la langueur. Je ne cours pas à la conquête du monde, mais le monde vient me saluer dans ma cellule. Je ne suis pas déshérité.

3 septembre 1880. — Le moi du dormeur a bien le même axe que le moi de l'éveillé, mais l'individu a perdu beaucoup de ses qualités et de ses attributs : il manque de raison, de volonté, de moralité, d'humanité. Il reste la bête et ses appétits, plus la mémoire, et tout cela à la merci de l'imagination, laquelle est peut-être à la merci des viscères, et ne fait que traduire en images l'état du foie, des poumons, des reins, de l'estomac, du sang et des lombes. Non, c'est trop peu dire. Le rêve est un carrefour intérieur où retentissent toutes les agitations diverses de la vie : il y a aussi les rêves du cœur, de l'âme et même de la raison. J'ai fait cette classification complète, il y a bien des années. A quoi bon la morceler ? Nous passons nos jours à recommencer moins bien ce que nous avons fait mieux, et à briser les moules antérieurs.

Du reste, l'humanité procède ainsi dans l'art et la mode, dans la pensée, dans les institutions. Ce qu'elle veut, c'est changer. Après l'équilibre relatif elle revient au trouble ; après le bon style, elle s'accommode du médiocre. « Marche, marche ; renouvelle, transforme ; ce qui t'est interdit, c'est de te tenir au bien, à l'acquis, à l'éprouvé. Le progrès est permis, mais la décadence de même. Remue-toi, c'est le vœu de la nature et l'ordre du destin. » — De bien en mieux est une belle devise ; mais l'amélioration n'est qu'une chance, le perfectionnement qu'une possibilité. Ce qui est fatal et inévitable, c'est le changement, ce n'est pas le progrès.

Il est visible que l'individu ne se perfectionne sur un point qu'au détriment d'autres points (par exemple la sanctification par le sacrifice volontaire). Pourquoi en serait-il autrement pour l'espèce ? L'évolution est satisfaite, si l'attribut qui prend la prépondérance temporaire a quelque valeur ou quelque rareté.

9 septembre 1880. — Il me semble à moi-même qu'avec le déclin de ma force active je deviens plus esprit ; tout me devient transparent, je vois les types, les *mères*, le fond des êtres, le sens des choses...

Ma tendance naturelle est de tout convertir en pensée. Tous les événements personnels, toutes les expériences particulières sont pour moi des prétextes à méditation, des faits à généraliser en lois, des réalités à réduire en idées. Cette métamorphose est l'œuvre cérébrale, le travail philosophique, l'opération de la conscience, laquelle est un alambic mental. Notre vie n'est qu'un document à interpréter, qu'une matière à spiritualiser, qu'une suite de phénomènes fugitifs à transformer en une esquisse microcosmique. Telle est du moins la vie du penseur. Il se *dépersonnalise* chaque jour ; s'il consent à éprouver et à faire, c'est pour mieux comprendre ; s'il veut, c'est pour connaître la volonté. Il se considère comme un laboratoire de phénomènes, et ne demande pour lui-même à la vie que la sagesse. Mais il désire aussi donner de la joie, consoler, rendre heureux.

Ce qui le distingue, c'est la désappropriation. Quoiqu'il lui soit doux d'être aimé et qu'il ne connaisse rien d'aussi doux, il lui semble encore être l'occasion du phénomène plutôt que son but. Il contemple le spectacle de l'amour et l'amour reste pour lui un spectacle. Il ne croit pas même son corps à lui ; il sent passer en lui le tourbillon vital, qui lui est prêté momentanément pour lui laisser percevoir les vibrations cosmiques. Il n'est que sujet pensant, il ne retient que la forme des choses, il ne s'attribue la possession matérielle de rien.

C'est cette disposition qui le rend incompréhensible à tout ce qui est jouissant, dominateur, accapareur. En fait, il est fluide comme un fantôme que l'on voit bien, mais qu'on ne peut saisir, parce que sa solidité et son opacité sont apparentes ; la désappropriation le rend inane et vide ; il ressemble à un homme, comme les mânes d'Achille, comme l'ombre de Créuse ressemblaient à des vivants. Sans avoir été mort, je suis un revenant. Je rêve tout debout et tout éveillé. Les autres me paraissent des songes et je parais un songe aux autres. C'est à moitié l'état d'un visionnaire. Sans la maladie et la souffrance, je pourrais douter de vivre positivement. Les apparitions du Christ ressuscité ne me surprennent pas trop, car cette forme d'existence, soustraite à la pesanteur et flottante entre la corporéité et l'esprit, m'est presque familière.

15 septembre 1880. — Lecture : de Vigny (*Le Capitaine Renaud*). Auteur sympathique, pensée méditative, talent souple et fort, élévation, indépendance, sérieux, noblesse, originalité, fierté, audace et grâce : il a de tout. Il peint bien, il raconte bien, il juge bien, il pense et il ose. Son défaut, c'est peut-être un peu d'excès dans le respect de lui-même ; c'est une réserve et une hauteur toute britannique, qui a horreur de la familiarité et peur de l'abandon. Mais cette disposition n'est pas même un travers, elle est un trait de caractère et un raffinement de dignité. Seulement elle a eu l'inconvénient de dépopulariser l'auteur en tenant à distance le public traité de foule indiscrète et de *profanum vulgus.* Alfred de Vigny n'a-t-il pas fini par le persiflage de Molé et de Sainte-Beuve ? La race gauloise n'a jamais goûté le principe de l'inviolabilité de la conscience personnelle ; elle ne veut pas de ces stoïques enfermés dans leur dignité comme dans une tour et qui ne reconnaissent d'autre maître que Dieu, le devoir ou la foi. Cette raideur la gêne, et même l'irrite. Cette solennité l'humilie et l'impatiente. Elle a répudié le protestantisme à cause de cela, et dans toutes les crises elle a écrasé ceux qui n'ont pas cédé au courant passionné de l'opinion. Dans cette race, la société ploie l'individu ; c'est la mode, le ton, le goût, le préjugé régnant qui font la loi pour tous. La liberté est synonyme de révolte. Chacun veut être comme tout le monde, pour n'être pas raillé et rudoyé. L'État, l'Église, l'Usage, décident de toutes les choses de conduite ; l'individu ne se réserve que les détails insignifiants. L'extrême sociabilité se paie cher.

17 septembre 1880. — Je ne puis me dissimuler que depuis une douzaine d'années ou davantage je ne suis plus sous le prestige du sexe ; je connais davantage les défectuosités et les faiblesses de l'idole. Je l'avais mise trop haut, au détriment de l'homme mâle ; j'ai trop aimé et fréquenté les femmes. Enfin l'impartialité est venue. Il n'est jamais trop tard pour être sage. Si je conserve une légère préférence pour le sexe le plus aimant, je suis moins naïf, moins aveugle, moins crédule, moins admiratif qu'autrefois. Le voile de Maïa s'est aminci et l'illusion m'est moins nécessaire. La camaraderie m'a permis de voir vrai. Je puis les regarder comme elles se regardent entre elles, comme les regardent leurs mères, leurs pères, leurs frères, comme les aperçoit le médecin, c'est-à-dire de toutes les façons autres que la façon amoureuse et illusionnée. Je ressens leur charme, sans les surfaire ; je suis touché, ému, reconnaissant, attiré, sans être dupe. C'est l'état que je préfère.

Clarens, 21 septembre 1880. — L'apprentissage de la débilité m'est douloureux. Chaque année, je vois se rétrécir le cercle de ma liberté, et cela me fait horreur, malgré que j'en aie. Il me semble que je suis confondu avec un autre, qu'il y a méprise, que tout va s'éclaircir. Mais non, c'est bien à moi que les menottes sont mises, que cette croix est imposée, cette carcasse est bien la mienne et je n'en ai pas de rechange. *Dura lex, sed lex.*

Autre expérience : pour atteindre le macrocosme il faut traverser d'abord le milieu corporel ; pour se remettre en harmonie avec la nature, le moi ne doit pas être harcelé par l'organisme. La cénesthèse fait brouillard opaque entre le paysage et la pensée. L'esprit, offusqué par les sensations internes, n'est plus vacant pour la perception du monde extérieur. Il voit le crêpe plutôt que ce qui est au delà. L'impersonnalité, l'objectivité contemplative devient impossible ; et c'est là ce qui me navre. — Qu'est-ce que la folie ? l'épaississement de ce rideau subjectif et idiosyncrasique qui sépare l'individu du monde réel. La nervosité, rendant étranger à ce monde du dehors et le traduisant mal, est un acheminement à la folie.

Clarens, 22 septembre 1880 (onze heures du matin). — Journée admirable. — D'abord dormi d'un trait, puis retrouvé le soleil et l'azur. Voici quatre heures que je me baigne dans la lumière, que je me délecte les yeux, les oreilles, l'odorat, les poumons. Serpenté dans la campagne, revu les sentiers et les paysages, le lac, les coteaux, les vergers, les monts ; et les crêtes de Baugy, Planchamp, Tavel, le Châtelard. Rêvé longtemps au Platanée d'où j'ai inspecté le ravissant panorama lémanique, du Catogne au Jura, de Chillon à Coppet, d'Évian à Blonay, du Grammont au Fully. Éblouissement, émotion, enivrement. Suivi le profil des montagnes, le contour des rivages, égrené tous les hameaux, les clochers, les châteaux, les villas ; gravé dans mon souvenir les effets d'ombre et de rayons, de vapeurs fuyantes et de rochers sculptés, et des milliers de détails animant chaque site ; les grives, les mouches, les abeilles, les papillons, les massifs de châtaigniers, les îlots de feuillage autour de chaque maison de campagne ; les ruisselets, les murs fleuris, les jardins éclatant de couleurs vives (glaïeuls, géraniums, lauriers, capucines), les steamers, les locomotives, les voitures, le damier des toits d'ardoise reluisant au soleil matinal, le lac de saphir avec les paillettes d'or et le sillage des navires disparus ; — mouettes et corbeaux, voiles lointaines ; — verdure délicieuse, pommes rouges, raisins d'or, mouvements de terrain pittoresques et caressants, brise vivifiante, gaieté de toute chose, explosion de beauté. — Submergé d'impressions, je reprends enfin le dessus et je chante, je chante, comme un oiseau, à travers les prairies et les sentiers ombragés, sans fatigue, et avec une certaine volupté de poitrine, qui me reporte aux jeunes années.

Clarens, 24 septembre 1880. — La Dent du Midi dresse ses créneaux de neige en face de moi, un généreux soleil inonde mes deux fenêtres d'angle, et sèche tous les vêtements qu'a humectés ma promenade antéméridienne. Il y a de la santé dans ces rayons, de la paix dans ce paysage. Je me sens soulevé. D'ailleurs les forces reviennent. L'appétit est là. Je n'ai pas mal dormi, la promenade était charmante. Il fait bon chaud et j'écris ceci en bras de chemise. Sensations italiennes, joie de lézard. Joie aussi de l'indépendance, du loisir parfait. Joie de la méditation pure ; j'entends pour ainsi dire le silence, et personne ne passera ma porte. L'homme est ainsi fait. Il redoute l'isolement du cœur, mais il aime la solitude pendant des heures de suite, comme le sommeil ininterrompu. Ce qui rompt sa pensée ou sa fibre lui est désagréable. L'afflux des sensations ne lui plaît que lorsqu'il l'a cherché. Le bien-être c'est donc le sentiment de l'existence non contrariée, où le dedans et le dehors n'avertissent pas de leur présence par une opposition quelconque, où la nacelle vogue sans bruit sur le fleuve du temps. Cette navigation douce est déjà une volupté, même quand elle ne conduit nulle part.

Clarens, 9 octobre 1880. — Promenade. Attendrissement et admiration. C'était si beau, si caressant, si poétique, si maternel ! Je sentais que j'étais pardonné. Les rayons, les feuillages, le ciel, les cloches me disaient : Reprends force et courage, enfant meurtri. Ce sont les temps de bienveillance; ici l'oubli, le calme, le repos. Les fautes et les peines, les inquiétudes et les regrets, les soucis et les torts ne font qu'un même fardeau. Nous ne distinguons pas ; nous soulageons toutes les misères, nous répandons la paix, nous sommes la consolation. Salut à ceux qui sont fatigués et chargés, salut aux affligés, salut aux malades, aux pécheurs, à tout ce qui souffre du cœur, de la conscience et du corps. Nous sommes la source bienfaisante ; buvez et vivez ! Dieu fait lever son soleil sur les justes et sur les injustes. Sa munificence ne marchande pas les grâces ; elle ne les pèse pas comme un changeur et ne les numérote pas comme un caissier. Approchez, il y a pour tous !

Clarens, 14 octobre 1880 (onze heures du matin). — Les jours se suivent et ne se ressemblent pas. Hier, c'était le gris lugubre et le froid humide, c'est-à-dire le plus vilain et le plus morne temps du monde. Ce matin, le paysage a repris tous ses charmes. Je reviens d'une promenade de trois heures, submergé de sensations pittoresques, ému, électrisé, ravi. J'ai chanté plus d'une lieue de suite. Que de sensations délicieuses, de souvenirs remontant à trente ans en arrière, que de pensées aussi me sont montées à l'esprit, pendant que je suivais à petits pas la route qui serpente de Tavel à Planchamp, de Planchamp à Charnex, de Charnex à Sonzier. Vue splendide, effets adorables du lac et des monts. Immense horizon, le lac n'était qu'un sourire. Ombres et rayons, hâle bleuâtre, rosée dans les pelouses, l'étincelle des ruisseaux, la gamme du bleu, la gamme du vert, l'irisation des feuillages, contour des rivages, les douze dentelures du massif d'en face couronnées de neige et formant ceinture alpestre ; et la symphonie des troupeaux à Charnex, à Chailly, à Tavel ; encore un ou deux papillons ; les chariots de la vendange, les seillons et les brantes. — Deux phéno-mènes singuliers : 1. ronde d'une centaine de corbeaux dans les hauteurs aériennes, ils poussaient de petits cris d'allé-gresse sans rapport avec leur croassement terrestre ; c'était leur hymne matinal ; j'en croyais à peine mes yeux et mes oreilles, car c'étaient des corbeaux incontestablement qui simulaient ainsi les oiseaux chanteurs (leur chant était celui d'un moineau qui roucoulerait) ; — 2. Un troupeau d'une huitaine de vaches ou génisses, laissant l'herbe pour écouter le passant qui chantait, est venu me barrer le chemin. J'ai dû les effaroucher avec mon parasol pour franchir le cordon des curieuses. C'était au-dessus du Châtelard. — En ces deux circonstances, l'animal entre dans la sphère esthétique. Les corbeaux fêtaient le soleil reparu et les vaches faisaient accueil à la musique, les zébus accouraient au brahmine. Il n'y a que cette contrée idyllique pour ces ressouvenirs de l'Éden.

29 octobre 1880. — Si je n'ai pas fait grande impression. aux hommes, j'aurai été beaucoup aimé des femmes.. Ce témoignage en vaut un autre. Et pourquoi m'ont-elles aimé ? parce qu'elles trouvent en moi ce qui leur est nécessaire : la force de l'esprit, la délicatesse du cœur, la douceur, la dis-crétion, et la fragilité. Elles se sentent comprises, enve-loppées, protégées, et si elles m'eussent souhaité moins de désintéressement et plus d'exclusisme, elles sentent du moins qu'elles peuvent se reposer sur moi et que je suis un véritable ami. A qui est échu ce rôle de recevoir les aveux et d'être pris pour directeur et confident contre lui-même et contre la passion dont il était l'objet ? Or cela m'est arrivé bien des fois, six pour le moins. On dirait une spécialité. Depuis ma vingtième année, et mon voyage en Italie, j'ai toujours été le confesseur de quelqu'un et vécu dans l'intimité de l'âme féminine. Veuves, femmes, jeunes filles, grand'mères m'ont ouvert elles-mêmes la chapelle de leurs secrètes pensées. Et la nationalité n'y faisait rien, puisque cette vocation involontaire a commencé avec les Italiennes, et s'est continuée dans l'Allemagne du Sud et du Nord, dans la Suisse orientale et occidentale. J'ai été un directeur laïque, choisi spontanément par ses pénitentes. J'en sais presque autant sur l'arrière-fond du sexe qu'un abbé couru et relancé. Je connais même l'intimité des artistes, des religieuses de l'une ou de l'autre confession, des lettrées. Je sais ce que l'on dit et ce que l'on cache, le fort et le faible, le bon et le mauvais. Sur la psychologie de la femme, j'ai donc des lumières précieuses et des observations de première main. Mais je garde à mes confidentes le secret hippocratique et franc-maçonnique. Je n'en ai tiré parti que pour leur bien.

Aux autres à s'initier s'ils le désirent et s'ils en sont dignes. Le meilleur en toute chose ne se transmet pas par l'enseignement. Le don, l'instinct, le génie, le charisme restent propriété privée. Au delà de la science, qui se communique, il y a le mystère, qui doit se deviner. C'est pourquoi les imitateurs ne sont que des perroquets. L'instruction est un héritage de valeur, mais le goût, la sagesse, l'invention, la perspicacité n'en font pas partie. Ce qu'un homme sait est une richesse reçue ou acquise ; mais ce qu'il est réduit cette richesse à rien, car s'il est un caractère bas, une âme vulgaire, un cœur sec, il frappe de nullité le reste, il multiplie sa richesse par zéro. Or zéro fois dix mille, ou dix mille fois zéro sont néant.

L'idéal d'un individu n'est pas même encore sa vraie mesure, j'entends l'idéal qu'il prétend avoir et poursuivre. Cet idéal peut être une ostentation, une imagination, une tactique. Des millions d'individus se disent chrétiens, et croient sans doute l'être ; qu'est-ce que cela fait au fond des choses ? Ce qu'ils sont, voilà l'essentiel.

Il n'est bonne dorure, ami, que d'être d'or.

L'idéal professé fait encore partie de l'apparence ; il peut être un subterfuge à l'égard du prochain, et un piège pour la bonne foi de l'individu, qui s'attribue le mérite de sa cocarde. C'est tout le contraire qui arrive le plus souvent. Plus la cocarde est belle, moins le porteur vaut : telle est la présomption. L'ordinaire, c'est que le cardinal ne vaut pas l'évêque, ni l'évêque le curé, ni le pharisien le simple croyant, ni le grec le turc. Il est extrêmement dangereux de se targuer de quelque titre moral et religieux que ce soit. Y a-t-il plus insupportable orgueil que celui du prêtre qui professe l'humilité ? où y a-t-il moins de charité véritable que dans le monde ecclésiastique ? moins d'union que dans les couvents ? moins d'humanité que chez les fanatiques d'élection et de prédestination ? Dis-moi de quoi tu te piques et je te dirai ce que tu n'es pas.

Mais comment savoir ce qu'un individu est ? A ses actes d'abord, mais à autre chose encore, et qui ne se perçoit que par l'intuition. L'âme juge l'âme par affinité élective, à travers les paroles et le silence, les actions et le regard.

Le critérium est subjectif, j'en conviens, et sujet à l'erreur ; mais, d'abord, il n'y en a pas de plus sûr, ensuite la justesse des approximations est proportionnelle à la culture morale du juge. C'est le courage qui se connaît en courage, la bonté en bonté, la noblesse en noblesse, la loyauté en droiture. On ne connaît vraiment bien que ce qu'on a, ou ce que l'on a perdu, c'est-à-dire ce qu'on regrette, par exemple la candeur de l'enfant, la pudeur de la vierge, l'intégrité de l'honneur. Le vrai juge c'est donc la bonté infinie, et après elle le pécheur régénéré ou le saint, l'homme éprouvé ou le sage. Il est juste que notre pierre de touche soit d'autant plus fine que nous sommes moins mauvais.

Le monde est le juge des apparences, mais les bons voient l'être réel. L'opinion n'est donc qu'une estimation provisoire et frivole ; le jugement des morts appartient à un autre tribunal.

31 octobre 1880. — Lettre de S***, qui m'ébouriffe par la besogne qu'elle abat chaque jour, et tout ce qu'elle lit, outre ses cinq leçons quotidiennes, et beaucoup de devoirs de société. Il est vrai qu'ayant beaucoup de mémoire, ses heures et leur emploi font des nombres dans son esprit ; pour moi, au contraire, tout ce que j'ai pu faire ou penser pendant une semaine ou un mois, se fond en une unité, qui passe rapidement à zéro. Ma vie elle-même me paraît vide. La catégorie du temps n'existe pas pour ma conscience, et par conséquent toutes les cloisons, qui tendent à faire d'une vie un palais aux mille chambres, tombent pour moi, et je ne sors pas de l'état unicellulaire primitif. Je rentre de moi-même dans l'informe et le fluide, dans le mode vague de la possibilité et de l'omni-possibilité, dans le νόησις νοήσεως.. Est-ce le néant ? non, c'est l'esprit pur à l'état de tension, c'est l'existence virtuelle, c'est l'état global. Je ne me possède qu'à l'état de monade et de moi, et je sens mes facultés elles-mêmes se résorber dans la substance qu'elles individualisaient un peu comme l'amibe repompe ses organes momentanés de préhension. — Tout le bénéfice de l'animalité est pour ainsi dire répudié ; tout le produit de l'étude et de la culture est de même annulé ; toute la cristallisation est redissoute dans son bain ; toute l'écharpe d'Iris est retirée à l'intérieur de la goutte de rosée ; les conséquences rentrent dans le principe, les effets dans la cause, l'oiseau dans l'œuf, l'organisme dans le germe.

Cette *réimplication* psychologique est une anticipation de la mort ; elle représente la vie d'outre-tombe, le retour au schéol, l'évanouissement parmi les fantômes, la chute dans la région des *Mères* (*Faust*), ou plutôt la simplification de l'individu qui, laissant s'évaporer tous ses accidents, n'existe plus qu'à l'état de type, d'idée platonicienne, en d'autres termes l'état indivisible et ponctuel, l'état de puissance, le zéro fécond. N'est-ce pas là la définition de l'esprit ? L'esprit enlevé à l'espace et au temps, n'est-ce pas cela ? Son développement passé ou futur est en lui comme une courbe est dans sa formule algébrique. Ce rien est un tout. Ce *punctum* sans dimension est un *punctum saliens.* Qu'est-ce que le gland sinon le chêne qui a perdu ses branches, ses feuilles, son tronc et ses racines, c'est-à-dire tous ses appareils, ses formes, ses particularités, mais qui s'est concentré dans son essence, dans la forme figurative qui peut tout reconquérir ?

Cet appauvrissement n'est donc qu'une réduction superficielle. Un homme peut perdre les quatre membres et quatre des cinq sens ; il est encore un homme tant qu'il a tête et cœur, moins que cela, tant qu'il est une conscience. Rentrer dans son éternité, c'est donc bien mourir, mais non pas être anéanti ; c'est redevenir virtuel.

2 novembre 1880. — Lecture : Marc Monnier (*Le demi-galant homme,* huit feuilletons aux *Débats,* août 1880)..... Quelle impression m'a faite la nouvelle napolitaine de Monnier ? Mélangée. Elle ne donne pas un plaisir à l'imagination, quoiqu'elle amuse l'esprit. Et pourquoi ? parce que l'auteur, qui ne peut échapper à l'obsession du genre burlesque et des marionnettes, ironise trop et persifle toujours. D'ailleurs, on sent trop qu'il veut faire connaître le pays, les circonstances, les mœurs, et cela détache des personnages qui ne sont que le prétexte du récit. La gaieté ici n'est pas gaie et la sensibilité n'est pas émue. On reconnaît l'école de Victor Cherbuliez et la tradition voltairienne : beaucoup de malice et d'esprit, peu d'entrailles, point de naïveté. Cette combinaison éminemment propice à la satire, au journalisme, à la guerre de plume, est beaucoup moins heureuse pour le roman et pour la nouvelle, car l'esprit n'est pas la poésie et le roman est encore en dedans de la poésie quoique sur la frontière. Le malaise indéfinissable que donnent ces productions épigrammatiques est dû probablement à un brouillement des genres. Nous n'aimons pas les femmes déguisées en hommes, ni l'inverse, parce que nous répugnons à l'équivoque et que nous n'avons aucune sécurité avec l'ambigu. L'hermaphrodisme n'est pas à conseiller dans l'art. La moquerie ne doit pas s'affubler de tendresse. L'esprit railleur ne peut arriver à l'humour. Je crois même que le plaisant a peine à monter jusqu'au comique, faute d'impersonnalité et de profondeur. Se rire des choses et des gens n'est pas une joie réelle, c'est un plaisir froid, une hilarité sèche ; le bouffon du moins secoue sa fressure et entre dans le jeu. La bouffonnerie est plus saine, parce qu'elle contient un peu plus de bonté. La raison pour laquelle l'ironie à perpétuité nous repousse, c'est qu'elle manque de deux choses : d'humanité et de sérieux. Elle est un orgueil, puisqu'elle se met toujours au-dessus des autres ; elle est une frivolité, puisque la conscience ne réussit pas à la faire taire. Ou elle est un égoïsme, et l'égoïsme est stérile ; ou elle est une attitude, et cette attitude déplaît. Bref, les dissolvants et les corrosifs peuvent être utiles en teinture, mais ils ne sont pas un aliment. On traverse les livres ironiques, on ne s'attache qu'aux livres où il y a du *pectus*.

8 décembre 1880. — J'achève le N⁰ 49 de la *Revue critique d'Histoire et de Littérature*. Quand on touche à l'érudition proprement dite, à la science de première main, on mesure l'immensité de son ignorance. Chacun des petits articles de ce recueil me remplit d'une secrète confusion. Et pourtant à quoi sert ce prodigieux entassement de savoir ? qu'en ferais-je s'il était mien ? Si ce fumier ne donne pas une fleur, ne produit pas un épi, n'engendre pas une pensée, à quoi sert-il ? L'âme a besoin d'autre chose ; l'esprit demande mieux. Ce bric-à-brac n'est qu'un moyen. Il ne vaut pas par lui-même, mais par ce qu'on en tire. L'intempérance du bouquin, l'indigestion du papier ont même quelque chose de malsain et de trompeur. L'érudition pure est une goinfrerie mentale. Elle stupéfie comme les mangeurs rabelaisiens, mais elle ne doit pas être admirée. Soyons modestes devant cette force d'estomac et de mémoire ; ne soyons pas jaloux. Quand une cervelle contiendrait tous les feuillets de tous les livres d'une bibliothèque, qu'est-ce qu'elle ajoute au capital spirituel et moral de l'espèce ? Rien. Les helluo ne laissent pas de souvenir et c'est justice. L'invention, la création, la découverte, l'originalité, la pensée valent donc beaucoup mieux que l'érudition bête et même mieux que l'érudition éclairée. L'érudit sait ce que les autres ont écrit, dit ou fait ; la belle avance ! Un miroir n'est pas un paysage, un écho n'est pas une voix, un perroquet n'est pas quelqu'un.

C'est égal, à chacun son rôle. Puisque l'artiste ne fait pas de musée, le collectionneur rend service ; un conservateur de collections, même le balayeur de la salle, sont utiles. Tout cela vit du génie et du talent d'autrui, mais gagne aussi son pain. Pourvu qu'on échelonne les rangs, il y a place pour toutes les activités. Mais entre Homère et le prote qui l'imprime ou le régent qui l'estropie, il y a des degrés. L'érudition est au bas bout de l'échelle du savoir, mais c'est par elle qu'il faut commencer.

(Plus tard.) — Le professeur doit simplifier, mais il convient qu'il donne conscience aux élèves de l'immense richesse et complication des choses pour que l'élève ne s'abuse pas sur la part de son ignorance. Un cours n'est qu'un diagramme; il dessine l'indispensable, mais il doit aussi ouvrir des échappées sur tous les sujets qu'il ne fait qu'esquisser en traits généraux. Il convient que l'élève ne confonde pas un sommaire avec la science elle-même, et ne se croie pas au bout de l'étude, parce qu'il est au bout des éléments. Un cours bien fait est non seulement un diagramme explicatif, mais un programme suggestif ; il satisfait un premier besoin de culture et doit exciter un appétit nouveau. C'est la preuve qu'il a nourri l'esprit, plutôt qu'il n'a encombré la mémoire.

10 décembre 1880. — Lecture : G. Moynier[1] (*Les Lois de la Guerre*) avec deux rapports ; trois brochures en tout.

Écrit à l'auteur, pour le féliciter. Le problème est bien posé et bien résolu. Les réussites de l'esprit pratique me frappent autant que celles de l'art ou de la science. Au fond toutes les méthodes rentrent dans la méthode. Mon principe qui est de prendre l'esprit des choses me met à l'aise dans tous les genres d'activité. — En toute chose, l'irréprochable me donne la même satisfaction ; que ce soit un texte de droit romain, une opération militaire, la coupe d'un vêtement, une chanson de Béranger, un dessin de Vinci, une lecture ou un chant justes, l'impression esthétique est de même nature, c'est celle de la convenance des moyens au but, du proportionnement de la force avec l'acte. Quand le résultat est enlevé, que ce qui devait être fait est fait, l'esprit est content,

---

1. Gustave Moynier (1826-1910), l'un des premiers fondateurs, le promoteur et véritable organisateur de la Croix-Rouge internationale, qu'il présida pendant quarante ans.

tandis que l'à peu près, le médiocre, le bavé, le lâché, remplissent le monde. — Hier, H*** m'a paru idiot en jugeant de la poésie ; aujourd'hui Gustave Moynier m'a réjoui en parlant d'ambulances et de bombardement. Le sujet est donc chose quasi indifférente, l'essentiel est la manière dont il est traité. Le talent se mesure à l'exécution. Dis-moi ce que tu réussis et je te dirai ce que tu vaux esthétiquement. La morale a un tout autre critérium ; pour elle l'intention est chose capitale ; l'intention est au contraire insignifiante pour l'art.

13 décembre 1880. — Comment se comporter avec le guignon ? Se tenir coi, et s'appliquer comme un novice avec une patiente douceur à tout ce qu'on fait, en d'autres termes se remettre aux éléments abécédaires. Il s'agit de réapprendre le mouvement heureux et de réapprivoiser le courage. Les insuccès désorientent et troublent ; il faut retrouver la foi en soi-même en réussissant quelque chose, si peu que ce soit. En résumé, deux procédés simultanés, résignation tranquille pour ce qui ne dépend pas de nous, repliement sur notre force restante. — N'est-ce pas le procédé d'un chef d'armée en temps de revers ? il rallie dans un camp retranché ses bandes en désordre, et cherche ensuite à les aguerrir par quelques combats de détail. — De même au cirque un cheval qui a bronché, un écuyer qui a raté son exercice, doivent retrouver graduellement l'assurance en eux-mêmes, sinon ils sont perdus. Dès qu'on ne croit plus pouvoir, on ne peut plus. Il faut donc couper court à ce découragement, qui est la démoralisation.

25 décembre 1880, jour de Noël (dix heures du matin). — Lecture des *Synoptiques* (naissance et enfance de Jésus). Senti à la fois la poésie du merveilleux chrétien et sa différence d'avec l'histoire vraie. Mais l'histoire de ce qui a été cru historique est aussi une histoire, c'est l'histoire religieuse. La légende est la manière dont se peignent les événements réels dans le miroir de l'âme naïvement émue ; ce miroir n'est jamais plan et modifie considérablement les images. La tradition est une traduction qui ajoute aux choses tout ce qu'elles ont éveillé dans l'imagination, l'âme et le cœur des narrateurs successifs. — L'illusion des apologètes est de confondre l'historicité des croyances avec l'historicité des faits. C'est à peu près comme si l'on croyait que le grand air de *Guillaume Tell*, noté par Rossini, s'est positivement entendu à Altorf en 1308 ; ou comme si l'on invoquait cette cavatine en témoignage de l'authenticité des serments du Grütli. La tradition, la légende, le mythe ont leurs lois de formation et demeurent un phénomène psychologique des plus intéressants, même quand la critique leur enlève l'historicité. La foi est une source de poésie inconsciente ; dès qu'on a conscience de cette poésie, la foi s'évapore. Ceci est arrivé à la mythologie grecque au milieu des peuples chrétiens. Ceci arrive à tous les merveilleux, dès qu'on se demande s'ils sont arrivés. La science a tué tous les sylphes, les ondins, les fées. Elle tue aussi les dieux. Et le surnaturel chrétien est menacé du même sort. La seule lecture attentive des documents évangéliques suffit à montrer que l'histoire ne commence pour Jésus qu'à son entrée en scène, et que tout ce qui précède est une création plus tardive, une légende glorificatrice née dans la communauté des croyants. — La seule chose dont soit incapable la tradition, c'est de transmettre la vérité nue, c'est-à-dire la vérité historique. Sa loi est d'embellir, d'idéaliser, d'expliquer ; et, dans le cas particulier, c'était de montrer que tout avait été annoncé, prophétisé par les voyants d'Israël. Le rôle était tracé dans le dernier détail (voir Saint Matthieu). Jésus le connaissait et l'a rempli ; donc il est le Messie. Voilà comment les Juifs entendaient le divin, et comment les premières générations chrétiennes l'ont entendu à leur suite. Ce littéralisme puéril est le signe du sémite. Mais il faut avouer que l'empreinte judaïque n'est pas encore effacée de l'esprit occidental. L'orthodoxie chrétienne est une captivité de l'entendement qui n'est pas près de finir. Les théologiens spiritualistes rencontrent toujours les bornés, les têtus, les vétilleux qui prennent les métaphores au pied de la lettre et matérialisent tout. — Le christianisme n'a pas échappé à la fatalité de toute religion, qui est d'affranchir et d'éclairer d'abord, pour devenir plus tard un obstacle à la lumière et à la liberté.

27 décembre 1880. — Je constate avec un vif plaisir que mon impression d'avant-hier sur les *Synoptiques* coïncide avec le résultat de la grande critique moderne. « Strauss, dit Biedermann [1], a démontré que les événements évangéliques ne sont pas des faits réels, mais des produits de l'imagination religieuse, laquelle inconsciemment a matérialisé en faits extérieurs cette idée de la foi qu'en Jésus était apparu le Messie. » — Il me semble que c'est ce que je marquais quatre pages plus haut, et encore je préfère ma nuance qui n'évapore pas l'histoire elle-même en une idée.

Biedermann reproche à Strauss d'être trop négatif et d'avoir rompu avec le christianisme. Le but, suivant lui, est : 1º de débarrasser la religion de tout élément mythologique ; 2º de substituer au dualisme vieilli de l'orthodoxie un autre point de vue : la victoire sur le monde produite par le sentiment d'une filialité divine.

Il est vrai qu'une autre question surgit : Est-ce que la religion sans merveilleux particulier, sans surnaturel local, sans mystère invérifiable ne perd pas sa saveur et son efficacité ? Est-ce que pour satisfaire le public pensant et instruit il est sage de sacrifier l'influence sur les multitudes ?

> Las ! j'admirais bien plus l'aurore
> Quand je connaissais moins les cieux.

Réponse. La fiction pieuse est encore une fiction. La vérité a encore un droit supérieur. C'est au monde à s'arranger avec la vérité et non pas le contraire. Copernic a bouleversé l'astronomie du moyen âge ; tant pis ! L'Évangile éternel révolutionne toutes les Églises ; qu'importe ! Quand les symboles deviennent transparents, ils ne lient plus. On y

---

1. A.-E. Biedermann (1819-1885), professeur de théologie dogmatique à l'Université de Zurich, dont un article, traduit par Charles Ritter, venait de paraître dans les *Etrennes chrétiennes*, Genève, 1881.

voit une poésie, une allégorie, une métaphore ; on n'y croit
plus.

Oui, mais enfin, il y a un ésotérisme inévitable, puisque la
culture critique, scientifique, philosophique n'est à la portée
que d'une minorité. La foi nouvelle devra trouver ses symboles et sa pédagogie. Pour le moment elle fait plutôt aux
âmes pieuses l'effet profane ; elle a l'air irrespectueux, incré-
dule et frivole, et semble n'émanciper du dogme traditionnel
que pour ôter à la conscience le sérieux. Comment sauvegarder le tremblement intérieur, le sentiment du péché, le
besoin de pardon, la soif de sainteté, tout en éliminant les
erreurs qui leur ont servi si longtemps de point d'appui ou
d'aliment ? L'illusion n'est-elle pas indispensable ? n'est-ce
pas le procédé providentiel de l'éducation ? Supprime-t-on
les contes de fées ?

La méthode serait peut-être de distinguer profondément
l'opinion de la croyance et la croyance de la science. Un
esprit qui discerne ces divers degrés peut s'imaginer et croire,
sans être exclu d'un progrès ultérieur et plus haut. L'Égypte,
l'Inde, le néoplatonisme, le catholicisme ont connu des degrés
dans l'initiation. Mais l'Évangile a prétendu déchirer les
voiles et la démocratie a la prétention de niveler les rangs de
l'intelligence. Comment lever cette difficulté ? C'est bien
simple. La science s'offre à tous ; chacun en prend et s'en
assimile ce qu'il peut, et il suppose en posséder autant que
tous les autres. La vanité est satisfaite et la justice également.

28 décembre 1880. — Il y a deux manières de classer les
gens que nous connaissons : la première, utilitaire, se rap-
porte à nous, et distingue les amis, les ennemis, les antipathiques, les indifférents, ceux qui peuvent nous rendre
service ou nous nuire, etc. ; — la seconde, désintéressée, les
échelonne d'après leur valeur intrinsèque, leurs qualités ou
leurs défauts propres, en dehors des sentiments qu'ils ont
pour nous ou que nous éprouvons pour eux.

Ma tendance est dans la seconde espèce de classement.
J'apprécie les hommes, moins pour l'affection spéciale qu'ils
me témoignent que pour leur excellence personnelle, et je ne

puis confondre la gratitude avec l'estime. Le cas favorable, c'est quand on peut unir ces deux sentiments. Un cas pénible c'est quand on doit de la reconnaissance sans éprouver de respect et de sécurité.

Je ne crois pas volontiers à la durée des états accidentels. La générosité d'un avare, la complaisance d'un égoïste, la douceur d'un être emporté, la tendresse d'une nature sèche, la pitié d'un cœur prosaïque, l'humilité d'un amour-propre irritable m'intéressent comme phénomènes et peuvent même me toucher si j'en suis l'occasion ; mais ils m'inspirent peu de confiance pour l'avenir. Je prévois trop leur fin ; je ne puis croire à un miracle. Toute exception tend à disparaître et à rentrer dans la règle. Tout privilège est temporaire et d'ailleurs je suis moins flatté que soucieux d'être l'objet d'un privilège...

Le caractère primitif a beau être recouvert par les alluvions ultérieures de la culture et de l'acquis, il revient toujours à la surface, quand les années ont usé l'accessoire et l'adventice. J'admets les grandes crises morales qui révolutionnent parfois l'âme, mais je n'y compte pas. C'est une possibilité, ce n'est pas une probabilité. Pour ses amis, il faut choisir ceux qui ont des qualités natives et des vertus de tempérament ; faire fond sur des vertus additionnelles et d'emprunt c'est bâtir sur des terrains rapportés. On y court trop de risques.

Chacun a son défaut où toujours il revient,
Honte ni peur n'y remédie.

Les exceptions sont des pièges, et c'est surtout quand elles charment notre vanité, qu'elles doivent nous être suspectes. Fixer un volage tente toutes les femmes ; faire pleurer de tendresse une femme orgueilleuse a de quoi enivrer un homme. Mais ces attractions sont décevantes. L'affinité de nature fondée sur le culte du même idéal et proportionnelle à la perfection de l'âme est la seule qui vaille. L'amour véritable est celui qui ennoblit la personne, qui fortifie le cœur et qui sanctifie l'existence. L'objet aimé ne doit pas être un sphinx, mais un diamant limpide ; l'admiration et l'attachement s'accroissent alors avec la connaissance. Tandis que pour les amours terrestres, l'illusion est indispensable ; dès qu'on s'y voit tel qu'on est, l'amour est mort ; et il ne reste que l'habitude, la tolérance ou la résignation.

O le charlatanisme ! il se glisse partout.

Ehrlich währt am längsten, dit le proverbe allemand.

Il n'est bonne dorure, ami, que d'être d'or.

30 décembre 1880. — Si je comprends un peu les autres êtres, c'est qu'aucune impulsion ne m'est étrangère, et que je reproduis tour à tour en moi les existences les plus diverses. A mon pupitre, je puis ressentir toutes les passions humaines successivement ; mais aucune ne m'emprisonne, c'est là ce qui me sauve. Comprendre les choses, c'est avoir été dans les choses puis en être sorti ; il y faut donc captivité, puis délivrance ; illusion et désillusion ; engouement et désabusement. Celui qui est encore sous le charme, celui qui n'a pas subi le charme sont incompétents. On ne connaît bien que ce qu'on a cru puis jugé. Pour posséder, il faut avoir été possédé, et avoir reconquis son indépendance. Pour comprendre, il faut être libre et ne l'avoir pas toujours été. Cela est vrai, qu'il soit question de l'amour, de l'art, de la religion, du patriotisme, etc. La sympathie est la condition première de la critique. L'émotion est le piédestal de la raison, et l'antécédent de la justice. — C'est pourquoi, dans le christianisme, Jésus, puis Marie ont été adorés plutôt que le Père : le fidèle veut un Dieu humanisé, qui ait traversé la vie et la douleur, qui ait connu l'épreuve, porté sa croix ou senti sept glaives dans son cœur ; parce que l'homme alors se sent mieux compris dans sa misère et sa désolation. Un juge impassible fait peur.

31 décembre 1880. — Prévoir et manipuler son décès n'a rien d'agréable. Il semble même que l'on veuille désarmer le Roi des épouvantements et usurper sur l'avenir. Mais ceci est un préjugé superstitieux. Régler ses dettes avec sa famille et ses amis, avec le public et avec sa mémoire, n'a rien que de convenable pour le sage. Ce n'est pas contrarier Dieu, ce n'est même gêner personne. C'est au contraire faire sa dernière toilette et s'ensevelir de ses propres mains, pour ne déranger le prochain que le moins possible. Loin d'être de la prétention ou de l'ostentation, c'est simplement de la discrétion envers autrui et du respect pour soi-même. — Voilà pour la théorie : mais le malaisé, c'est la pratique. On ne trouve jamais le bon moment pour ce travail de notaire ou de fossoyeur.

5 janvier 1881[1]. — Il est probable que je redoute la honte plus que la mort. Tacite disait : *Omnia serviliter pro dominatione*. Je suis tout l'opposé. La domination même universelle m'est moins chère que la liberté. Même volontaire, la dépendance m'est à charge. Je rougirais d'être déterminé par l'intérêt, de céder à la contrainte, d'être le serf d'une volonté quelconque. La vanité me paraît esclavage, l'amour-propre mesquinerie, l'utilitarisme bassesse. Je déteste l'ambition qui vous rend l'homme-lige de quelque chose ou de quelqu'un. Je désire être mon maître simplement, et n'agir que selon mon goût.

Si j'avais la santé, je serais l'homme le plus libre que je connaisse, quoiqu'un peu de sécheresse de cœur fût nécessaire pour augmenter mon indépendance.

N'exagérons rien ; ma liberté n'est que négative. Personne, ni homme ni femme, ni étranger ni concitoyen, personne sur la terre ne peut me donner un ordre ni exiger de moi la soumission. Combien y a-t-il d'individus qui puissent en dire autant ? Je n'ai ni créancier, ni tuteur, ni chef, ni femme, ni beau-père, ni associé, ni comité d'administration, ni gouvernante, personne qui ait barre sur moi et dont je désire obtenir le consentement, l'autorisation, ou la permission

---

[1]. Avec l'année 1881, et dès le mois de janvier, nous entrons dans la dernière période de la maladie d'Amiel. Bien qu'il continuât de vaquer à ses devoirs et qu'il gardât le silence sur ses prévisions, il se sentait mortellement atteint, ainsi qu'on le verra par les extraits suivants du Journal.

pour quoi que ce soit. S'il me plaît de consulter quelqu'un, c'est parce que cela m'agrée, et je puis dire comme les monarques absolus : Tel est mon plaisir. — Et le professorat ? j'ai, il est vrai, un supérieur administratif (le Département de l'Instruction publique), mais il ne peut me destituer ni me casser aux gages, et c'est moi qui enverrai ma démission quand cela me conviendra. J'ai une occupation volontaire, mais qui ne me retiendra point malgré moi, car je puis me priver de mon traitement. Je n'ai aucun bail qui me lie au delà du semestre commencé. — Mais beaucoup de choses ne me sont plus possibles, et si j'avais la sottise de les désirer les limites de ma liberté deviendraient manifestes, et je souffrirais dans mon orgueil. Aussi je me garde de les souhaiter et même de les évoquer dans mon esprit. Je ne veux que ce que je puis et de cette façon je ne me heurte à aucune muraille, je supprime même les clôtures de mon préau. Je veux plutôt un peu moins que je ne pourrais pour ne pas même effleurer l'obstacle, et entrevoir l'humiliation. Le renoncement est la sauvegarde de la dignité. Dépouillons-nous, nous ne serons pas dépouillés. Celui qui a donné sa vie peut regarder en face la mort ; qu'est-ce que celle-ci peut lui prendre de plus ? L'abolition du désir et la pratique de la charité, c'est toute la méthode du Bouddha, c'est tout l'art de la Délivrance.

(Plus tard.) — Ma gorge me tracasse. Il neige. Ainsi je dépends de la Nature et de Dieu. Mais je ne dépends pas du caprice humain ; ce point est capital. Il est vrai que mon pharmacien peut faire une bévue et m'empoisonner, mon banquier lever le pied et me réduire à la besace, comme un tremblement de terre détruire mon immeuble sans indemnité. L'indépendance absolue n'est donc qu'une pure chimère. Mais j'ai l'indépendance relative, celle du stoïcien, qui se retire dans sa volonté et ferme les portes de cette forteresse.

Jurons, excepté Dieu, de n'avoir point de maître.

Le serment de l'antique Genève demeure ma devise, et le concours des circonstances favorables m'a permis de la réaliser.

7 janvier 1881. — Les plongeons de Descartes se dérobant tout à coup à ses amis, parents et relations pour aller travailler quelque part à leur insu, prouvent que parfois l'homme sent l'impérieux besoin d'appartenir à sa pensée, de ne. plus parler qu'avec lui-même et de barricader sa forteresse. La sociabilité lui apparaît alors comme une destruction de sa vie personnelle. Il la fuit comme les moustiques, la goule, le vampire, et tous les buveurs de sang. Il use de son droit de défensive. Il est si ennuyeux de toujours jaboter, s'expliquer, s'excuser, c'est-à-dire de vivre par la surface ; cette éternelle réaction contre les personnes, c'est-à-dire contre les vanités, les curiosités, les volontés, épuise et lasse ; on désire s'occuper des choses. Les choses sont muettes, tranquilles ; elles attendent. On se refait avec elles, tandis qu'on s'use avec les gens. Vive la paix et le silence ! Vive la cellule close pendant les trois quarts du jour et de la nuit | On s'y répare.

10 janvier 1881. — S'affecter du mauvais vouloir, de l'ingratitude, de l'indifférence d'autrui est une faiblesse à laquelle je serais enclin. Il m'est pénible d'être méconnu, d'être mal jugé ; je n'ai pas la rudesse virile, j'ai le cœur un peu féminin et par conséquent vulnérable plus qu'il ne faut. Il me semble cependant que je me suis fort aguerri et bronzé à cet endroit. La malignité du monde me tracasse beaucoup moins que jadis. Le dois-je à la philosophie ? est-ce un effet de l'âge ? peut-être la cause est-elle simplement que j'ai reçu assez de témoignages de respect, d'attachement et de sympathie pour être rassuré sur moi-même. Le mal que nous font les malveillants est de nous mettre en doute sur nous-mêmes ; par modestie on se dit qu'ils ont peut-être raison. Mais si l'on peut penser qu'ils se trompent, tout est sauvé. On regrette leur erreur, on n'est plus troublé ni désolé. Il m'a fallu des preuves répétées et venant du dehors, pour me donner conscience de ma valeur et m'inspirer quelque estime de moi-même. Autrement j'aurais facilement cru à la nullité de mon mérite et à l'insignifiance de toutes mes tentatives. Pour les timides, le succès est nécessaire, l'éloge est moralisant, l'admiration est un élixir roboratif. On croit se connaître, mais tant qu'on ne sait pas sa valeur comparative et son taux social, on ne se connaît pas assez. Pour agir, il faut compter quelque peu auprès des autres, se sentir du poids et du crédit afin de proportionner son effort aux résistances à vaincre. Tant qu'on méprise l'opinion, on manque d'une mesure pour soi-même, on ne sait pas sa puissance relative. J'ai trop dédaigné l'opinion, tout en étant trop sensible à l'injustice. Ces deux fautes m'ont coûté cher. J'ai renoncé à m'imposer et à me faire valoir, et je n'ai plus eu d'autre objectif que ma liberté intérieure.

Selon qu'il a semé, chacun récolte en moi.

J'aurais voulu la bienveillance, la sympathie, l'équité, mais ma fierté m'a défendu la sollicitation, l'adresse, le calcul. On ne m'a jamais fait ma vraie place ni coté à mon prix. J'ai mis mon point d'honneur à le supporter. Mais je n'ai pu m'empêcher de l'apercevoir. Je ne crois pas avoir fait fausse route, puisque j'ai été d'accord avec moi-même. Mais la défensive contre mon milieu a usé les deux tiers de mes forces. Dans un milieu conforme à ma nature, j'aurais donné dix fois ce que j'ai pu donner à Genève. L'inadaptation m'a usé en vain. A ma mort, on dira ici : C'est dommage ! et moi aussi je penserai : C'est dommage ! Seulement l'identité du mot recouvrira une ambiguïté de sens. On me donnera tort et mon sentiment est qu'on m'a fait tort. Beaucoup de bonnes choses ont été empêchées ; voilà le fait. Mais à qui la faute ? c'est le point essentiel.

A présent, la paix est faite en moi. Mais ma carrière est finie, ma force est à bout et ma vie près de son terme.

Il n'est plus temps pour rien, excepté pour mourir...

C'est pourquoi je puis envisager tout cela historiquement.

15 janvier 1881 (onze heures du soir). — Refeuilleté Pascal (*Pensées*, édition Havet, 1852).

Je découvre à l'instant la solution d'un petit problème qui a défié la sagacité de Fougère et de Havet. Le Salomon de Tultie qui les a intrigués et désolés, n'est autre que l'anagramme d'un pseudonyme, savoir de Louis de Montalte, le nom même choisi par l'auteur des Lettres à un provincial, quand elles furent réunies en volume. Les mêmes quinze lettres servent à écrire les deux noms.

J'aperçois aussi le vice décisif de l'apologétique de Pascal. C'est le même que rappelle l'histoire de la dent d'or. Il prend pour une donnée justement ce qui est en question, c'est-à-dire le dogme traditionnel catholique. Il s'agit de savoir si ce dogme est l'expression du christianisme, s'il est révélé, si la révélation religieuse est un document tout fait et lancé du ciel. Et Pascal ne se doute pas même de ce qu'il fallait examiner. Il n'a pas la moindre parcelle du sens critique et historique. Le catholicisme est pour lui un bloc sacré qu'il n'analyse ni n'explique. Ces esprits absolus, tranchants, géométriques sont entièrement incompétents dans les problèmes de cet ordre. Ils ne connaissent que le noir et le blanc, le faux et le vrai. Cette logique élémentaire est impuissante devant tout ce qui est vivant, devant ce qui se métamorphose et devient, devant les concrétions historiques et les formations spirituelles...

L'histoire et la philosophie des religions, le progrès des sciences exégétiques, archéologiques, ont totalement renouvelé la face des choses, le sens des problèmes, la méthode des recherches, l'esprit des réponses. Pascal est sincère, mais sa puissante intelligence n'a pu sortir du filet d'un préjugé fondamental.

23 janvier 1881. — Nuit très passable, mais ce matin les caillots de mucus ne voulaient pas se laisser expulser. — Grand beau temps. Soleil à pleines fenêtres. Les pieds sur les chenets, j'achève la lecture du journal...

A cette minute, je me sens bien, et il me paraît singulier que je sois condamné à courte échéance. La vie ne se sent aucune parenté avec la mort. C'est pourquoi sans doute une sorte d'espérance machinale, instinctive, renaît toujours en nous pour offusquer la raison et faire douter de la sentence scientifique. La vie tend à persévérer dans l'être. Elle répète comme le perroquet de la fable, même au moment où on l'étrangle :

Cela, cela ne sera rien.

La pensée met les choses au pire, mais la bête proteste.

Elle ne croit au mal que lorsqu'il est venu.

Est-ce si fâcheux ? probablement pas. La Nature veut que le vivant se défende de la mort ; l'espérance est identique avec l'amour de la vie ; c'est une impulsion organique placée ensuite sous le couvert de la religion. Qui sait, Dieu peut nous sauver, faire un miracle. D'ailleurs est-on jamais sûr qu'il n'y ait point de remède ? L'incertitude est l'asile de l'espérance. Le douteux est compté parmi les chances favorables. Ce qui n'est pas contre nous est pour nous. La fragilité mortelle se raccroche à tous les soutiens. Comment lui en vouloir ? Même avec tous ses secours, elle n'échappe guère à la désolation et à la détresse.

La solution maîtresse est toujours de se soumettre à la nécessité en l'appelant volonté paternelle de Dieu, et de porter courageusement sa croix en l'offrant à l'arbitre des destinées. Le soldat ne discute pas la consigne reçue ; il obéit et meurt sans murmurer. S'il attendait de voir à quoi sert son sacrifice, il ne connaîtrait pas la soumission.

— Deux pieds de neige ; à Londres, la Tamise gelée ; inondations en Belgique, en Calabre, en Espagne. Nous traversons une vilaine phase. Je pensais ce matin qu'excepté deux ou trois personnes du foyer, personne ne se doute de nos misères physiques. Et même nos intimes ne savent pas nos conversations avec le Roi des épouvantements. Il y a des pensées sans confident, il y a des tristesses qui ne se partagent pas. Il faut même par générosité les cacher. On rêve seul, on souffre seul, on meurt seul, on habite seul la chambrette aux six planches. Mais il n'est pas interdit d'ouvrir à Dieu cette solitude. Le monologue austère devient ainsi dialogue. L'aversion devient docilité. Le renoncement devient paix. L'écrasement douloureux redevient liberté.

> Vouloir ce que Dieu veut est la seule science
>   Qui nous mette en repos.

Chacun de nous est traversé par beaucoup d'impulsions contraires. Mais dès qu'il reconnaît où est l'ordre et qu'il se soumet à l'ordre, tout est bien.

> Comme un sage mourant, puissions-nous dire en paix :
> J'ai trop longtemps erré, cherché ; je me trompais ;
>   Tout est bien, mon Dieu m'enveloppe.

Charles Heim [1] est mort comme Épictète, comme Spinoza. Tâchons de faire de même. Le pardon des péchés par intermédiaire et par intercession est une foi plus particulière et moins haute. C'est la foi chrétienne traditionnelle ; mais ce n'est pas la foi de Jésus lui-même, du héros magnanime, qui a proclamé que Dieu était amour. Si Dieu est amour, il n'a pas besoin de victime propitiatoire, sa majesté ne réclame aucun supplice substitutionnel. Le christianisme orthodoxe et vulgaire fait Jésus meilleur que Dieu, puisque Jésus donne sa vie, quoique innocent, pour des coupables, et que Dieu ne fait grâce aux coupables qu'après l'effusion du sang innocent. La foi a beau jeter le nuage respectueux du mystère sur cette conséquence, la conséquence subsiste et accuse le dogme. L'éducation par le dogme a pu avoir sa nécessité et ses avantages. Mais les contradictions se vengent. Et si tant d'esprits libres ont abandonné l'Église, c'est que l'Église a préféré le dogme à la vérité, le temporaire à l'éternel, l'apparence au solide et la foi illogique à la foi raisonnable...

Mes élèves peuvent voir avec quelle peine la pensée s'est faite libre, à quel prix la science et la philosophie ont dû se racheter de leur servitude ; ce que c'est que la religion, et la

---

1. C'est le « cher et doux ami » dont le Journal intime marquait la mort, le 26 décembre 1868.

place du christianisme entre les autres systèmes religieux. Je ne polémise point, je raconte ; je ne querelle point, je fais de la lumière.

Je sais que la lumière n'entame guère le préjugé ; mais je répète aux gens avec l'apôtre : Jugez vous-mêmes de ce que je dis. Au fond, je n'aime à brusquer ni à violenter aucune routine et aucune conviction. Je dis : Soyez libres, mais laissez-moi libre. Je n'endoctrine point, je donne les moyens de prononcer. Je m'efforce d'être impartial et de rendre juste. Ce but en vaut un autre, ce me semble, et cet enseignement a son utilité.

25 janvier 1881 (midi). — Nuit épouvantable. Lutté trois à quatre heures de suite contre mes étrangleurs et entrevu la mort de près. Cet assaut continu de l'ennemi est exaspérant. Périr dans son crachat, quelle humiliation !

Relâche et sommeil de trois à six heures du matin. Donné néanmoins ma leçon, mais j'avais ˙le timbre voilé, or la parole soutenue est époumonnante dans ces conditions. Aussi je ne remonte mes quatre étages qu'avec effort ; la poitrine me fait mal comme si l'on m'avait heurté d'une barre, et la ceinture de mon haut-de-chausses me fait l'impression d'un carcan.

Je ne m'explique pas bien ces quatre heures de supplice nocturne ; j'y vois une sorte de cauchemar, dont la réalité m'est à peine assurée. Est-ce bien vrai ? Est-ce moi qui ai failli expirer par surprise, par trahison, par inadvertance ?

29 janvier 1881. — ...Il est clair que ce qui m'attend c'est la suffocation, l'asphyxie. J'étoufferai.

Je n'eusse peut-être pas choisi cette mort ; mais, quand il n'y a pas d'option, il faut se résigner tout court.

Spinoza expira devant le médecin qu'il avait fait appeler. Tu dois t'apprivoiser à l'idée de mourir seul, une belle nuit, étranglé par ta laryngite. Cela ne vaut pas le dernier soupir d'un patriarche entouré de sa famille en prière. Cela manque de beauté, de grandeur et de poésie ; mais le stoïcisme consiste dans le renoncement. *Abstine et sustine.* Tu sais d'ailleurs que tu as des amis fidèles ; il est mieux de ne pas les tourmenter. Les gémissements et les agitations rendent plus pénible le grand passage. Un mot remplace tous les autres : Que la volonté de Dieu soit faite et non la mienne !

Leibniz n'a été accompagné au cimetière que par son domestique. L'isolement du lit de mort et du cercueil n'est donc pas un mal. Le mystère ne se partage pas. Le dialogue entre l'âme et le Roi des épouvantements ne réclame pas de témoins.

Ce sont les vivants qui tiennent à saluer celui qui s'en va. — Enfin nul ne sait exactement ce qui lui est réservé. Ce qui sera sera. Nous n'avons à dire qu'*Amen*.

4 février 1881. — Singulière sensation que celle de se mettre au lit en pensant qu'on ne verra peut-être pas le lendemain. Je l'ai eue assez forte hier et cependant me voici. Mais être dans la dépendance d'un phlegma, d'un caillot, cela ôte l'ardeur pour toute entreprise. Le sentiment de la fragilité excessive facilite l'humilité, mais il coupe court à toute ambition ;

> Quittez le long espoir et les vastes pensées.

Un travail à échéance lointaine paraît absurde. On ne vit plus qu'au jour le jour ;

> A quoi bon troubler notre vie
> Des soins d'un avenir qui n'est pas fait pour nous ?

Si l'on ne rêve pas avoir devant soi un lustre, une année, un mois de libre, si l'on ne compte plus que par douzaines d'heures et que la nuit prochaine soit déjà la menace et l'inconnu, il est évident qu'on renonce à l'art, à la science, à la politique, et que l'on se contente de dialoguer avec soi-même, ce qui est possible jusqu'à la fin. Le soliloque intérieur est toute la ressource du condamné à mort dont l'exécution se retarde. Il se rassemble dans son for intérieur. Il ne rayonne plus, il psychologise. Il n'agit plus, il contemple. Il écrit encore à ceux qui s'attendent à lui ; mais il renonce au public et se replie sur lui-même. Comme le lièvre, il revient mourir à son gîte, et ce gîte c'est sa conscience, sa pensée. Son avant-gîte, c'est son journal intime. Tant qu'il peut tenir la plume et qu'on lui laisse un moment de solitude, il se recueille devant cet écho de lui-même, et converse avec son Dieu.

Ce n'est pourtant pas là un examen moral, un acte de contrition, un cri d'appel. Ce n'est qu'un Amen de soumission. La préoccupation du péché, seule méthode de la foi commune, m'est devenue presque étrangère, sans doute parce que les frénésies de la volonté propre ne sont pas mon fait. « Mon enfant, donne-moi ton cœur. »

Le renoncement et l'acquiescement me sont moins difficiles qu'à d'autres, car je ne veux rien. Je désirerais seulement ne pas souffrir, mais Jésus à Gethsémané a cru pouvoir faire la même prière ; joignons-y ces mots : « Toutefois que ta volonté soit faite et non pas la mienne », et attendons.

Ai-je pratiqué la sanctification ? pas dans le sens ascétique et rigoriste. J'ai toujours essayé de reconquérir la liberté intérieure et la bonté, mais par respect pour la nature humaine plutôt que pour obéir à un commandement extérieur. Depuis bien des années, le Dieu immanent m'a été plus actuel que le Dieu transcendant, la religion de Jacob m'a été plus étrangère que celle de Kant ou même de Spinoza. Toute la dramaturgie sémitique m'est apparue comme une œuvre d'imagination. Les documents apostoliques ont changé de valeur et de sens à mes yeux. La croyance et la vérité se sont distinguées avec une netteté croissante. La psychologie religieuse est devenue un simple phénomène et a perdu la valeur fixe et nouménale. Les apologétiques chrétiennes de Pascal, de Leibniz, de Secrétan ne me semblent pas plus probantes que celles du moyen âge, car elles supposent ce qui est en question : une doctrine révélée, un christianisme défini et immuable. Il me semble que ce qui me reste de toutes mes études, c'est une nouvelle phénoménologie de l'esprit, l'intuition de l'universelle métamorphose. Toutes les convictions particulières, les principes tranchants, les formules accusées, les idées infusibles ne sont que des préjugés utiles à la pratique, mais des étroitesses d'esprit. L'absolu de détail est absurde et contradictoire. Les partis politiques, religieux, esthétiques, littéraires, sont des ankyloses de la pensée qui se tiennent pour des avantages. Toute croyance spéciale est une raideur et une obtusité, mais cette consistance est nécessaire à son heure. Notre monade, en tant que pensante, s'affranchit des limites du temps, de l'espace et du milieu historique ; mais, en tant qu'individuelle et pour faire quelque chose, elle s'adapte aux illusions courantes et se propose un but déterminé. Il est permis d'être homme, mais il convient aussi d'être un homme, d'être un individu. Notre rôle est donc double. Seulement le philosophe est autorisé à développer surtout le premier, que la presque totalité des humains néglige.

7 février 1881. — Beau soleil aujourd'hui. Mais j'ai à peine assez de ressort pour le remarquer. L'admiration, la joie supposent un peu de relâche. Or, le poids de ma tête fatigue mon cou, le poids de la vie accable mon cœur ; ce n'est pas là l'état esthétique.

Une idée me poursuit : mon testament n'est pas en règle. Que de fois j'y ai pensé ! mais les velléités ne sont rien. — J'ai songé à diverses choses que j'aurais bien fait d'écrire, mais le plus original et le meilleur de nous-mêmes est ce que nous laissons perdre le plus souvent. Nous nous réservons pour un avenir qui ne vient jamais. *Omnis moriar.*

8 février 1881 (dix heures du matin). — Nuit terrible. Azraël a passé sur moi à trois heures du matin. J'ai été pendant quinze minutes entre la vie et la mort, attendant à chaque seconde l'étouffement. Auparavant, plusieurs heures d'angoisse continue. J'avais comme un cheveu au travers de la glotte, et des spasmes détersifs, à cause de leur explosion impuissante, m'avaient ôté le souffle et même toute force. Je craignais de tomber mort avant d'avoir pu charrier mon fauteuil, me vêtir chaudement et m'asseoir en robe de chambre près de mon feu. Impossible de demander du secours, et d'ailleurs il n'y en avait aucun d'administrable. Tout empressement indiscret autour de moi, toute explication à donner, toute parole à dire m'aurait achevé. Je n'ai jamais été plus près du dernier soupir. La situation était affreuse. Ce qui m'a sauvé, c'est une tentative presque machinale. J'ai avalé goutte à goutte de mon gargarisme, et cela paraît avoir débarrassé les lèvres de la glotte. La respiration est revenue. Mais le sursis ne pouvait être une délivrance. C'est à ce moment de trêve que j'aurais désiré tenir une main amie et faire la veillée des armes ; l'heure était solennelle et je doutais de revoir le matin.

9 février 1881 (dix heures du matin). — O délices ! j'ai très peu toussé, je respire, je me sens de la force. Et cependant une nuit dans ce fauteuil ne paraît guère enviable à ceux qui sont en santé. Mais échapper quelques heures aux *Thugs* donne une telle impression de soulagement, que tout change d'aspect. En comparant hier et aujourd'hui je me reconnais à peine. C'est comme un moribond galvanisé, ou qui a subi la transfusion du sang.

(Plus tard.) — Depuis le 17 janvier, à ce que je vois d'après ce cahier, la bataille nocturne contre mes *Thugs* a été presque sans intermittence. Nuit déplorable, nuit lamentable, nuit abîmante, nuit cruelle, nuit épouvantable, tel est le bulletin journalier. Déjà le 25 janvier, soit il y a une quinzaine, je lis ces mots : Vu la mort de près, failli pâmer, etc. Ce n'est donc point un rêve, je me collette et je lutte avec l'ange noir depuis longtemps. Jacob en fut quitte pour une nuit de combat mystérieux ; pour moi, le combat recommence presque chaque nuit. Aussi, quand il y a relâche, comme cette dernière fois, c'est une bénédiction, c'est un alléluia. La disparition d'une angoisse fait l'effet d'une renaissance. Béni soit un jour de repos, celui qui l'a permis, celle qui l'a procuré.

14 février 1881. — …A supposer que tes semaines soient comptées, que dois-tu faire pour être en règle avec le monde ? Rendre à chacun ce qui lui revient, faire la part de la justice, de la prudence, de la bonté, laisser un doux souvenir. Essaie donc de n'oublier rien d'utile, ni personne qui s'attende à toi.

> Ne cherche point ton rang sur l'échelle infinie ;
> Qui fait tout ce qu'il doit n'est jamais le dernier.

15 février 1881. — Ce matin, l'idée que mes jours sont comptés me paraît fantastique. Ce soleil magnifique rend presque ridicules les préoccupations funéraires. D'ailleurs, sitôt que j'ai un peu de bien-être, il me semble que je n'ai jamais été malade. Cette manière de sentir est fâcheuse avec le médecin, qui me suppose toujours plus valide et plus gaillard que je ne suis.

Quoi qu'il en soit, renoncé, non sans peine, à donner ma leçon à l'Université, et fait appeler mon Esculape. Désir de liquidation et de mise en ordre. Placé sur ma cheminée, dans un verre d'eau, deux camélias que m'a envoyés hier Fida Memor, avec quelques strophes... Lettres de Miss Jessie (Londres), Charles Fournel (Paris) ; G. Revilliod me fait saluer de Thèbes aux cent portes (timbre de Louxor). Bonne petite lettre de Fida [1]... Cela me fait l'effet de couronnes jetées sur un tombeau.

Mentalement je prends congé de tous les amis lointains que je ne reverrai plus.

18 février 1881. — Temps vaporeux. Nuit assez bonne... Pourtant l'amaigrissement continue... Bref le vautour me donne du répit, mais il plane au-dessus de sa proie... La possi-

---

1. Miss Jessie H... avait été l'élève d'Amiel, à Genève, en 1863. Très attachée à son ancien maître, qui représentait pour elle « la pensée et la poésie », elle avait passé par Genève, en 1878, pour le revoir. Ils échangèrent quelques lettres depuis cette rencontre. — Charles Fournel, fils du poète dont Amiel avait publié, en 1878, un recueil posthume d'*Essais dramatiques.* — Gustave Revilliod, riche patricien genevois, qui légua à sa ville natale les belles collections qu'il avait faites au cours de ses voyages et réunies dans le somptueux musée de l'Ariana. — *Fida* est l'un des surnoms que le Journal donne volontiers à Fanny Mercier, quand ce n'est pas *Seriosa* ou *Stoïca, Gudule* ou *Calvinia.*

bilité de reprendre mes fonctions officielles et de retrouver un équilibre stable me fait l'effet d'un rêve.

Sans avoir à cette heure des impressions d'outre-tombe, je me sens captif à perpétuité, valétudinaire chronique. Cet état flottant, qui n'est ni la mort ni la vie, a sa douceur parce que s'il est un renoncement, il permet la pensée. Il est une rêverie sans douleur, un recueillement paisible. Entouré d'affections et de livres, libre du moins jusqu'au seuil de mon appartement, je vogue au cours du temps, comme je glissais autrefois sur les canaux de la Hollande, sans secousse et sans bruit. Je crois être encore en *treckschute*. A peine si l'on entend parfois le doux clapotis de l'eau que fend la barque de halage ou le sabot du cheval de trait qui trotte sur le sentier sablonneux. Le voyage dans ces conditions a quelque chose de fantastique. On n'est pas sûr d'exister encore et de tenir à la terre. On se rappelle les mânes, les ombres fuyant dans le crépuscule des *inania regna*. C'est l'existence fluidique.

— Qu'avez-vous sur le chantier ? Que composez-vous ? me disait Auguste Bouvier. — Mon Dieu, rien.

Je regarde passer mes impressions, mes rêves, mes pensées, mes souvenirs, comme un homme qui a renoncé à tout. Je suis retiré dans mon dernier observatoire, la conscience psychologique. J'assiste aux événements de moi-même sans les susciter ou m'y dérober. Cette immobilité contemplative est parente de celle qu'on attribue aux séraphins. Ce n'est pas le moi individuel qui l'intéresse, c'est un spécimen de la monade, c'est un échantillon de l'histoire générale de l'esprit. Tout est dans tout et la conscience scrute ce qu'elle a devant elle. Rien n'est grand ou petit. L'esprit est omnimode et tout lui est bon.

Dans cet état, les relations avec le corps, avec le monde extérieur, avec les autres individus s'évanouissent. Le *Selbstbewusstsein*[1] rentre dans le *Bewusstsein* impersonnel. L'univers se dissout dans la *Trimourti*, et la *Trimourti* dans le *Parabrâhm*.

_____

1. État d'un être conscient de soi.

Pour redevenir une personne, il faut la douleur, le devo r et la volonté (voir *Jour à jour*).

Faut-il regretter ces oscillations entre le personnel et l'impersonnel, entre le panthéisme et le théisme, entre Spinoza et Leibniz ? Non, puisque c'est l'un des états qui donne conscience de l'autre. L'homme étant capable de visiter ces deux domaines, à quoi bon se mutiler ?

(Plus tard.) — O délices ! J'ai trente livres de moins sur la poitrine. Je reviens d'une promenade... Je respirais mieux, j'avais plus de forces, j'ai remonté mes quatre étages presque sans essoufflement. Je ne me reconnaissais pas. Ce n'était plus le même homme qu'avant-hier. On aurait dit une convalescence. Ma gratitude égale ma surprise. Est-ce que le vautour lâcherait sa proie ? est-ce que je pourrais reprendre mes leçons ? Est-ce un mieux réel qui va continuer, ou une éclaircie aimable entre deux épreuves ? Bah ! ne faisons point de conjectures,

Jouissons du bonheur, jouissons du printemps !

Un tiens vaut mieux que deux tu l'auras. Ce qui est là est bon ; à Dieu le reste, même le plus prochain avenir.

22 février 1881. — La marche typique de l'esprit est dans l'astronomie : point d'immobilité, mais point de précipitation ; des orbites, des cycles, de l'élan, mais de l'harmonie ; du mouvement, mais de l'ordre ; tout pèse et contre-pèse, reçoit et rend de la lumière. Cette activité cosmique et divine ne peut-elle pas devenir la nôtre ? L'*entre-mangerie* de la guerre de tous contre tous est-elle un type supérieur d'équilibre ? Je répugne à le croire. La phase de férocité est prise par quelques théoriciens pour la forme dernière. Il doit y avoir là une erreur. La justice prévaudra et la justice n'est pas l'égoïsme. L'indépendance et la bonté doivent tracer une résultante qui sera la ligne demandée.

Hanc veniam petimusque damusque vicissim.

1er mars 1881. — Je viens avec le *Journal*[1] de donner un coup d'œil aux affaires du monde. C'est le vacarme de Babel. Mais il est bien agréable de faire en une heure le tour de la planète et de passer la revue du genre humain. Cela éveille un sentiment d'ubiquité. Un journal au xxe siècle se composera de huit ou dix bulletins quotidiens : Bulletin politique, religieux, scientifique, littéraire, artistique, commercial, météorologique, militaire, économique, social, judiciaire, financier, et comprendra deux parties seulement : *Urbs* et *Orbis*, le pays et le monde. Le besoin de totaliser, de simplifier généralisera les procédés graphiques qui permettent les séries et les comparaisons. On finira par tâter le pouls à l'espèce et au globe aussi facilement qu'à un malade, et l'on notera sur le vif les palpitations de la vie universelle comme on entendra pousser l'herbe des champs, ou résonner les taches du soleil, ou germer les agitations volcaniques. L'activité sera convertie en conscience ; Gée[2] s'apercevra elle-même. C'est alors qu'elle rougira aussi de ses désordres, de ses laideurs, de ses misères, de ses crimes, et qu'elle prendra peut-être d'énergiques résolutions en faveur de la justice. Quand l'humanité aura ses dents de sagesse, elle aura la pudeur de s'amender et voudra réduire méthodiquement la part du mal. Le *Weltgeist* passera de l'état d'instinct à l'état moral. La guerre, la haine, l'égoïsme, la fraude, le droit du plus fort seront tenus pour des barbaries du vieux temps, pour des maladies de croissance. Les civilisés remplaceront leurs prétentions par des vertus réelles. Les hommes seront frères, les peuples seront amis, les races seront sympathisantes, et l'on tirera de l'amour un principe aussi puissant d'émulation, d'invention et de zèle qu'en a fourni le stimulant grossier de l'intérêt. Ce millénium sera-t-il ? C'est une piété de le croire.

4 mars 1881. — Guizot n'a jamais su rire ; son sérieux ne dételait jamais. Aussi a-t-il conquis le respect, mais il faisait l'effet pédant et pédagogue, vertueux et gourmé. La fan-

---

1. Le *Journal de Genève.*
2. Γῆ , la Terre.

taisie, la poésie, l'art, le badinage, la gaieté, la débonnaireté n'existaient pas pour lui. Cette gravité perpétuelle est une imperfection. *Desipere in loco* est une sagesse. Guizot a impatienté les Français comme un Aristide et un Grandisson, comme le magister de la politique et le régent du doctrinarisme. Cette raideur calviniste finit par agacer. On aime assez que les gens ne couchent pas dans leur cuirasse. — Thiers a dit une fois : Guizot est un grand orateur, mais en politique, il est bête, — c'est-à-dire qu'il a des maximes générales et pas d'idées, du caractère et pas d'invention. Ces mannequins solennels sont des professeurs de politique, mais non des hommes d'État. Ils n'ont pas la dose de finesse et de scepticisme qui fait la liberté de l'esprit. En revanche, ils sont barres de fer.

10 mars 1881 (midi). — *Jacta est alea.* Je viens de donner mes instructions à Charles Ritter, et de lui envoyer un titre, une lettre et trois cartes d'introduction, pour qu'il termine l'affaire ; quelle affaire ? celle de m'assurer quelques pieds de terre dans l'oasis de Clarens. Ce n'est déjà pas si facile, dussé-je décéder à Genève même. On ne dispose pas de son corps. Il faut même toutes sortes de précautions pour échapper à l'engrenage mécanique des routines locales qui brutalisent toutes les préférences et toutes les volontés. Mais enfin j'aurai fait le possible pour la réalisation de ce vœu, déjà ancien chez moi, et que la vilaine question des cimetières de Genève n'a fait que raviver. Je dormirai dans un beau paysage, tout rempli de mes souvenirs ; et pendant quarante années ceux pour qui mon nom signifiera quelque chose, sauront où ils peuvent donner une pensée à ma mémoire. Le sommeil dans cette contrée a une douceur particulière, et pour des visiteurs le recueillement est facile. — La promiscuité des cendres, le tapage d'une grande ville n'atteint pas ceux qui dorment à Clarens. *Requiescunt in pace.*

14 mars 1881. — Achevé Mérimée *(Lettres à Panizzi,* II.)

Votre deuil me prédit mon sort.

Mérimée est mort du mal qui me tourmente : « Je tousse

et j'étouffe ». Bronchite et asthme, d'où inédie, puis épuisement. Il a aussi essayé l'arsenic, les hivers à Cannes, — les bains d'air comprimé. Tout a été inutile. La suffocation et l'inanition ont emporté l'auteur de *Colomba*. *Hic tua res agitur*,

> Et dans chaque feuille qui tombe
> Je lis un présage de mort.
> . . . .

Le ciel terne et gris a la couleur de mes pensées. Pourtant l'irrévocable a aussi sa douceur et son calme. Les va-et-vient de l'illusion, les incertitudes du désir, les soubresauts de l'espérance font place à la résignation tranquille. On est dans la situation d'outre-tombe. C'est cette semaine d'ailleurs que mon coin de terre à l'*Oasis* doit être acheté. Tout marche vers la conclusion, *festinat ad eventum*.

15 mars 1881. — Le *Journal* regorge de détails sur l'horrible attentat de Pétersbourg. — Un grand article historique sur le Transvaal prouve la déloyauté de la politique anglaise en Afrique. Seulement on aperçoit aussi que les iniquités en s'accumulant créent les catastrophes qui éclatent sur les innocents. La justice historique est le plus souvent tardive, si tardive qu'elle en est injuste, à moins que l'on n'admette la façon turque, celle, après le crime, de frapper quelqu'un, en disant : Tant pis si ce n'est pas le criminel ! La théorie providentielle a pour base la solidarité. Louis XVI paye pour Louis XV, Alexandre II pour Nicolas. Nous expions pour nos pères, et nos petits-fils seront châtiés pour nous. L'individualisme criera deux fois à l'iniquité. Et· il aura raison, si son principe est vrai, mais son principe est-il vrai ? Voilà le point. Il semble que la partie individuelle de sa destinée n'est pour chacun qu'une partie de cette destinée. Moralement nous sommes responsables de ce que nous avons voulu, mais socialement notre bonheur et notre malheur dépendent de causes indépendantes de notre volonté. La religion répond : Mystère, obscurité, soumission, foi. Fais ton devoir ; à Dieu le reste !

(Dix heures du soir.) — Visites reçues : Bernard Bouvier, qui m'apporte les sympathies de ses camarades...

16 mars 1881 (onze heures du matin). — Triste nuit. Matinée mélancolique. Démolition. Ma filleule était restée à mon chevet jusqu'à minuit, et m'aidait encore, de deux à quatre heures du matin, à traverser mes *angustiae.* Je suis sans doute privilégié et je n'oublie pas la gratitude. Mais que ce crevottement ignoble avec intermittences décevantes est cruel pour un homme ! Les deux chevaux de bataille du docteur, la digitale et le bromure, semblent impuissants pour moi. J'assiste à ma destruction, avec fatigue et ennui. Que d'efforts pour s'empêcher de mourir ! Cette défensive m'excède.

La lutte inutile et incessante humilie la nature virile. Ce que le lion supporte le moins, c'est de périr par les moustiques, c'est de batailler avec le moucheron. L'homme naturel sent de même. Mais l'homme spirituel doit apprendre la douceur et la longanimité dans la patience. L'inévitable c'est la volonté de Dieu. On eût préféré autre chose, mais c'est la lot à nous assigné qu'il s'agit d'accepter.

> Comme un sage mourant puissions-nous dire en paix :
> J'ai trop longtemps erré, cherché ; je me trompais ;
> Tout est bien, mon Dieu m'enveloppe.

(Dix heures du soir.) — Ma sœur L*** m'envoie un vase d'azalée, riche en fleurs et en boutons. Fida m'apporte des roses et des violettes de Nice. Chacun me gâte ; cela prouve que je suis malade... Le temps était superbe. Mais j'étais sans force à la promenade, et suis rentré bien vite.

19 mars 1881. — Dégoût, découragement. Le cœur se détériore. Chaque matin, il faut constater quelque avarie nouvelle. Ma patience s'use.

Et cependant quels soins affectueux, quelle sollicitude m'entoure... Tout dans la maison est arrangé pour mon bien-être, et je ne suis enveloppé que de sensations caressantes et reposantes. J'ai du soleil et point de bruit, du feu qui brûle comme sur l'autel de Vesta, une excellente table,

des livres à profusion. — *Epicaurès*, me répété-je souvent.
Et pourtant, sans la santé, que faire de tout le reste ? A quoi
me sert tout ce qui m'est accordé ? A quoi servaient les
épreuves de Job ? A mûrir sa patience, à exercer sa soumission.

Voyons, sortons de nous-même, secouons cette mélancolie, ce fastidium. Pensons, non à tout ce qui est perdu,
mais à tout ce qui pourrait se perdre encore. Reprenons
conscience de nos privilèges. Enfant gâté, fais ton compte...
Pourtant, je me sens piteusement chétif.

21 mars 1881. — Cette vie de malade est trop épicurienne.
Voici cinq à six semaines que je ne fais rien que patienter,
me soigner ou me distraire, et la satiété est là. Ce qui me
manque, c'est le travail. Le travail est le condiment de
l'existence. La vie sans but, la vie sans effort a quelque chose
de fade. La paresse amène la langueur ; de la langueur naît
le dégoût. D'ailleurs voici la nostalgie printanière. C'est la
saison des vagues désirs, des sourds malaises, des aspirations confuses, des soupirs sans objet. On rêve tout éveillé.
On cherche à tâtons je ne sais quoi. On appelle quelque chose
qui n'a point de nom, à moins que ce ne soit le bonheur ou
la mort. On est comme le fiévreux qui se retourne sur sa
couche, mais qui ne découvre pas une attitude meilleure
qu'une autre. Cette anxiété indéfinissable est l'effet du renouveau,

> Le sang remonte à ce front qui frissonne,
> Le vieux coursier a senti l'aiguillon.

Pour se défendre de ces effluves dangereux, il faut ceindre
ses reins, il faut se concentrer et surtout travailler. Tu as jeté
le manche après la cognée, et ne pouvant plus faire grand'-
chose, tu n'as rien fait. Le résultat est justement le vide et
l'ennui. Tu n'as ni dessein, ni programme, ni œuvre sur le
chantier, et tu te laisses aller au hasard des jours. Cela ressemble à de la patience, à de la douceur ; mais c'est plutôt
de l'apathie. Avec plus de volonté, d'ambition, de courage,
tu tirerais un bien meilleur parti de tes circonstances.

28 mars 1881. — Je ne puis pas travailler ; il m'est difficile d'être. Donnons quelques mois aux gâteries d'amis, car cette phase est bonne ; mais après ? il vaut mieux céder la place à ce qui est vivace, actif, productif.

Tircis, voici le temps de prendre sa retraite.

Est-ce que je tiens beaucoup à vivre encore ? Je ne crois pas. C'est la santé que je désire, la non-souffrance. Ce désir étant vain, le reste est sans saveur pour moi. — Satiété. Lassitude. Renoncement. Abdication. Le dégoût suit la mutilation et l'impuissance. « Domptons nos cœurs par la patience. »

3 avril 1881 (onze heures du soir). — Lectures : *Mémoires d'un Sibérien*, par Rufin Piotrowski. Extrait et traduit par Julien Kladsko, 1870.

Rien de plus émouvant que ces souvenirs d'un Polonais condamné politique, déporté sur les bords de l'Yrtich, et qui a réussi en 1846 à s'échapper de la Sibérie. Cette évasion tient du merveilleux. Et quant au tableau de la Sibérie, il suffit à faire prendre en horreur le régime russe, et à faire mesurer la montagne de crimes amoncelée par les czars. — Si les attentats régicides se multiplient contre les Romanof, il faut ne pas oublier les iniquités de leur maison. Moscovie est synonyme de férocité, et les souverains ont donné l'exemple aux sujets, *lupus lupis*. Les monstres ont engendré des monstres. La loi du talion est la seule qui soit au niveau de cette société inférieure, à peine sortie de la barbarie morale. La vengeance historique est même une forme de la justice. Mais quelle odieuse histoire que celle de la Russie ! — L'indignation universelle contre les assassins nihilistes est un hommage rendu à la morale ; mais le czarisme s'est mis au-dessus de la morale, et entend n'y soumettre que ses victimes sans nombre. Or il ne faut pas deux règles, l'une pour les vaincus, l'autre pour les vainqueurs. La justice entre brigands se fait comme elle peut. La galerie serait fort naïve de prendre parti entre la bande et son chef. Le monde russe est le monde de la force. Que le pouvoir écrase les conspirateurs ou que les conspirateurs renversent le pouvoir, c'est un fait de guerre. L'autocratie et ses adversaires n'ont pas de droit commun et ne se font pas de quartier.

10 avril 1881 (dimanche). — Eprouvé mille impressions diverses depuis trente heures : déception médicale, mauvaise nuit, conscience de mon dépérissement, détérioration de mon estomac, satiété de tout, même de la sollicitude qui ne me laisse plus respirer seul, énervement, langueur et malaise. — Passé quelques heures avec Fida, visite à l'Ile d'azur.

13 avril 1881 (neuf heures du matin). — Crise favorable. Nuit meilleure, appétit, retour de forces. C'est hier après-midi que le mouvement a commencé. J'en suis surpris et ravi, mais c'est à peine si j'ose y croire. Pourquoi, ayant peu dormi, suis-je loustic depuis l'aube ? Probablement parce que l'estomac a repris ses fonctions. Si l'on voulait bien ne pas me l'abîmer, il ferait encore volontiers son service. Mais tout est néanmoins suspendu à un fil, car déjà à présent je sens deux points, l'un dans le dos, l'autre au cœur. Réjouissons-nous de la minute présente ; l'avenir est à Dieu.

> Oh ! demain c'est la grande chose ;
> De quoi demain sera-t-il fait ?

— Une triste nouvelle m'arrive. Le doux curé lorrain est mortellement malade. Les médecins ne lui accordent que deux mois. Puisque les jeunes s'en vont ainsi, les vétérans n'ont pas à regimber.

(Dix heures du soir). — Lectures : quelques chapitres de *Graindorge.* Une partie de *Clovis Gosselin,* roman de Karr. Un numéro de la *Revue critique.*
Ecrit à l'abbé Roussel, Aménaïde, Eugène A... et à P. V...[1]

---

1. L'abbé Roussel est le « doux curé lorrain », curé de Domremy, auteur d'un recueil de vers : *Fleurs des Vosges,* qui avait témoigné à Amiel son admiration pour les poèmes de *Jour à jour* ; Aménaïde et Eugène A... une cousine et un cousin ; P. V..., un collègue de l'Université.

Visite du docteur B... Je ne suis pas content du tout, car je n'obtiens ni soulagement ni lumière. Il ne me fait de bien ni à l'esprit ni au corps et me laisse au fond seul dans les crises homicides du jour et de la nuit. Bromure, chloral, c'est bientôt dit, et cela ne répond qu'à un point de la surface à défendre et qu'à une difficulté de cette guerre pied à pied.

14 avril 1881 (trois heures après-midi). — Depuis dix-huit heures voici le premier moment de relâche. Fâcheuse veillée, horrible nuit, cruelle matinée, tel est le bilan. Je suis exténué et désarçonné. Me voilà revenu aux étouffements de février, après vingt tentatives de toute espèce. Les oiseaux sinistres volent de nouveau autour de moi. La pire de mes nombreuses déceptions est celle relative au médecin. Il n'est pas l'homme, il n'est pas mon homme. Je lui ai fait crédit de trois mois de confiance ; mais il s'est enferré et obstiné dans les accessoires, sans gagner rien sur l'essentiel. Les avertissements nombreux n'ont pu lui faire rectifier sa piste. Il tient plus à son opinion qu'à la vérité et à son art qu'à ses malades. C'est dommage.

Lecture : Karr (*Clovis Gosselin*).

Un peu de bien-être. Je remarque pour la vingtième fois avec quelle rapidité les malaises me deviennent étrangers. Les épreuves, les gênes, les souffrances, les infirmités me font l'effet des vieilles lunes, des mauvais rêves ; ils ne sont pas à moi, ils ne sont pas moi. Sitôt disparus, sitôt oubliés.

Cela veut dire que ma nature a horreur de ces grimaces ou lacunes de l'être. Elle subit la douleur, mais elle ne la reconnaît pas. Elle a cru essuyer des affronts sur sa joue, mais ne croit pas à la réalité de cette impression. Elle rejette hors d'elle toutes les offenses à sa liberté, comme le glacier repousse les impuretés qui viennent le ternir. Cette répugnance instinctive à l'irrémédiable tient à l'instinct de préservation personnelle, au besoin d'intégrité. Elle est probablement identique à l'espérance et synonyme de puissance vitale.

16 avril 1881 (dix heures du soir). — Relu *Sous les Tilleuls* d'Alphonse Karr. Déception et mécontentement. Comme roman, c'est déplorablement bâti. Comme peinture de mœurs, cela n'a ni lieu ni date ni vérité. Une quantité de scènes indélicates et même indécentes. Beaucoup de hors-d'œuvre oiseux. Le naturel, le laisser aller ne remplacent pourtant pas tout. Les qualités de fougue, d'esprit, d'humour, de satire et même de passion, ne suffisent pas pour le roman, qui est du genre épique et objectif, c'est-à-dire exigeant des individus et une action qui cheminent par eux-mêmes. La vraisemblance est la loi de cette œuvre. Or Karr viole outrageusement les vraisemblances physiques, morales, sociales. Sa fantaisie en outre est sans proportions. En un mot ce long roman qui n'est pas composé, ni lié, est le travail raté d'un homme d'esprit. Le succès de *Sous les Tilleuls* est une question de date, aujourd'hui il tomberait à plat.

17 avril 1881, Pâques. — La journée a été magnifique au dehors. Mais elle a bien pesé sur moi. Je n'ai pas eu une bonne heure, ni cette nuit, ni jusqu'à ce moment où dix heures sonnent à Saint-Pierre. Mon pauvre corps s'est rappelé à moi de toutes les manières... Éprouvé vivement aujourd'hui la satiété des soins. On peut excéder un malade en l'accablant d'une grâce continue de propositions ou de changements. Le calme, la paix, le silence, sont des besoins puissants de ma nature, et l'amélioration perpétuelle est une variété du tourment. De même que ce n'est pas ingérer mais digérer qui nourrit, ainsi ce n'est pas la multitude des soins qui fait plaisir, mais les soins réellement utiles et discrètement offerts. Justesse et mesure doivent être la devise, même des sœurs de charité. Les malades peuvent être énervés par le cumul des empressements ; ce qui leur agrée c'est d'être devinés et non être manipulés par le zèle d'autrui.

18 avril 1881 (deux heures après-midi). — Nuit atroce. Le lazzo fatal de l'étouffement se resserre toujours davantage. Et les journées deviennent aussi pesantes et aussi cuisantes que les nuits. Langueur de la chair et de l'esprit. Misères sans issue et persécution sans trêve.

Je connais deux Fanny[1] aussi différentes que possible sur le respect des lettres. La seconde m'écrivait justement aujourd'hui la manière dont elle comprend ces dépôts et le devoir d'une pieuse archiviste : « Avec vous, il est bon d'être jaloux de vous-même, vous vous protégez si peu ; trop fier pour vous justifier, impénétrable parfois, vous êtes, en d'autres moments, si absolument à découvert ; et d'ailleurs trop impressionnable pour que tel de vos textes n'ait besoin de son contexte pour donner sa vérité vraie. » Ma chère Fida, stoïque à certains égards, est cependant trop femme pour ne pas se préoccuper beaucoup et toujours des commérages et des opinions du prochain. Elle a raison à son point de vue, mais elle ne me redonnera jamais le goût de ce que je dédaigne, ni le respect de ce que je méprise. Il y a des blâmes ou des suffrages qu'il ne vaut pas la peine de fuir ou de rechercher. Qui a connu l'indépendance ne veut plus se remettre à la merci du monde, car le monde est léger, injuste, soupçonneux et profane.

Senti tout le jour la faiblesse de mon néant. Je suis réduit au dixième de ce que j'étais. Je ne puis soulever le moindre poids, ni dépenser la moindre force du bras, de la tête ou de la voix. O misère ! en dix semaines la maladie et surtout le médecin m'ont acculé à cette annulation.

(Dix heures du soir.) — Lectures : Gréville (*La Cité Ménard*)... Visite d'Auguste Bouvier, qui me serre dans ses bras si fort qu'il me fait mal.

19 avril 1881 (dix heures du matin). — Accablement, somnolence, car je n'ai dormi qu'une heure. La dyspnée revient.

Que vivre est difficile, ô mon cœur fatigué !

(Trois heures après-midi.) — Une preuve indirecte de la gravité de mon état ce sont les gâteries qui m'arrivent de tous les côtés. On ne dorlote que les mourants. Il m'est facile

---

1. Sa sœur Fanny, qui lui avait fait savoir, quelques semaines auparavant, qu'elle venait de brûler toutes ses lettres ; et son amie Fanny Mercier (Fida).

de lire sur les visages de E. L... ou de C L... dans les lettres de H... ou de F. B..., cette nuance de sympathie qui s'adresse à ceux qu'on croit perdus. Aujourd'hui, c'est une ancienne connaissance, Mme S. D..., qui m'écrit une lettre de compassion exaltée, m'offrant des fleurs, de la musique, des prières pour égayer ou fortifier le malade et le poète qu'aiment elle et sa maison. Si la concurrence du zèle se met parmi mes lectrices, que vais-je devenir ? Cette commisération émue et qui demande la permission de devenir active, est une des plus nobles marques de l'âme féminine. Mais ce qui est tout à fait curieux, c'est que chaque femme se croit seule dans sa bonne intention, et s'imagine avoir une vocation exclusive et unique pour sauver celui à qui elle s'intéresse. L'idée de coordination, de subordination, d'infériorité ne lui vient jamais, parce qu'elle l'humilierait. Son ardeur est jalouse, sa bonté est accaparante, sa prétention est dominatrice. Le zèle féminin n'est pas maternel ; ce qu'il lui faut, ce n'est pas que le bien soit fait, mais qu'il soit fait par lui...

(Dix heures du soir.) — Misérable tout le jour. Lecture : Doudan (*Pensées et fragments*).

20 avril 1881. — ...Ce qui m'étonne, c'est d'être encore là. Après le lavage, les frictions et le déjeuner, il y a une petite remontée. La rosse d'omnibus a reçu son coup de fouet et tressaute. Mais ces vaines apparences de force et de courage n'arrêtent point le dépérissement. Je me fonds et je m'en vais. Toutes les fonctions élémentaires s'embarrassent. La banqueroute est inévitable.

(Quatre heures après-midi.) — A force de ménagements et de soins, de distractions (lecture et jeu), ma filleule me procure une heure ou deux de relâche...

Lecture : achevé Doudan qui est seulement trop superfin, trop lustré, trop délicat, trop étudié. Dans ses *Révolutions du Goût*, il excède sa propre manière. Il faudrait le rapprocher de Rivarol (*Discours sur la langue française*). Mais quel joaillier consommé ! quel critique subtil et nuancé ! quel amoureux du bien dire !

(Dix heures du soir.) — Lecture : *Les trois Maupin* (par Scribe et Boisseau).

21 avril 1881. — Journée médiocre, terminée par une nuit épouvantable, la vingtième sans sommeil.

Lecture : Loiseleur (*Controverse sur la Saint-Barthélemy*) ; Barrière (*Les faux bonshommes*).

22 avril 1881. — Journée solennelle. J'étais mourant à l'aube. On m'a lavé, peigné, frictionné, habillé comme un enfant. Mais le temps étant court, j'ai consacré toute la matinée à mettre ordre à mes affaires. Chaque pas ou chaque geste m'arrachait un gémissement forcé. Déblayé mes tables et mes pupitres, rassemblé à la diable les notes de six cours universitaires, enliassé les correspondances, séparé les livres à rendre, repris et complété mon testament, en un mot, je me suis arrangé comme si c'était mon dernier jour. Extrême fatigue, mais soulagement. Ces nettoyages sont la propreté de l'âme. Pourtant ces dispositions précipitées ont d'immenses défauts. Mais il faut m'interrompre. Ecrire me donne des nausées.

Dicté quelques lettres...

J'ai été admirablement veillé et soigné par ma filleule qui ne m'a quitté ni le jour ni la nuit.

Reçu de Fida un bouquet et une excellente lettre. Beaucoup d'amis sont venus chercher de mes nouvelles...

23 avril 1881. — C'est une bronchite qui a terrassé Benjamin Disraëli, lord Beaconsfield. Mais il s'est éteint doucement. Matinée perdue. Je ne fais que me traîner de chaise en chaise, cherchant l'air et chassant le sommeil.

25 avril 1881 (neuf heures du matin). — Je survis, mais le danger n'est pas moindre et la partie n'est pas remise. Je ne puis encore ni dormir, ni respirer, ni manger, ni parler ; et j'existe comme une ombre.

Hier, dimanche, les visites dernières se sont succédé. Chacun me croyait à bout de voie. Mes deux sœurs, Fida sont revenues jusqu'à deux fois. Les regards, les paroles, les attentions, avaient la livrée du deuil. Pour moi-même, j'avais la même opinion. Je n'ai pu m'habiller ni quitter la chambre à coucher. Beaucoup de collègues ont cherché des nouvelles.

J'étais prêt à finir dans la journée et je m'étais arrangé pour mourir en paix. On m'a admirablement soigné, veillé, entouré, secouru à toutes les minutes. Et si je suis encore là, c'est encore une force de victoire contre la nature. Mais quel exercice de patience pour un pauvre malade qui n'a plus une force debout et qui n'a pas une bonne heure sur vingt-quatre !

26 avril 1881. — Le supplice continue. Nuits abîmantes, jours exaspérants ; point de sommeil, point d'appétit.

Le seul bon côté de ma situation, ce sont les témoignages d'intérêt qui se multiplient...

Je n'ai plus de force pour rien. Je ne sais où m'asseoir, je ne puis soutenir une plume. Je n'ai pas de voix, plus de muscles.

27 avril 1881 (dix heures du matin). — Faiblesse inexprimable. Me voilà sur la roue depuis douze semaines, et l'angoisse, les palpitations ne me lâchent plus. Je n'ai plus que la peau sur les os.

Cette nuit solennelle. J'ai été étonné de survivre. A quoi bon ? Ma filleule soutient bravement sa veillée des gardes, et ici trois personnes ne vivent que pour soigner ma maladie.

Mais le dépérissement chemine à grands pas, et l'existence devient une torture qui a quelque chose d'infernal. — Je persiste dans la résignation et la patience tout en mourant de fatigue et de sommeil. La cause diurne d'exaspération nerveuse, c'est la courbature universelle du torse, interdisant une minute de trêve et ne me permettant aucun repos.

(Quatre heures du soir.) — L'excès du supplice en a amené le dénouement. Découvert que mon maigre dos était dévoré par des ennemis embusqués, savoir un gros bouton rond à la ceinture du *Schlafrock*, par une grosse boucle de pantalon,

par une forte boucle de gilet, par le croisement de deux boutons de bretelles qui se superposent depuis mon amaigrissement. Ces cinq burins m'ont labouré le dos et amené cette meurtrissure douloureuse qui ne me laissait plus respirer.

En ceci le médecin n'a pas même émis une supposition utile. La découverte des petites causes secrètes est au contraire la preuve de la sagacité d'Hippocrate.

Je suis de même persuadé qu'en extirpant la toux feutrée, un docteur arabe m'eût économisé douze semaines de torture, des hottées de médicaments et l'effroyable usure de vie que tout cela m'a causé, dans les organes subsidiaires, comme le cœur, l'estomac, le diaphragme, etc.

28 et 29 avril 1881. — Journées de misères, telles que je ne puis même porter le poids d'une plume. En compensation, les témoignages de sympathie et d'intérêt abondent. On m'envoie des fleurs, des gelées, des lettres, des amitiés, et cela de la part d'amis quelquefois assez éloignés.

Ma filleule me fait la liste des visites reçues ; elle me sert de factotum, de secrétaire, de lectrice. La mère et la fille rivalisent de zèle depuis trois mois, et n'acceptent encore aucun secours ni partage.

Le Journal intime s'arrête à cette date, sur cet hommage à l'amitié. Après tant de souffrances et d'angoisses, Amiel entre en une lente et silencieuse agonie ; une faiblesse extrême l'envahit peu à peu, et il expire doucement le mardi 11 mai, vers six heures du matin.

INDEX

———

Les chiffres arabes qui précèdent les références aux tomes I et II désignent les pages de l'Introduction.

TABLE

SAINT-AMAND (CHER). — IMPRIMERIE R. BUSSIÈRE.

LIBRAIRIE STOCK

LITTÉRATURE

APOLLINAIRE : L'Herésiarque; Anecdotiques. — Léon BLOY : Belluaires et Porchers ; Le Sang du Pauvre ; Lettres à sa Fiancée ; Propos d'un Entrepreneur de Démolitions ; Le Pal et Nouveaux Propos. — Élémir BOURGES : La Nef ; Le Crépuscule des Dieux. — BRIEUX : Théâtre Complet. CENDRARS : Kodak. — J. CHARDONNE : L'Épithalame. — J. COCTEAU : Le Grand Écart ; Le Potomak ; Dessins ; Le Rappel à l'Ordre ; Plain-Chant ; Orphée. — P. GÉRALDY : Toi et Moi ; Aimer ; Le Prélude ; Les Grands Garçons ; Robert et Marianne. — Paul RAYNAL : Le Tombeau sous l'Arc de Triomphe ; Le Maître de son Cœur. — ROCH GREY : Le Château de l'Etang Rouge ; Les Trois Lacs. — KIKOU YAMATA : Masako ; Le Shoji.

LE MAGASIN ROMANESQUE

1927. Nº 1. **Mon Amour, où es-tu?** par Marie Jade.

IDÉES (Série orange)

Romain ROLLAND : Mahâtmâ Gandhi. — GANDHI : La Jeune Inde. Comte KEYSERLING : Le Monde qui naît. — KROPOTKINE : L'Éthique. ROUPNEL : Siloë. — KOU-HOUNG-MING : L'Esprit du Peuple chinois. Wilfred MONOD : Jésus ou Barabbas.

SCIENCES

Collection de LA CULTURE MODERNE. Vol. de 128 p. sur les questions scientifiques d'aujourd'hui (demandez le catalogue).

LA BIBLIOTHÈQUE COSMOPOLITE

ANDERSEN. — BARRETT BROWNING. — BJORNSON. — BOUNINE. CHTCHÉDRINE. — G. ELIOT. — GANDHI. — LAGERLOF. — KIPLING. KROPOTKINE. — Th. MANN. — MARLOWE. — G. MOORE. A. NEGRI. — T. de QUINCEY. — SHELLEY. — STEVENSON. STRINDBERG. — SWINBURNE. — TOURGUENIEFF. — O. WILDE. St.-Ed. WHITE. — R. TAGORE. — TOLSTOÏ.

Leurs œuvres principales : demandez le catalogue.

LE CABINET COSMOPOLITE

fondé en 1926, tirage limité à 2750 ex. in-18 grand jésus

1. G. MOORE : Confessions d'un jeune Anglais (*épuisé*). 2. WYSPIANSKI : Deux Tragédies (*épuisé*). 3. STRINDBERG : La Chambre rouge (*épuisé*). 4. JEAN-PAUL : Quintus Fixlein (*épuisé*). 5. DOSTOIEVSKI : La Voix souterraine (*épuisé*). 6. TAGORE : Le Cycle du Printemps. 7. KIVI : Les Sept Frères (*épuisé*). 8. K. MICHAELIS : Femmes. 9. SCHNITZLER : Mⁱˡᵉ Else. 10. HAWTHORNE : Contes. 11. HOFFMANN : Les Elixirs du Diable. 12. KINCK : Les Tentations de Nils Brosme. 13. ZWEIG : Amok. 14. CHANDIDASA : Les Amours de Radha et de Krichna. 15. VALLE INCLAN : Divines Paroles. 16. TOLSTOI : La Mort d'Ivan Ilitch. Maître et Serviteur.

Collection LETTRES, MÉMOIRES, CHRONIQUES
in-18 grand jésus.

1. AMIEL : Fragments d'un Journal intime, 2 vol.

IMPRIMERIE KAPP, PARIS-VANVES.